Microsoft
Visual Basic
Manual de Referencia
6.0

BALTAZAR BIRNIOS

MARIANO BIRNIOS

MP EDICIONES S.A.

USERS

TÍTULO: Mlicrosoft Visual Basic 6.0 Manual de referencia

AUTORES: Baltazar Birnios y Mariano Birnios

COLECCIÓN: Manuales Users

EDITORIAL: MP Ediciones

FORMATO: 17 x 24 cm

CANTIDAD DE PÁGINAS: 624

Editado por MP Ediciones S.A. Moreno 2062 (C1094ABF) Buenos Aires, Argentina.
Tel.: (54-11) 4959-5000, Fax: (54-11) 4954-1791

ISBN 987-526-018-5

Cuarta reimpresión realizada en junio de 2003,
Gráfica Pinter S.A.
México 1352/55, Ciudad de Buenos Aires, Argentina

Dedicatorias

A nuestros viejos, Nélida y Jorge, que siempre nos brindan su apoyo incondicional en todos nuestros emprendimientos. Gracias por transmitirnos el valor del trabajo y del esfuerzo honesto para alcanzar los objetivos, pero por sobre todas las cosas, gracias por enseñarnos a ser personas de bien.

A los abuelos Nicolás, Ema, Pabla, y especialmente a Benito.

Baltazar:

A todos mis amigos, especialmente a Juansa.
Muchas gracias por los momentos vividos y por los que vendrán.

Mariano:

A mis amigos Beto, Diego, Martín y Sergio, con quienes he compartido inolvidables momentos de mi vida, y a quienes recuerdo desde que tengo memoria.

A la Universidad Tecnológica Nacional, que día tras día alimenta con entusiasmo mis ganas de aprender.

Agradecimientos

Queremos agradecer especialmente a:

Gabriel Pleszowski y Gustavo Katcheroff, que siempre nos dieron la posibilidad de crecer y compartieron con nosotros todos sus conocimientos. ¡Muchas gracias!

Miguel Lederkremer, por alentarnos a escribir cosas nuevas, y en esta ocasión, por poner toda su confianza en nosotros para realizar este libro.

Fernando Casale, por permitirnos tener nuestras propias secciones en la revista USERS.

Jorge Rosenvolt, quien además de diseñar imágenes de excelente calidad, pone un toque de humor a nuestros días de trabajo.

Adrián del Rossi, Lionel Zajdweber, Pablo Katcheroff y toda la banda con la que almorzamos diariamente.

Y a los de Arte y Redacción, que tanto empeño les dedican a los productos.

Sobre los autores

Baltazar B. Birnios

Baltazar Birnios, Licenciado en Informática, tuvo contacto con su primera PC allá por comienzos de los '90, y desde entonces emprendió lo que sería un camino de ida (sin vuelta). Actualmente trabaja en el Departamento de Publicaciones Electrónicas de la revista PC Users como editor de software, escribe su propia columna llamada Webeando, y culmina con éxito su carrera de Ingeniería en Informática. Otras de sus pasiones son el fútbol y los deportes en general, temas que conoce bastante y que no descuida, siempre que el trabajo y el estudio se lo permitan.

Mariano N. Birnios

Mariano Birnios se relacionó con una computadora cuando era apenas un adolescente. Su espíritu curioso lo llevó a crear sus propios programas en lugar de usar otros de terceros, y poco a poco la programación se fue convirtiendo en una pasión, junto con el deporte. Así, llegó a competir en las Olimpíadas Argentinas de Informática, y siguió aprendiendo con gusto tanto como podía.

Actualmente estudia Ingeniería de Sistemas en la Universidad Tecnológica Nacional (FRBA) y trabaja en el departamento de Publicaciones Electrónicas de MP Ediciones, programando los CD-ROMs que acompañan las ediciones extra de la revista PC Users, para la cual también escribe la sección "A Programar".

PRÓLOGO

La programación de computadoras tiene algo de creación divina: de la nada absoluta surgen programas complejos y maravillosos. No es de extrañar entonces que muchos programadores se sientan dioses, altivos y poco dispuestos a compartir sus invaluables conocimientos con los mortales.

Pero este no es el caso de los hermanos Birnios, programadores de los exitosos CD-ROMs de la Revista PC Users y otras publicaciones de MP Ediciones. Apasionados por lo que hacen, he presenciado durante un almuerzo una encendida discusión acerca de la mejor manera de programar un Pacman en red bajo Linux en lenguaje C.

Este es el segundo libro de los hermanos Birnios, el primero y muy exitoso fue "Programación de aplicaciones Multimedia con Visual Basic". Esta vez arremetieron con un objetivo más pretencioso: un manual completo del lenguaje líder de Microsoft. Un libro con doble propósito: que sirva como punto de partida para los que se inician y como manual de referencia para los que ya están programando.

Pero no alcanza con ser especialista en un tema para escribir un buen libro, los que fuimos estudiantes recordamos esos profesores que eran verdaderos genios pero sus clases eran pesadas o desordenadas (nuestro premio Nobel Leloir era famoso por lo aburridas de sus clases).

Lo que más difícil me resulta entonces como editor de libros de tecnología es encontrar autores que sean verdaderos expertos en su tema y al mismo tiempo sean capaces de explicarlo amenamente y con sencillez. Esta es la rara combinación que tienen los geniales hermanos Birnios. Los dejo con ellos.

Miguel Lederkremer
Director Editorial
MP Ediciones

EN EL CD

En el CD-ROM que acompaña al libro podrán encontrar software de diseño, utilitarios, editores de sonido, códigos fuente, controles OCX y los ejemplos mencionados en la obra. Además, posee tutoriales Paso a Paso, Tests de Autoevaluación y una galería de imágenes y sonidos. En los próximos apartados se explican los pasos necesarios para instalar el CD y acceder al contenido del mismo.

Cómo instalar el CD-ROM

Para instalar el CD-ROM, hay que ejecutar el archivo D:\INSTALAR.EXE (siempre y cuando D: sea la letra de su unidad de CD-ROM). Esto hará que aparezca la siguiente pantalla.

Luego de presionar el botón `Instalar`, se creará un grupo de programas llamado "Libro Visual Basic 6 Manual de Referencia". Allí dentro se encuentran todas las secciones incluidas en el CD. Para ingresar en alguna, simplemente se debe ir a `Inicio/Programas/Libro Visual Basic 6 Manual de Referencia` y seleccionar el ítem deseado.

Cabe aclarar que el CD sólo instala accesos directos, y no información en el disco rígido.

Cómo instalar el software

Los programas incluidos en el CD fueron divididos en dos grandes grupos: **Software** y **Programación**. Para acceder a cualquiera de esos grupos, se debe hacer clic en el menú `Inicio/Programas/Libro Visual Basic 6 Manual de Referencia` y seleccionar el ítem correspondiente.

De allí en adelante, el procedimiento para instalar programas es el mismo para cualquiera de los dos grupos.

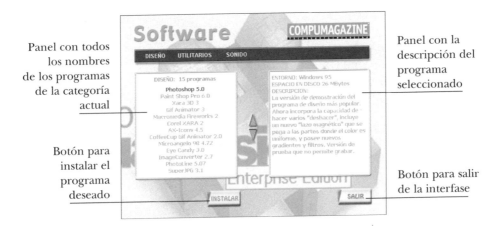

Panel con todos los nombres de los programas de la categoría actual

Botón para instalar el programa deseado

Panel con la descripción del programa seleccionado

Botón para salir de la interfase

Los programas más destacados

Visual Basic Working Model

En el CD que acompaña al libro también encontrarán una versión de prueba de Visual Basic, que les permitirá a aquellas personas que aún no lo tienen, probar los conceptos aprendidos. Esta versión es totalmente funcional, pero no permite crear ejecutables (es decir que sólo es posible ejecutar los programas en el entorno de Visual Basic). Otra aclaración es que no incluye los controles no estándar, que vienen sólo con las versiones Professional o Enterprise.

Nota: No es necesario que instale esta versión si ya posee cualquier otra versión de Visual Basic 6 en su PC.

DISEÑO	**SONIDO**	**UTILITARIOS**
Photoshop 5.0	Sound Forge 4.5	WinZip 7.0 SR-1
Paint Shop Pro 6.0	GoldWave 4.02	ACDSee 2.41
Xara 3D 3	Cakewalk Pro Audio 8.04	Acrobat Reader 4.0
Gif Animator 3	Cool Edit Pro 1.2	HyperSnap-DX Pro 3.41
Corel XARA 2	WAV Browser 3.0	Font Lister 3.4.6
AX-Icons 4.5	AWave 4.9	
CoffeeCup Gif Animator 2.0	Audio Suite 3.02	
Microangelo 98 4.72	ACM Station 2.1	
Eye Candy 3.0		
ImageConverter 2.7		
PhotoLine 5.07		

Cómo ejecutar los tutoriales Paso a Paso

Los tutoriales Paso a Paso permiten guiar y acompañar al usuario en la realización de una tarea. Para ejecutarlos, simplemente deben hacer clic sobre el menú `Inicio/Programas/Libro Visual Basic 6 Manual de Referencia`Tutoriales paso a paso.

Allí aparecerá la pantalla principal de los tutoriales. Los mismos se encuentran divididos según el capítulo al que correspondan.

Luego, deben hacer clic sobre el nombre o título del capítulo al cual desean acceder. Allí aparecerá una ventana que contiene todos los tutoriales para el capítulo seleccionado.

Para ingresar a un tutorial en particular, simplemente deben hacer clic sobre su nombre. Eso hará que aparezca la ventana y los botones que albergan los paso a paso. Con los botones de flechas se puede avanzar o retroceder un paso y con el botón `Salir` se sale del tutorial y se vuelve a la pantalla anterior.

Cómo acceder a las galerías

En el CD se incluye una galería de imágenes, sonidos y músicas para utilizar en los programas a desarrollar. Para acceder a dichas galerías, hay que hacer clic en el menú `Inicio/Programas/ Libro Visual Basic 6 Manual de Referencia/Galerías`.

Eso hará que se abra una ventana del Explorador de Windows en la carpeta donde se encuentran las galerías. Pueden moverse por dichos directorios de forma similar a cualquier otra carpeta del sistema.

EN ESTE LIBRO

INTRODUCCIÓN A VISUAL BASIC

La historia del lenguaje y una breve revisión de algunas de las novedades incluidas en Visual Basic 6.

PRIMER CONTACTO CON VISUAL BASIC

Los fundamentos de la programación orientada a eventos y una completa recorrida por el entorno de Visual Basic, sus elementos y su forma de trabajo.

ELEMENTOS DEL LENGUAJE

Cómo trabajar con los elementos del lenguaje: manejo de formularios, eventos y una descripción detallada de todos los controles estándar (cajas de texto, etiquetas, cajas de imagen, etc.).

FUNDAMENTOS DE LA PROGRAMACIÓN

Los fundamentos de la programación: identificadores, constantes, variables, tipos de datos, operadores y estructuras de control.

FUNCIONES DEL LENGUAJE

Las principales funciones incorporadas en el lenguaje para el tratamiento de cadenas y el manejo de números y fechas.

ARREGLOS

Los fundamentos, funciones y todo los relacionado con vectores, matrices y arreglos de controles en Visual Basic.

MÓDULOS, PROCEDIMIENTOS Y FUNCIONES

Cómo crear y manejar módulos, procedimientos y funciones definidas por el usuario.

ARCHIVOS

Los principales tipos de archivos y cómo trabajar con ellos. Las funciones para manipular archivos y carpetas.

CREACIÓN DE UNA INTERFASE

Las técnicas necesarias para crear menúes, aplicaciones MDI y lograr interfases funcionales.

LOS OBJETOS DE VISUAL BASIC

Los objetos más importantes que Visual Basic pone a disposición del programador. Cómo obtener información de la aplicación y manejo de la pantalla y la impresora.

CONTROLES NO ESTÁNDAR

Los cuadros de diálogo común y una completa recorrida por los controles no estándar.

FINALIZACIÓN DE UN PROYECTO

Todo lo necesario para finalizar un proyecto: técnicas de depuración, manejo de errores y compilación.

INTRODUCCIÓN A LAS API

Una introducción al mundo de las API: cómo declararlas, accederlas y utilizarlas desde Visual Basic.

MULTIMEDIA

Técnicas de programación multimedia, incluyendo manejo de imágenes, creación de gráficos, y reproducción de sonidos y videos.

BASES DE DATOS

Las bases de datos y su creación desde Access. Tecnología ADO para el manejo de bases de datos en Visual Basic.

CONSEJOS PARA EL BUEN PROGRAMADOR

Consejos para el buen programador.

SERVICIOS AL LECTOR

Guía de sitios Web relacionados.
Los principales atajos de teclado del entorno de desarrollo de Visual Basic.
Índice alfabético.

REQUERIMIENTOS MÍNIMOS

Si bien el libro está dirigido a un público general, existen ciertos requerimientos mínimos que deben poseer los lectores:

- Estar familiarizados con el uso de una computadora (nivel de usuario intermedio).
- Conocer el funcionamiento general de los programas bajo Windows (saber utilizar una barra de herramientas o navegar por un menú).

Por otra parte, es importante aclarar que no es necesario tener ningún conocimiento previo de programación para leer el libro, pero eso no quita que se traten temas avanzados como bases de datos o funciones API. Obviamente, una persona con experiencia en cualquier lenguaje de programación asimilará los conceptos más rápidamente, y el tiempo dedicado al aprendizaje será menor.

SUMARIO GENERAL

CAPÍTULO 3: ELEMENTOS DEL LENGUAJE

CAPÍTULO 4: FUNDAMENTOS DE LA PROGRAMACIÓN

CAPÍTULO 5: FUNCIONES DEL LENGUAJE

CAPÍTULO 6: ARREGLOS

CAPÍTULO 7: MÓDULOS, PROCEDIMIENTOS Y FUNCIONES

CAPÍTULO 8: ARCHIVOS

CAPÍTULO 9: CREACIÓN DE UNA INTERFASE

CAPÍTULO 10: LOS OBJETOS DE VISUAL BASIC

CAPÍTULO 11: CONTROLES NO ESTÁNDAR

CAPÍTULO 13: INTRODUCCIÓN A LAS API

CAPÍTULO 14: MULTIMEDIA

INTRODUCCIÓN

La lectura del libro puede ser diferente según el nivel de conocimiento o experiencia del lector:

- Aquellas personas que no tengan experiencia previa en lenguajes de programación visual, o que nunca hayan utilizado Visual Basic, deberán leer el libro desde el primer capítulo.
- Los que tengan algunos conocimientos sobre el uso de Visual Basic pueden comenzar la lectura desde el capítulo 3, salteando así las secciones dedicadas a la explicación de los fundamentos y el entorno del lenguaje.
- Quienes ya estén familiarizados con la programación en Visual Basic pueden dirigirse directamente al tema específico que deseen profundizar. En general, a partir del capítulo 10 se tratan temas avanzados como multimedia, APIs, bases de datos, etc.

Cómo leer este libro

Para optimizar la lectura del libro se han utilizado algunas convenciones que vale la pena conocer:

- En los ejemplos puede suceder que una línea de código sobrepase el ancho de la página. En ese caso no se utilizan guiones ni caracteres especiales: simplemente la línea continúa en el renglón inferior. De todas formas, ante cualquier duda es posible referirse al código expuesto en el CD.
- En algunos ejemplos se utiliza la sentencia **Print** para mostrar un resultado. En la práctica, el uso de **Print** no es habitual: simplemente se la utiliza en los ejemplos porque resulta simple y clara para el lector. Por ejemplo:

```
Cadena = Left("Hola mundo", 4)

' Muestra "Hola"
Print Cadena
```

- Todos los ejemplos completos se encuentran en el CD, listos para usar. En el libro, junto a cada ejemplo figura su ubicación dentro del CD-ROM.

INTRODUCCIÓN A VISUAL BASIC

A modo de introducción, se presentará la historia del lenguaje y una breve revisión de algunas de las novedades incluidas en la última versión de Visual Basic.

Capítulo **1**

Historia del lenguaje

Primero lo primero. Visual Basic es un lenguaje de programación, y como tal, sirve para crear programas o aplicaciones. Un lenguaje de programación está formado por un conjunto de sentencias (entendibles por los humanos) que representan órdenes dadas a la computadora. Generalmente, cada sentencia equivale a muchas órdenes o instrucciones que debe llevar a cabo la máquina.

Pero Visual Basic no es el único lenguaje de programación que existe en la actualidad, ni tampoco nació de la noche a la mañana. El lenguaje **Basic** (*Beginner's All-purpose Symbolic Instruction Code*) fue creado -en su versión original- en 1964, en el *Dartmouth College*. Nació con la idea de servir como lenguaje para aquellas personas que deseaban introducirse por primera vez en el mundo de la programación. Luego fue sufriendo varias modificaciones, hasta que en 1978 se estableció el Basic estándar.

HAY QUE SABERLO

BASIC

Es la sigla de Beginner's All-purpose Symbolic Instruction Code

Sin embargo, a la hora de programar siempre existieron alternativas al Basic: los lenguajes como C, Pascal o Cobol eran muy populares entre los programadores, y a su vez había una especie de desprecio hacia el Basic por tratarse de un lenguaje "para principiantes". Pero Basic evolucionó (al igual que el resto de los lenguajes). Primero fue GW-BASIC, luego QuickBasic y finalmente Visual Basic (que lo único que conserva de su antecesor es una parte del nombre).

Actualmente, Visual Basic combina la sencillez del Basic con el poder de un lenguaje de programación visual que permite desarrollar robustas aplicaciones de 32 bits para Windows. Visual Basic ya no es sólo un lenguaje para los más novatos, sino que es una excelente alternativa para programadores de todos los niveles.

El lenguaje empezó a hacerse popular a partir de la versión 3, que ya incluía herramientas para el acceso a datos y una interfaz gráfica más cómoda e intuitiva. Luego llegó la versión 4, que podía compilar ejecutables tanto de 16 como de 32 bits (escribiendo sólo algunas líneas de código adicional en algunos casos). Pero el exilio final a los 32 bits llegó recién en la versión 5, que paulatinamente está siendo desplazada por la nueva versión que da significado al presente libro.

La última versión de Visual Basic es la 6.0 y forma parte de un paquete de lenguajes y herramientas para el desarrollo de aplicaciones bajo plataforma Windows. Dicho paquete se conoce con el nombre de Visual Studio e incluye: Visual Basic 6.0, Visual C++ 6.0, Visual FoxPro 6.0, Visual InterDev 6.0, Visual J++ 6.0, y muchas utilidades más. De todas formas, no es necesario contar con el paquete completo para hacer uso de Visual Basic, ya que éste se puede instalar por separado.

Hasta dónde se puede llegar con Visual Basic

Este poderoso lenguaje resulta ideal para crear aplicaciones de uso general. ¡Pero ojo! "uso general" no equivale sólo a aplicaciones pequeñas. Por ejemplo, Visual Basic resulta ideal para:

- Aplicaciones y utilitarios para Windows de cualquier índole.
- Aplicaciones que manejen bases de datos de pequeño y mediano tamaño (por ejemplo, las basadas en el motor Jet de Microsoft, implementada en el conocido Access).
- Aplicaciones multimedia o publicaciones electrónicas en CD.
- Juegos sencillos

Con Visual Basic se puede llegar tan lejos como la imaginación lo permita. Es un lenguaje tan amplio y expansible que muchas veces le otorga al programador el incomparable placer de experimentar soluciones ingeniosas a problemas nuevos, basándose en combinaciones de técnicas sumamente sencillas.

Pero... ¿Cuál es el límite de este lenguaje? Actualmente, Visual Basic no permite:

- Crear juegos o multimedia de alto vuelo. Un claro ejemplo son los juegos en tres dimensiones. Si bien es posible adquirir librerías o herramientas especializadas para lograrlo, siempre es más productivo aprender un lenguaje afín con el tema, por ejemplo Visual C++.
- Manejar bases de datos "gigantes".

De todas formas, eso no quita que en próximas versiones el lenguaje se siga expandiendo y cubra estos aspectos y otros más. De hecho, es muy posible que Microsoft incluya soporte para DirectX en futuras versiones.

Novedades de Visual Basic 6.0

En los siguientes párrafos se presentarán algunas de las nuevas características de Visual Basic 6. Si todavía no conocen los aspectos básicos del lenguaje, es muy recomendable que primero lean el Capítulo 2 y luego vuelvan a este apartado.

Bases de datos

Uno de los aspectos en los que más innovaciones introdujo Visual Basic 6 es en las bases de datos, mediante una nueva forma de utilizarlas llamada **ADO** (*ActiveX Data Object*). Además, se agregaron muchas herramientas al entorno de Visual Basic bajo el nombre de **DED** (*Data Enviroment Designer*), que permiten crear visualmente en tiempo de diseño toda la estructura necesaria para conectarse y ejecutar comandos de todo tipo sobre una o más bases de datos. Como si fuera poco, ahora también cuenta con el **Data Report**, una poderosa herramienta para generar reportes.

En la **Tabla 1** se puede observar una breve descripción de algunos controles para bases de datos.

Icono	Control	Descripción
	ADO Data Control	Control que permite acceder a las bases de datos usando la nueva tecnología ADO.
	DataGrid	Posibilita la creación de poderosos listados de datos de tablas o consultas de una base de datos.
	DataList	Caja de listado especial para trabajar con bases de datos.
	DataCombo	Caja combinada para trabajar con bases de datos.

Tabla 1. Algunos de los controles para trabajar con bases de datos en VB6.

Nuevos controles

Tanto en la versión profesional como en la empresarial se incluyeron varios controles nuevos que facilitan algunas tareas que antes resultaban tediosas. En la **Tabla 2** se presentan las novedades más interesantes.

Icono	Control	Descripción
	CoolBar	Permite crear barras de herramientas flexibles, con una apariencia más moderna. Además de botones, pueden contener cualquier tipo de control.
	ImageCombo	Es similar a un combo común, pero puede contener imágenes (íconos, etc.), previamente seleccionadas en un control ImageList.
	MonthView	Permite crear calendarios similares a los de Outlook.
	DateTimePicker	Permite seleccionar una fecha y hora, con un método similar al del MonthView.
	FlatScrollBar	Reemplaza las barras de desplazamiento comunes, que ahora son más vistosas; además, un mismo control puede mostrase vertical u horizontalmente.

Tabla 2. Algunos de los nuevos controles incluidos en Visual Basic 6.

Mejoras a los controles existentes

Varios de los controles existentes fueron mejorados, con el agregado nuevas propiedades o métodos. Todas estos detalles se irán ampliando a lo largo del libro, en los capítulos correspondientes.

Funciones más flexibles

Otra novedad es la posibilidad de hacer que una función devuelva una variable del tipo **Array** (vectores, matrices, etc.), y hasta tipos definidos por el usuario (**UDT**). Esto simplifica bastante el trabajo a la hora de crear funciones que hacen uso intensivo de vectores.

Nuevas funciones para manejar cadenas

Visual Basic 6 incluye alrededor de 10 funciones nuevas para el manejo de cadenas. En la **Tabla 3** se pueden encontrar las más importantes.

Función	Descripción
StrReverse	Devuelve el contenido de una cadena en orden inverso.
InStrRev	Busca una subcadena en otra cadena, y devuelve la posición donde la encontró. La búsqueda comienza desde el final de la cadena (al revés de la tradicional **InStr**).
Replace	Devuelve una cadena en la que se han reemplazado algunas subcadenas con otras. Es el equivalente a la función Reemplazar del Word.
Split	Toma una cadena que contiene varias subcadenas separadas por un delimitador (por ejemplo: "|" o ",") y las envía a un vector de cadenas.
Join	Realiza el proceso inverso de la función **Split**, es decir que dado un vector de cadenas, une todos sus ítems en una sola cadena.
Filter	Toma un vector de cadenas y devuelve otro con todos los ítems que contengan una subcadena dada.
WeekDayName	Devuelve el nombre de un número de día de la semana (1=Domingo, 2=Lunes, etc.). Funciona en castellano.
MonthName	Devuelve el nombre de un número de mes.

Tabla 3. Algunas de las funciones de cadenas agregadas a Visual Basic 6.

Ayuda en formato HTML compilado

A partir de la sexta versión, la ayuda del lenguaje viene en formato HTML compilado. Esto significa que se puede "navegar" por la ayuda de forma similar a la de un browser de páginas Web. Esto es muy natural para todas aquellas personas que tienen experiencia navegando por Internet.

PRIMER CONTACTO
CON VISUAL BASIC

En este capítulo se presentarán los fundamentos de la programación orientada a eventos y una completa recorrida por el entorno de Visual Basic, sus elementos y su forma de trabajo.

Capítulo **2**

Programación orientada a eventos

Quienes hayan tenido la oportunidad de programar bajo DOS habrán notado que no es tarea sencilla. La principal dificultad para los programadores era lograr una buena interfase gráfica. Además, los usuarios tenían una complicación adicional: los programas no eran parecidos ni en su estética ni en su operatividad.

Con la llegada de Windows eso cambió radicalmente. Gracias a la programación visual, los programadores cuentan con la posibilidad de diseñar interfases más funcionales, y a los usuarios les resulta más transparente el paso de una aplicación a otra, ya que la mayoría de los programas poseen elementos comunes (menúes, cajas de texto, etc.).

Pero no sólo cambió la parte estética de los programas, sino la forma de construirlos. Al programar para DOS había que seguir un esquema bien definido: todos los programas comenzaban en un cierto punto y finalizaban en otro punto. Era tarea del programador definir todo lo que ocurría en el medio y ocuparse de la entrada, validación y salida de datos, como así también de establecer todo lo que el usuario podía hacer durante la ejecución.

Afortunadamente, programar para Windows con Visual Basic es totalmente distinto:

1. La primera tarea a realizar es diseñar los formularios (ventanas) con los que va a interactuar el usuario.
2. Luego deben agregarse objetos y definir las propiedades de cada uno.
3. Finalmente, se deben establecer los eventos a los que va a responder el programa y escribir el código correspondiente (por ejemplo, definir cómo va a responder un botón cuando el usuario haga un doble clic).

Formularios

Los formularios son las ventanas mediante las cuales los usuarios interactúan con la aplicación. Lo primero que hay que hacer al comenzar un nuevo proyecto es definir todas las ventanas que formarán parte del programa, y luego establecer su apariencia y comportamiento. Por lo general se trabaja con los formularios en tiempo de diseño, es decir, ni bien se comienza a modelar el programa. En tiempo de eje-

Primer contacto con Visual Basic

2

cución, lo que se suele hacer es ocultar o redefinir el tamaño de un formulario.

Cuando se abre un nuevo proyecto en Visual Basic, generalmente se presenta un formulario estándar sobre el cual se empieza a trabajar. Esto se puede observar en la **Figura 1**. Nótese también que junto con el formulario aparece una cuadrícula de puntos que se utiliza para alinear los controles fácilmente mientras se diseña la interfase.

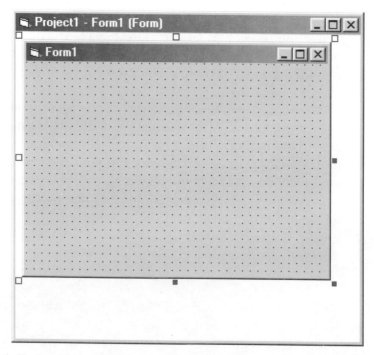

Figura 1. Un formulario en blanco es el punto de partida para construir una interfase.

Los formularios actúan como contenedores de otros objetos, y poseen varios elementos conocidos:

• Barra de título.
• Cuadro de control.
• Botones Minimizar, Maximizar/Restaurar y Cerrar.

Cuando se guarda un formulario como parte de un proyecto, Visual Basic genera un archivo de texto con extensión .FRM que almacena información sobre el formulario, sus propiedades, los objetos que contiene y el código ingresado. En la **Figura 2** se puede ver un ejemplo de estos archivos.

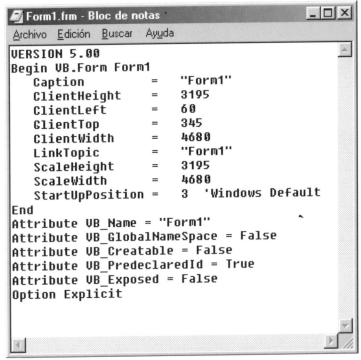

Figura 2. Los archivos .FRM contienen información sobre los formularios, sus objetos y propiedades.

Controles

Los controles son todos los objetos que se colocan en los formularios, mediante los cuales se realizan las acciones. A través de los controles se puede escribir y recibir texto (etiquetas y cajas de texto), usar botones de comando, insertar o manipular imágenes, utilizar cuadros de diálogo, y mucho más. Visual Basic incorpora diversos controles estándar, pero lo más llamativo es la posibilidad de crear controles personalizados (aunque para esto hay que tener más conocimiento en la materia).

CONTROLES ACTIVEX

Visual Basic permite crear controles personalizados para usarlos en varias aplicaciones. Esos controles se pueden distribuir fácilmente, y se conocen con el nombre de controles ActiveX (archivos con extensión OCX).

Propiedades

Los propiedades son atributos que tienen los objetos. Todas las propiedades tienen un valor que determina el estado de un objeto. Por ejemplo, los formularios poseen dos propiedades llamadas **Height** y **Width** que determinan su altura y anchura. En tiempo de diseño se establecen las propiedades que tendrán los objetos al iniciarse el programa, y luego, en tiempo de ejecución, se escribe el código necesario para modificar los valores de las propiedades de los controles.

Métodos

Los métodos son funciones propias de cada objeto. Así como las propiedades afectan cómo son los objetos, los métodos ejecutan acciones propias del mismo. Los métodos afectan el comportamiento de los objetos en un programa, y solamente se los utiliza en tiempo de ejecución (a diferencia de las propiedades, que también se pueden establecer en tiempo de diseño). Por ejemplo, los formularios poseen un método llamado **Show** que se encarga de mostrarlos por pantalla.

Eventos

Los eventos son sucesos a los que debe responder el programa. La mayoría del código que hay que escribir en Visual Basic se debe a procedimientos de suceso (que definen cómo va a responder el programa ante un evento) y a funciones definidas por el usuario (que ayudan a los procedimientos de suceso a realizar un trabajo).

IMPORTANTE

Todos los objetos tienen propiedades, responden a ciertos eventos y pueden ejecutar sus propios métodos.

Por ejemplo, los botones de comando tienen un evento llamado `Click`, que se dispara cada vez que el usuario hace un clic del mouse sobre el mismo.

El entorno de desarrollo

DEFINICIONES

IDE (INTEGRATED DEVELOPMENT ENVIRONMENT O ENTORNO DE DESARROLLO INTEGRADO)

Es el entorno de trabajo de Visual Basic que integra funciones de diseño, edición, compilación y depuración de proyectos mediante una interfase gráfica.

El Entorno de Desarrollo Integrado (IDE) de Visual Basic contiene todas las herramientas necesarias para la creación de aplicaciones. Desde la versión 5.0, Visual Basic empezó a utilizar un entorno MDI (Interfaz de Múltiples Documentos) que permite trabajar con muchos proyectos simultáneamente (al igual que en otros programas, como Microsoft Word o Excel, se puede trabajar con varios documentos al mismo tiempo).

MÁS DATOS

SUGERENCIA

Para usar la interfase de Visual Basic es muy recomendable tener mucho espacio en pantalla. Lo ideal es utilizar una resolución gráfica de 800x600 o 1024x768 (siempre que la placa de video y sus ojos lo soporten).

Ingresar al programa

Al iniciar Visual Basic aparece el cuadro de diálogo `New Project`, que se muestra en la **Figura 3**. Este cuadro de diálogo posee tres pestañas con las siguientes opciones:

- **New**: crea un nuevo proyecto del tipo establecido.
- **Existing**: permite examinar un proyecto ya creado y guardado.
- **Recent**: presenta una lista con los últimos proyectos abiertos.

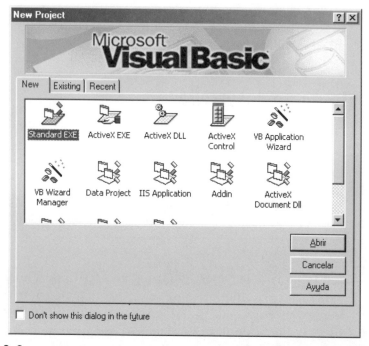

Figura 3. *La ventana para crear un nuevo proyecto se ejecuta al iniciar Visual Basic.*

Obsérvese que en la pestaña **New** hay varios tipos de proyectos que se pueden crear. Los principales proyectos son:

- **Standard EXE**: se utiliza para crear programas estándar de Windows (archivos EXE).
- **ActiveX Control**: permite crear controles ActiveX personalizados (archivos OCX).
- **VB Application Wizard**: construye el esqueleto de una aplicación mediante prácticos asistentes.
- **IIS Application**: crea un proyecto que se puede usar en conjunto con Internet Information Server (IIS) de Windows NT.

El área de trabajo

Luego de haber abierto o seleccionado un proyecto a crear, Visual Basic presenta su área de trabajo. La misma puede observarse en la **Guía visual 1**.

GUÍA VISUAL Nº 1 • El área de trabajo de Visual Basic

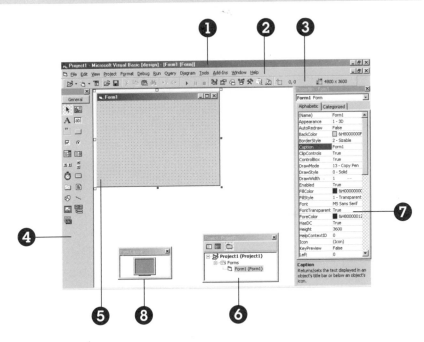

2 Primer contacto con Visual Basic

1 Barra de título

2 Barra de menúes

3 Barra de herramientas

4 Caja de herramientas

5 Diseñador de formularios

6 Explorador de proyectos

7 Ventana de propiedades

8 Posición del formulario

Barra de título

Es la barra horizontal situada en la parte superior de la pantalla, que es común a todas las aplicaciones de Windows. En Visual Basic, la barra de título informa el nombre del proyecto abierto y el estado del mismo, es decir, si se encuentra en tiempo de diseño, de ejecución, o en pausa.

DEFINICIONES

TIEMPO DE DISEÑO

Momento en que el programador modela la apariencia de la aplicación sin que la misma se esté ejecutando. En tiempo de diseño todas las acciones se realizan mediante el entorno de Visual Basic.

DEFINICIONES

TIEMPO DE EJECUCIÓN

Momento en que la aplicación se está ejecutando. Las acciones se realizan en tiempo de ejecución a través del código ingresado por el programador.

Barra de menúes

Por medio de esta barra se puede acceder a todas las funciones incorporadas en Visual Basic. En realidad existen varios botones o teclas rápidas que eliminan la necesidad de recurrir a los menúes para ciertas funciones, pero nunca está de más prever este medio de acceso a la información.

Barra de herramientas

Mediante las barras de herramientas se puede acceder a funciones sin tener que utilizar el menú o una atajo de teclado. En la **Guía visual 2** se observan todos los botones que incluye la barra de herramientas Estándar de Visual Basic.

GUÍA VISUAL Nº 2 • La barra de herramientas y sus botones

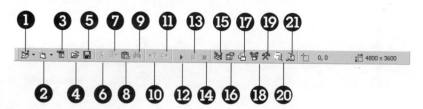

❶ Agrega un nuevo proyecto
❷ Incorpora un nuevo formulario
❸ Editor de menúes
❹ Abre un proyecto
❺ Guarda un proyecto
❻ Cortar
❼ Copiar
❽ Pegar
❾ Buscar
❿ Deshacer
⓫ Rehacer

⓬ Ejecutar
⓭ Pausa
⓮ Detener
⓯ Explorador de proyectos
⓰ Ventana de propiedades
⓱ Posición del formulario
⓲ Explorador de objetos
⓳ Caja de herramientas
⓴ Ventana de datos
㉑ Administrador visual de componentes

Figura 9. *El explorador de proyectos es muy útil para moverse entre los distintos formularios, módulos y componentes de un proyecto.*

Ventana de propiedades

A través de esta ventana se pueden modificar todas las propiedades de los controles u objetos, en tiempo de diseño. Igualmente, las propiedades también se pueden cambiar en tiempo de ejecución.

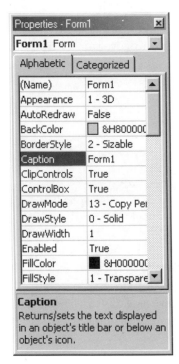

Figura 10. *La ventana de propiedades y sus dos formas de organización.*

Primer contacto con Visual Basic

2

VENTANA DE PROPIEDADES

En esta ventana hay dos pestañas que permiten agrupar las propiedades por orden alfabético o por categoría. La primera opción es ideal para los usuarios avanzados, mientras que para los principiantes puede ser más fácil modificar las propiedades según la categoría a la que pertenezcan (ver **Figura 4**).

Posición del formulario

Permite posicionar formularios en tiempo de diseño. Esta ventana muestra todos los formularios visibles y permite acomodarlos de forma manual, para establecer la ubicación que mantendrán al ejecutarse la aplicación. Sin embargo, lo más usual es establecer la posición de los formularios por medio de sus propiedades. Además, esta ventana se suele cerrar para ahorrar espacio en el área de trabajo.

Trabajar con Visual Basic

Crear un nuevo proyecto

Al ingresar al programa, se muestra el cuadro de diálogo `New Project` para crear un proyecto del tipo deseado. Sin embargo, ése no es el único momento en que se puede empezar con un nuevo trabajo.

Para crear un nuevo proyecto, los pasos a seguir son:
1. Ir al menú `File`.
2. Elegir la opción `New Project`.
3. Seleccionar el tipo de proyecto deseado.
4. Hacer clic sobre el botón `OK`.

ATAJOS DE TECLADO

La forma más rápida de crear un nuevo proyecto es mediante su atajo de teclado: `Ctrl+N`.

Guardar un proyecto

RÁPIDO Y FÁCIL

Para guardar un proyecto, simplemente hay que:
1. Ir al menú `File`.
2. Elegir la opción `Save Project`.
3. Por cada archivo a guardar (proyecto, formulario, módulo, etc.) aparecerá el cuadro de diálogo `Save File As`. Seleccionar el directorio de destino de cada archivo (generalmente, será una carpeta en común).

Al momento de guardar un proyecto o cualquier elemento del mismo, Visual Basic permite ingresar el nombre de archivo deseado, pero la extensión a emplear deberá ser la correspondiente al tipo de elemento. En la **Tabla 1** se pueden observar las extensiones más comunes asignadas por Visual Basic.

Extensión	Descripción
FRM	Formularios
BAS	Módulos de código
VBP	Proyectos
CTL	Controles ActiveX

Tabla 1. Los principales tipos de archivos.

Ejecutar un proyecto

Uno de los momentos más lindos de la programación es cuando llega la hora de ejecutar un proyecto (en otras palabras, la hora de la verdad). Para ello, sólo hay que dirigirse al menú `Run` y elegir la opción `Start`.

SUGERENCIA

UNA FORMA MÁS RÁPIDA
Para ejecutar un proyecto es más rápido pulsar la tecla **F5**.

Cuando se ejecuta la orden **Start** o se pulsa **F5**, Visual Basic compila el programa para comprobar la existencia de errores. Si no se encuentra ninguno, el programa se ejecuta y aparece el formulario principal. Desde el menú **Run**, también es posible poner en pausa o detener la ejecución de un proyecto.

MÁS DATOS

SUGERENCIA

Es muy recomendable guardar un proyecto antes de ejecutarlo.

Configuración

Antes de empezar a programar, una de las primeras actividades a realizar es configurar Visual Basic. Este producto posee muchas opciones de configuración que permiten adaptar el editor a las necesidades de cada usuario. Para acceder a la ventana de opciones, se debe ir al menú **Tools** y elegir el ítem **Options**.

Pestaña Editor

Esta pestaña se utiliza para configurar el comportamiento del editor de código. Las opciones más importantes son:

• **Auto Syntax Check** (Chequeo automático de sintaxis): activa la comprobación automática de sintaxis después de escribir cada línea de código. En otras palabras, hará que Visual Basic nos muestre un mensaje si la línea que acabamos de escribir contiene errores.
• **Require Variable Declaration** (Requerir declaración de variables): agrega la instrucción **Option Explicit** al principio de cada módulo. Esto permite que todas las variables a usar deban ser forzosamente declaradas.
• **Tab Width** (Ancho de tabulación): establece la cantidad de espacios a avanzar cada vez que se presiona la tecla **Tab** en el editor.

MÁS DATOS

SUGERENCIA

Es muy recomendable trabajar con la opción **Require Variable Declaration** activada.

SUGERENCIA

Para trabajar con más comodidad conviene desactivar la opción `Auto Syntax Check`. De todas formas, Visual Basic marcará en rojo las líneas de código incorrectas.

En la **Figura 11** se pueden observar todas las opciones de esta pestaña.

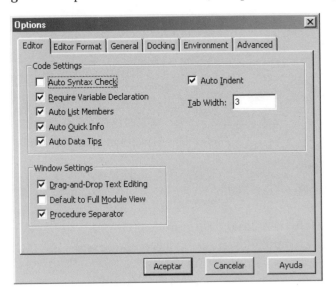

Figura 11. La pestaña Editor.

Pestaña Formato del Editor

Esta pestaña (que se muestra en la **Figura 12**) se utiliza para configurar la apariencia del editor. Acá podemos asignar la fuente tipográfica para la ventana de código, los colores específicos para las distintas clases de texto, etc.

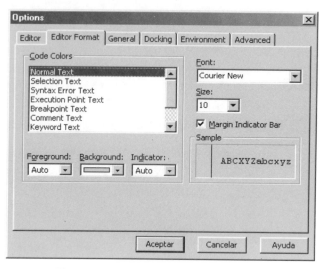

Figura 12. La pestaña Formato del Editor.

Pestaña General

Desde aquí podemos personalizar las opciones más generales, por ejemplo, la configuración de la cuadrícula de puntos, las asignaciones para el manejo de errores y las opciones de compilación de un proyecto. Veamos las más importantes:

- **Break on All Errors** (Interrumpir en todos los errores): si se selecciona esta opción, ante cualquier error se entrará al modo depuración (y se detendrá el programa).
- **Break in Class Module** (Interrumpir en módulos de clase): en caso de producirse un error dentro de un módulo de clase, se entrará al modo depuración dentro del mismo.
- **Break on Unhandled Errors** (Interrumpir en errores no controlados): si se activa esta opción y hay un controlador de errores activado, el error queda capturado sin entrar en el modo depuración. Si no está activado ningún controlador de errores, el error hace que el proyecto se interrumpa.

DEFINICIONES

MODO DEPURACIÓN

Detención momentánea en la ejecución de un proyecto (ya sea en forma manual o por un error del mismo) para corregir errores o supervisar "más de cerca" la ejecución.

En la **Figura 13** se presentan todas las opciones generales.

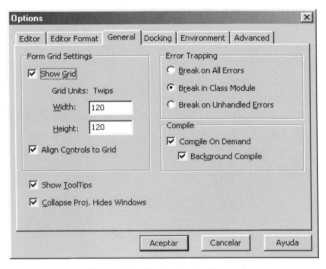

Figura 13. *La pestaña General.*

Pestaña Acople

Esta pestaña (que puede observarse en la **Figura 14**) se emplea para determinar qué elementos de la interfase de Visual Basic deberán ser "acoplados", es decir, mantener fijos en una posición en lugar de permanecer flotantes.

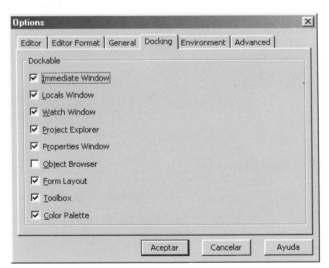

Figura 14. *La pestaña Acople.*

Primer contacto con Visual Basic 2

Pestaña Entorno

Permite especificar los atributos del entorno de desarrollo de Visual Basic. Sus principales opciones son:

- **Save Changes** (Guardar los cambios): guarda automáticamente todos los cambios efectuados a un proyecto cuando éste se ejecuta.
- **Prompt To Save Changes** (Preguntar para guardar los cambios): al ejecutar un proyecto se muestra un cuadro de diálogo que nos pregunta si deseamos guardar el proyecto antes de ejecutarlo.
- **Don't Save Changes** (No guardar los cambios): si se elige esta opción, Visual Basic ejecutará el proyecto pero no guardará ningún cambio efectuado.

MÁS DATOS

SUGERENCIA

Es muy aconsejable activar la opción `Prompt To Save Changes` para tener la posibilidad de guardar el proyecto antes de ejecutarlo; de lo contrario, si se llega a colgar la máquina corremos el riesgo de perder las últimas modificaciones efectuadas.

La **Figura 15** muestra las opciones de la pestaña Entorno.

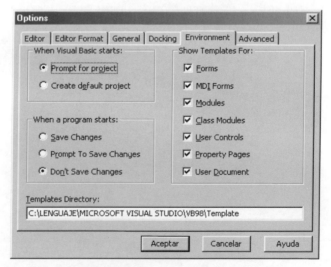

Figura 15. La pestaña Entorno.

Pestaña Avanzado

Como su nombre lo indica, esta pestaña (**Figura 16**) permite acceder a las opciones avanzadas del lenguaje. En la versión 6 de Visual Basic se agregó un ítem que posibilita indicar la ruta de un programa externo para editar los documentos HTML.

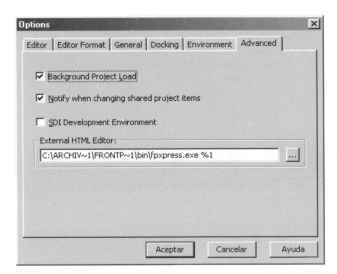

Figura 16. La pestaña Avanzado.

Manipular controles

Ubicar controles

Para ubicar los controles en los formularios, existen dos alternativas:
- Hacer doble clic sobre el control deseado en la caja de herramientas. Esto hará que el control se ubique en el centro del formulario con un tamaño determinado, que se pude cambiar fácilmente.
- Hacer un clic sobre el control en la caja de herramientas y dibujarlo en el formulario.

Para dibujar un control en el formulario, los pasos a seguir son:

1. Hacer un clic en el control deseado de la caja de herramientas.
2. Mover el puntero del mouse hacia el formulario. La clásica flecha que representa al puntero se verá reemplazada por una cruz.
3. Hacer un clic izquierdo en la posición sobre la cual se desea empezar a dibujar el control, y arrastrar el puntero del mouse hasta que el objeto tenga el tamaño deseado. Siempre se debe mantener apretado el botón izquierdo del mouse (desde que se inicia el dibujo hasta que se finaliza).

FIJAR LOS CONTROLES DE UN FORMULARIO

Una vez ubicados todos los controles que formarán parte del formulario, Visual Basic nos permite fijarlos al mismo, de modo que no puedan moverse accidental o voluntariamente. Para ello, debemos ir al menú **Format** y elegir la opción **Lock Controls**.

Seleccionar controles

Seleccionar un control es la base para luego poder moverlo, duplicarlo, modificarlo o eliminarlo. Para seleccionar un solo control, simplemente debemos hacer un clic sobre el mismo en el formulario.

Pero lo más interesante es la posibilidad de seleccionar varios controles de una sola movida. Para eso, debemos elegir el **Puntero** de la caja de herramientas y dibujar un rectángulo en el formulario (de la misma forma que se dibuja cualquier otro control). Todos los objetos que se encuentren dentro del rectángulo dibujado estarán seleccionados y listos para ser manipulados.

Otra forma de seleccionar varios controles a la vez es hacer clic sobre uno de ellos y luego seleccionar el resto manteniendo presionada la tecla **Ctrl**.

Eliminar controles

Los controles insertados en los formularios pueden ser eliminados con facilidad: simplemente se debe seleccionar un control (haciendo un clic sobre el mismo) y pulsar la tecla **Delete**.

ELIMINAR UN CONTROL

Una vez seleccionado un control, se lo puede eliminar pulsando la tecla `Delete` o yendo al menú `Edit, Delete`.

CODIGO DE UN CONTROL ELIMINADO

Al eliminar un control del formulario sólo se borra el objeto, pero el código ingresado para el mismo permanece (por más que no se ejecute nunca al no existir el control).

Agregar formularios

Cómo habíamos mencionado antes, los formularios son las ventanas mediante las cuales los usuarios interactúan con una aplicación. Todos los proyectos, por más pequeños que sean, generalmente tendrán más de un formulario, así que es un buen momento para ver cómo se incorporan.

Mediante el menú `Project, Add Form` se puede acceder al cuadro de diálogo mostrado en la **Figura 17**.

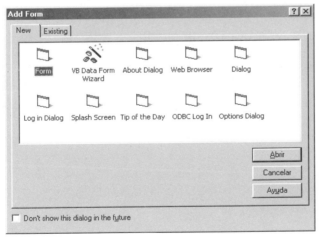

Figura 17. El cuadro de diálogo para agregar un formulario.

SUGERENCIA

AGREGAR UN FOMULARIO

También se puede agregar un formulario desde la barra de herramientas, utilizando el siguiente icono:

El cuadro de diálogo para agregar un formulario posee dos pestañas:

- **New**: agrega un nuevo formulario al proyecto.
- **Existing**: incorpora un formulario ya existente al proyecto.

Si deseamos agregar un nuevo formulario, nos encontraremos con varios modelos; la alternativa más usual es elegir la opción `Form` (que agrega un formulario en blanco, similar al presentado al inicio del proyecto).

Agregar módulos

Los módulos son archivos que almacenan código fuente dividido en rutinas (procedimientos o funciones). Para agregar un módulo estándar en Visual Basic, simplemente debemos ir al menú `Project` y elegir la opción `Add Module`. Luego, aparecerá un cuadro de diálogo similar a la **Figura 18**; allí también tendremos la opción de incorporar un nuevo módulo o uno ya existente.

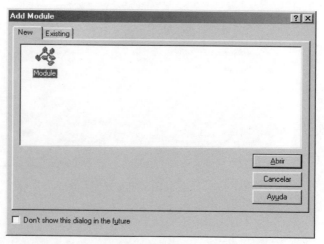

Figura 18. *El cuadro de diálogo para incorporar un módulo.*

Cambiar propiedades

Las propiedades son atributos que poseen los controles. Todas las propiedades tienen un nombre que las identifica y un valor que determina el estado del objeto. El valor de una propiedad se puede establecer en tiempo de diseño o en tiempo de ejecución.

Para establecer o cambiar el valor de una propiedad en tiempo de diseño, se debe seleccionar el objeto y acceder a la ventana de propiedades (ver **Figura 19**). Allí simplemente debemos elegir el nombre de la propiedad a modificar (columna izquierda de la ventana de propiedades) e ingresar el nuevo valor de la misma (columna derecha).

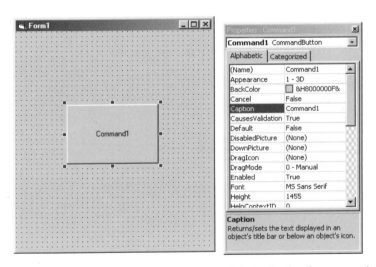

Figura 19. *La ventana de propiedades permite definir el valor de una propiedad en tiempo de diseño.*

En tiempo de ejecución, los valores de las propiedades se pueden asignar o modificar mediante el ingreso de código.
Por ejemplo:

```
cmdBoton.Enabled = False
```

De esta forma, la propiedad **Enabled** (Activo) del objeto **cmdBoton** posee el valor **False** (Falso). En otras palabras, esa línea de código indica que el objeto se encuentra desactivado.

SUGERENCIA

CAMBIO DE VALOR DE PROPIEDADES

Muchas veces es necesario cambiar el valor de las propiedades de varios controles a la vez. Para eso, podemos seleccionar todos los controles a modificar, y luego establecer el valor deseado en la ventana de propiedades (allí sólo quedarán las que sean comunes a todos los controles).

Ventana de código

Esta ventana se utiliza para visualizar e ingresar todo el código en Visual Basic. Es posible abrir tantas ventanas de código como formularios o módulos existan, pudiendo copiar y pegar información entre los mismos.

Hay varias formas de abrir la ventana de código:

① PASO A PASO

① Ir al menú **View** y seleccionar la opción **Code**.

② Pulsar la tecla **F7**.

③ Elegir el ícono ▦ en el explorador de proyectos.

④ Hacer doble clic sobre un control o formulario.

En la **Guía visual 4** se puede observar la ventana de código junto con todos sus elementos:

- Cuadro objeto: despliega el nombre del objeto seleccionado.
- Cuadro procedimiento: lista todos los procedimientos y eventos que posee el objeto seleccionado.
- Icono de vista de procedimiento: muestra el procedimiento seleccionado (pero sólo se visualiza un procedimiento a la vez).
- Icono de vista completa del módulo: muestra todos los procedimientos y código del módulo.
- Barra de margen: almacena ciertos indicadores que se utilizan al depurar el proyecto.
- Barra de división: permite dividir la ventana de código en dos paneles horizontales, de modo de poder trabajar simultáneamente con distintas partes del código.

GUÍA VISUAL Nº 4 • La ventana de código

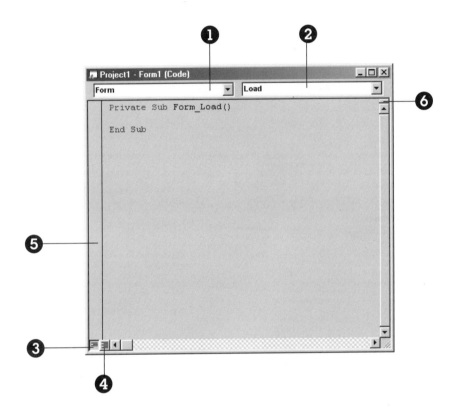

① Cuadro objeto   ④ Ícono de vista del módulo
② Cuadro procedimiento   ⑤ Barra de margen
③ Ícono de vista de procedimiento   ⑥ Barra de división

Ejercicios propuestos

¡Hola mundo!

Todos los libros de programación tienen el clásico ejemplo de "Hola mundo"; el nuestro no será la excepción. El objetivo de este ejercicio es crear un programa que, luego de hacer clic sobre un botón de comando, muestre la frase "¡Hola mundo!" en una etiqueta.

EN EL CD

Este ejemplo se encuentra en la carpeta **Ejemplos\Cap02\Ej01** del CD.

RÁPIDO Y FÁCIL

1. Crear un nuevo proyecto en Visual Basic.
2. Cambiar la propiedad `Caption` del formulario principal por "Ejercicio: ¡Hola mundo!".
3. Ubicar un botón de comando en el formulario (pueden hacer doble clic sobre el control en la caja de herramientas, o un simple clic para dibujarlo sobre el formulario).
4. Seleccionar el botón de comando y acceder a la ventana de propiedades.
5. En la propiedad `Caption` ingresar "Mostrar frase" y en la propiedad `Name` "cmdBoton".
6. Ingresar una etiqueta en el formulario.
7. Dejar en blanco la propiedad `Caption` y cambiar el nombre de la propiedad `Name` por "lblFrase".
8. Hacer doble clic en el botón de comando, y cuando aparezca la ventana de código ingresar el siguiente texto:

```
Private Sub cmdBoton_Click()
    lblFrase.Caption = "¡Hola mundo!"
End Sub
```

9. Pulsar **F5** para ejecutar el proyecto.

En la **Figura 20** se muestra una pantalla del ejercicio realizado.

Figura 20. *La pantalla con el ejercicio ya ejecutado.*

Cuestionario

1. ¿Qué son los formularios?

2. ¿Qué diferencia hay entre método y evento?

3. ¿Qué diferencia hay entre barra de herramientas y caja de herramientas?

4. ¿Cuál es la función del explorador de proyectos?

5. ¿Qué extensión tienen los módulos en Visual Basic?

6. ¿Cómo se accede a la configuración del programa?

7. ¿Qué alternativas existen para ubicar controles en los formularios?

8. ¿Cómo se agregan nuevos formularios?

9. ¿Cómo se cambian las propiedades?

10. ¿Para qué sirve la ventana de código?

Primer contacto con Visual Basic

2

ELEMENTOS DEL LENGUAJE

En este capítulo veremos cómo trabajar con los elementos del lenguaje. Primero trataremos el manejo de formularios, luego los principales eventos y su secuencia de ejecución, y finalmente haremos una recorrida por los controles estándar más importantes.

Capítulo **3**

Trabajar con formularios

Cargar y mostrar formularios

Cuando se escribe un programa que posee un solo formulario, no hay que preocuparse por mostrarlo u ocultarlo ya que Visual Basic por defecto lo presentará en pantalla al ejecutar el proyecto. Pero la mayoría de los programas tienen varias ventanas, lo cual hace necesario que debamos controlar cuáles se muestran y cuáles no.

Para mostrar un formulario, existe un método llamado **Show**. Su sintaxis es la siguiente:

```
formulario.Show estilo, padre
```

Parámetro	Descripción
formulario	Opcional. Nombre del formulario a mostrar. Si se omite, se muestra el formulario activo.
estilo	Opcional. Número entero que determina si el formulario se mostrará de forma *modal* (**1**) o *normal* (**0**).
padre	Opcional. Se utiliza para indicar si nuestra ventana está contenida dentro de otro formulario (relación padre-hijo). Generalmente no se utiliza este parámetro, aunque es muy útil para crear barras de herramientas.

Por ejemplo:

```
frmPrograma.Show
```

Esta instrucción carga el formulario **frmPrograma** en memoria, e inmediatamente después lo muestra en pantalla.

```
frmPrograma.Show 1
```

Aquí, también se muestra la ventana **frmPrograma**, pero esta vez en forma *modal*.

Si un formulario se muestra modalmente (en forma *modal*), el control del programa permanece en ese formulario hasta que éste se cierre. Si una ventana se muestra normal, los usuarios se pueden mover libremente por todos los formularios activos (sin necesidad de cerrarlos obligatoriamente).

SUGERENCIA

FORMULARIO MODAL

Es ideal para usar cuando queremos que los usuarios completen las acciones del formulario antes de ir a otra parte del programa.

El método **Show** realiza dos acciones:

- Cargar el formulario en memoria (si aún no estaba cargado)
- Mostrar el formulario en pantalla

Sin embargo, muchas veces puede resultar necesario cargar el formulario en memoria pero no mostrarlo (ya que el método **Show** realiza las dos acciones). Para cumplir dicha función, existe una instrucción llamada **Load** cuya sintaxis es la siguiente:

```
Load objeto
```

La instrucción **Load** puede usarse para cargar en memoria tanto formularios como otros controles. Después de cargar un formulario mediante esta sentencia, se ejecuta el código del evento **Form_Load** del formulario. Por ejemplo:

```
Load frmPrograma
```

Esta línea de código carga en memoria el formulario **frmPrograma**, pero no lo muestra. Después de realizada la carga, se ejecuta el evento **Form_Load** de **frmPrograma** (con lo cual se ejecuta el código disponible en dicho procedimiento de suceso).

MÁS DATOS

SUGERENCIA

Los formularios que poseen muchos controles tardan en aparecer. Una buena forma de solucionar este inconveniente es cargar en memoria todos los formularios de una sola vez al inicio del programa. Para esto, debe ejecutarse la sentencia **Load** con todos los formularios existentes, y una vez que estén en memoria, se podrán mostrar más rápido en el momento deseado.

Así como hay un método `Show` y una instrucción `Load` para mostrar y cargar un formulario respectivamente, también existe un método `Hide` y una instrucción `Unload` para realizar lo contrario.

El método `Hide` quitará el formulario de la pantalla pero no de la memoria, y por lo tanto se debe usar cuando se quiere ocultar temporalmente una ventana con la que se seguirá trabajando luego. La sintaxis del método `Hide` es:

```
objeto.Hide
```

La instrucción `Unload` permite descargar de memoria un formulario (con lo cual también se lo oculta de la pantalla). Su sintaxis es muy sencilla:

```
Unload objeto
```

Para comprender mejor todas estas instrucciones, nada mejor que un ejemplo. El programa que se ve en la **Figura 1** hace uso de las sentencias `Load` y `Unload`, y de los métodos `Show` y `Hide`.

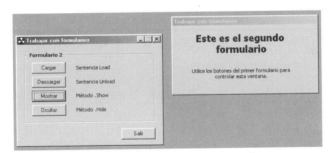

Figura 1. Visual Basic nos permite trabajar con varias ventanas.

Mediante los botones del primer formulario (**form1**), es posible controlar el estado del segundo (**form2**). Nótese que con sólo cargar el segundo formulario (botón `Cargar`), éste no aparece en pantalla hasta que se ejecuta el método `Show` (botón `Mostrar`).

EN EL CD

Este ejemplo pueden encontrarlo en el CD, dentro de la carpeta **Ejemplos\Cap03\Ej01**.

Elementos del lenguaje **3**

Modificar la apariencia

Los formularios tienen la particularidad de que se necesita escribir muy poco código para manejarlos; la mayor parte de ese código corresponde a la carga y presentación de los mismos. Y si el manejo de los formularios resulta sencillo, lo es aún mucho más cambiar su apariencia.

En un proyecto, la primera tarea a realizar consiste en diseñar las ventanas que participarán en el mismo; luego le sigue la ubicación de los controles y finalmente la programación. De esto se deduce que, por lo general, la apariencia de los formularios se define una sola vez al inicio de un proyecto (en tiempo de diseño, por medio de propiedades).

Ajustar el tamaño

Los formularios son ventanas; por lo tanto, para ajustar su tamaño sólo hacen falta cuatro propiedades que determinen su ubicación, altura y anchura. Esas propiedades son: `Left`, `Top`, `Height` y `Width`.

`Left` y `Top` indican la posición izquierda y superior en donde se ubicará el formulario. Estas propiedades tienen como valor un número entero que indica los *twips* que distancian al borde de la pantalla del formulario.

DEFINICIONES

TWIP

Por defecto, todas las distancias se miden en *twips*. Un *twip* es una unidad de medida que equivale a la 1/20 parte del punto de la impresora, por lo tanto hay 1.440 *twips* por cada pulgada. El tamaño físico del *twip* varía en función de la resolución de pantalla.

Las propiedades `Height` y `Width` representan la altura y el ancho del formulario. Veamos un ejemplo de estas cuatro propiedades en acción:

```
frmPrueba.Top = 0
frmPrueba.Left = 0
frmPrueba.Width = 4800
frmPrueba.Height = 3600
```

Este ejemplo ubica un formulario de 3600 x 4800 *twips* en la esquina superior izquierda (la coordenada [0,0]).

HAY QUE SABERLO

CÓMO SE MIDEN LAS PROPIEDADES LEFT, TOP, HEIGHT Y WIDTH

Las propiedades `Left`, `Top`, `Height` y `Width` de los formularios siempre se miden en *twips*. Esas mismas propiedades aplicadas a otros objetos pueden trabajar con otra unidad de medida distinta del *twip*.

DEFINICIONES

SCALEMODE

La propiedad `ScaleMode` de un formulario permite seleccionar la unidad de medida para posicionar los controles u objetos que contiene.

Personalizar la barra de título

La barra de título de los formularios contiene un cuadro de control (menú al que se accede mediante un ícono), una leyenda y los botones para minimizar, maximizar y cerrar la ventana. En la **Guía visual 1** se pueden observar estos elementos.

GUÍA VISUAL Nº 1 • Las partes de la barra de título

❶ Cuadro de control   **❹** Botón Maximizar / Restaurar

❷ Leyenda   **❺** Botón Cerrar

❸ Botón Minimizar

El cuadro de control es un menú alternativo que permite modificar el tamaño o la posición de un formulario, y cerrarlo. Para desplegar el menú de control, los usuarios sólo deben hacer un clic del mouse sobre el ícono del formulario activo. La **Figura 2** muestra el menú de control.

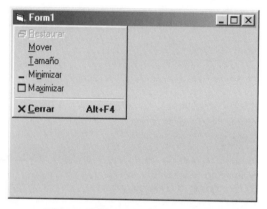

Figura 2. El cuadro de control.

Pero no todos los formularios poseen el cuadro de control. Mediante la propiedad `ControlBox` se puede indicar si el formulario tendrá o no dicho elemento. Esta propiedad acepta dos valores: `True` (Verdadero) o `False` (Falso). La **Figura 3** muestra un formulario cuya propiedad `ControlBox` tiene el valor `False`.

Figura 3. Al desactivar el cuadro de control, también desaparecen los botones Minimizar, Maximizar/Restaurar y Cerrar.

Para trabajar con formularios que posean el cuadro de control podemos emplear otra propiedad interesante llamada `Icon`, pues nos permite seleccionar un ícono que represente a la aplicación o al formulario. Para modificar esta propiedad, Visual Basic nos posibilita navegar por el disco en busca de un archivo .ICO a utilizar.

Uno de los aspectos que más sobresalen de la barra de título es el nombre de la ventana. Cambiar este nombre es tarea sencilla; para eso se utiliza la propiedad `Caption`, cuyo valor puede ser cualquier cadena de caracteres. Por último, la barra de título cuenta con botones para minimizar, maximizar o cerrar la ventana activa. Las propiedades `MaxButton` y `MinButton` permiten definir si el formulario tendrá los botones Maximizar y Minimizar respectivamente. Ambas propiedades aceptan como valores `True` o `False`.

Estilos de borde

Los formularios tienen seis estilos de borde que pueden ser establecidos mediante la propiedad `BorderStyle`. Pero además de seleccionar un tipo de borde, dicha propiedad controla si el formulario puede cambiar de tamaño, la altura de la barra de título y los botones que aparecen en la misma.

En la **Tabla 1** se muestran los valores de la propiedad `BorderStyle`.

Valor	Efecto
0 — None	El formulario no posee borde, barra de título ni botones de control.
1 — Fixed Single	Se usa un borde de línea fina. El usuario no puede cambiar el tamaño del formulario.
2 — Sizable	El formulario tiene barra de título y botones de control, y el usuario puede modificar su tamaño.
3 — Fixed Dialog	El formulario muestra un borde fijo y los usuarios no pueden cambiar su tamaño. Los botones Maximizar y Minimizar no pueden estar en la barra de título.
4 — Fixed ToolWindow	El borde del formulario es fino y la barra de título aparece reducida. Es ideal para crear barras de herramientas.
5 — Sizable ToolWindow	Es igual a la opción anterior, excepto que el formulario tiene un borde modificable.

*Tabla 1. Los valores de la propiedad **BorderStyle**.*

En la **Figura 4** se muestran los distintos estilos de bordes que se pueden seleccionar por medio de la propiedad `BorderStyle`.

Figura 4. *Gracias a la propiedad* `BorderStyle` *los formularios pueden tener muchas apariencias.*

Seleccionar colores

Mediante las propiedades `BackColor` y `ForeColor` se pueden seleccionar los colores de fondo y de primer plano de un formulario o de cualquier otro control. Ambas propiedades aceptan como valor un número que representa al color a utilizar. Por ejemplo, el color azul está representado por &HFF0000& en hexadecimal o 16711680 en decimal.

Afortunadamente, no es necesario conocer los valores numéricos que representan a los colores. En la ventana de propiedades, al querer modificar la propiedad `BackColor` o `ForeColor` aparece una lista de colores que facilitan la operación (ver **Figura 5**).

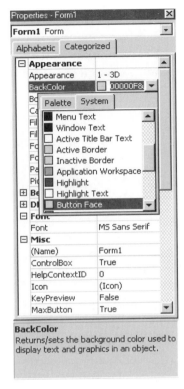

Figura 5. La lista de colores y sus dos pestañas: `System` *y* `Palette`.

En la lista de colores existen dos pestañas. La pestaña `System` muestra la combinación de colores de Windows que se encuentra activa en ese momento. Los colores de `System` son relativos, es decir que si se cambia un color del sistema (desde el Panel de Control de Windows) también se modifican los colores del programa. En la **Figura 6** se muestra la pestaña `System`.

Figura 6. La pestaña `System` *es ideal para seleccionar colores relativos que varían según la combinación de colores de Windows que posea el usuario.*

Elementos del lenguaje

La pestaña `Palette` permite seleccionar colores específicos (absolutos). Cuando se selecciona un color absoluto, el mismo permanecerá cualquiera sea la combinación de colores de Windows que tenga el usuario. La pestaña `Palette` se muestra en la **Figura 7**.

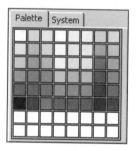

Figura 7. La pestaña `Palette` permite seleccionar colores absolutos. Es ideal para que el programa tenga los mismos colores en todas las máquinas.

Además de la lista de colores (con sus pestañas `System` y `Palette`), existe otra forma de seleccionar los colores de un formulario o control. La paleta de colores permite elegir el color de fondo y de frente al mismo tiempo. Para acceder a la paleta de colores, se debe seleccionar un control y luego elegir el menú `View`, `Color Palette` (ver **Figura 8**).

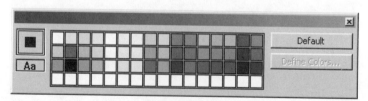

Figura 8. La paleta de colores es una forma alternativa para cambiar los colores en tiempo de diseño.

Hasta aquí hemos visto cómo seleccionar un color en tiempo de diseño. Pero muy a menudo necesitaremos cambiar un color en tiempo de ejecución. Para esto, existen las siguientes alternativas:

- Ingresar un valor que represente al color.
- Utilizar las constantes de color de Visual Basic.
- Usar la función `RGB`.
- Usar la función `QBColor`.

Ingresar un valor que represente al color

Para ingresar seleccionar un color mediante un valor que lo represente, se debería escribir una línea de código como la siguiente:

```
Form1.BackColor = &HFF0000
```

Constantes de color

Las constantes de color permiten seleccionar colores muy específicos, por lo cual no tienen mucha utilidad. La **Tabla 2** muestra las constantes de color de Visual Basic.

Constante	Valor numérico en formato decimal
vbBlack	0
vbRed	255
vbGreen	65280
vbYellow	65535
vbBlue	16711680
vbMagenta	16711935
vbCyan	16776960
vbWhite	16777215

Tabla 2. Las constantes de color.

VBDESKTOP

Así como hay constantes para colores absolutos, también existen constantes para colores del sistema; por ejemplo: `vbDesktop`.

Un ejemplo del uso de constantes de color sería:

```
Form1.ForeColor = vbYellow
Form1.BackColor = vbDesktop
```

Función RGB

Los dispositivos de video utilizan el formato RGB para representar los colores. Es decir que cada color está representado por un valor de rojo, verde y azul (un número que va desde el 0 hasta el 255 para cada color).

Elementos del lenguaje **3**

FORMATO RGB

Permite representar colores usando tonalidades de rojo, verde y azul (los colores primarios del RGB).

Las constantes de color no suelen ser muy usadas porque representan colores muy "rígidos". Por ejemplo, se puede representar un amarillo, pero no una pequeña variación del mismo.

Gracias a la función **RGB**, es posible crear colores personalizados donde cada color primario (rojo, verde y azul) contiene un ajuste de entre 0 y 255. La sintaxis de la función **RGB** es la siguiente:

```
RGB (rojo, verde, azul)
```

Veamos un ejemplo:

```
Dim ColorFondo As Long
ColorFondo = RGB (192, 192, 192)
Form1.BackColor = ColorFondo
```

En el ejemplo, creamos una variable `ColorFondo` a la que le asignamos un color gris (partes iguales de rojo, verde y azul). Luego usamos esa misma variable para establecer el color de fondo del formulario.

Función QBColor

En las primeras versiones de BASIC, como QuickBasic para MS-DOS, los colores estaban representados por números consecutivos. La función `QBColor` devuelve el código hexadecimal que representa a un número de color. Su uso es el siguiente:

```
QBColor(color)
```

El parámetro **color** debe ser un número del 0 al 15 y representa al color cuyo valor hexadecimal se desea devolver. La **Tabla 3** muestra los números que se corresponden con cada color.

Número	Color
0	Negro
1	Azul
2	Verde
3	Cyan
4	Rojo
5	Magenta
6	Amarillo
7	Blanco
8	Gris
9	Azul brillante
10	Verde brillante
11	Cyan brillante
12	Rojo brillante
13	Magenta brillante
14	Amarillo brillante
15	Blanco brillante

Tabla 3. Los números que antiguamente representaban los colores.

Un ejemplo de la función **QBColor** sería:

```
Form1.ForeColor = QBColor(3)
```

Otros aspectos a considerar

Formularios activos y visibles

Tanto los formularios como la mayoría de los controles poseen dos propiedades muy importantes que regulan su comportamiento: **Enabled** y **Visible**. La primera determina si el control se encuentra o no habilitado, es decir, si puede responder a los eventos generados por el usuario. La propiedad **Visible** se utiliza para indicar si el objeto se encuentra visible u oculto. Un objeto oculto puede responder a los eventos generados por el programador, pero aparece invisible en la pantalla. Ambas propiedades aceptan como valores **True** o **False**.

HAY QUE SABERLO

CONTROLES NO HABILITADOS

Es muy fácil reconocer los controles que no están habilitados pues aparecen con un color atenuado (generalmente gris claro).

Veamos un ejemplo del uso de estas propiedades:

```
frmVentana.Visible = True
frmVentana.Enabled = True
```

Gráficos de fondo

Los formularios tienen una propiedad llamada `Picture` que permite desplegar un gráfico como fondo de los mismos. Al querer modificar el valor de este atributo en la ventana de propiedades, Visual Basic presenta un cuadro de diálogo que nos posibilita navegar por el disco en busca de la imagen a utilizar. Cabe aclarar que Visual Basic puede trabajar con los formatos gráficos más populares, como BMP, GIF, JPG, ICO y WMF.

Fuentes tipográficas

Toda la información textual a mostrar en un formulario o cualquier otro control puede utilizar cualquier fuente tipográfica instalada en el sistema. Para ello contamos con una propiedad llamada `Font` que nos permite seleccionar la fuente, el estilo, el tamaño y los efectos. En la **Figura 9** se observa el cuadro que presenta Visual Basic al querer asignar una fuente tipográfica.

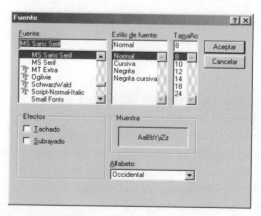

*Figura 9. Modificar una fuente tipográfica es muy sencillo gracias a la propiedad **Font**.*

LA PROPIEDAD FONT

La propiedad `Font` de un formulario es en realidad un objeto en sí mismo, con sus propiedades. Por ejemplo, para cambiar el tamaño de una fuente tipográfica por código deberá introducirse una línea similar a la siguiente: Form1.Font.Size = 15

Ajustes de posición

Existe una propiedad denominada StartUpPosition que controla la posición del formulario cuando se muestra por primera vez. En la **Tabla 4** se pueden ver todos sus valores posibles.

Valor	Efecto
0 — Manual	La posición inicial la establecen las propiedades Top y Left del formulario.
1 — CenterOwner	La ventana aparece centrada dentro de su formulario padre (que puede ser especificado en el segundo parámetro del método .**Show**).
2 — CenterScreen	El formulario aparece centrado en el escritorio de Windows.
3 — Windows Default	La posición inicial del formulario la fija Windows en base a la cantidad de ventanas abiertas.

Tabla 4. Los valores de la propiedad StartUpPosition.

Además, existe otra propiedad llamada **Moveable** que determina si una ventana puede ser movida por el usuario durante la ejecución del programa. Esta propiedad acepta los valores **True** (predeterminado) y **False**.

Unidades de medida

La propiedad ScaleMode permite seleccionar una unidad de medida para ubicar y controlar el tamaño de los objetos que contiene el formulario. La unidad de medida por defecto es el *twip*, pero existen otras unidades como pixeles, caracteres, centímetros, etc., que pueden ser muy útiles en casos específicos.

Por ejemplo, si cambiamos el valor de ScaleMode a **3** (pixeles), las propiedades Left, Top, Width, y Height de todos los objetos interiores del formulario estarán expresadas en pixeles.

Además, existen cuatro propiedades que junto con ScaleMode permiten crear un sistema personalizado de coordenadas; son: ScaleLeft, ScaleTop, ScaleWidth y ScaleHeight. Al ingresar un valor para cualquiera de estas cuatro propiedades, ScaleMode automáticamente será **0** (unidad de medida definida por el usuario).

Las propiedades más importantes de los formularios

Muchas propiedades no son únicas, sino comunes a varios objetos. La **Tabla 5**, que figura a continuación, permite observar las propiedades más importantes de los formularios, muchas de las cuales también se encuentran presentes en otros controles. Debido a esa razón, cuando hablamos de "objeto" estamos considerando que puede ser tanto un formulario como cualquier otro control.

Propiedad	Descripción
AutoRedraw	Si tiene el valor True, se guarda una imagen en memoria de la apariencia del objeto o formulario (logrando un redibujado más veloz).
BackColor	Establece el color de fondo del objeto.
BorderStyle	Determina el estilo de borde del control.
Caption	En el caso de los formularios, es el texto de la barra de título. En otros objetos (por ejemplo las etiquetas), es el texto que despliegan.
ControlBox	Establece si está disponible el cuadro de control de la ventana.
Enabled	Determina si el objeto está habilitado y puede responder a los eventos.
Font	Selecciona una fuente tipográfica para utilizar en el texto del objeto.
ForeColor	Establece el color de primer plano del objeto.
Height	Determina la altura del control.
Icon	Despliega un ícono en la barra de título del formulario.
Left	Establece la distancia izquierda entre un objeto y su contenedor (que puede ser un formulario, u otro objeto).
MaxButton	Determina si el formulario posee botón de maximizar.
MinButton	Determina si el formulario posee botón de minimizar.
MousePointer	Especifica un tipo de puntero de mouse (flecha, reloj de arena, etc.).
Moveable	Determina si el formulario puede ser movido por el usuario.
Name	Devuelve el nombre usado en el código para identificar al control.
ShowInTaskbar	Indica si un formulario se puede mostrar en la Barra de Tareas.
StartUpPosition	Establece la posición al mostrarse el formulario por primera vez.
Top	Establece la distancia superior entre un objeto y su contenedor.
Visible	Determina si el control se encuentra visible.
Width	Determina el ancho del control.
WindowState	Establece o devuelve el estado del formulario en tiempo de ejecución.

Tabla 5. Las propiedades más importantes de los formularios.

Manejo de eventos

Los eventos son sucesos a los que debe responder el programa. En una aplicación se pueden producir muchos eventos generados por el usuario, o incluso el mismo programa puede generar otros eventos. Visual Basic es un lenguaje orientado a eventos, ya que la mayor parte del código a escribir se corresponde con los procedimientos de suceso y funciones que se activan luego de producidos ciertos eventos.

En la **Tabla 6** se pueden observar los eventos más importantes que son comunes a varios controles.

Evento	Se produce cuando
Change	El usuario modifica el estado de un control.
Click	El usuario pulsa un objeto con el botón primario del mouse.
DblClick	Se pulsa dos veces un objeto con el botón primario del mouse.
DragDrop	El usuario arrastra un control hacia una nueva ubicación.
DragOver	Un objeto se arrastra sobre un control.
GotFocus	Un objeto recibe el foco.
KeyDown	Se pulsa una tecla mientras un objeto tiene el foco.
KeyPress	Se pulsa y se suelta una tecla mientras un objeto tiene el foco.
KeyUp	Se suelta una tecla mientras un objeto tiene el foco.
Load	Se carga un objeto en memoria.
LostFocus	Un objeto perdió el foco.
MouseDown	Se pulsó un botón del mouse sobre un objeto.
MouseMove	Se movió el cursor del mouse sobre un objeto.
MouseUp	Se soltó un botón del mouse sobre un objeto.
Unload	Se descarga un objeto de memoria

Tabla 6. Los eventos más importantes.

DEFINICIONES

EL BOTÓN PRIMARIO DEL MOUSE

Es el que se utiliza para ejecutar las acciones en forma directa. Por defecto, este botón es siempre el izquierdo.

EVENTOS

No todos los objetos soportan los mismos eventos. Algunos controles poseen ciertos eventos que no se encuentran disponibles en los demás.

Cada evento tiene un procedimiento en donde escribir el código necesario. El nombre de este procedimiento está dado por el nombre del objeto, seguido de un guión bajo y el nombre del evento. Por ejemplo, el evento `Click` de un objeto llamado `cmdBoton` (un botón), tendría el siguiente procedimiento:

```
Private Sub cmdBoton_Click()
End Sub
```

Dentro de los paréntesis se indican los parámetros, si es que el evento tiene alguno. Por ejemplo, el evento `MouseDown` tiene la siguiente sintaxis:

```
Private Sub Form_MouseMove(Button As Integer, Shift As Integer, X
As Single, Y As Single)
End Sub
```

Esto hace que desde el procedimiento sea posible conocer qué botón generó el evento (variable `Button`), si estaba el `Shift` pulsado (variable `Shift`), y las coordenadas **X** e **Y** donde se presionó el botón del mouse.

Ahora vamos a ver un ejemplo que nos muestre un poco el manejo de los eventos. Crearemos un programa que tendrá el aspecto de la **Figura 10**.

***Figura 10**. Un programa que reconoce tres eventos en un formulario:*
`Click`, `DblClick` y `Resize`.

PASO A PASO

1 Abrimos Visual Basic y creamos un nuevo proyecto.

2 Agregamos una etiqueta al formulario.

3 Vamos a la ventana de propiedades y buscamos la propiedad **Name** de la etiqueta. Cambiamos el nombre que aparece por defecto (**label1**), por **lblEvento**.

4 Ahora vamos a la ventana de código (podemos usar el atajo **F7**),
y continuamos ingresando el siguiente código en los eventos del
formulario:

```
Private Sub Form_Click()
 lblEvento = "Evento Click: el usuario hizo un clic sobre el formulario"
End Sub

Private Sub Form_DblClick()
 lblEvento = "Evento DblClick: el usuario hizo un doble clic sobre el
formulario"
End Sub

Private Sub Form_Resize()
 lblEvento = "Evento Resize: el formulario cambió de tamaño"
End Sub
```

5 Ejecutamos el programa con **F5**.

VISUAL BASIC 6

Este ejemplo se encuentra en la carpeta **Ejemplos\Cap03\Ej02** del CD.

Llamar a un procedimiento de suceso desde el código

Como habíamos mencionado anteriormente, la mayor parte del código a escribir estaba destinado a los procedimientos de suceso, donde Visual Basic ejecuta un código escrito en respuesta a un evento. Sin embargo, una posibilidad que brinda el lenguaje es la de permitirle al usuario llamar a cualquier procedimiento de suceso (simulando la ocurrencia de un evento).

Por ejemplo:

```
Private Sub cmdBoton_Click ()
    MsgBox "Bienvenido al programa"
End Sub


Private Sub Form_Click()
    cmdBoton_Click
End Sub
```

El ejemplo es muy claro: cuando el usuario hace clic sobre un botón de comando (`cmdBoton`) o sobre cualquier parte del formulario (`Form`), el programa muestra un cuadro de mensaje dándole la bienvenida (en otras palabras, ejecuta la sentencia `MsgBox` que veremos en otro capítulo).

Pero lo más importante a destacar es cómo se puede llamar a un procedimiento de suceso desde el código, simulando la ocurrencia de un evento. Mediante la sentencia `cmdBoton_Click` se ejecuta todo el código escrito para cuando el usuario hiciera clic sobre el botón de comando.

Secuencia de eventos

Hasta ahora hemos visto los eventos de forma individual, pero en la mayoría de los casos, una acción del usuario desencadena múltiples eventos.

Por ejemplo, al ingresar una frase en una caja de texto, por cada carácter tipeado se disparan tres eventos principales: `KeyDown`, `KeyPress` y `KeyUp` (en ese orden). Cuando hacemos clic con el mouse sobre un botón, se activan los siguientes eventos: `MouseDown`, `MouseUp` y `Click` (en ese orden).

Por eso resulta muy importante saber cuál es el orden de ejecución de los eventos, para poder controlar con éxito el comportamiento de los formularios y controles. Conocer la secuencia de activación de los eventos nos permite decidir dónde ubicar el código en respuesta a un evento.

Eventos de inicio de formulario

Cuando se inicia un formulario, se disparan los siguientes eventos siguiendo el orden que se indica:

1. **Initialize**. Es utilizado para inicializar datos cuando se carga el formulario.
2. **Load**. Este evento se emplea para el código de inicialización adicional. Comienza cargando el formulario en memoria.
3. **Resize**. Se dispara cuando se modifica el tamaño de un formulario, o cuando éste se carga por primera vez.
4. **Paint**. Este evento se ejecuta cada vez que algún objeto o sector del formulario necesita ser coloreado. Si la propiedad `AutoRedraw` del formulario tiene el valor `True`, este evento no se dispara nunca.

IMPORTANTE

Cuando la propiedad `AutoRedraw` del formulario es verdadera, no hace falta agregar código al evento `Paint`.

Eventos de cierre de formulario

Cuando un formulario se cierra se producen los siguientes eventos, por orden:

1. **QueryUnload**. Se dispara por un evento `Unload` del formulario (justo antes de ejecutar un código para el evento `Unload`). `QueryUnload` ofrece la posibilidad de detener el cierre de un for-

mulario. Es ideal para el caso en que el usuario cierra un formulario y existen datos que se cambiaron sin ser guardados (por ejemplo, al cerrar un documento modificado pero no guardado).

2. **Unload**. Se dispara cuando el usuario cierra el formulario. Como describimos anteriormente, lo primero que hace este evento es disparar el evento `QueryUnload`.

3. **Terminate**. Se produce cuando se elimina de memoria un formulario.

El evento `QueryUnload` recibe una variable como parámetro llamada `Cancel`, y otra denominada `UnloadMode`. Para detener el cierre del formulario, debemos establecer el valor `True` en la variable `Cancel` antes de terminar el procedimiento.

```
Private Sub Form_QueryUnload (Cancel As Integer, UnloadMode As In-
```

Vamos a construir un ejemplo que muestre el uso del evento `QueryUnload`. La idea es simple: hacer un programa que, cuando se lo intente cerrar, nos pregunte si estamos seguros. En caso afirmativo, cerramos el programa; de lo contrario, aquí no ha pasado nada.

1. Crear un nuevo proyecto en Visual Basic.
2. Hacer doble clic sobre el formulario que aparece, o pulsar **F7** para ir al código.
3. En el evento `QueryUnload` del formulario, ingresar el siguiente código:

```
Private Sub Form_QueryUnload(Cancel As Integer, UnloadMode As Inte-
ger)
    If MsgBox("¿Está seguro de salir de la aplicación?", vbYesNo,
"Atención") = vbNo Then
        Cancel = True
    End If
```

En la **Figura 11** se ve la apariencia de la aplicación en el momento del cierre.

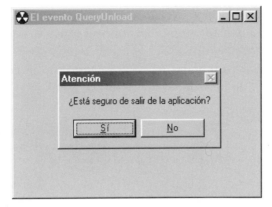

Figura 11. Antes de cerrar el formulario, el programa solicita una confirmación.

EN EL CD

Este ejemplo se puede encontrar en el CD, dentro de la carpeta **Ejemplos\Cap03\Ej03**.

Controles estándar

Cajas de imagen

Estos controles se usan para mostrar gráficos o como contenedores de otros objetos.

DEFINICIONES

PICTUREBOX

Es el nombre original de las cajas de imagen.

Los gráficos a mostrar se establecen mediante la propiedad **Picture**, en tiempo de diseño o en tiempo de ejecución. En tiempo de diseño, al querer modificar el valor de **Picture** en la ventana de propiedades, Visual Basic presenta un cuadro de diálogo que nos permite navegar por el disco en busca una imagen. En tiempo de ejecución podemos cargar una imagen desde otra caja de imagen, o desde un archivo ubicado en el disco mediante la función **LoadPicture**.

Adaptar el tamaño del control a la imagen

Una de las propiedades más importantes de las cajas de imagen es **AutoSize**. Esta propiedad soporta los valores **True** o **False** y se utiliza para determinar si el control debe ajustar automáticamente su tamaño para adaptarse al de la imagen. En la **Figura 12** se presenta un ejemplo de la propiedad en ambos estados.

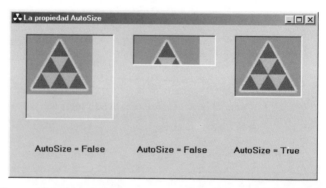

Figura 12. *La propiedad* **AutoSize** *permite adaptar el tamaño del control al de la imagen. Observen que el tamaño de la imagen no varía en ningún caso.*

Cargar una imagen desde un archivo

En tiempo de ejecución, se puede cargar una caja de imagen con un gráfico disponible en otro control o mediante un archivo ubicado en el disco rígido.

Por ejemplo:

```
Picture1.Picture = Picture2.Picture
```

Mediante esta línea de código ubicamos en la caja de imagen **Picture1** el mismo gráfico que posee el control **Picture2**.

Para cargar una caja de imagen con un gráfico disponible en un archivo, se debe usar la función **LoadPicture**. Su sintaxis es la siguiente:

```
LoadPicture (archivo)
```

Veamos la función **LoadPicture** a través de un ejemplo:

```
Picture1.Picture = LoadPicture ("BALMAR.BMP")
Picture1.cls
```

La primera línea carga en el control **Picture1** la imagen BAL-MAR.BMP. La segunda línea limpia la caja de imagen.

HAY QUE SABERLO

La función `LoadPicture` posee otros parámetros además del archivo que contiene la imagen. Sin embargo, en la práctica se suele invocar esta función pasando como único argumento un archivo gráfico.

Una característica muy importante de las cajas de imagen es que pueden actuar como contenedores de otros controles. Para poner un control dentro de la caja, simplemente hay que dibujarlo allí. Luego, las propiedades **Left** y **Top** serán relativas a la caja de imagen y no al formulario. Las propiedades **Width** y **Height** también estarán expresadas en la escala de la caja de imagen.

En la **Figura 13** vemos un ejemplo de una aplicación que utiliza dos cajas de imagen. La primera se carga en tiempo de diseño, mientras que la segunda se carga en tiempo de ejecución, mediante la sentencia **LoadPicture**.

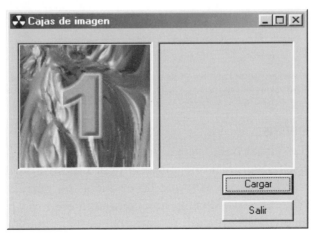

Figura 13. *Un programa que utiliza dos imágenes. La primera se carga en tiempo de diseño, y la segunda en tiempo de ejecución mediante el botón* `Cargar` (**`cmdCargar`**).

Para construir el ejemplo, los pasos necesarios son:

1. Crear un nuevo proyecto.
2. Agregar dos cajas de imagen.
3. Incluir dos botones de comandos que permitan cargar la imagen de la segunda caja (`cmdCargar`) y salir del programa (`cmdSalir`).
4. Ingresar el código necesario en los procedimientos de suceso de ambos botones:

```
Private Sub cmdCargar_Click()

    'Cargamos el gráfico en la segunda caja de imagen
    'App.Path contiene la ruta de nuestra aplicación


    Picture2.Picture = LoadPicture(App.Path + "\imagen2.bmp")
End Sub


Private Sub cmdSalir_Click()
    'Salir del programa
    End
End Sub
```

Una vez que ejecutamos el programa, sólo debemos pulsar el botón **Cargar** para mostrar la imagen en la segunda caja. El archivo "**imagen2.bmp**" debe encontrarse en el directorio del programa.

Etiquetas

En Visual Basic, las etiquetas se utilizan para agregar un texto estático; esto significa que son útiles para mostrar leyendas, títulos o presentar resultados. Aunque las etiquetas no permiten que los usuarios ingresen texto directamente, contienen eventos y propiedades que posibilitan al programador manipular el texto mediante código. El texto que muestra una etiqueta se establece mediante la propiedad `Caption` de la misma.

DEFINICIONES

LABEL
Es el nombre original de las etiquetas.

Adaptar el tamaño del control al texto

La propiedad `AutoSize` de una etiqueta determina si el tamaño del control debe ajustarse automáticamente al del texto. Si `AutoSize` posee el valor `False`, el tamaño de la etiqueta permanecerá si cambios, independientemente de la longitud de su texto. Si un texto es demasiado largo para la etiqueta, parte del mismo no estará visible (ya que sobrepasa el ancho del control).

Enlazar textos

Cuando en una etiqueta ingresamos un texto que supera el ancho del control, ese texto aparece cortado o bien la etiqueta crece horizontalmente, dependiendo del valor de la propiedad `AutoSize`. Pero en algunos casos será necesario crear una etiqueta que tenga un tamaño fijo, y que el texto ingresado crezca verticalmente en caso de ser más ancho que el control. Para eso existe la propiedad `WordWrap`.

Cuando las propiedades `AutoSize` y `WordWrap` son verdaderas (`True`), la etiqueta se ampliará verticalmente para permitir que un número suficiente de líneas se acomoden al texto.

HAY QUE SABERLO

IMPORTANTE
La propiedad `WordWrap` sólo funciona cuando la propiedad `AutoSize` se encuentra en `True`.

En la **Figura 14** se muestran los posibles estados de `WordWrap` cuando `AutoSize` es `True`.

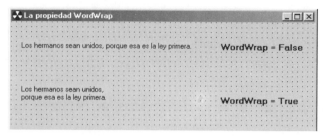

Figura 14. *Cuando* `AutoSize` *es* `True`, *la propiedad* `WordWrap` *permite establecer si el texto crecerá verticalmente en caso de que supere el ancho del control.*

Controlar la apariencia del texto

Si bien la propiedad `Caption` contiene el texto que va a aparecer en la etiqueta, existen otras propiedades que regulan su apariencia: son `Alignment`, `BorderStyle`, `Appearance` y `BackStyle`.

La propiedad `Alignment` controla la alineación del texto. Sus valores posibles son: **0** (alineado a la izquierda), **1** (alineado a la derecha) y **2** (centrado). La propiedad `BorderStyle` permite definir si el control posee o no un borde, y la propiedad `Appearance` especifica si el borde es plano o tridimensional. En la **Figura 15** se observan estas propiedades en acción.

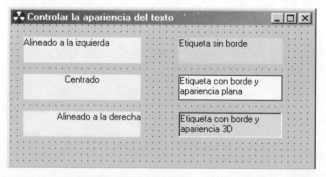

Figura 15. *Las propiedades **Alignment**, **Appearance** y **BorderStyle** controlan la apariencia del texto.*

HAY QUE SABERLO

IMPORTANTE

Si `AutoSize` se encuentra en `True`, la propiedad `Alignment` no tendrá efecto.

La propiedad `BackStyle` de una etiqueta permite definir si su color de fondo (propiedad `BackColor`) es sólido o transparente. Esta propiedad acepta dos valores:

Valor	Descripción
0 — Transparent	El fondo de la etiqueta es transparente.
1 — Opaque	El fondo de la etiqueta es del color indicado en la propiedad `BackColor`.

Salvo para casos específicos, es conveniente usar esta propiedad en el modo transparente.

Etiquetas de múltiples líneas

Las etiquetas pueden contener múltiples líneas. Para eso, se deben insertar en el texto los caracteres de retorno de carro/línea nueva (caracteres ASCII 10 y 13). Visual Basic proporciona una constante predefinida que ayuda a cumplir esa tarea: `vbCrLf`. Su uso es el siguiente:

```
Label1.Caption = "Primera línea" & vbCrLf & "Segunda línea"
```

Cajas de texto

Las cajas de texto se usan principalmente para ingresar datos en los programas. También se pueden emplear para mostrar resultados, aunque para eso es más común utilizar las etiquetas, ya que consumen menos recursos.

La propiedad más importante de las cajas de textos es `Text`. Su función es controlar el texto que el usuario ve o escribe por medio de este control. Al crear una caja de texto en tiempo de diseño, se puede poner en `Text` el texto que mostrará la caja (o borrar el valor original para no mostrar nada). En tiempo de ejecución, se suele llamar a esta propiedad para conocer el texto que el usuario ingresó o modificó en la caja de texto, por ejemplo:

```
txtNombre.Text
```

Allí estaría contenido el texto ingresado en la caja `txtNombre`. Las cajas de texto, como muchos otros controles, tienen una propiedad predeterminada, a la cual no hace falta hacer referencia para trabajar. En las cajas de texto esa propiedad es `Text`, mientras que en las etiquetas, dicha propiedad es `Caption`. Por ejemplo:

```
txtNombre.Text
```

es lo mismo que:

```
txtNombre
```

HAY QUE SABERLO

IMPORTANTE

Casi todos los controles tienen una propiedad predeterminada, a la que no es necesario hacer referencia para trabajar en el código con la misma. En las cajas de texto, esta propiedad es `Text`; en las etiquetas, la propiedad es `Caption`.

DEFINICIONES

TEXTBOX

Es el nombre original de las cajas de texto.

Manejar múltiples líneas de texto

Por defecto, las cajas de texto almacenan una sola línea de información. Sin embargo, existe una propiedad llamada `MultiLine` que determina si la información se mostrará en una sola línea o en múltiples líneas. Los posibles valores de `MultiLine` son `True` y `False`.

Otra propiedad relacionada con las cajas de texto con múltiples líneas es `ScrollBars`. Mediante esta propiedad podemos agregarle barras de desplazamiento verticales y horizontales al control. Sus posibles valores son: **0** (sin barras de desplazamiento), **1** (barra de desplazamiento horizontal), **2** (barra de desplazamiento vertical) y **3** (ambas barras de desplazamiento).

En la **Figura 16** se puede apreciar una caja de texto con múltiples líneas.

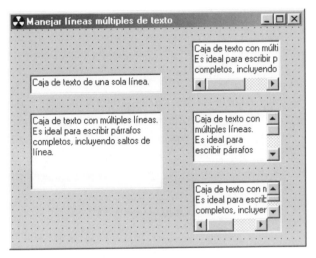

Figura 16. Las propiedades `MultiLine` *y* `ScollBars` *son ideales para manejar cajas de texto con múltiples líneas.*

Bloquear una caja de texto

Las cajas de texto poseen una propiedad denominada `Locked` que impide que los usuarios ingresen información. Cuando `Locked` está en `True`, los usuarios no pueden modificar el texto del control (ver **Figura 17**).

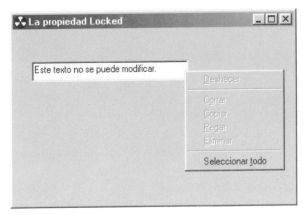

Figura 17. El uso de `Locked` *impide la modificación involuntaria del texto.*

No hay que confundir las propiedades `Locked` y `Enabled`. La primera no crea el efecto "atenuado" y permite seleccionar y copiar el texto al Portapapeles, mientras que la propiedad `Enabled` no permite trabajar de ninguna manera con el control.

Limitar el número de caracteres

En muchos casos puede resultar necesario que en una caja de texto el usuario ingrese un texto que no supere cierta cantidad de caracteres. La propiedad `MaxLength` se encarga de limitar el número de caracteres que admite el control, y acepta valores numéricos.

Si el valor de `MaxLength` es **0**, la caja de texto no tiene limitación de caracteres. Cualquier otro valor establece el número máximo de caracteres que soporta el control.

Caracteres especiales

La propiedad `PasswordChar` permite usar caracteres especiales para mostrar la información que se ingresa en una caja de texto.

SUGERENCIA

Es muy útil combinar la propiedad `PasswordChar` con `MaxLength` para ingresar contraseñas y visualizar asteriscos (*).

Por ejemplo:

```
Text1.MaxLength = 8
Text1.PasswordChar = "*"
```

En este ejemplo se establece que la caja de texto soporta hasta 8 caracteres. Asimismo, por cada letra tipeada el usuario observará un asterisco (aunque la propiedad `Text` siempre guarda los caracteres "verdaderos").

Selección de texto

Visual Basic incorpora tres propiedades que permiten seleccionar parte o todo el texto de una caja de texto. Ellas son: `SelStart`,

SelLength y SelText.

SelStart establece la posición donde comenzar la selección del texto, SelLength determina la longitud de la cadena a seleccionar, y Sel-Text devuelve la cadena seleccionada. Veamos un sencillo ejemplo:

```
txtCadena.SelStart = 0
txtCadena.SelLength = Len(txtCadena.Text)
lblSeleccion.Caption = txtCadena.SelText
```

En el ejemplo seleccionamos todo el texto del control **txtCadena** y copiamos la selección a una etiqueta (**lblSeleccion**).

MÁS DATOS

SUGERENCIA

Las propiedades de selección de texto son ideales para usar cuando un control recibe el foco por parte del usuario.

Cabe aclarar que también es posible consultar el valor de estas propiedades, para ver si el usuario está seleccionando un texto.

Eventos de una caja de texto

Las cajas de texto poseen cuatro eventos principales que debemos conocer:

Evento	Descripción
Change	Se produce cuando cambia el contenido de una caja de texto.
KeyDown	Se produce cuando el usuario presiona una tecla.
KeyPress	Se produce cuando el usuario pulsa una tecla (la presiona y la suelta).
KeyUp	Se produce cuando el usuario suelta una tecla que estaba presionada.

El evento **Change** no tiene ningún parámetro y su uso es bastante sencillo. Los eventos **KeyDown** y **KeyUp** tienen la misma sintaxis:

```
Private Sub Text1_KeyDown(KeyCode As Integer, Shift As Integer)


End Sub
```

Elementos del lenguaje **3**

El parámetro `KeyCode` indica el código de tecla pulsado (un valor numérico). Para ver qué código corresponde a cada tecla, lo mejor es pulsar `F1` sobre `KeyCode`, o buscar "`KeyCode Constants'`" en la ayuda de Visual Basic. Por ejemplo, el código **39** corresponde a la flecha derecha del teclado.

Finalmente, el evento `KeyPress` tiene la siguiente sintaxis:

```
Private Sub Text1_KeyPress(KeyAscii As Integer)

End Sub
```

El único parámetro que recibe, `KeyAscii`, indica el código ASCII de la tecla pulsada. Los códigos ASCII son más fáciles de recordar que los valores utilizados por `KeyCode`, pues son más habituales en el mundo de la computación. Por ejemplo, el código ASCII 13 es el de la tecla **ENTER**.

Un uso muy común para el evento `KeyPress` es el de simular la pulsación de un **TAB**, cuando se presiona la tecla **ENTER**. Esto hace que podamos desplazarnos cómodamente por varias cajas de texto cuando llenamos un formulario. El código del evento `KeyPress` sería:

```
Private Sub Text1_KeyPress(KeyAscii As Integer)
    IF KeyAscii = 13 Then
        SendKeys ("{Tab}")
        KeyAscii = 0
    End If
End Sub.
```

Si bien éstas son estructuras que veremos más adelante, no son muy complicadas de comprender. La primera línea pregunta si la tecla pulsada es **ENTER** (**KeyAscii = 13**). Luego, simulamos la pulsación de un **TAB** mediante la función `SendKeys`, y finalmente con **KeyAscii = 0** evitamos el molesto *Beep* que suena al pulsar el **ENTER** sobre una caja de texto.

Un ejemplo completo

Vamos a ver un ejemplo que abarque todos los conceptos aprendidos sobre las cajas de texto. La idea es construir el programa que aparece en la **Figura 18**, el cual presenta una caja de texto de cada estilo:

Figura 18. Un ejemplo que demuestra el uso de las diferentes propiedades de una caja de texto.

1. Creamos un nuevo proyecto en Visual Basic.
2. Al formulario principal le agregamos las siguientes cajas de texto, modificando las propiedades como se indica:

Propiedad Name	Otras propiedades
txtSimple	Text = ""
txtMultiline	Multiline=True
	Text = ""
txtLimitado	MaxLength=10
	Text = ""
txtDeshabilitado	Enabled=False
	Text = "Estoy deshabilitado"
txtBloqueado	Locked=True
	Text = "Estoy bloqueado"
txtClave	PasswordChar="*" (sin las comillas).
	Text = ""

1. Conviene agregar algunas etiquetas que permitan reconocer de qué tipo es cada caja de texto. Para eso, simplemente las agregamos utilizando el ícono de la caja de herramientas.
2. Listo, no hay que escribir ningún código. Sólo resta probar cómo responde cada caja de texto.

Este ejemplo se encuentra en la carpeta **Ejemplos\Cap03\Ej05** del CD.

Marcos

Los marcos se usan para agrupar otros controles y hacer más entendible una interfase. Este control es especial porque actúa como contenedor de otros controles. Al ocultar o desactivar un control contenedor, se ocultan o desactivan todos los objetos contenidos.

La apariencia de los marcos se define mediante las ya conocidas propiedades **Caption**, `Appearance` y `BorderStyle`. La **Figura 19** muestra los distintos aspectos que pueden adoptar los marcos.

Figura 19. Los distintos tipos de marcos.

FRAME

Es el nombre original de los marcos.

Trabajar con controles en el marco

Para ubicar controles en un marco, simplemente hay que dibujarlos sobre ellos, o seleccionar el marco y hacer doble clic sobre el control a crear (para que aparezca dentro del marco seleccionado y no en el formulario).

Algunas consideraciones a tener en cuenta son:

• Si existen controles en un formulario, no estarán dentro de un marco, por más que se dibuje este control sobre los existentes.
• Cuando se arrastra un control hacia un marco, no se ubica dentro del contenedor: sigue estando en el formulario (aunque en otra posición).
• La forma más común de mover un control hacia un marco (en tiempo de diseño) es cortando y pegando los controles. Para eso, en el momento de pegar un control debemos asegurarnos de que el marco se encuentre seleccionado.

MÁS DATOS

SUGERENCIA

Para cerciorarnos de que un control está en el marco, intentaremos mover el marco: si el control se mueve con él, forma parte del contenedor.

Vamos a crear un pequeño ejemplo que trabaje con un marco, el cual podrá ser mostrado u ocultado con dos botones de comando mediante la propiedad `Visible`:

PASO A PASO

❶ Crear un nuevo proyecto.

❷ Poner un marco en el formulario y llamarlo `fraMarco` (propiedad `Name`).

❸ Agregar algunos controles dentro del marco (recuerden "dibujarlos" en su interior). En nuestro ejemplo, hay una etiqueta y tres controles de imagen.

❹ Agregar dos botones de comando: Mostrar (`cmdMostrar`) y Ocultar (`cmdOcultar`).

❺ Ingresar el código necesario en ambos botones:

```
Private Sub cmdMostrar_Click()
    'Mostramos el marco
    fraMarco.Visible = True
End Sub


Private Sub cmdOcultar_Click()
    'Ocultamos el marco
    fraMarco.Visible = False
End Sub
```

En la **Figura 20** se ve el ejemplo terminado.

*Figura 20. Al mostrar u ocultar el marco, también ocultamos todos los controles
que tiene en su interior.*

EN EL CD

VISUAL BASIC 6

Este ejemplo se puede encontrar en la carpeta **Ejemplos\Cap03\Ej06** del CD.

Botones de comando

Los botones de comando se usan para iniciar, interrumpir o detener procesos. Es el control mediante el cual los usuarios pueden realizar las funciones de una aplicación por medio de botones (sin tener
que acceder a ningún menú).

Para definir la acción a realizar por un botón, se suele ingresar código en el evento **Click** del mismo.

DEFINICIONES

COMMANDBUTTON

Es el nombre original de los botones de comando.

3

Elementos del lenguaje

Botones con gráficos

Una de las cualidades más interesantes de este control es que los botones pueden contener gráficos, no sólo textos. Para eso, hay que conocer las propiedades: `Style`, `Picture`, `DisabledPicture` y `Down-Picture`.

La propiedad `Style` determina si el botón es estándar o gráfico. Sus posible valores son **0** (botón estándar) y **1** (botón gráfico). `Picture` contiene la imagen a mostrar en el caso de que un botón sea de estilo gráfico. La propiedad `DisabledPicture` establece la imagen a mostrar cuando un botón se encuentra desactivado (**Enabled = False**). Por último, `DownPicture` fija la imagen a mostrar cuando el botón se mantiene presionado.

HAY QUE SABERLO

IMPORTANTE

Las propiedades `Picture`, `DisabledPicture` y `DownPicture` sólo tienen efecto cuando los botones son gráficos (la propiedad **Style** es 1).

La **Figura 21** muestra los dos estilos de botones.

Figura 21. Los botones gráficos son ideales para hacer que un programa sea más cómodo de manejar.

Controlar el foco en los controles

Llegó el momento de hablar de un tema importante: el foco en los controles. La mayoría de los objetos poseen un foco cuyo objetivo es poder trabajar con el control mediante el teclado. El foco se distingue por ser un recuadro punteado que rodea al control.

Mediante la tecla `Tab` se puede ubicar el foco en el siguiente control y con la **Barra espaciadora** se ejecuta una acción (por ejemplo, pulsar un botón). Todas estas acciones se realizan frecuentemente con el mouse, pero en ciertas ocasiones es necesario moverse mediante el teclado (y el foco resulta un buen indicador del objeto actual).

En la **Figura 22** se muestran dos botones, de los cuales el primero posee el foco.

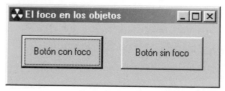

Figura 22. *El foco sólo puede encontrarse en un control a la vez.*

Los botones de comando y la mayoría de los controles (cajas de texto, etc.) poseen dos propiedades que permiten controlar el foco sobre ellos. Ellas son: `TabStop` y `TabIndex`.

`TabStop` acepta los valores `True` o `False`, e indica si los usuarios pueden ubicar el foco sobre el objeto mediante la tecla `Tab`. La propiedad `TabIndex` establece un número que representa el índice para acceder al control. Por ejemplo, al presionar sucesivamente la tecla `Tab`, el foco se ubicará en los controles con número de índice 0, 1, 2, etc.

Además, existen dos eventos muy útiles llamados `GotFocus` y `LostFocus`. El primero se dispara cuando el control acaba de obtener el foco, y el segundo cuando ocurre lo contrario: el usuario se va del objeto. Utilizando el evento `LostFocus` podemos, por ejemplo, chequear un ingreso de datos en una caja de texto y retener al usuario allí si hubiese un error. Para esto, podemos utilizar un método muy efectivo llamado `SetFocus`:

```
Objeto.SetFocus
```

Este método permite ubicar el foco en un objeto, que necesariamente debe estar visible y habilitado.

Volviendo a los botones de comando, en la **Figura 23** se ve un ejemplo muy sencillo que hemos creado. Este programa muestra algunos botones, y al presionar uno, nos informa cuál fue (mediante una etiqueta llamada `lblInfo`).

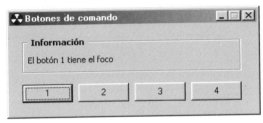

Figura 23. Un ejemplo que demuestra el uso de los botones de comando.

Las propiedades `TabIndex` de cada botón están correctamente ordenadas, por lo que el usuario puede navegar perfectamente con la tecla `Tab`. Cuando el usuario se sitúa sobre un botón (pero no lo pulsa), el uso del evento `GotFocus` informa cuál es el botón activo.

En el ejemplo, los cuatro botones son un vector de controles (llamados "**cmd**"); aunque esto todavía no lo hemos visto, el código es el siguiente:

```
Private Sub cmd_Click(Index As Integer)
    'Se pulso el botón Index
    lblInfo = "Se pulsó el botón " & Index
End Sub

Private Sub cmd_GotFocus(Index As Integer)
    'El botón Index tiene el foco
    lblInfo = "El botón " & Index & " tiene el foco"
End Sub
```

EN EL CD

VISUAL BASIC 6

Este ejemplo se encuentra desarrollado en el CD, en la carpeta **Ejemplos\Cap03\Ej07**.

Cajas de verificación

Estos controles se utilizan para establecer las opciones de un programa que pueden aceptar un valor Si/No (o activado/desactivado). Son ideales para desplegar muchas opciones, siempre y cuando el usuario pueda elegir una o más de ellas.

DEFINICIONES

CHECKBOX
Es el nombre original de las cajas de verificación.

Estados de las cajas de verificación

Cuando las cajas de verificación se encuentran activadas, en el control se puede apreciar un tilde. De lo contrario, la caja de verificación está vacía. Sin embargo, estos controles tienen un tercer estado posible, que se representa mediante un tilde sobre un fondo grisáceo. La **Figura 24** muestra un ejemplo gráfico de este control.

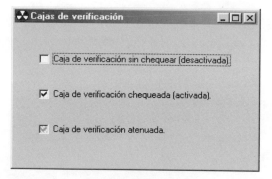

Figura 24. Los tres estados posibles de las cajas de verificación.

La propiedad `value` es la encargada de determinar el estado de la caja de verificación. Sus posibles valores son **0** (sin chequear), **1** (chequeada) y **2** (atenuada).

Veamos un ejemplo sencillo:

1. En un proyecto nuevo, agregamos una caja de verificación y la llamamos `chkLoop`.
2. Agregamos una etiqueta y la denominamos `lblEstadoLoop`.
3. En el evento `Click` de la caja de verificación, escribimos el siguiente código:

```
Private Sub chkLoop_Click()
    'Según el estado de la propiedad Value
    'decidimos qué información mostrar

    If chkLoop.Value = 1 Then
        lblInfo = "Reproducción continua activada"
    Else
        lblInfo = "Reproducción continua desactivada"
    End If
End Sub
```

Al hacer cambiar el estado de la caja de verificación, la etiqueta **Loop** nos informa el estado de la misma. En la **Figura 25** se ve el programa terminado.

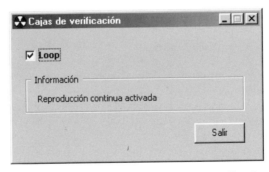

Figura 25. Un ejemplo bastante simple del uso de las casillas de verificación.

EN EL CD

VISUAL BASIC 6

Este ejemplo se encuentra en la carpeta **Ejemplos\Cap03\Ej08** del CD.

Botones de opción

Este control se utiliza para agrupar un conjunto de opciones de las cuales sólo se puede elegir una de ellas (a diferencia de las cajas de verificación).

DEFINICIONES

OPTIONBUTTON

Es el nombre original de los botones de opción.

Estados de los botones de opción

Los botones de opción sólo tienen dos estados: seleccionados o no seleccionados. Esta propiedad se establece mediante la propiedad **va-lue**, que acepta los valores **True** y **False**.

Cuando hay un grupo de botones de opción, sólo uno de ellos puede estar activo. Sin embargo, se pueden tener varios grupos de botones de opción en un formulario mediante marcos (que actúan como contenedores). En la **Figura 26** se puede observar un ejemplo.

Figura 26. Para crear varios grupos de botones de opción, se debe utilizar contenedores.

DEFINICIONES

NO HAY QUE CONFUNDIR...

...las cajas de verificación con los botones de opción.

Las primeras se usan para agrupar opciones y permitirle al usuario seleccionar una o más de ellas. Los botones de opción agrupan opciones de las cuales el usuario sólo puede elegir una.

Una forma adecuada de averiguar si una opción está chequeada es la siguiente:

```
If optMcLaren.Value Then
    'La opción McLaren del ejemplo está chequeada
End If
```

Esto se complica un poco cuando aumenta el número de opciones. En ese caso, será más conveniente crear un vector de controles, y hacer un ciclo **For...Next** para ver qué opción está seleccionada (pero esto es un tema para más adelante).

Veamos un ejemplo. Vamos a construir un programa como el de la **Figura 27**, que le permita al usuario elegir un club y seleccionar su sexo:

Figura 27. Una pequeña encuesta para el usuario.

Creamos dos marcos, y en cada uno agrupamos las opciones necesarias: Masculino y Femenino (**chkMasculino** y **chkFemenimo**), y Boca y River (**chkBoca** y **chkRiver**). Luego, mediante el botón **Aceptar** (**cmdAceptar**), averiguamos qué opciones fueron seleccionadas y mostramos el mensaje correspondiente. El código de este botón es el siguiente:

Elementos del lenguaje 3

```
Private Sub cmdAceptar_Click()
    Dim Sexo As String    'Variable que contendrá el sexo
    Dim Club As String    'Variable que contendrá el club

    'Ver qué sexo seleccionó el usuario
    If optMasculino.Value Then
        Sexo = "Masculino"
    Else
        Sexo = "Femenino"
    End If

    'Ver qué club seleccionó el usuario
    If optBoca.Value Then
        Club = "Boca"
    Else
        Club = "River"
    End If

    MsgBox "Sexo: " & Sexo & ", Club: " & Club, vbOKOnly, "Resulta-
do"
End Sub
```

EN EL CD

VISUAL BASIC 6

Este ejemplo se encuentra en el CD, en la carpeta **Ejemplos\Cap03\Ej09**.

Cajas de listado

Este control se usa para mostrar una lista de opciones de las cuales el usuario puede seleccionar una o más, pero no ingresar su propio valor.

DEFINICIONES

LISTBOX VISUAL BASIC 6

Es el nombre original de las cajas de listado.

Apariencia de las cajas de listado

La **Figura 28** muestra una lista sencilla donde se pueden observar todos los elementos del control.

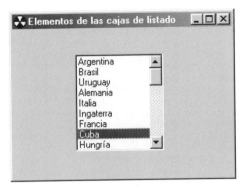

Figura 28. Las cajas de listado y sus principales elementos.

Los principales componentes de las cajas de listado son:

- **Lista de elementos:** contienen los elementos que el usuario puede seleccionar. Los elementos se pueden agregar en tiempo de diseño o en tiempo de ejecución (mediante un método que veremos a continuación).
- **Elemento seleccionado:** los usuarios pueden seleccionar uno o más elementos de la lista. Éstos se distinguen por una barra destacada o mediante un tilde en una casilla (como veremos a continuación).
- **Barra de desplazamiento:** cuando la cantidad de elementos supera el tamaño del control, se presenta una barra de desplazamiento para poder acceder a los elementos no visibles.

La caja de listado mostrada en la **Figura 19** presenta un estilo estándar. Pero existe otro estilo que permite agregarle cajas de verificación a los elementos de la lista. Mediante la propiedad `Style` podemos establecer el estilo del control. Sus posibles valores son: **0** (*Standard*) y **1** (*CheckBox*).

En la **Figura 29** se muestran los estilos disponibles mediante la propiedad **Style**.

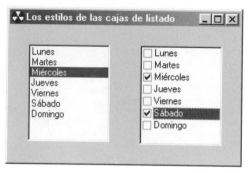

Figura 29. Las cajas de listado con casillas de verificación son ideales para seleccionar múltiples elementos.

Otra propiedad que permite cambiar la apariencia de las cajas de listado es `Columns`. Como su nombre lo indica, esta propiedad establece si los controles se mostrarán en columnas por medio de barras de desplazamiento horizontales. Si el valor de `Columns` es **0**, la caja de listado no posee columnas. Cualquier otro valor muestra la caja de listado con la cantidad de columnas especificadas. Esta propiedad se aplica para cualquier estilo de caja de listado. En la **Figura 30** se puede ver un ejemplo.

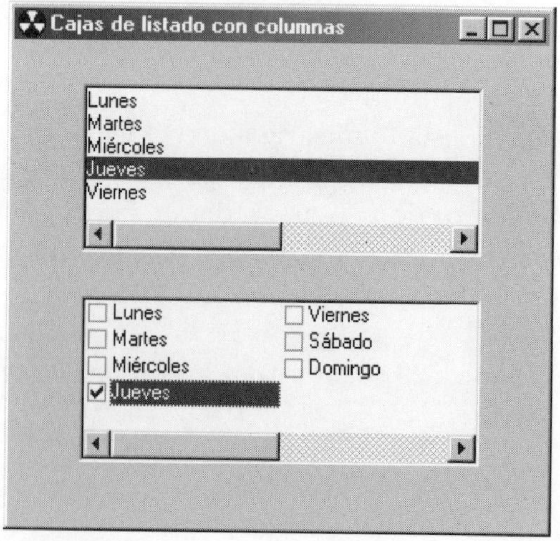

Figura 30. Las cajas de listado con columnas.

Propiedades para organizar elementos

Antes de meternos de lleno en el manejo de este control, es muy importante conocer dos propiedades: `ListCount` y `ListIndex`. Ambas se encuentran disponibles sólo en tiempo de ejecución.

`ListCount` representa el número de elementos del listado. El primer elemento de una caja de listado tiene el número de índice 0; por lo tanto, el último elemento de la lista es igual a **ListCount - 1**.

Elementos del lenguaje 3

HAY QUE SABERLO

La cantidad total de elementos de un listado es igual a `ListCount`, pero el último elemento posee el número de índice **ListCount - 1** (ya que los índices empiezan desde 0).

Por ejemplo, para examinar todo el contenido de una caja de listado, habría que escribir lo siguiente:

```
For i = 0 To List1.ListCount - 1
    ...
Next
```

`ListIndex` representa el elemento seleccionado. Si no hay ningún elemento seleccionado, esta propiedad posee el valor **-1**.

HAY QUE SABERLO

IMPORTANTE

ListIndex es **-1** si no hay elementos seleccionados.

HAY QUE SABERLO

¡A NO CONFUNDIRSE!

Cuando está seleccionado el primer elemento de la lista, `ListIndex` es **0**. Cuando está seleccionado el quinto elemento de la lista, `ListIndex` es **4**.

Eventos de una caja de listado

Como cualquier otro control, las cajas de listado responden a ciertos eventos. El evento más importante es un clic o doble clic del mouse, ya que así es como el usuario selecciona un elemento. Averiguar sobre qué elemento hizo clic el usuario es tarea sencilla:

```
Private Sub lstLista_Click()
    'Aquí lstLista.ListIndex contiene el elemento elegido
End Sub
```

En la siguiente tabla se muestran los eventos más importantes que reconoce una caja de listado:

Evento	Descripción
Click	El usuario hizo clic sobre algún elemento.
DblClick	El usuario hizo doble clic sobre un elemento.
ItemCheck	Ocurre cuando se marca o desmarca un elemento de una lista, que es del tipo *CheckBox* (la propiedad `Style` es 1).
Scroll	Se dispara cuando el usuario mueve la barra de desplazamiento vertical que puede contener un listado.

Cabe aclarar que al movernos por el listado utilizando las flechas del teclado, también estamos generando eventos `Click`.

Agregar elementos

En tiempo de diseño, para agregar elementos a una caja de listado se puede utilizar la propiedad `List`. Al hacer clic sobre la misma en la ventana de propiedades, Visual Basic nos permitirá escribir varios renglones, cada uno de los cuales representa un elemento del control.

HAY QUE SABERLO

SUGERENCIA

Cuando se ingresan elementos a una caja de listado mediante la propiedad **List**, se debe presionar `Ctrl+Enter` para desplazarse a la línea siguiente de la lista, ya que si se presiona sólo `Enter`, la ventana de propiedades asumirá que ya se ingresaron todos los elementos.

Sin embargo, lo más común es agregar elementos a la lista en tiempo de ejecución por medio de código. Para eso, las cajas de listado poseen un método llamado **AddItem** que realiza dicha función. Su uso es muy sencillo:

```
objeto.AddItem ítem, índice
```

Parámetro	Descripción
ítem	Cadena de caracteres que representa el elemento a agregar. Este parámetro es obligatorio.
índice	Número entero que representa la posición del objeto donde se ubicará el nuevo ítem.

Veamos un ejemplo:

```
List1.AddItem "Ultimo elemento"
List1.AddItem "Primer elemento", 0
List1.AddItem "5to elemento", 4
```

Si no se utiliza el parámetro opcional *índice*, **AddItem** agrega los elementos al final de la caja de listado. La segunda línea de código agrega un elemento al principio de la lista (posición **0**). La última línea incorpora un ítem en la quinta posición (para lo cual debemos ingresar un número de índice inferior en una unidad, ya que el primer elemento es el número 0).

Si agregamos un ítem y lo ubicamos en una posición mayor a la cantidad de elementos del listado, se produce un error.

Eliminar elementos

Las cajas de listado poseen un método llamado **Clear** que permite borrar todos los elementos del control. El método se usa de la siguiente forma:

```
List1.Clear
```

Afortunadamente, también existe una forma de eliminar un elemento específico de la cajas de listado. El método **RemoveItem** es el encargado de dicha función. Su sintaxis es:

```
objeto.RemoveItem índice
```

Veamos un ejemplo donde se elimine el último y el primer elemento de una caja de listado llamada **List1**.

```
List1.RemoveItem List1.ListCount - 1
List1.RemoveItem 0
```

Si necesitamos eliminar el elemento actual, podemos aprovechar el valor de la propiedad **ListIndex**:

```
List1.RemoveItem List1.ListIndex
```

Un detalle muy importante: si utilizamos el método **RemoveItem** con un índice que no existe, se producirá un error. Por lo tanto, antes de utilizar este método con la propiedad **ListIndex**, debemos asegurarnos de que ésta no contenga el valor -1 (indicando que no hay ningún ítem seleccionado):

```
IF List1.ListIndex <> -1 Then
    List1.RemoveItem List1.ListIndex
End If
```

ATENCIÓN

Hay que tener mucho cuidado al escribir varias líneas seguidas de código con `RemoveItem`; recordemos que cuando se borra un elemento se actualiza el total de ítems de la lista, y esto puede afectar a una posterior línea de código que incluya `RemoveItem`.

Consultar el contenido de un elemento

Mediante la propiedad **ListIndex** podemos conocer el índice del elemento actual sobre el que se encuentra el usuario, pero... ¿cómo sabemos cuál es el contenido de ese elemento? Todos los listados tienen un vector llamado **List(i)**, que nos permite conocer el contenido de cualquier elemento, por ejemplo:

```
LstLista.List(0)
```

Esto contiene el valor del primer elemento del listado `lstLista`.

```
LstLista.List(lstLista.ListIndex)
```

Esto contiene el valor del elemento actual de la lista.

Ordenar elementos

La propiedad `Sorted` permite ordenar automáticamente los elementos de la lista. Si posee el valor `True`, independientemente del orden en que se ingresen los elementos, éstos aparecerán ordenados alfabéticamente.

HAY QUE SABERLO

CONVIENE RECORDARLO
En orden alfabético, el 5 viene detrás del 49.

Trabajar con selecciones múltiples

En muchos casos es necesario que los usuarios seleccionen varios elementos de la lista. En las listas con estilo *CheckBox* (cajas de verificación) eso no es problema, ya que se pueden marcar con un tilde todos los elementos deseados. En las listas con estilo *Standard* esto también se puede realizar mediante la propiedad `MultiSelect`.

Los valores posibles de `MultiSelect` son: **0** (no se permite multiselección), **1** (se permite multiselección simple) y **2** (se permite multiselección extendida).

HAY QUE SABERLO

IMPORTANTE
Cuando la propiedad `Style` de las cajas de listado es **1** (*CheckBox*) la propiedad `MultiSelect` debe ser **0**.

La propiedad `ListIndex` siempre indica el ítem actual dentro del listado, pero no refleja todos los elementos seleccionados en una selección múltiple.

Para conocer qué elementos están seleccionados y cuáles no, se deben recorrer todos los elementos y utilizar la propiedad `Selected`. Esta propiedad se usa de la siguiente forma:

```
objeto.Selected(índice) [=valor]
```

Parámetro	Descripción
objeto	Representa el objeto a evaluar (en este caso, una caja de listado).
índice	El índice de elemento.
valor	Valor `True` o `False`, que se usa para seleccionar o no un elemento.

Con los siguientes ejemplos se aclarará un poco el panorama:

```
If List1.Selected(0) = True Then
    ' Si el primer elemento de la lista está seleccionado,
    ' se ejecutarán las sentencias que aquí ubiquemos.
End If


List1.Selected(0) = True
' Esta sentencia selecciona automáticamente el primer elemento de la
lista.
```

Un ejemplo completo

Dado que los listados son un tema importante, vamos a ver un ejemplo que utilice las técnicas explicadas. El programa terminado se puede observar en la **Figura 31**, y le permite al usuario ingresar ítems al listado (`lstNombres`) mediante una caja de texto (`txtNombre`). Luego de ingresar un nombre, se debe pulsar el botón Agregar (`cmdAgregar`) para incorporarlo a la lista. También hay dos etiquetas (`lblActual` y `lblTotal`) que muestran el índice actual y la cantidad de elementos de la lista.

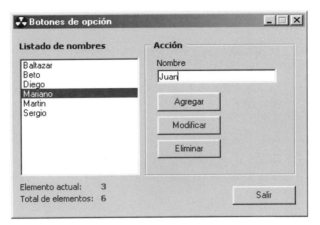

Figura 31. *Un programa que hace uso intensivo de los listados.*

Adicionalmente, el usuario también dispone de dos botones: Modificar (`cmdModificar`) y Eliminar (`cmdEliminar`). El primero modifica el valor del elemento actual, contenido en el vector `List`, y el segundo lo elimina.

Como el listado debe estar ordenado, establecemos su propiedad `Sorted` en `True`. Una vez que construimos el formulario y todos los controles tienen su respectivo nombre (que fue indicado entre paréntesis), podemos ingresar el código necesario en cada evento:

```
Private Sub cmdAgregar_Click()
    'Si el contenido de la caja txtNombre
    'no es vacío, entonces agregarlo al listado

    If txtNombre <> "" Then
        'Agregamos el elemento a la lista
        lstNombres.AddItem txtNombre
        'Vaciamos el contenido de la caja de texto
        txtNombre = ""
    End If

    'Actualizamos el valor de las etiquetas
    lblTotal = lstNombres.ListCount
    lblActual = lstNombres.ListIndex
End Sub
```

```vb
Private Sub cmdEliminar_Click()
    'Si hay un elemento seleccionado
    If lstNombres.ListIndex <> -1 Then
        'Eliminamos el item actual
        lstNombres.RemoveItem lstNombres.ListIndex
    End If


    'Actualizamos el valor de las etiquetas
    lblTotal = lstNombres.ListCount
    lblActual = lstNombres.ListIndex
End Sub


Private Sub cmdModificar_Click()
    'Si el contenido de txtNombre no es vacio
    If txtNombre <> "" Then
        'Modificamos el elemento actual de la lista
        lstNombres.List(lstNombres.ListIndex) = txtNombre
    End If
End Sub


Private Sub cmdSalir_Click()
    End
End Sub


Private Sub lstNombres_Click()
    lblActual = lstNombres.ListIndex
End Sub
```

Son sólo 4 procedimientos sencillos. Para aprender bien el tema, primero es recomendable darle una breve leída a cada uno, y luego probar el ejemplo que se encuentra terminado en el CD.

EN EL CD

VISUAL BASIC 6

Este ejemplo se encuentra en el CD, dentro de la carpeta **Ejemplos\Cap03\Ej10**.

Cajas combinadas

Las cajas combinadas (combo) mezclan las cajas de listado con las cajas de texto. La idea de este control es darle al usuario una lista con opciones, pudiendo introducirse nuevos valores. La diferencia entre las cajas de listado y los combos radica en que estas últimas, además de permitir seleccionar una opción de un listado, brindan la posibilidad de escribir una opción personalizada (aunque no se puede hacer multiselección como en las cajas de listado).

DEFINICIONES

COMBOBOX

Es el nombre original de las cajas combinadas.

HAY QUE SABERLO

COMBO

En la jerga se suele utilizar el término combo en lugar de caja combinada. A lo largo del libro utilizaremos cualquiera de estos dos términos para nombrar el control.

Estilos de combos

Los combos se pueden usar de tres maneras totalmente distintas, gracias a la propiedad `style`. Sus posibles valores son: **0** (caja combinada desplegable), **1** (combo simple) y **2** (lista desplegable).

Los combos desplegables mezclan las cajas de texto con los cuadros de listado. El usuario puede ingresar un valor en la caja de texto o seleccionar un elemento de lista. La **Figura 32** muestra un ejemplo de este estilo de caja combinada.

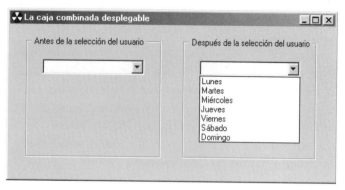

Figura 32. Cuando la propiedad `Style` *de las cajas combinadas es igual a 1, los usuarios pueden ingresar valores o seleccionar elementos de la lista.*

Los combos sencillos presentan una caja de texto y una lista no desplegable (está siempre visible). Los usuarios pueden escribir valores nuevos o seleccionar elementos de la lista. La **Figura 33** representa este estilo de combo.

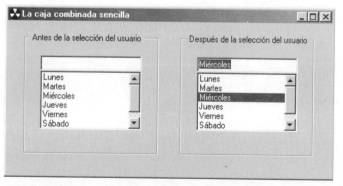

Figura 33. La diferencia del combo sencillo con el desplegable consiste en que, en este último combo, la lista con elementos aparece siempre (en lugar de desplegarse al hacer clic sobre la flecha).

Las listas desplegables son similares a las cajas de listado, ya que el usuario sólo puede seleccionar un elemento de la lista pero no ingresar uno nuevo. Estos controles poseen una caja de texto pero no permiten ingresar valores, sino que al hacer clic se despliega el listado completo. Para mayor claridad, ver la **Figura 34**.

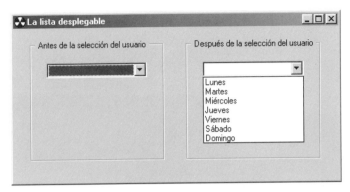

Figura 34. Las listas desplegables no permiten ingresar elementos.

Por último, vale mencionar que existe una propiedad llamada `Text` que permite mostrar un texto en el control, o devolver el texto correspondiente al elemento seleccionado.

Trabajar con combos

Trabajar con combos es similar a hacerlo con cajas de listado, ya que ambos controles comparten muchas propiedades y métodos.

Mediante las propiedades `ListCount` y `ListIndex` se puede conocer el total de elementos y el índice del ítem seleccionado. Para agregar elementos al control, los combos poseen el método `AddItem`. Para eliminar elementos, existen los métodos `Clear` y `RemoveItem`. Por último, la propiedad `Sorted` posibilita ordenar los elementos de la lista.

Si en algún momento necesitamos conocer el valor de un elemento, podemos utilizar el vector `List` de la misma forma que en las cajas de listado.

ELEMENTOS DE UN COMBO

Conviene recordar que si tenemos tres elementos en un combo, `ListCount` será igual a **3**, pero el índice del último elemento será **2** (**ListCount -1**) ya que el primer elemento tiene el número de índice **0**.

Dado que el trabajo con los combos es similar al de los listados, no desarrollaremos ningún ejemplo aquí, pero sí en el CD. La **Figura 35** permite ver el programa de ejemplo desarrollado.

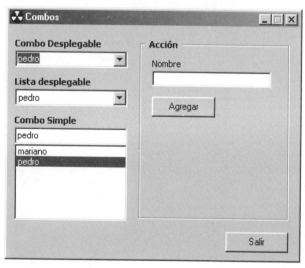

Figura 35. Un ejemplo completo que demuestra el uso de las cajas combinadas.

EN EL CD

VISUAL BASIC 6

En la carpeta **Ejemplos\Cap03\Ej11** del CD hay un ejemplo completo del uso de los combos.

Barras de desplazamiento

Desde el punto de vista del programador, las barras de desplazamiento devuelven un valor numérico. Es tarea nuestra usar ese valor de la manera en que corresponda para la aplicación.

Visual Basic proporciona dos tipos de barras de desplazamiento: horizontales y verticales. Ambas trabajan de la misma forma; su única diferencia es la orientación.

DEFINICIONES

HSCROLLBAR

Es el nombre original de las barras de desplazamiento horizontales.

DEFINICIONES

VSCROLLBAR

Es el nombre original de las barras de desplazamiento verticales.

Elementos de las barras de desplazamiento

La **Figura 36** muestra una barra de desplazamiento horizontal y otra vertical. Allí se pueden apreciar los elementos que forman al control.

Figura 36. Las barras de desplazamiento son ideales para ingresar valores numéricos gráficamente.

Las flechas se utilizan para desplazarse distancias reducidas. La barra permite moverse de a grandes saltos. El botón (también llamado "dedo gordo") puede ser arrastrado para desplazarse a una posición específica de la barra.

DEFINICIONES

DEDO GORDO

Se llama `dedo gordo` al pequeño botón que se encuentra dentro de las barras de desplazamiento, y permite manipularlas.

Configurar una barra de desplazamiento

Como dijimos anteriormente, las barras de desplazamiento devuelven un valor numérico. De esto se deduce que hay tres números en juego: el valor mínimo y máximo que soporta la barra, y el valor numérico actual (que seleccionó el usuario). Aquí es donde entran en escena las propiedades `Min`, `Max` y `Value`.

La propiedad `Min` establece el valor mínimo de la barra de desplazamiento. `Max` fija el valor máximo del control. `Value` permite controlar o establecer el valor numérico actual.

HAY QUE SABERLO

IMPORTANTE

`Min`, `Max` y `Value` aceptan números enteros cuyo rango va desde el -32.768 hasta el 32.767. Sin embargo, la propiedad `Value` debe encontrarse dentro del intervalo comprendido por `Min` y `Max`.

Controlar el tamaño de los cambios

La propiedad `SmallChange` controla la cantidad en que aumenta o disminuye `Value` cuando se pulsa una flecha de las barras de desplazamiento, a menos que el cambio exceda los límites de las propiedades `Min` y `Max`. El valor predeterminado de esta propiedad es **1**, pero podemos elegir cualquier número entero (siempre que no supere los límites del control).

Cuando se pulsa sobre la barra que se encuentra entre el **dedo gordo** y una flecha, la barra de desplazamiento debe cambiar más bruscamente que cuando se pulsan las flechas. Mediante la propiedad `LargeChange` se puede definir la magnitud de dicho movimiento. El valor predeterminado de `LargeChange` es **1**, pero es posible asignarle cualquier otro número entero.

SUGERENCIA

Normalmente se suele ajustar la propiedad `LargeChange` en un valor que represente el 10% del intervalo total. Por ejemplo, en una barra de desplazamiento que va desde el 1 hasta el 100, la propiedad `LargeChange` podría ser 10, mientras que `SmallChange` podría ser 2.

A continuación veremos un ejemplo que muestra el uso de las barras de desplazamiento. Podemos probarlo en nuestra PC; para eso, creamos un proyecto, agregamos una barra de desplazamiento y una etiqueta, y escribimos el siguiente código:

```
Private Sub Form_Load()
    HScroll1.Min = 1
    HScroll1.Max = 100
    HScroll1.SmallChange = 2
    HScroll1.LargeChange = 10
End Sub


Private Sub HScroll1_Change()
    Label1.Caption = HScroll1.Value
End Sub


Private Sub HScroll1_Scroll()
    Label1.Caption = HScroll1.Value
End Sub
```

El evento **Load** del formulario es ideal para establecer los valores iniciales de la barra de desplazamiento. El evento **Change** se activa cada vez que el usuario modifica el valor de la barra de desplazamiento (ya sea mediante la flecha o la barra). El evento **Scroll** se activa mientras se arrastra el dedo gordo, y permite mostrar un valor antes de que se active el evento **Change**.

En la **Figura 37** se puede ver la apariencia del ejemplo que acabamos de construir.

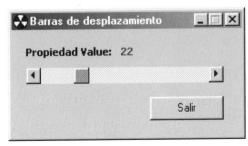

Figura 37. Las barras de desplazamiento son muy cómodas de usar.

EN EL CD

Este ejemplo se encuentra en el CD, en la carpeta **Ejemplos\Cap03\Ej12**.

Temporizadores

Más conocido como `Timer`, este control se usa cuando se desea que el programa repita una acción cada cierto intervalo de tiempo. Los temporizadores generalmente se emplean para:

1. Crear carteles que se desplazan.
2. Controlar la velocidad de animaciones sencillas.
3. Presentar una pantalla de inicio que desaparece luego de 1 o 2 segundos.
4. Crear protectores de pantalla.
5. Mostrar una cantidad de tiempo transcurrido.

DEFINICIONES

TIMER

Es el nombre original de los temporizadores.

HAY QUE SABERLO

IMPORTANTE

Los timers son invisibles a los usuarios. Sólo los pueden ver los programadores en tiempo de diseño.

MÁS DATOS

SUGERENCIA

A no abusar de los temporizadores en los programas, ya que consumen muchos recursos del sistema. Windows sólo permite emplear 16 timers simultáneos.

HAY QUE SABERLO

IMPORTANTE

En la jerga se suele utilizar el término `timer` en lugar de temporizador. A lo largo del libro utilizaremos cualquiera de estos dos términos para nombrar el control.

Ajustar un temporizador

Para agregar un temporizador al proyecto, se debe hacer doble clic sobre su ícono en la caja de herramientas, o simplemente dibujarlo en el formulario. Ese control se muestra como un ícono en tiempo de diseño, pero es invisible mientras se ejecuta el proyecto (ver **Figura 38**).

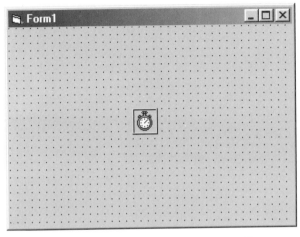

Figura 38. El control **Timer** *aparece como un ícono, independientemente del tamaño con el que se lo dibuje.*

Las dos propiedades más importantes de los temporizadores son **Interval** y **Enabled**. La primera determina el tiempo que debe esperar Visual Basic para generar el evento **Timer**. Se mide en **milisegundos**, y sus posibles valores van desde **0** (desactivado) hasta **65.535** (aproximadamente, 1 minuto). La propiedad **Enabled** determina si el temporizador debe comenzar a avanzar o no.

DEFINICIONES

MILISEGUNDO

Equivale a un segundo dividido 1000. Eso quiere decir que si necesitamos un retardo de un segundo, debemos cambiar la propiedad **Interval** a **1000**.

Como habrán notado, los temporizadores funcionan con cantidades muy pequeñas de tiempo. ¿Qué pasa si deseamos establecer intervalos muchos mayores a los soportados por la propiedad **Interval**?

Para solucionar ese inconveniente, podemos utilizar las funciones de fecha y hora de Visual Basic. Por ejemplo, se pueden utilizar los temporizadores no para ejecutar un evento, sino para comprobar variaciones en la fecha y hora del sistema.

Por último, existe un evento llamado **Timer**, y es allí donde se introduce todo el código relacionado con los temporizadores:

```
Private Sub Form_Load()
    Timer1.Interval = 1000
    Timer1.Enabled = True
End Sub

Private Sub Timer1_Timer()
    ' Todo el código que ingresemos acá,
    ' se ejecutará cada un segundo.
End Sub
```

Los temporizadores pueden ser muy útiles para hacer titilar un texto cada cierto intervalo de tiempo. Veamos un ejemplo de cómo hacerlo:

1. Crear un nuevo proyecto.
2. Agregar una etiqueta y un temporizador.
3. En el evento **Load** del formulario, ingresar:

```
Private Sub Form_Load()
    Timer1.Interval = 250
    Timer1.Enabled = True
End Sub
```

4. Cambiar el color de la etiqueta en el evento **Timer**:

```
Private Sub Timer1_Timer()
    If Label1.ForeColor = vbBlack Then
        Label1.ForeColor = vbRed
    Else
        Label1.ForeColor = vbBlack
    End If
End Sub
```

5. Agregar un botón para salir del programa.

En la **Figura 39** se ve el programa funcionando, aunque obviamente no se puede apreciar el efecto de parpadeo.

Figura 39. Un texto que titila cada 250 milisegundos.

EN EL CD

En la carpeta **Ejemplos\Cap03\Ej13** del CD se encuentra este ejemplo terminado.

Cajas de listado de unidades

Estos controles son cajas de listado desplegables que informan todas las unidades de disco disponibles en la PC. Comienzan mostrando la unidad actual, y permiten ver el resto de las unidades válidas con sólo hacer un clic sobre una flecha (ver **Figura 40**).

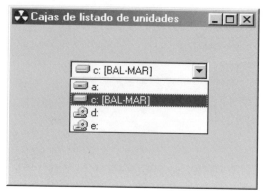

Figura 40. Las cajas de listado de unidades son ideales para seleccionar una unidad de disco.

DEFINICIONES

DRIVELISTBOX

Es el nombre original de las cajas de listado de unidades.

Una de sus propiedades más importantes es **Drive**, que permite establecer o devolver la unidad de disco actual. Su sintaxis es:

```
objeto.Drive [=unidad]
```

Otras propiedades importantes son **List**, **ListCount** y **ListIndex**, que permiten manipular la lista de unidades de forma similar a cualquier caja de listado.

Cajas de listado de directorios

Este control muestra una caja de listado con los directorios (o carpetas) del disco. Por omisión empieza mostrando el directorio actual sobre el cual se está ejecutando la aplicación. En la **Figura 41** se puede ver la apariencia de este control.

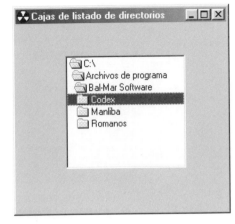

Figura 41. *Las cajas de listado de directorios permiten mostrar una lista de carpetas.*

DEFINICIONES

DIRLISTBOX

Es el nombre original de las cajas de listado de directorios.

Una de sus propiedades más importantes es **Path**, que permite establecer o devolver la ruta de acceso actual. Su sintaxis es:

```
objeto.Path [=ruta]
```

Otras propiedades importantes son **List**, **ListCount** y **ListIndex**, que posibilitan manipular la lista de directorios en forma similar a cualquier caja de listado.

Cajas de listado de archivos

Estas cajas de listado localizan y muestran todos los archivos de un directorio (especificado por la propiedad **Path**). En tiempo de diseño o ejecución se pueden modificar ciertas propiedades para configurar el directorio por defecto donde se mostrarán los archivos. Se puede ver un ejemplo de este control en la **Figura 42**.

Figura 42. *Las cajas de listado de archivos permiten mostrar los archivos deseados de un directorio.*

DEFINICIONES

FILELISTBOX

Es el nombre original de las cajas de listado de archivos.

La propiedad `Path` especifica la ruta de acceso para obtener el listado de archivos. Mediante `List`, `ListCount` y `ListIndex` podemos manejar la lista de archivos de manera similar a cualquier otra caja de listado.

Otras propiedades importantes son `Archive`, `Hidden`, `Normal`, `ReadOnly` y `System`, las cuales permiten restringir los archivos a mostrar según sus atributos. Todas las propiedades aceptan los valores `True` o `False`. Además, con la propiedad `Pattern` también se pueden filtrar los archivos a mostrar. Algunos ejemplos de posibles valores de `Pattern` son: "*.*", "*.**FRM**", etc.

La caja de listado de archivos, tal como el listado de directorios, reconoce los eventos `Click` y `DblClick` del mouse, así como los del teclado: `KeyDown`, `KeyUp` y `KeyPress`.

MÁS DATOS

SUGERENCIA

Se pueden combinar las cajas de listado de unidades, directorios y archivos para crear cuadros de diálogo personalizados y facilitar la tarea de abrir o seleccionar archivos.

Este control se suele utilizar en forma conjunta con los listados de directorios y unidades de disco, haciendo que se actualicen simultáneamente. Para esto, basta con hacer las siguientes asignaciones:

```
Private Sub Drive1_Change()
    Dir1.Path = Drive1.Drive
End Sub


Private Sub Dir1_Change()
    File1.Path = Dir1.Path
End Sub
```

La **Figura 43** muestra un ejemplo que combina las cajas de listado de unidades, directorios y archivos, y además nos permite ver qué archivo seleccionamos, mediante una etiqueta.

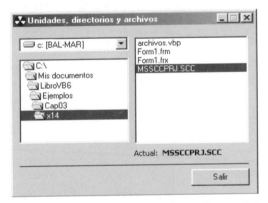

Figura 43. Las cajas de listado de unidades, directorios y archivos se suelen utilizar en forma conjunta.

EN EL CD

VISUAL BASIC 6

Este ejemplo se encuentra completo en el CD que acompaña al libro, dentro de la carpeta **Ejemplos\Cap03\Ej14**.

Figuras

Las figuras son controles gráficos que despliegan rectángulos, cuadrados, óvalos, círculos, rectángulos redondeados y cuadrados redondeados.

SHAPE

Es el nombre original de las figuras.

Apariencia de las figuras

La apariencia de las figuras se puede establecer mediante las propiedades **Shape** y **FillStyle**.

La propiedad **Shape** permite seleccionar la figura a mostrar. Sus posibles valores van desde el **0** hasta el **5** (ver **Figura 44**).

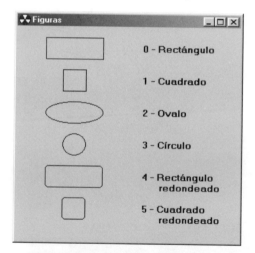

Figura 44. Las figuras disponibles.

La propiedad **FillStyle** se utiliza para seleccionar un estilo de relleno. Sus posibles valores van desde el **0** hasta el **7** (ver **Figura 45**).

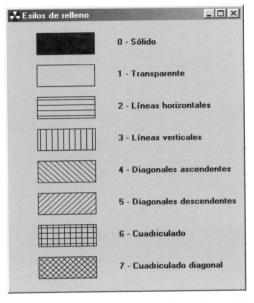

Figura 45. Los distintos estilos de relleno disponibles.

Líneas

Este control simplemente despliega líneas horizontales, verticales o diagonales.

DEFINICIONES

LINE

Es el nombre original de las líneas.

Apariencia de las líneas

Para controlar el borde de las líneas, existen dos propiedades: `Bor-derStyle` y `BorderWidth`.

La propiedad `BorderStyle` acepta como valor un número del **0** al **6**, que representa el estilo del borde de la línea. En la **Figura 46** se pueden observar todos los estilos de borde disponibles.

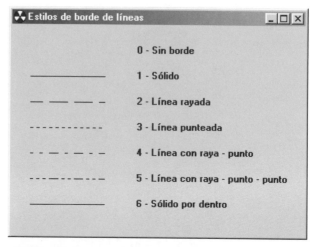

Figura 46. Los distintos estilos del borde de las líneas.

La propiedad **BorderWidth** establece el ancho del borde (que puede ser un número entero entre **1** y **8192**). La **Figura 47** muestra varias líneas con distintos bordes.

Figura 47. El borde de las líneas puede tener distinto ancho.

IMPORTANTE

Cuando la propiedad **BorderWidth** es mayor que 1, la propiedad **BorderStyle** no tiene efecto.

Por último, debemos saber que para controlar la ubicación de una línea en el formulario existen las propiedades: **X1, X2, Y1, Y2**. Éstas controlan el punto de inicio y fin de una línea en las coordenadas X e Y.

Controles de imagen

Los controles de imagen se utilizan para mostrar gráficos.

HAY QUE SABERLO

IMPORTANTE

Los controles de imagen usan menos recursos del sistema y se redibujan más rápido que las cajas de imagen, pero sólo soportan una parte de las propiedades, métodos y eventos de este último control.

DEFINICIONES

IMAGE

Es el nombre original de los controles de imagen.

Apariencia de los controles de imagen

Para controlar la apariencia de un gráfico usando el control de imagen, existen las propiedades `Picture`, `BorderStyle`, `Appearance` y `Stretch`. Como ya hemos visto las tres primeras cuando hablamos de las cajas de imagen u otros controles que las utilizaban, haremos hincapié en la última propiedad.

La propiedad `Stretch` controla el estiramiento de un gráfico, es decir, si el gráfico se debe estirar para ajustarse al tamaño del control o viceversa. Gracias a esta propiedad las imágenes pueden cambiar su tamaño, cosa que no ocurre en las cajas de imagen. Los valores que soporta `Stretch` son `True` (la imagen cambia su tamaño para adaptarse al control) y `False` (el control cambia su tamaño para adaptarse a la imagen).

La **Figura 48** muestra un ejemplo gráfico de la propiedad `Stretch`.

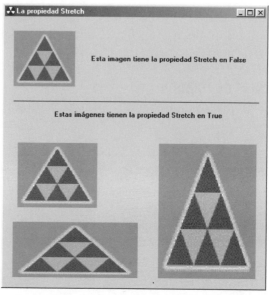

Figura 48. Con la propiedad **Stretch** *podemos ajustar el tamaño de la imagen al control, o viceversa.*

Ejercicios propuestos

Copiador de cajas de texto

Ahora llegó el momento de poner en práctica los conceptos adquiridos. En este ejercicio proponemos crear un programa con dos cajas de texto y dos botones de comando que permitan copiar el contenido del primer control en el segundo, y limpiar ambos objetos, respectivamente.

EN EL CD

Este ejemplo se encuentra en la carpeta **Ejemplos\Cap03\Ej15** del CD.

En la **Figura 49** podemos ver una pantalla que muestra cómo debe quedar el programa terminado. Para aquellos que todavía no se animen a hacer este ejercicio, a continuación veremos una forma de resolverlo.

144

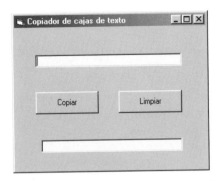

*Figura 49. Una pantalla del programa **Copiador de cajas de texto** terminado.*

RÁPIDO Y FÁCIL

VISUAL BASIC 6

1. Crear un nuevo proyecto en Visual Basic.
2. Poner en la propiedad `Caption` del formulario: "Copiador de cajas de texto".
3. Ubicar dos cajas de texto. A la primera llamarla `txtCuadro1` y a la segunda `txtCuadro2`. Ambas cajas deben estar limpias de texto (mediante la propiedad `Text`).
4. Ubicar dos botones de comando. Al primero llamarlo `cmdBoton1` y poner en el atributo `Caption` "Copiar". Al segundo llamarlo `cmdBoton2` y poner en el atributo `Caption` "Limpiar".
5. Escribir el siguiente código:

```
Private Sub cmdBoton1_Click()
    txtCuadro2.Text = txtCuadro1.Text
End Sub

Private Sub cmdBoton2_Click()
    txtCuadro1.Text = ""
    txtCuadro2.Text = ""
    txtCuadro1.SetFocus
End Sub
```

Puntero del mouse

En esta ocasión, la misión será crear un programa con cuatro botones de comando, que luego de ser pulsados muestren un puntero del mouse distinto en un marco (que usaremos como área de prueba).

EN EL CD

Este ejemplo se encuentra en la carpeta **Ejemplos\Cap03\Ej16** del CD.

La **Figura 50** permite ver cómo debería quedar el programa. Hay muchas formas de realizar este ejercicio; a continuación mostramos la que utilizamos nosotros.

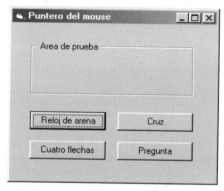

*Figura 50. Una pantalla del programa **Puntero del mouse** terminado.*

RÁPIDO Y FÁCIL

1. Crear un nuevo proyecto en Visual Basic.
2. En la propiedad `Caption` del formulario ingresar: "Puntero del mouse".
3. Agregar un marco. Establecer su propiedad `Name` en "Marco", y en `Caption` escribir: " Area de prueba "
4. Ubicar cuatro botones de comando. Llamarlos `cmdBoton1`, `cmdBoton2`, `cmd-Boton3`, y `cmdBoton4`. En la propiedad `Caption` ingresar: "Reloj de arena", "Cruz", "Cuatro flechas" y "Pregunta" sucesivamente.
5. Escribir el siguiente código:

```
Private Sub cmdBoton1_Click()
    Marco.MousePointer = 11
End Sub


Private Sub cmdBoton2_Click()
    Marco.MousePointer = 2
End Sub


Private Sub cmdBoton3_Click()
    Marco.MousePointer = 15
End Sub


Private Sub cmdBoton4_Click()
    Marco.MousePointer = 14
End Sub
```

Animación sencilla

El siguiente ejercicio consiste en la creación de un programa que desplaza una imagen en forma horizontal a lo largo de la pantalla, logrando que al chocar con el borde izquierdo o derecho del formulario cambie su dirección de desplazamiento por la opuesta.

Para lograr resolver este ejercicio, hay que utilizar ciertos elementos no vistos hasta el momento. Igualmente se puede ver la resolución del problema como si se tratase de un ejemplo, ya que resulta útil para familiarizarse con el uso de los controles y sus propiedades.

EN EL CD

VISUAL BASIC 6

Este ejemplo se encuentra en la carpeta **Ejemplos\Cap03\Ej17** del CD.

La **Figura 51** contiene una pantalla de muestra del programa finalizado (aunque por razones obvias no se puede apreciar el desplazamiento).

*Figura 51. Una pantalla del programa **Animación sencilla** terminado.*

1. Crear un nuevo proyecto en Visual Basic.
2. En la propiedad `Caption` del formulario ingresar: "Animación sencilla".
3. Agregar un control de imagen y llamarlo `imgNube`.
4. Seleccionar una imagen mediante la propiedad `Picture` del control de imagen.
5. Agregar un temporizador y nombrarlo `tmrReloj`.
6. En la propiedad `Interval` del temporizador, ingresar **100**.
7. Escribir el siguiente código:

```
Dim Cambio As Integer


Private Sub Form_Load()
    Cambio = 250
End Sub


Private Sub tmrReloj_Timer()
    imgNube.Left = imgNube.Left + Cambio
    If imgNube.Left > (Me.ScaleWidth - imgNube.Width) Then Cambio =
Cam-
    bio * -1
    If imgNube.Left < 0 Then Cambio = Cambio * -1
```

Selección en un combo

Ahora proponemos un ejercicio más sencillo: crear un programa que permita seleccionar un elemento de una caja combinada (combo) y que luego de pulsar un botón lo muestre mediante una etiqueta.

Este ejemplo se encuentra en la carpeta **Ejemplos\Cap03\Ej18** del CD.

La pantalla con el ejercicio resuelto se observa en la **Figura 52**.

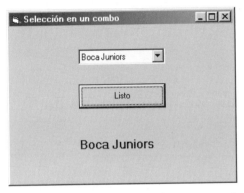

Figura 52. Una pantalla del programa **Selección en un combo** *terminado.*

1. Crear un nuevo proyecto en Visual Basic.
2. En la propiedad `Caption` del formulario ingresar: "Selección en un combo".
3. Agregar un combo y llamarlo `cboClubes`.
4. Mediante la propiedad `List`, ingresar la lista de elementos del combo. Una buena idea sería ingresar nombres de clubes de fútbol.
5. Establecer la propiedad `Style` del combo en **2**.
6. Agregar un botón de comando, llamarlo `cmdListo` e ingresar en su propiedad `Caption` "Listo".
7. Ingresar una etiqueta y llamarla `lblMostrar`.
8. Vaciar la propiedad `Caption` de la etiqueta (para que no muestre texto).
9. Cambiar la propiedad `Font` de la etiqueta a gusto.
10. Ingresar el siguiente código:

```
Private Sub cmdListo_Click()
    lblMostrar.Caption = cboClubes.Text
End SuBb
```

3

Elementos del lenguaje

Paleta de colores

Para repasar el uso de las barras de desplazamiento junto con sus propiedades, proponemos el siguiente ejercicio: crear un programa que utilice tres de estos controles para seleccionar valores de rojo, verde y azul, y de esta forma mostrar un color mediante una etiqueta. También se pueden usar tres etiquetas que muestren el valor de cada barra de desplazamiento y se actualicen al ser pulsadas.

EN EL CD

Este ejemplo se encuentra en la carpeta **Ejemplos\Cap03\Ej19** del CD.

La **Figura 53** muestra cómo debería quedar el ejercicio resuelto.

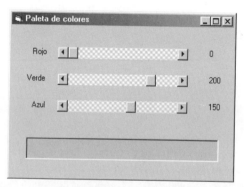

*Figura 53. Una pantalla del programa **Paleta de colores** terminado.*

RÁPIDO Y FÁCIL

1. Crear un nuevo proyecto en Visual Basic.
2. En la propiedad `Caption` del formulario ingresar: "Paleta de colores".
3. Agregar tres etiquetas. Sus nombres deben ser `lblRojo`, `lblVerde` y `lblAzul`.
4. En la propiedad `Caption` de cada etiqueta, ingresar "Rojo", "Verde" y "Azul" respectivamente.
5. Agregar tres barras de desplazamiento horizontal, y llamarlas `hsbRojo`, `hsbVerde` y `hsbAzul`.
6. Modificar las siguientes propiedades de las tres barras de desplazamiento: `Min (0)`, `Max (255)`, `LargeChange (25)` y `SmallChange (1)`.

7. Agregar otras tres etiquetas para mostrar los valores de las barras. Sus nombres deben ser `lblNroRojo`, `lblNroVerde` y `lblNroAzul`, mientras que en la propiedad `Caption` de todas se debe ingresar "0".

8. Por último, sólo resta ubicar una etiqueta que muestre el color seleccionado. El nombre del control será `lblColor`. Además, su propiedad `Caption` debe ser vaciada y se le debe asignar el valor 1 a `BorderStyle`.

9. Sólo resta escribir el siguiente código:

```
Sub Form_Load()
    lblColor.BackColor = RGB(hsbRojo.Value, hsbVerde.Value, hsbAzul-
.Value)
End Sub


Sub Actualizar_Nro_Color()
    lblNroRojo.Caption = hsbRojo.Value
    lblNroVerde.Caption = hsbVerde.Value
    lblNroAzul.Caption = hsbAzul.Value
End Sub


Private Sub hsbRojo_Scroll()
    Call Actualizar_Nro_Color
End Sub


Private Sub hsbVerde_Scroll()
    Call Actualizar_Nro_Color
End Sub


Private Sub hsbAzul_Scroll()
    Call Actualizar_Nro_Color
End Sub
Private Sub hsbRojo_Change()
    Call Actualizar_Nro_Color
    lblColor.BackColor = RGB(hsbRojo.Value, hsbVerde.Value, hsbAzul-
.Value)
End Sub


Private Sub hsbVerde_Change()
    Call Actualizar_Nro_Color
    lblColor.BackColor = RGB(hsbRojo.Value, hsbVerde.Value, hsbAzul-
```

Elementos del lenguaje

3

```
Private Sub hsbAzul_Change()
   Call Actualizar_Nro_Color
   lblColor.BackColor = RGB(hsbRojo.Value, hsbVerde.Value, hsbAzul-
.Value)
End Sub
```

Cuestionario

1. ¿Qué diferencia hay entre un formulario modal y otro que no lo es?

2. ¿Qué son los *twips*?

3. ¿Para qué sirve el evento Load?

4. ¿Qué significa la secuencia de eventos?

5. ¿Qué diferencias hay entre las cajas de imagen y los controles de imagen?

6. ¿Qué propiedad permite visualizar caracteres especiales al ingresar información en una caja de texto?

7. ¿Cuál es el control que se utiliza para agrupar opciones de las cuales el usuario sólo puede elegir una?

8. ¿Cuáles son los métodos que permiten agregar y quitar elementos de las cajas de listado y los combos?

9. ¿Qué son y para qué se utilizan los temporizadores?

10. ¿Para qué sirve la propiedad Stretch de los controles de imagen?

FUNDAMENTOS DE LA PROGRAMACIÓN

Todo lenguaje de programación posee sus fundamentos. Aquí veremos todo lo relacionado con los identificadores, constantes, variables, tipos de datos, operadores y estructuras de control.

Capítulo 4

Identificadores, constantes y variables

Los identificadores se utilizan para darle un nombre a las cosas. Esas cosas pueden ser constantes o variables que almacenan temporalmente información, o procedimientos y funciones.

DEFINICIONES

IDENTIFICADORES

Los identificadores se utilizan para darle un nombre a las cosas. Dicho nombre debe ser lo más mnemotécnico posible para permitir identificar claramente el objeto referenciado.

DEFINICIONES

LAS CONSTANTES Y VARIABLES

Se usan para almacenar temporalmente información. Como veremos más adelante, la diferencia entre ambos conceptos radica en que las constantes almacenan valores fijos, mientras que las variables guardan valores que pueden cambiar.

Identificadores

Un identificador es el nombre con el que se identifica a cualquier elemento de un programa (más comúnmente, a constantes y variables). Los identificadores tienen las siguientes características:

- Deben comenzar con una letra.
- No pueden contener espacios, puntos y ciertos caracteres especiales.
- No pueden ser palabras claves reservadas por Visual Basic.
- Si bien deben ser sumamente mnemotécnicos, es recomendable que no superen los 25 caracteres.

DEFINICIONES

PALABRAS CLAVES

Son palabras reservadas por el lenguaje, que no pueden ser usadas como identificadores. Por ejemplo: "For", "If", "Const", etc.

Veamos un ejemplo de los identificadores:

Fundamentos de la programación 4

```
Const Nombre = "Benjamín"
Const Telefono = 49541884
Dim Edad As Integer
...
Edad = 20
```

En este ejemplo, declaramos dos constantes y una variable que poseen sus respectivos identificadores (**Nombre**, **Telefono** y **Edad**). Luego, en cualquier parte del código podemos usar esos nombres para referirnos a la variable o constante, y asignar o recuperar valores.

Constantes

Las constantes generalmente se utilizan para representar valores que aparecen en muchos lugares del código. Por ejemplo:

```
Const MAX_PERSONAS = 50
```

Es más fácil usar la constante en el código (sin importar el valor que contenga) que repetir varias veces el valor. Además, si tenemos que modificar el valor de la constante lo hacemos una sola vez (y así evitamos tener que reemplazar varias veces el valor).

Veamos otro ejemplo para aclarar la situación:

```
Const MENSAJE_ERROR = "Se produjo un error desconocido en el pro-
```

Imaginemos que en lugar de usar la constante **MENSAJE_ERROR** hubiéramos utilizado la frase en muchos lugares del código. ¿Qué pasaría si deseáramos cambiar la frase por otra? El resultado sería catastrófico.

MÁS DATOS

SUGERENCIA

Por convención, las constantes ingresadas por el programador se escriben en mayúsculas, para diferenciarlas fácilmente de las variables. Aunque esto no es obligatorio, es muy aconsejable.

Constantes proporcionadas por Visual Basic

Visual Basic incorpora muchas constantes definidas previamente, que pueden usarse en el código sin ningún tipo de declaración. Para localizar dichas constantes, se puede acceder al Explorador de objetos, cuya pantalla se muestra en la **Figura 1**.

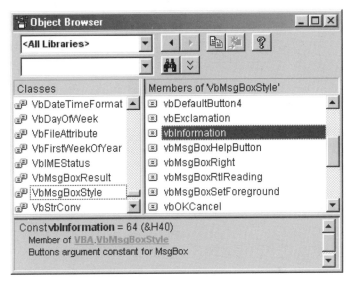

Figura 1. *Mediante el Explorador de objetos se pueden conocer las constantes definidas por el lenguaje.*

Desde el entorno de Visual Basic, podemos acceder al Explorador de objetos por medio del menú **View**, **Object Browser**, o con la tecla **F2**.

Constantes definidas por el usuario

Como vimos anteriormente, las constantes representan valores fijos que aparecen en muchos lugares del código. Si bien Visual Basic incluye varias constantes predefinidas, es posible definir las propias mediante la instrucción **Const**. Su sintaxis es:

```
[Public | Private] Const nombre [As tipo] = expresión
```

Parámetro	Descripción
public	Opcional. Indica que la constante es pública y está disponible en todos los módulos.
private	Opcional. Indica que la constante es privada y sólo está disponible en el módulo donde se la declaró.
nombre	Es el nombre de la constante.
tipo	Tipo de dato de la constante.
expresión	Contiene el valor asignado a la constante.

Veamos un ejemplo que utilice distintos tipos de constantes:

```
' Por defecto, las constantes son públicas
Const PAIS = "Argentina"


' Declaración de una variable privada
Private Const PROVINCIA = "Buenos Aires"


' Declaración de múltiples constantes en la misma línea
Const CALLE = "Moreno", Altura = 2062
```

SUGERENCIA

Es muy recomendable que las constantes sean definidas en un mismo lugar, ya sea en un módulo especial, en la sección **Declaraciones** del módulo o al principio de un procedimiento.

Variables

Las variables se utilizan para almacenar temporalmente valores durante la ejecución de un programa. Las variables poseen un nombre, un tipo de información, y el valor en sí.

En cuanto al nombre de la variable, debe ser lo más sencillo y descriptivo posible con respecto a la información que contiene. Algunas restricciones a la hora de nombrar variables son:

Visual Basic permite declarar cadenas de longitud fija que conserven siempre el mismo tamaño, independientemente de la información que se le asigne. Si a una cadena de longitud fija le asignamos menos caracteres que los que acepta la variable, lo que sobra se rellenará con espacios. Si en cambio, le asignamos más información que la que acepta, la variable truncará el excedente.

La sintaxis para declarar cadenas de longitud fija es la siguiente:

```
Dim nombre As String * longitud
```

El parámetro *longitud* indica la cantidad máxima de caracteres que puede recibir la variable. Veamos un ejemplo:

```
Dim Nombre As String * 10
'Se rellena con espacios para completar la longitud de la cadena
Nombre = "Jorge"

'Se trunca la cadena y se eliminan los caracteres sobrantes
Nombre = "Maximiliano"
```

En el ejemplo declaramos la variable **Nombre**, que es una cadena de longitud **10**. Al asignarle un nombre más corto, la variable completa con espacios los caracteres que faltan hasta llegar a su longitud. Cuando le asignamos más caracteres de los que soporta, la variable elimina los que sobrepasan su tamaño máximo.

HAY QUE SABERLO

CADENAS DE LONGITUD

Las cadenas de longitud fija siempre se declaran en forma explícita.

La instrucción Option Explicit

Una buena práctica de programación es declarar explícitamente las variables antes de utilizarlas. En Visual Basic existe una instrucción que nos obliga a hacerlo: su nombre es `Option Explicit`.

Fundamentos de la programación 4

Al agregar esta instrucción en la sección Declaraciones de todos los módulos y formularios, el lenguaje nos obligará a declarar las variables antes de usarlas. Esto es muy útil, ya que si esta instrucción no estuviera presente, podríamos tipear mal el nombre de una variable y el lenguaje las interpretaría como dos variables distintas (produciendo un error en la lógica del programa).

Otra forma de usar **Option Explicit** es mediante las opciones del lenguaje. Para eso, debemos ir al menú **Tools**, **Options** y seleccionar la opción **Require Variable Declaration** (Requerir declaración de variables). En la **Figura 2** se muestra el cuadro de opciones.

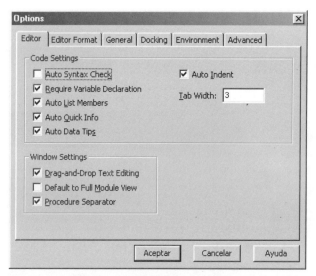

Figura 2. La opción **Require Variable Declaration** *evita que escribamos mal el nombre de una variable.*

Luego de seleccionar dicha opción, el lenguaje agregará automáticamente la instrucción **Option Explicit** al inicio de los módulos y procedimientos (ver **Figura 3**).

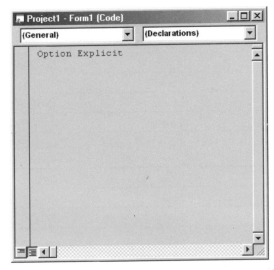

Figura 3. La instrucción `Option Explicit` se agrega automáticamente.

Fundamentos de la programación | 4

OPCIÓN *REQUIRE VARIABLE DECLARATION*

Si se establece la opción `Require Variable Declaration` luego de haber empezado un proyecto, la misma no tendrá efecto sobre los formularios o módulos creados anteriormente. En ese caso, habrá que agregar manualmente la instrucción `Option Explicit` en los formularios o módulos que no la posean.

MÁS DATOS

SUGERENCIA

Siempre es conveniente usar `Option Explicit`, ya que de este modo nos ahorraremos muchos errores y dolores de cabeza.

Tipos de datos

Tipos de datos provistos por el lenguaje

Como vimos anteriormente, las constantes y variables pueden contener varios tipos de datos (o información). A continuación, veremos detalladamente cada uno de ellos, indicando sus requisitos de memoria y el rango de valores que aceptan (ver **Tabla 2**).

Tipo	Requisitos de memoria	Rango de valores
Integer	2 bytes	De -32.768 a +32.767
Long	4 bytes	De -2,147,483,648 a -2,147,483,648
Single	4 bytes	+/- 1E-45 a 3E38
Double	8 bytes	+/- 5E-324 a 1.8E308
Currency	8 bytes	+/- 9E14
String	1 byte por carácter	Hasta 65.400 para cadenas fijas, y hasta 2 billones para cadenas variables
Byte	1 byte	De 0 a 255
Boolean	2 bytes	True o False
Date	8 bytes	1/1/100 a 31/12/9999
Object	4 bytes	
Variant (para números)	16 bytes	El rango de un Double
Variant (para cadenas)	16 bytes	+ 1 byte por carácter

Tabla 2. Los principales tipos de datos de las constantes y variables.

HAY QUE SABERLO

AYUDA DE VISUAL BASIC

Para obtener más detalles sobre los tipos de datos, podemos ir a la ayuda de Visual Basic.

Tipos de datos definidos por el usuario

Visual Basic permite definir tipos de datos que combinen otros ya existentes. Esto es muy útil para crear tipos de variables "personalizadas" según nuestras necesidades. Para definir un tipo de dato se utiliza la palabra clave **Type**, cuya sintaxis es la siguiente:

DEFINICIONES

UDT

Los tipos de datos definidos por el usuario también son llamados **UDT** (*User Defined Types*), o estructuras.

```
Type nombre
    campo As tipo
    campo As tipo
    ...
End Type
```

Parámetro	Descripción
nombre	Es el nombre del tipo de dato definido por el usuario.
campo	Es el nombre de un elemento del tipo.
tipo	Es el tipo de dato de un elemento.

Veamos un ejemplo:

```
Type T_Registro
    Nombre As String
    Ciudad As String
    CP As Integer
End Type


Dim Empleado As T_Registro


Empleado.Nombre = "Nélida"
Empleado.Ciudad = "Buenos Aires"
Empleado.CP = 1232
```

En el ejemplo podemos ver que definimos un registro como tipo de dato, declaramos una variable que hace uso de esa estructura, y luego le asignamos valores. Esto es lo bueno de los tipos: con una sola definición ya tenemos nuevas variables personalizadas.

SUGERENCIA

SUGERENCIA

Es una buena práctica utilizar el prefijo "**T_**" para los nombres de las estructuras.

Operadores

Operadores aritméticos

Los operadores aritméticos se utilizan para efectuar cálculos matemáticos. La **Tabla 3** muestra las operaciones matemáticas con sus correspondientes operadores.

Operación	Operador
Suma	+
Resta	-
Multiplicación	*
División	/
División entera	\
Módulo	Mod
Exponenciación	^

Tabla 3. Las operaciones matemáticas y sus correspondientes operadores.

HAY QUE SABERLO

VISUAL BASIC 6

El módulo es el resto de una división. Por ejemplo, en el caso de 7 dividido 3, el resultado es 2, y el módulo o resto es 1.

El uso de los operadores aritméticos es muy sencillo. Por lo general, tienen la siguiente estructura:

```
resultado = numero1 operador numero2 [operador numero3]
```

donde *operador* puede ser cualquiera de los operadores descriptos anteriormente. Veamos un ejemplo:

```
total = importe - descuento
iva = importe * 21 / 100
porciones = total \ personas
```

SUGERENCIA

Es posible controlar el orden de las operaciones mediante el uso de paréntesis.

Precedencia de operadores

Por lo general, los cálculos que vayamos a efectuar no serán sencillos, pues combinarán varios operadores. Por esa razón es vital conocer la precedencia de los operadores, es decir, el orden en que éstos se procesan.

Visual Basic no procesa los cálculos de izquierda a derecha, sino que realiza subconjuntos de una expresión compleja en función de los operadores existentes, en este orden:

- Exponenciación (^)
- Negación (-)
- Multiplicación y división (*, /)
- División entera (\)
- Módulo (Mod)
- Suma y resta (+, -)

Para omitir la precedencia normal de los operadores se pueden utilizar paréntesis que agrupen subexpresiones.

SUGERENCIA

A la hora de realizar cálculos en la precedencia de los operadores y el uso de los paréntesis, conviene prestar mucha atención: no es lo mismo 2 + 3 * 4 (14) que (2 + 3) * 4 (20).

Operadores lógicos

Los operadores lógicos son los encargados de producir resultados del tipo `True` o `False`. En la **Tabla 4** se muestran todos los operadores lógicos con su orden de precedencia.

Fundamentos de la programación 4

Operador	Descripción
Not	Negación.
And	Conjunción lógica.
Or	Disyunción lógica.
Xor	Exclusión lógica.
Eqv	Equivalencia lógica.
Imp	Implicación lógica.

Tabla 4. Los operadores lógicos.

Veamos un ejemplo de los operadores lógicos:

```
If (Mes = 2) And (CantidadDias = 29) Then Bisiesto = True
```

Para que la variable `Bisiesto` sea puesta en `True` (verdadera) se deben cumplir las dos condiciones previas. Noten cómo ayuda a simplificar la expresión el uso de los paréntesis.

A continuación, otro ejemplo:

```
If (LuzRoja = True) Or (LuzAmarilla = True) Then Infractor = True
```

En este caso, para que la variable `Infractor` sea verdadera, basta con que se cumpla cualquiera de las condiciones previas (no necesariamente las dos).

Cuando deseamos preguntar si una variable lógica es verdadera, no hace falta escribir la comparación "`= True`", ya que se puede preguntar implícitamente. Así, el ejemplo anterior también podría haber aparecido de este modo:

```
If (LuzRoja) Or (LuzAmarilla) Then Infractor = True
```

Nótese cómo implícitamente preguntamos si el valor de dos variables booleanas es verdadero, sin usar "`= True`".

En Visual Basic, el valor `False` se representa por el número **0**. Cualquier otro número representa al valor `True`.

Operadores de comparación

Los operadores de comparación se encargan, valga la redundancia, de comparar dos o más condiciones de una expresión. En la **Tabla 5** se pueden encontrar estos operadores junto con una pequeña descripción.

Operador	Descripción
=	Igualdad
<>	Desigualdad
<	Menor que
>	Mayor que
<=	Menor o igual que
>=	Mayor o igual que

Tabla 5. Los principales operadores de comparación.

Los operadores de comparación se utilizan generalmente en estructuras de control, cuya ejecución dependa de una condición. Veamos un ejemplo:

```
Dim Numero As Integer
Dim Maximo As Integer


If Numero <= Maximo Then
    ...
End If


While Maximo < Numero
    ...
Wend
```

Fundamentos de la programación 4

Por supuesto que todas las clases de operadores se pueden combinar para crear expresiones más complejas. El siguiente ejemplo combina operadores lógicos y de comparación:

```
If (Numero <= Maximo) And (Numero >= 1) Then
```

Hay otros dos operadores de comparación que, si bien no se usan con mucha frecuencia, resulta importante conocer: son `Like` e `Is`.

El operador `Like` compara una cadena con un patrón, y devuelve `True` en caso de que el patrón se encuentre dentro de la cadena. El patrón puede utilizar comodines que indiquen rangos o caracteres especiales (ver **Tabla 6**).

Caracteres en el patrón	Equivalencia en la cadena
?	Cualquier carácter simple
*	Cero o más caracteres
#	Cualquier dígito del 0 al 9
[lista_caracteres]	Cualquier carácter en el rango lista_caracteres
[!lista_caracteres]	Cualquier carácter que no se esté en lista_caracteres

Tabla 6. Los comodines que se pueden usar en el patrón.

El uso de `Like` es muy sencillo, lo cual se puede comprobar en el siguiente ejemplo:

```
Cadena = "aBBBa" Like "a*a"        ' Devuelve True
Cadena = "F" Like "[A-Z]"          ' Devuelve True
Cadena = "F" Like "[!A-Z]"         ' Devuelve False
Cadena = "a2a" Like "a#a"          ' Devuelve True
Cadena = "BAT123khg" Like "B?T*"   ' Devuelve True
Cadena = "CAT123khg" Like "B?T*"   ' Devuelve False
```

El operador `Is` se utiliza para comparar a objetos y tipos de objetos. Su sintaxis es:

```
resultado = objeto1 Is objeto2
```

resultado es cualquier variable booleana. *objeto1* y *objeto2* son los dos objetos a comparar. Si ambos son del mismo tipo, la variable *resultado* es **True**. De lo contrario, *resultado* es **False**. Veamos un ejemplo:

```
' Declaración de las variables
Dim A
Dim B
Dim C
Dim resultado
Dim ObjetoTipo1
Dim ObjetoTipo2

' Asignación de los tipos de objeto
Set A = ObjetoTipo1
Set B = ObjetoTipo1
Set C = ObjetoTipo2

resultado = A Is B            ' Devuelve True
resultado = C Is B            ' Devuelve False
resultado = ObjetoTipo1 Is C  ' Devuelve False
```

Un operador que se puede utilizar en conjunto con **Is** es **TypeOf**. Su función es comprobar si un objeto pertenece a determinado tipo de objeto. Su sintaxis es:

```
TypeOf nombre_objeto Is tipo_objeto
```

nombre_objeto es el nombre de una variable objeto, y *tipo_objeto* es cualquier tipo de objeto válido. Veamos un ejemplo:

```
If TypeOf MiObjeto Is Label Then Print "Etiqueta"
If TypeOf MiObjeto Is TextBox Then Print "Caja de texto"
If TypeOf MiObjeto Is CommandButton Then Print "Botón de comando"
```

MÁS DATOS

SUGERENCIA

Es muy útil usar **TypeOf** para determinar el tipo de un objeto pasado como argumento a un procedimiento, o para filtrar y trabajar con todos los objetos de un tipo específico en un formulario.

Otros operadores

Operadores de concatenación

Concatenar dos cadenas significa crear una tercer cadena cuyo contenido es igual a la suma de las dos originales. Para realizar la concatenación se utilizan los operadores **+** y **&**. Por ejemplo:

```
Nombre = "Barney" + " " + "Gómez"
```

En el ejemplo superior, a la variable **Nombre** se le asignó el contenido: "Barney Gómez". El operador **+** se usa para concatenar en una cadena valores del tipo **String**. Para concatenar en una cadena cualquier tipo de valores, se utiliza el operador **&**:

```
Codigo = "ABCD" & 1999
```

Generalmente se tiende a usar este operador, en lugar del más (+).

Operador Punto

Este operador se utiliza principalmente para:

- Conectar objetos con propiedades y métodos.
- Recuperar y almacenar valores de variables en tipos de datos definidos por el usuario.

Seguramente habrán utilizado este operador muchas veces sin prestarle demasiada atención. Por ejemplo:

```
Label1.Caption = "Hola Mundo"
Registro.Nombre = "Jorge"
```

HAY QUE SABERLO

OPERADORES PUNTO

Cuando escribimos código en Visual Basic, al ingresar un operador punto sobre un objeto el lenguaje mostrará una lista con todas las propiedades y métodos que podemos aplicarle al control. Esto es muy útil para no tener que tipear los nombres correspondientes. Además, resulta una forma muy efectiva de investigar las propiedades y métodos de un objeto nuevo que no conocemos.

SUGERENCIA

Todos los controles tienen una propiedad por defecto (por ejemplo, en las cajas de texto esa propiedad es `Text`). Para referirse a una propiedad por defecto no es necesario usar el operador punto.

Operador de asignación

Visual Basic utiliza el signo = como operador de comparación y de asignación. En el primer caso, la función del operador es comprobar una igualdad. Pero cuando se utiliza el símbolo = como operador de asignación, su función es transferir un valor desde el lado derecho del signo hasta el identificador del lado izquierdo. Por ejemplo:

```
' Acá se utiliza el = como operador de asignación
Pais = "Argentina"
```

Estructuras de control

Las estructuras de control se utilizan para controlar el flujo de un programa, es decir, el orden en que se ejecutan las instrucciones. Si no existieran las estructuras de control, los programas se ejecutarían linealmente desde el principio hasta el fin sin poder tomar decisiones.

Estructura If-Then-Else

Esta estructura se utiliza para ejecutar instrucciones en forma condicional, dependiendo de la evaluación de una expresión. La traducción al criollo de esta estructura sería:

SI condición ENTONCES acción SI NO acción

Si se cumplen una o más condiciones, entonces ejecutamos cierta acción. Existen tres tipos de instrucciones `If-Then`:

- Estructura `If-Then` de línea única, donde la instrucción sólo se ejecuta si la condición es verdadera. Ejemplo:

Fundamentos de la programación

4

```
' Si a es mayor que b, imprimimos a.
If a > b Then Print a
```

- Estructura **If-Then** de varias líneas, en la cual el bloque de instrucción sólo se ejecuta si las condiciones son verdaderas. Las instrucciones deben terminar con la palabra clave **End If**. Ejemplo:

```
' Si la condición es verdadera, entonces ejecutamos esta expresión.
If Nro > 1 Then
    Print a
End If
```

- Estructura **If-Then** de varias líneas que contiene muchos bloques de instrucción. Aquí se puede ejecutar una instrucción según la evaluación de la expresión original o según las evaluaciones opcionales **Else** y **ElseIf**. Veamos unos ejemplos:

```
If Nro > Maximo Then                            ' Expresión condicional.
    Print "Este número supera al máximo"        ' Si la condición es verdadera.
Else
    Print "Este número no supera al máximo"     ' Si la condición es  falsa.
End If


If Nombre = "Baltazar" Then
    Print "Mi amigo Baltazar"
ElseIf Nombre = "Mariano" Then Print "Mi amigo Mariano"
ElseIf Nombre = "Jorge" Then Print "Mi amigo Jorge"
Else
    Print "No te conozco. ¿Quién sos?"
End If
```

En este último ejemplo podemos ver que primero se evalúa una condición original: si es verdadera se ejecuta la instrucción asociada; de lo contrario se sigue inspeccionando. Cuando una condición es verdadera, se ejecuta la expresión y se sale de la estructura. Si llegamos al **Else** (porque no se cumplió ninguna condición) se ejecuta la instrucción correspondiente. Este último tipo de estructura no tiene mucho uso, ya que para cumplir esa función se suele utilizar **Select Case**.

MÁS DATOS

SUGERENCIA

En lugar de utilizar la estructura **If-Then** de varias líneas con la palabra clave **El-seIf**, es recomendable usar la estructura **Select Case** ya que es más sencilla.

MÁS DATOS

SUGERENCIA

Las sentencias **If** se pueden anidar, es decir, usar dentro de otras sentencias. Pero en caso de hacerlo conviene tener mucho cuidado y asegurarnos de usar todos los **End If** que resulten necesarios.

Estructura Select Case

Esta estructura es una excelente alternativa para evitar el uso de varios **If** anidados. Su funcionamiento es muy sencillo: primero se evalúa una expresión, y luego se definen los valores para los cuales la condición iniciará una acción. Veamos un ejemplo que simplifique esto:

```
Select Case Nombre
    Case "Baltazar"
        Print "Mi amigo Baltazar"
    Case "Mariano"
        Print "Mi amigo Mariano"
    Case "Jorge"
        Print "Mi amigo Jorge"
    Case Else
        Print "No te conozco. ¿Quién sos?"
End Select
```

Fundamentos de la programación

4

Comparemos este ejemplo con el último usado en la estructura `If-Then`. Mucho más entendible ¿no?

Sin embargo, la estructura `Select Case` es más poderosa aún, ya que permite trabar con condiciones y rango de valores. Por ejemplo:

```
Select Case Nota
    Case 10
        Print "Excelente"
    Case 8 To 9
        Print "Muy bueno"
    Case 6 To 7
        Print "Bueno"
    Case 4 To 5
        Print "Regular"
    Case Is < 4
        Print "Insuficiente"
End Select
```

IMPORTANTE

A no confundir el `Is` de la estructura `Select Case` con el operador `Is` de comparación.

Bucle For-Next

Esta estructura se utiliza para controlar exactamente cuántas veces se ejecutan las instrucciones dentro del bucle. La estructura **For-Next** posee un valor de inicio, un valor final y un valor de incremento (que es 1 por omisión). Veamos unos ejemplos:

```
' Imprime los números del 1 al 10
For cont = 1 To 10
    Print cont
Next cont


' Imprime los números del 1 al 10, pero salteando de a 3 (1, 4, 7,
10)
For i = 1 To 10 Step 3
    Print i
Next


' Imprime una cuenta regresiva, desde el número 10 hasta el 1
For i = 10 To 1 Step -1
    Print i
Next


' Imprime los números del 1 al 10, salvo que se cumpla la condi-
ción
' (que en realidad es verdadera, y produce que se muestren los
' números del 1 al 4)
For cont = 1 To 10
    If cont = 5 Then Exit For
    Print cont
```

Fundamentos de la programación 4

IMPORTANTE

La sentencia **Exit For** se utiliza para producir un salto en la ejecución de un ciclo. Esta sentencia generalmente se complementa con una condición cuya ocurrencia debe ser tenida en cuenta.

HAY QUE SABERLO

VALORES DEL BUCLE

Si el valor inicial del bucle es mayor que el valor final, el ciclo no se ejecutará, excepto que se especifique en **step** un valor negativo (para hacer un ciclo inverso).

También se pueden utilizar bucles anidados. Por ejemplo:

```
For i = 1 To 10
   For j = 1 To 3
      ...
   Next j
   ...
Next i
```

Esto resulta muy útil para recorrer matrices y otro tipo de estructuras.

BUCLES ANIDADOS

Al trabajar con bucles anidados, éstos deben ser cerrados ordenadamente: el último ciclo abierto debe ser el primero en cerrar.

Bucle For Each-Next

Este bucle es un caso especial del **For-Next**. Su función es repetir un conjunto de sentencias para cada objeto de colección. Su sintaxis es:

```
For Each elemento In coleccion
   sentencias
Next
```

Veamos un ejemplo que simplifique la situación:

```
Dim Ctl As Control

For Each Ctl In Form1
   If TypeOf Ctl Is TextBox Then
      Ctl.Text = ""
   End If
Next
```

En el ejemplo anterior, definimos una variable del tipo `Control` (tipo que representa a cualquier control de un programa). Luego, recorremos todos los controles del formulario y limpiamos sólo las cajas de texto (utilizando el operador `Is` junto con `TypeOf` para determinar si es el tipo de control adecuado). Noten cómo con una pocas líneas de código podemos filtrar los tipos de objeto de un formulario.

Bucle While-Wend

Ejecuta un conjunto de instrucciones mientras una condición sea verdadera. La principal característica de esta estructura es que antes de comenzar el bucle verifica la validez de una condición, por lo cual es posible que el bucle no llegue a ejecutarse nunca. Ejemplo:

```
' Mientras la variable cont sea menor a 5, se imprime y se incre-
menta.
' Esto hace que se muestren los números del 1 al 4.
cont = 1

While cont < 5
    Print cont
    cont = cont + 1
Wend
```

ORDEN DENTRO DE LOS BUCLES

Se debe tener cuidado con el orden en que se ubican las instrucciones dentro de los bucles. Si en el ejemplo anterior incrementamos el contador antes de imprimirlo, dará como resultado que se muestren los números del 2 al 5, que no es el resultado esperado.

Bucle Do-Loop

Se utiliza para ejecutar un bloque de instrucciones mientras (**While**) o hasta (**Until**) que se cumpla cierta condición. La principal característica de estos bucles es que generalmente se ejecutan por lo menos una vez (a diferencia del **While-Wend**).

Ejemplos:

```
' Se repite el bucle mientras se cumpla cierta condición.
' El bucle se ejecuta por lo menos una vez.
Do
    sentencias
Loop While condicion


' Se repite el bucle hasta que se cumpla una condición.
' El bucle se ejecuta por lo menos una vez.
Do
    sentencias
Loop Until condicion
```

BUCLES DO-LOOP

Los bucles Do-Loop también permiten ubicar la condición al principio de la estructura. Esto produce que el bucle se asemeje a un **While-Wend** y exista la posibilidad de que no se ejecute la estructura (como consecuencia de evaluar la condición antes de entrar al ciclo).

Las condiciones en los bucles Do-Loop también se pueden ubicar al principio de la estructura, para permitir comparar una expresión antes de entrar en el ciclo. Por ejemplo:

```
' Repetir MIENTRAS Numero > 20
Do While Numero > 20
    Contador = Contador + 1
Loop


' Repetir HASTA que Numero > 20
Do Until Numero > 20
    Contador = Contador + 1
Loop
```

El bucle Do-Loop es más poderoso que **While-Wend** pues incluye una sentencia llamada Exit Do que permite cortar la ejecución del ciclo en cualquier momento.

Cuestionario

1. ¿Qué son los identificadores?

2. ¿Qué diferencias hay entre las constantes y las variables?

3. ¿Para qué se utiliza la instrucción `Dim`?

4. ¿En qué consiste la declaración implícita de variables?

5. ¿Para qué sirve la instrucción `Option Explicit`?

6. ¿Cuáles son los principales tipos de datos?

7. ¿Para qué sirven los operadores lógicos?

8. ¿Cuál es la diferencia entre los operadores de concatenación + y &?

9. ¿Para qué sirve el bucle `For Each-Next`?

10. ¿Qué diferencias hay entre `While-Wend` y `Do-Loop`?

FUNCIONES DEL LENGUAJE

Llegó el momento de ver las principales funciones que incorpora el lenguaje para el tratamiento de cadenas y el manejo de números y fechas. Además, se presentarán las principales funciones para desplegar mensajes y darle formato a los resultados.

Capítulo **5**

Tratamiento de cadenas

Las cadenas de caracteres se utilizan con mucha frecuencia a la hora de programar. Si bien Visual Basic sólo provee un operador de cadenas (concatenación), incluye numerosas funciones para el tratamiento de las mismas. Algunas de esas funciones son:

- **UCase** y **LCase**: cambian el texto de una cadena a mayúsculas o minúsculas, respectivamente.
- **InStr** y **InStrRev**: localizan una cadena dentro de otra.
- **Left** y **Right**: recuperan una cierta cantidad de caracteres de un extremo de la cadena.
- **Mid**: recupera o sustituye una parte de una cadena.
- **LTrim**, **RTrim** y **Trim**: quitan espacios de uno o ambos extremos de una cadena.
- **Len**: devuelve la longitud de una cadena.
- **Str** y **Val**: convierten un número a cadena, y viceversa.
- **Asc** y **Chr**: devuelven un código ASCII a partir de un carácter, y viceversa.

Es muy importante tener en cuenta que en Visual Basic las cadenas comienza a partir de la posición 1, y no de la 0 como ocurre en otros lenguajes. Por ejemplo, en la cadena "Argentina", el carácter "A" es en la posición **1** de la cadena, y el carácter "i" se encuentra en la posición **7**.

Averiguar la longitud de una cadena

Una de las operaciones más comunes cuando se trabaja con cadenas es averiguar su tamaño, no sólo porque resulta útil conocer ese dato en sí, sino porque se puede complementar con otras funciones de cadenas.

La función **Len** devuelve un número que representa la cantidad de caracteres que contiene una cadena. Su sintaxis es la siguiente:

```
Len (cadena)
```

Como se puede observar, esta función es muy sencilla. Veamos un ejemplo:

```
Dim longitud As Long
Dim Cadena As String

Cadena = "República Argentina"

longitud = Len("Bal-Mar Software")    ' Devuelve 16
longitud = Len(Cadena)                ' Devuelve 19
```

HAY QUE SABERLO

FUNCIÓN LEN

La función **Len** trabaja con cadenas de caracteres indicadas por el programador, o con variables del tipo **String** o **Variant**.

Convertir una cadena a mayúsculas o minúsculas

Existen dos funciones que permiten convertir toda una cadena a mayúsculas o minúsculas: son **UCase** y **Lcase**, respectivamente.

Esto no sólo es útil para presentar la información en cierto formato, sino también para realizar comparaciones en una condición. Por ejemplo, imaginemos que en un programa deseamos que se ejecuten ciertas acciones si el usuario ingresa el nombre de nuestro país. El usuario podría ingresar "Argentina", "argentina" o "ArgenTiNA", y si bien nosotros entendemos la intención del usuario, el lenguaje interpretaría las tres palabras como distintas. La solución consiste en convertir todo lo ingresado por el usuario a mayúsculas o minúsculas, y luego realizar la comparación. De este modo, si el usuario ingresó el nombre de nuestro país (no importa en qué formato), el programa responderá correctamente.

Volviendo a las funciones propiamente dichas, sus sintaxis son:

```
UCase (cadena)


LCase (cadena)
```

FUNCIÓN UCASE

En el caso de la función UCase, sólo las minúsculas son pasadas a mayúsculas. Los números y los caracteres que ya estaban en mayúscula quedan iguales. Lo mismo, pero a la inversa, ocurre con la función LCase.

A continuación veremos un ejemplo que contiene dos cajas de texto (txtCadena y txtResultado) y dos botones de comando (cmdMayus y cmdMinus) que permiten pasar a mayúsculas o minúsculas una caja de texto, y mostrar en la otra el resultado. La apariencia del programa se puede ver en la **Figura 1**.

```
Private Sub cmdMayus_Click()
    txtResultado.Text = UCase(txtCadena.Text)
End Sub


Private Sub cmdMinus_Click()
    txtResultado.Text = LCase(txtCadena.Text)
End Sub
```

Aquí podríamos haber omitido todos los ".Text", ya que la propiedad **Text** es la predeterminada de las cajas de texto.

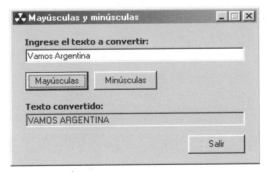

Figura 1. Un sencillo ejemplo para convertir una cadena a mayúsculas o minúsculas.

Este ejemplo se encuentra en la carpeta **Ejemplos\Cap05\Ej01** del CD.

Funciones del lenguaje 5

Buscar una cadena

Muchas de las tareas relacionadas con las cadenas consisten en averiguar si una palabra o grupo de caracteres se encuentra dentro de otro, y en caso afirmativo conocer en qué posición. Afortunadamente, Visual Basic incluye una poderosa función que satisface esta necesidad; se llama **InStr** y su sintaxis es:

```
InStr ([inicio], cadena, subcadena, [, comparación])
```

Parámetro	Descripción
inicio	Opcional. Indica la posición donde comenzar la búsqueda.
cadena	Es la cadena a ser explorada.
subcadena	Es la cadena que se pretende encontrar dentro de otra.
comparación	Especifica el tipo de búsqueda a realizar.

HAY QUE SABERLO

La función **InStr** devuelve un número que representa la posición de la primera ocurrencia de una cadena dentro de otra. Si una cadena no se encuentra dentro de otra, **InStr** devuelve un **0**.

Veamos un ejemplo de **InStr**:

```
Dim Posicion As Long
' Devuelve 12.
Posicion = InStr("República Argentina", "rge")


' Devuelve 0. Una cadena no se encontró dentro de otra.
Posicion = InStr("República Argentina", "yupi")


' Devuelve 2.
Posicion = InStr("República Argentina", "e")


' Devuelve 14. La primera "e" se saltea ya que
' se empieza la búsqueda en la posición 5.
Posicion = InStr(5, "República Argentina", "e")
```

A continuación podemos ver otro ejemplo de la función `InStr`. En este caso, tenemos tres cajas de texto: una para ingresar la cadena a ser explorada (`txtCadena`), otra para contener el texto a buscar (`txt-Subcadena`) y la última para presentar los resultados de la búsqueda (`txtPosicion`). Cuando se pulsa un botón (`cmdBuscar`) el programa busca una cadena dentro de otra e informa el resultado obtenido:

```
Private Sub cmdBuscar_Click()
    Dim Posicion As Long


    Posicion = InStr(txtCadena, txtSubcadena)
    If Posicion <> 0 Then
        txtPosicion = "Subcadena encontrada en la posición: " & Po-
sicion
    Else
        txtPosicion = "Subcadena no encontrada"
    End If
End Sub
```

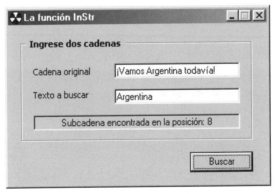

Figura 2. La función `InStr` en plena acción.

Funciones del lenguaje 5

En la versión 6 de Visual Basic se incorporó una función llamada **InStrRev**, que realiza la misma función que **InStr** pero comenzando por el final de la cadena. Su sintaxis es:

```
InStrRev (cadena1, cadena2, [, inicio] [, comparación])
```

Esto resulta muy útil cuando de una cadena que tiene su ruta completa queremos extraer el nombre de un archivo. Por ejemplo:

```
Cadena = "C:\Mis Documentos\Listados\Jugadores.dat"
```

Nosotros sólo queremos obtener "Jugadores.dat". Para esto podemos usar la función **InStrRev**, junto con las funciones **Len** y **Right** (que veremos a continuación). El código que lo resuelve sería:

```
Archivo = Right(Cadena, Len(Cadena) - InStrRev(Cadena, "\"))
```

Aquí, la variable **Archivo** (del tipo **String**) pasaría a contener "Jugadores.dat".

Extraer partes de una cadena

Para extraer una parte de una cadena, el lenguaje provee tres funciones: **Left**, **Rigth** y **Mid**.

La función **Left** devuelve un número especificado de caracteres desde el extremo izquierdo de una cadena. Su sintaxis es:

```
Left (cadena, longitud)
```

Parámetro	Descripción
cadena	Es la cadena de la cual se van a extraer caracteres.
longitud	Indica la cantidad de caracteres a extraer. Si es **0** se devuelve una cadena vacía "".

La función **Right** es similar a **Left**, sólo que los caracteres se extraen del lado derecho. Su sintaxis es:

```
Right (cadena, longitud)
```

Mid es otra función que permite recuperar una subcadena a partir de otra, y posee un parámetro adicional para seleccionar la posición donde comenzar a extraer caracteres. Su sintaxis es:

```
Mid (cadena, inicio, [, longitud])
```

Parámetro	Descripción
cadena	Es la cadena de la cual se van a extraer caracteres.
inicio	Es la posición donde comenzar la extracción.
longitud	Opcional. Es la cantidad de caracteres a extraer. Si se omite este parámetro, se extraen todos los caracteres desde el *inicio* hasta el final de la cadena.

Funciones del lenguaje 5

HAY QUE SABERLO

FUNCIÓN MID

Si en la función **Mid** el parámetro *inicio* es mayor que el número de caracteres que posee la cadena, la función devuelve una cadena nula ("").

HAY QUE SABERLO

La función **Mid** producirá un error en tiempo de ejecución si su parámetro *inicio* es 0, o si tiene un valor negativo. Por ejemplo, la función Mid(Cadena, 0, 10) es incorrecta.

HAY QUE SABERLO

Si en la función **Mid** la suma de los parámetros *inicio* y *longitud* sobrepasa el largo de la cadena, Visual Basic devuelve, a partir de *inicio*, todos los caracteres restantes (lo que equivale a no poner el parámetro *longitud*).

A continuación, un ejemplo con estas tres funciones:

```
Dim Cadena As String

' Devuelve "General Don"
Cadena = Left("General Don José de San Martín", 11)

' Devuelve " San Martín"
Cadena = Right("General Don José de San Martín", 11)

' Devuelve "Don José"
Cadena = Mid("General Don José de San Martín", 9, 8)
```

Reemplazar los caracteres de una cadena

Recientemente vimos cómo la función **Mid** permite recuperar una parte de una cadena. La misma palabra clave, **Mid**, se puede utilizar como sentencia para reemplazar una parte de la cadena por otra. ¡Atención! A no confundir la función **Mid** con la sentencia **Mid** que veremos a continuación.

La sentencia **Mid** sustituye parte de una cadena con otra. Al tratarse de una sentencia, no devuelve un valor (como ocurre con las funciones) sino que realiza una asignación. Su sintaxis es:

```
Mid (cadena1, inicio [, longitud]) = cadena2
```

Parámetro	Descripción
cadena1	La cadena original en donde se va a reemplazar una subcadena.
Inicio	La posición donde comenzar el reemplazo.
longitud	Opcional. La cantidad de caracteres a reemplazar. Si se omite este parámetro, se usan todos los caracteres de la *Cadena2*.
cadena2	El texto que reemplaza una parte de la cadena original.

Veamos un ejemplo que aclare el panorama:

```
Dim Cadena As String
Cadena = "El perro salta"
' La variable Cadena pasa a contener "El tigre salta"
Mid(Cadena, 4, 5) = "tigre"


' La variable Cadena pasa a contener "El sapoe salta"
Mid(Cadena, 4) = "sapo"


' La variable Cadena pasa a contener "El pájaro vuel"
Mid(Cadena, 4) = "pájaro vuela alto"
```

Funciones del lenguaje **5**

DEFINICIONES

A NO CONFUNDIR LA FUNCIÓN MID CON LA SENTENCIA MID

La función devuelve una porción de una cadena, mientras que la sentencia reemplaza una parte de la cadena por otra.

Quitar espacios en una cadena

Muchas veces resulta necesario eliminar los espacios que existen al principio y al final de una cadena. Aquí es donde entran en acción las funciones `LTrim`, `RTrim` y `Trim`:

- **LTrim**: quita los espacios que hay al principio de una cadena.
- **RTrim**: quita los espacios que hay al final de una cadena.
- **Trim**: quita los espacios que hay al principio y al final de una cadena.

Las sintaxis de estas funciones son:

```
LTrim (cadena)

RTrim (cadena)

Trim (cadena)
```

HAY QUE SABERLO

FUNCIÓN TRIM

La función `Trim` elimina los espacios que existen al principio y al final de una cadena, pero no elimina los espacios intermedios.

Veamos un ejemplo:

```
Dim Procer As String
Dim Cadena As String


Procer = "   Manuel Belgrano   "

' La variable Cadena contiene "Manuel Belgrano   "
Cadena = LTrim(Procer)

' La variable Cadena contiene "   Manuel Belgrano"
Cadena = RTrim(Procer)

' La variable Cadena contiene "Manuel Belgrano"
Cadena = Trim(Procer)
```

El uso de estas funciones resulta muy útil cuando comparamos dos cadenas, ya que generalmente no deseamos que los espacios tengan influencia en la comparación. Por ejemplo:

```
IF Trim(Cadena1) > Trim(Cadena2) Then
   ...
End If
```

Cadenas y números

Una cadena de caracteres puede contener números, y en ciertas ocasiones resulta necesario usar dichos números en expresiones numéricas. Del mismo modo, también puede resultar necesario convertir un número en una cadena, para imprimirlo o concatenarlo con otras variables.

Visual Basic incluye dos funciones que permiten pasar números a cadenas y viceversa; son **Str** y **Val**:

La función **Str** permite convertir un valor número en cadena. Su sintaxis es muy sencilla:

```
Str (número)
```

Veamos un ejemplo:

```
Dim Cadena As String

Cadena = Str(419)        ' Devuelve " 419"
Cadena = Str(-419.25)    ' Devuelve "-419.25"
Cadena = Str(419.007)    ' Devuelve " 419.007"
```

IMPORTANTE

Cuando un número se convierte a cadena, el primer carácter está reservado para el signo. Podemos verlo en el ejemplo, donde aparece un signo "-" o un espacio en blanco.

IMPORTANTE

Como a veces resulta molesto el espacio en blanco que la función `Str` reserva para el signo, es muy común utilizar la función `Format` (que trataremos más adelante en este capítulo) para convertir números a cadenas.

La función `Val` devuelve un número contenido en una cadena de caracteres. Su sintaxis es:

```
Val (cadena)
```

Esta función `Val` comienza la búsqueda de números leyendo la cadena de izquierda a derecha, y se detiene al encontrar el primer carácter que no reconoce como numérico. Por ejemplo:

```
Dim Numero As Long

' Devuelve 1234
Numero = Val("1234")
```

Funciones del lenguaje 5

```
' Devuelve 1234
Numero = Val(" 1 23 4")


' Devuelve 12
Numero = Val("12 más 34")


' Devuelve 0
Numero = Val("  Av. Jujuy 171  ")
```

HAY QUE SABERLO

SEPARADOR DECIMAL

La función **Val** sólo reconoce el punto (**.**) como separador decimal.

Funciones numéricas

Funciones matemáticas

La **Tabla 1** muestra una lista con las principales funciones matemáticas provistas por el lenguaje.

Función	Descripción
Abs	Devuelve el valor absoluto de una expresión numérica.
Atn	Devuelve el arcotangente de un número.
Cos	Devuelve el coseno de un ángulo.
Exp	Devuelve el valor "e" elevado a una potencia.
Log	Devuelve el logaritmo natural de un número.
Sgn	Devuelve un valor indicando el signo de un número.
Sin	Devuelve el seno de un ángulo.
Sqr	Devuelve la raíz cuadrada de un número.
Tan	Devuelve la tangente de un ángulo.

Tabla 1. Las principales funciones matemáticas incluidas en Visual Basic.

La sintaxis de dichas funciones es:

```
Función (número)
```

por lo cual son muy sencillas de usar y no vale la pena entrar en detalles.

Redondear y truncar números

Al trabajar con números, muchas veces es necesario redondear valores o truncar números, tomando la parte entera de una expresión. Para esto, Visual Basic incorpora tres funciones de utilidad: `Round`, `Int` y `Fix`.

La función `Round` se encarga de redondear un número. Su sintaxis es:

```
Round (número [, decimales])
```

Parámetro	Descripción
Número	La expresión numérica a redondear.
Decimales	La cantidad de decimales a incluir en el redondeo. Si se omite este parámetro, sólo se devuelve la parte entera redondeada.

Ejemplo:

```
Dim Numero As Double

' Devuelve 202
Numero = Round(202.5)

' Devuelve 203
Numero = Round(202.56)

' Devuelve 202,6
Numero = Round(202.56, 1)

' Devuelve 202,56
Numero = Round(202.56, 2)
```

Las funciones **Int** y **Fix** devuelven la porción entera de un número. La diferencia entre ambas es que si un número es negativo, **Int** devuelve el primer valor negativo menor o igual al número, y **Fix** el primer valor negativo superior o igual.

La sintaxis de ambas funciones es:

```
Int (número)


Fix (número)
```

Veamos un ejemplo:

```
Dim Numero As Double

Numero = Int(99.8)    ' Devuelve 99
Numero = Fix(99.2)    ' Devuelve 99

Numero = Int(-99.8)   ' Devuelve -100
Numero = Fix(-99.8)   ' Devuelve -99

Numero = Int(-99.2)   ' Devuelve -100
Numero = Fix(-99.2)   ' Devuelve -99
```

Números aleatorios

Para generar números aleatorios, Visual Basic incluye dos funciones: **Rnd** y **Randomize**.

La función **Rnd** devuelve un número aleatorio. Su sintaxis es muy sencilla:

```
Rnd (número)
```

El valor devuelto por **Rnd** está dentro del rango 0-1 (con decimales), es decir, es un valor superior o igual a 0, e inferior a 1. El parámetro *número* determina cómo **Rnd** genera un número aleatorio. Para cualquier **semilla** inicial se genera la misma secuencia de números, ya que cada llamada a `Rnd` usa el número previo como semilla para el próximo número en la secuencia. Por ese motivo, antes de usar la función `Rnd` se debe utilizar `Randomize` (que veremos dentro de unos párrafos).

DEFINICIONES

SEMILLA

Se denomina **semilla** al valor inicial utilizado para generar números aleatorios.

Para generar números enteros aleatorios dentro de un rango, se utiliza la siguiente fórmula:

```
Int ((limite_superior – limite_inferior + 1) * Rnd + limite_infe-
rior)
```

Veamos un ejemplo:

```
Dim Numero As Integer

' Genera números entre 1 y 6
Numero = Int((6 - 1 + 1) * Rnd + 1)

' Genera números entre 4 y 8
Numero = Int((8 - 4 + 1) * Rnd + 4)
```

La función `Randomize` inicializa el generador de números aleatorios. Su sintaxis es:

```
Randomize (número)
```

Mediante el parámetro *número* se inicializa la función `Rnd` para generar números aleatorios, proveyendo una semilla. Si se omite el parámetro *número*, se usa como semilla la cantidad de segundos transcurridos desde la medianoche. Por ejemplo:

Funciones del lenguaje | 5

```
Dim Numero As Integer

' Se inicializa el generador de números aleatorios
Randomize

' Genera un número entre 1 y 6
Numero = Int((6 * Rnd) + 1)
```

SUGERENCIA

Antes de llamar a la función **Rnd** se debe usar la sentencia **Randomize** para inicializar la semilla.

A continuación veremos un ejemplo completo para generar números aleatorios. El programa consiste principalmente de dos cajas de texto (**txtMinimo** y **txtMaximo**) donde se ingresa el rango del número a generar, y una etiqueta (**lblResultado**) que se utiliza para mostrar los resultados. La apariencia del programa se puede observar en la **Figura 3**.

```
Private Sub cmdGenerar_Click()
    Dim Numero As Integer
    Dim Minimo As Integer
    Dim Maximo As Integer

    ' Controlamos que ambas cajas de texto tengan valores
    If (txtMinimo = "") Or (txtMaximo = "") Then
        MsgBox ("Ambas cajas de texto deben contener valores")
    End If

        ' Inicializamos la semilla
        Randomize

        ' Inicializamos el límite inferior y superior
        Minimo = Val(txtMinimo)
        Maximo = Val(txtMaximo)

        ' Controlamos que el límite inferior no sea mayor al supe-
    rior
```

```
    If Minimo > Maximo Then
        MsgBox "El valor superior debe ser mayor que el inferior", ,
"Error"
        Exit Sub
    End If


    ' Generamos el número aleatorio
    Numero = Int((Maximo - Minimo + 1) * Rnd + Minimo)


    ' Ingresamos el número en la etiqueta de resultado
    lblResultado = Trim(Str(Numero))
End Sub
```

Funciones del lenguaje **5**

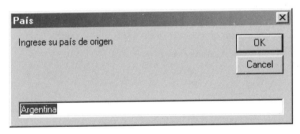

Figura 3. Un ejemplo completo para generar números aleatorios.

EN EL CD

 VISUAL BASIC 6

Este ejemplo se encuentra en la carpeta **Ejemplos\Cap05\Ej03** del CD.

Funciones de formato

Funciones específicas de formato

Visual Basic proporciona varias funciones que permiten darle un formato específico a un tipo de información. En la **Tabla 2** se enumeran las principales.

Función	Trabaja con	Entrada	Salida
FormatCurrency	Dinero	127,309	"$127,31"
FormatNumber	Números	3000	"3.000,00"
FormatPercent	Porcentajes	0,1234	"12,34%"
FormatDateTime	Fecha / Hora	"15-06"	"15/06/1999"

Tabla 2. Las nuevas funciones de formato incluidas en Visual Basic 6.

Todas las funciones devuelven valores de cadena. Por ejemplo:

```
Dim Cadena As String

' La variable Cadena contiene "$15,00"
Cadena = FormatCurrency(14.996, 2)

' La variable Cadena contiene "-123,09"
Cadena = FormatNumber(-123.09)

' La variable Cadena contiene "91,02%"
Cadena = FormatPercent(0.9102)

' La variable Cadena contiene "15/06/1999"
Cadena = FormatDateTime("15-06")
```

Para ingresar un número con decimales en alguna función de formato, se debe usar el punto (".") en lugar de la coma (","), ya que este último símbolo indicaría el comienzo de otro parámetro de la función.

Excepto **FormatDateTime**, todas las funciones de la **Tabla 2** utilizan los siguientes parámetros opcionales:

- *NumDigitsAfterDecimal*: Determina el número de lugares decimales de la salida.
- *IncludeLeadingDigit*: Determina si se muestra el cero para valores de fracción (por ejemplo: 0,14 o ,14).
- *UseParentsForNegativeNumbers*: Determina si se devuelven números negativos entre paréntesis en lugar de un signo negativo.

La función Format

La función `Format` es mucho más completa que las anteriores: puede manejar y devolver números, fechas y cadenas.

Una versión simplificada de su sintaxis sería:

```
Format (expresión [, formato])
```

Parámetro	Descripción
expresión	Cualquier expresión válida.
formato	Opcional. Una expresión de formato del lenguaje o definida por el usuario.

El parámetro *formato* es el más importante, pues permite definir la forma en que se adecua una expresión. Este parámetro puede ser un nombre "fijo", o caracteres especiales que representen un formato definido por el usuario (por ejemplo: "Currency", "$##", etc.).

Dar formato a números

Para facilitar la presentación de números en nuestros programas, en el parámetro *formato* de la función `Format` podemos usar ciertas palabras o caracteres especiales (ver **Tabla 3** y **Tabla 4**).

Formato con nombre	Descripción
General Number	Devuelve el número sin formato especial.
Currency	Devuelve el número en formato "moneda" (signo $ y dos decimales a la derecha.
Fixed	Devuelve por lo menos un dígito a la izquierda y dos a la derecha del decimal.
Standard	Similar a Fixed pero incluye un separador de miles.
Percent	Multiplica el número por 100 y muestra el signo %.
Scientific	Devuelve el número en notación científica estándar.
Yes/No	Devuelve "Sí" para un valor distinto de cero, y "No" para cero.
True/False	Devuelve "Verdadero" para un valor distinto de cero, y "Falso" para cero.
On/Off	Devuelve "Activado" para un valor distinto de cero, y "Desactivado" para cero.

Tabla 3. Formatos con nombres que facilitan la presentación de números.

En la tabla siguiente se muestran los caracteres que es posible utilizar en el parámetro **Formato**. Estos se pueden concatenar para formar expresiones más complejas.

Símbolo	Propósito	Significado
0	Contenedor de dígitos	Muestra el 0 si no hay ningún dígito en ese lugar.
#	Contenedor de dígitos	Muestra el dígito existente en una ubicación (si es que hay un dígito).
,	Separador decimal	Indica el lugar donde aparece la coma decimal.
.	Separador de miles	Indica el lugar donde aparecen los separadores.
%	Porcentajes	Indica dónde aparece un signo "%" y multiplica el número por 100.
E-, E+, e-, e+	Notación científica	Muestra un número en notación científica.

Tabla 4. Caracteres para crear formatos definidos por el usuario.

Veamos un ejemplo de la función `Format` para darle formato a valores numéricos mediante palabras:

```
Dim Cadena As String

' Cadena = "123,45"
Cadena = Format(123.45, "General Number")


' Cadena = "$123,45"
Cadena = Format(123.45, "Currency")


' Cadena = "123,45"
Cadena = Format(123.45, "Fixed")


' Cadena = "123,45"
Cadena = Format(123.45, "Standard")


' Cadena = "12345,00%"
Cadena = Format(123.45, "Percent")


' Cadena = "1,23E+02"
Cadena = Format(123.45, "Scientific")
```

```
' Cadena = "Sí"
Cadena = Format(123.45, "Yes/No")


' Cadena = "Verdadero"
Cadena = Format(123.45, "True/False")


' Cadena = "Activado"
Cadena = Format(123.45, "On/Off")
```

A continuación hay un ejemplo de la función **Format** para darle formato a valores numéricos mediante caracteres especiales definidos por el usuario:

```
Dim Cadena As String

' Cadena = "014"
Cadena = Format(14, "000")


' Cadena = "00123,46"
Cadena = Format(123.456, "00000.##")


' Cadena = "12346%"
Cadena = Format(123.456, "#%")


' Cadena = "12E+1"
Cadena = Format(123.456, "##E+")


' Cadena = "123,5"
Cadena = Format(123.456, "#.0")
```

Dar formato a fechas

Para presentar fechas y horas, en el parámetro *formato* de la función **Format** se pueden usar las palabras o caracteres especiales que se ven en la **Tabla 5** y **Tabla 6**.

5

Funciones del lenguaje

Formato con nombre	Descripción
General Date	Devuelve la fecha y hora si la expresión contiene ambas porciones.
Long Date	Devuelve el día de la semana, el día del mes, el mes y el año.
Medium Date	Devuelve el día del mes, una abreviatura de tres letras del mes y el año.
Short Date	Devuelve el día, mes y año (por ejemplo: 9/2/99).
Long Time	Devuelve horas, minutos y segundos junto con la indicación AM/PM.
Medium Time	Devuelve horas y minutos con AM/PM.
Short Time	Devuelve horas y minutos.

Tabla 5. *Formatos con nombres que facilitan la presentación de fechas y horas.*

Símbolo	Significado
:	Separador de hora.
/	Separador de fecha.
d	Muestra un día como número sin cero adelante (1 - 31).
dd	Muestra un día como número con cero adelante (01 - 31).
ddd	Muestra una abreviatura del día (Dom - Sab).
dddd	Muestra el día en nombre completo (Domingo - Sábado).
w	Muestra el día semana como número (1 para Domingo).
ww	Muestra la semana del año como número (1 - 54).
m	Muestra un mes como número sin cero adelante (1 - 12).
mm	Muestra un mes como número con cero adelante (01 - 12).
mmm	Muestra una abreviatura del mes (Ene - Dic).
mmmm	Muestra el mes en nombre completo (Enero - Diciembre).
q	Muestra el cuatrimestre del año como número (1 - 4).
y	Muestra el día del año como número (1 - 366).
yy	Muestra el año en dos dígitos (00 - 99).
yyyy	Muestra el año en cuatro dígitos (100 - 9999).
h	Muestra la hora como número sin cero adelante (0 - 23).
Hh	Muestra la hora como número con cero adelante (00 - 23).
n	Muestra el minuto como número sin cero adelante (0 - 59).
Nn	Muestra el minuto como número con cero adelante (00 - 59).
s	Muestra el segundo como número sin cero adelante (0 - 59).
Ss	Muestra el segundo como número con cero adelante (00 - 59).
AM/PM	Muestra los signos AM y PM en mayúsculas.
am/pm	Muestra los signos AM y PM en minúsculas.

Tabla 6. *Los principales caracteres para crear formatos definidos por el usuario.*

Veamos un ejemplo de la función **Format** para darle formato a fechas y horas mediante palabras:

```
Dim Cadena As String

' Cadena = "19/08/1999"
Cadena = Format("19/8/99", "General Date")

' Cadena = "Jueves 19 de Agosto de 1999"
Cadena = Format("19/8/99", "Long Date")

' Cadena = "19-Ago-99"
Cadena = Format("19/8/99", "Medium Date")

' Cadena = "19/08/1999"
Cadena = Format("19/8/99", "Short Date")

' Cadena = "20:52:00 PM"
Cadena = Format("20:52", "Long Time")

' Cadena = "08:52 PM"
Cadena = Format("20:52", "Medium Time")

' Cadena = "20:52"
Cadena = Format("20:52", "Short Time")
```

A continuación tenemos un ejemplo de la función **Format** para darle formato a fechas y horas mediante caracteres especiales definidos por el usuario:

```
Dim Cadena As String

' Cadena = "19/Agosto/99"
Cadena = Format("19/8/99", "d/mmmm/yy")

' Cadena = "Jueves, 19 Agosto 1999"
Cadena = Format("19/8/99", "dddd, d mmmm yyyy")

' Cadena = "5 34 3"
Cadena = Format("19/8/99", "w ww q")

' Cadena = "09:01:15 pm"
Cadena = Format("21:01:15", "Hh:Nn:S am/pm")
```

Dar formato a cadenas

La función **Format** también puede manejar y devolver cadenas, pero esto no es muy común porque para las mismas existen varias funciones específicas. En la **Tabla 7** se observan los dos caracteres más importantes para manejar cadenas de caracteres.

Símbolo	Significado
>	Convierte una cadena a mayúsculas.
<	Convierte una cadena a minúsculas.

Tabla 7. *Los dos caracteres principales para manejar cadenas.*

```
Dim Cadena As String


' Cadena = "AY CARAMBA"
Cadena = Format("Ay Caramba", ">")


' Cadena = "ay caramba"
Cadena = Format("Ay Caramba", "<")
```

Manejo de fechas y horas

Si bien mediante las funciones de formato es posible manipular el estilo en que se presentan las fechas, Visual Basic incorpora numerosas funciones que permiten trabajar con ellas y realizar poderosos cálculos. En la **Tabla 8** se detallan las principales funciones de fecha y hora.

Acción	Funciones o sentencias
Obtener la fecha u hora actual.	Date, Now, Time
Ejecutar cálculos.	DateAdd, DateDiff, DatePart
Establecer la fecha u hora.	Date, Time
Cronometrar procesos.	Timer
Obtener el nombre de un día o mes.	WeekdayName, MonthName

Tabla 8. *Las principales funciones para trabajar con fechas y horas.*

Obtener la fecha u hora actual

Para obtener la fecha u hora actual del sistema, existen tres funciones: `Date`, `Time` y `Now`. Todas son muy fáciles de usar, por lo cual pasaremos directamente al ejemplo:

```
Dim Cadena As String


' Suponiendo que hoy es 20 de Agosto
' Cadena = "20/08/1999"
Cadena = Date


' Cadena = "19:30:41"
Cadena = Time


' Cadena = "20/08/1999 19:30:41"
Cadena = Now


' Cadena = "20/08"
Cadena = Format(Now, "dd/mm")
```

HAY QUE SABERLO

FUNCIÓN DATE

La función `Date` devuelve la fecha en el idioma del sistema operativo (tener en cuenta que en castellano es *dd/mm/aaaa* y en inglés *mm/dd/aaaa*). Si nuestro programa va a correr en un sistema operativo que está en otro idioma, podemos usar la función **Format** para asegurarnos de que todo esté bien, por ejemplo: Format (Date, "dd/mm/aaaa").

Ejecutar cálculos

Aunque no es muy común su uso, Visual Basic incluye funciones para efectuar cálculos entre fechas que nos pueden sacar de un apuro. Ellas son: `DateAdd`, `DateDiff` y `DatePart`.

`DateAdd` devuelve un valor del tipo **Variant** que contiene una fecha a la cual se le agregó o restó un intervalo de tiempo. Su sintaxis es:

```
DateAdd (intervalo, número, fecha)
```

Parámetro	Descripción
intervalo	El intervalo de tiempo.
número	El número de intervalos a agregar. Puede ser un número positivo o negativo (para restar un intervalo).
fecha	La fecha original a la cual se le va a añadir o restar un intervalo de tiempo.

Por ejemplo:

```
Dim Fecha As String
Dim SumarDosMeses As String
Dim RestarDosMeses As String


Fecha = "20/08/1999"

' Le sumamos dos meses a la variable Fecha.
' La variable Vencimiento = 20/10/1999.
SumarDosMeses = DateAdd("m", 2, Fecha)

' Le sumamos dos meses a la variable Fecha.
' La variable Vencimiento = 20/06/1999.
RestarDosMeses = DateAdd("m", -2, Fecha)
```

DateDiff permite devolver el intervalo de tiempo transcurrido entre dos fechas. Su sintaxis es:

```
DateDiff (intervalo, fecha1, fecha2)
```

Parámetro	Descripción
intervalo	El intervalo de tiempo.
fecha1, fecha2	Las dos fechas entre las cuales se va a obtener su diferencia.

Veamos un ejemplo:

```
Dim Diferencia As String

' Diferencia = "37". La diferencia es de 37 meses
Diferencia = DateDiff("m", "15/06/1976", "14/07/1979")

' ¡Faltan 134 días para el año 2000!
Diferencia = DateDiff("d", "20/08/1999", "01/01/2000")
```

Por último, la función **DatePart** devuelve una parte específica de una fecha. Su sintaxis es:

```
DatePart (intervalo, fecha)
```

Parámetro	Descripción
intervalo	El intervalo de tiempo.
fecha	La fecha sobre la cual realizar la extracción.

A continuación, un ejemplo que clarifique esto:

```
Dim Parte As String

' Parte = "3". La fecha se corresponde con el tercer cuatrimestre
Parte = DatePart("q", "20/08/1999")
```

Establecer la fecha u hora

Ya vimos cómo recuperar la fecha y hora del sistema mediante las funciones **Date** y **Time**. Pues bien, también existen dos sentencias llamadas igual, que permiten establecer una fecha u hora específica.

La sintaxis de ambas sentencias es:

```
Date = fecha

Time = hora
```

En los parámetros *fecha* y *hora* podemos ingresar los nuevos valores para la fecha y hora del sistema. Por ejemplo:

```
' Cambiamos la fecha del sistema
Date = "31/12/1999"


' Cambiamos la hora del sistema
Time = "23:59:59"
```

VISUAL BASIC 6

A no confundir las sentencias `Date` y `Time` con las funciones que llevan el mismo nombre. Las sentencias se usan para establecer valores mientras que las funciones se emplean para recuperarlos.

Cronometrar procesos

Hay una pequeña pero útil función que se utiliza generalmente para cronometrar procesos. Su nombre es **Timer** y devuelve la cantidad de segundos transcurridos desde la medianoche. Esta función es ideal para poner en pausa un proceso o controlar los segundos transcurridos entre dos acciones. Por ejemplo:

```
Dim Pausa As Integer
Dim Inicio As Integer
Dim Fin As Integer
Dim TiempoTotal As Integer

Pausa = 5
Inicio = Timer

Do While Timer < Inicio + Pausa
    DoEvents
    ' Acá va el código para el período de pausa
Loop

Fin = Timer
TiempoTotal = Fin - Inicio
```

Es muy importante utilizar la sentencia `DoEvents` dentro de los ciclos como éste, ya que de otro modo nuestra aplicación permanecerá "colgada" mientras estemos en pausa.

SUGERENCIA

La función `Timer` es ideal para combinarla con `Randomize` e inicializar la semilla para generar números aleatorios.

Obtener el nombre de un día o mes

En su versión 6, Visual Basic incorporó dos nuevas funciones que permiten devolver el nombre de un día de semana o de un mes: son `WeekdayName` y `MonthName`:

La función `WeekdayName` devuelve una cadena que representa el nombre de un día de semana. Su sintaxis es:

```
WeekdayName (día_de_semana, abreviatura, primer_día_de_semana)
```

Parámetro	Descripción
día_de_semana	Número que representa el día de la semana. El valor número de cada día depende del parámetro *primer_día_de_semana*.
abreviatura	Indica si se devuelve el nombre completo o abreviado. Soporta los valores `True` o `False`.
primer_día_de_semana	Indica qué número de día corresponde al primero de la semana. Por defecto, el 1 es Domingo.

Veamos un ejemplo:

```
Dim Nombre As String

' Nombre = "Dom"
Nombre = WeekdayName(1, True)

' Nombre = "Domingo"
Nombre = WeekdayName(1, False)

' Nombre = "Lunes"
Nombre = WeekdayName(1, False, 2)
```

MonthName devuelve una cadena que representa el nombre de un mes:

```
MonthName (mes [, abreviatura])
```

Parámetro	Descripción
mes	Número que representa al mes. Por ejemplo, 1 = Enero.
abreviatura	Indica si se devuelve el nombre completo o abreviado. Soporta los valores **True** o **False**.

Ejemplo:

```
Dim Nombre As String

' Nombre = "Jun"
Nombre = MonthName(6, True)

' Nombre = "Junio"
Nombre = MonthName(6, False)
```

Presentar mensajes

Para presentar mensajes existen dos funciones llamadas **InputBox** y **MsgBox**. La primera muestra una leyenda y permite que el usuario ingrese un texto. La segunda se utiliza para mostrarle un mensaje al usuario y esperar a que se presione un botón.

La función InputBox

`InputBox` presenta una leyenda en un cuadro de diálogo, espera que el usuario ingrese un texto y devuelve un valor del tipo `String` con el contenido de la caja de texto. En la **Figura 4** se puede observar la apariencia de este tipo de mensajes.

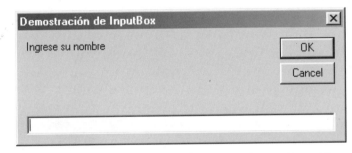

Figura 4. La apariencia de los mensajes presentados con `InputBox`.

La sintaxis de `InputBox` es la siguiente:

```
InputBox (leyenda [, título] [, texto] [, x] [, y]   [, ayuda, con-
```

Parámetro	Descripción
leyenda	La leyenda a mostrar dentro del cuadro de mensaje. Este parámetro es requerido.
título	El título que aparece en la barra de título del cuadro de mensaje.
texto	Opcional. Muestra un texto específico dentro de la caja de texto donde el usuario ingresará la información.
x	Indica, en *twips*, la distancia horizontal que hay entre el límite izquierdo del cuadro de mensaje y el límite izquierdo de la pantalla.
y	Indica, en *twips*, la distancia vertical que hay entre el límite superior del cuadro de mensaje y el límite superior de la pantalla.
ayuda	Opcional. El nombre de un archivo de ayuda. Si se usa este parámetro, también se debe especificar *contexto*.
contexto	Opcional. Un número que hace referencia a un tópico específico dentro del archivo de ayuda. Este parámetro se usa en combinación con *ayuda*.

A continuación, un ejemplo que presenta un cuadro de mensaje usando `InputBox`, con un texto que aparece previamente gracias al uso del parámetro *texto*.

```
Dim Cadena As String
Dim Texto As String
Dim Titulo As String
Dim Mensaje As String

Texto = "Argentina"
Titulo = "País"
Mensaje = "Ingrese su país de origen"

Cadena = InputBox(Mensaje, Titulo, Texto)
```

Figura 5. *Nótese cómo se puede ingresar una palabra usando el parámetro texto de la función* InputBox.

La función MsgBox

MsgBox muestra un mensaje en un cuadro de diálogo, espera a que el usuario haga clic en un botón, y devuelve un valor del tipo **Integer** indicando cuál fue el botón pulsado. La sintaxis de **MsgBox** es la siguiente:

```
MsgBox (texto [, botones] [, título] [, ayuda, contexto])
```

Parámetro	Descripción
texto	El texto a mostrar dentro del cuadro de mensaje. Este parámetro es obligatorio.
botones	Opcional. Un número que indica la cantidad y tipo de botones a mostrar, y los íconos a desplegar.
título	El título que aparece en la barra de título del cuadro de mensaje.
ayuda	Opcional. El nombre de un archivo de ayuda. Si se usa este parámetro, también se debe especificar *contexto*.
contexto	Opcional. Un número que hace referencia a un tópico específico dentro del archivo de ayuda. Este parámetro se usa en combinación con *ayuda*.

La función `MsgBox` se puede utilizar para mostrar mensajes meramente informativos (sólo poseen el botón `Aceptar`), o mensajes que devuelvan algún tipo de respuesta por parte del usuario (por ejemplo, una decisión entre **Sí** o **No**). En el primer caso, no es necesario que la función `MsgBox` devuelva un valor, y puede usarse como una sentencia (ver **Figura 6**):

```
MsgBox "Este es un mensaje informativo"
```

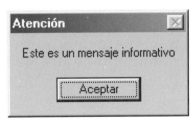

Figura 6. Un mensaje que no le brinda ninguna opción al usuario.

Si por el contrario, necesitamos hacerle algún tipo de pregunta al usuario (**Sí/No**, **Aceptar/Cancelar**, etc.), tendremos que usar el parámetro *botones* de la función. Este parámetro es una combinación de constantes que indica los botones e íconos a mostrar en el mensaje. Veamos a continuación las constantes que admite este parámetro.

Funciones del lenguaje 5

Constante	Valor	Muestra los botones...
vbOKOnly	0	Aceptar (valor predeterminado)
vbOKCancel	1	Aceptar y Cancelar
vbAbortRetryIgnore	2	Anular, Reintentar y Omitir
vbYesNoCancel	3	Sí, No y Cancelar
vbYesNo	4	Sí y No
vbRetryCancel	5	Reintentar y Cancelar

MÁS DATOS

SUGERENCIA

En esta tabla se muestran sólo algunos de los valores que puede tomar el parámetro *botones*. La lista completa se puede encontrar en la ayuda de Visual Basic.

También podemos combinar estas constantes con las de la tabla siguiente, para mostrar un ícono en el mensaje.

Constante	Valor	Muestra el ícono de...
vbCritical	16	Error crítico (círculo rojo con una X blanca).
vbQuestion	32	Signo de pregunta (?).
vbExclamation	48	Signo de exclamación (!).
vbInformation	64	Información (i).

HAY QUE SABERLO

IMPORTANTE

Las constantes para utilizar íconos se pueden combinar con las que definen los botones del mensaje.

En las **Figuras 7**, **8, 9** y **10** se muestran diferentes ejemplos de mensajes con su correspondiente parámetro *botones*.

Figura 7. Parámetro botones = vbOKOnly + vbInformation.

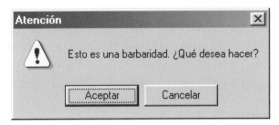

Figura 8. Parámetro botones = vbOKCancel + vbExclamation.

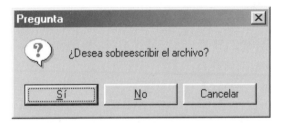

Figura 9. Parámetro botones = vbYesNoCancel + vbQuestion.

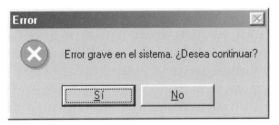

Figura 10. Parámetro botones = vbYesNo + vbCritical.

Cuando presentamos mensajes de este tipo es porque necesitamos saber la decisión del usuario. Esto se reduce a saber que botón pulsó, y se puede conocer mediante el valor que devuelve la función `MsgBox`:

Constante	Valor	Botón pulsado
vbOK	1	Aceptar
vbCancel	2	Cancelar
vbAbort	3	Anular
vbRetry	4	Reintentar
vbIgnore	5	Omitir
vbYes	6	Sí
vbNo	7	No

A continuación veremos un ejemplo que muestra un cuadro de mensaje con el ícono de información, y los botones Sí y No.

```
Dim Mensaje As String

Mensaje = "¿Sabía usted que el ajo es bueno para la circulación san-
guínea?"

IF MsgBox(Mensaje, vbYesNo + vbInformation, "Atención") = vbYes Then
    ' El usuario pulsó Sí
Else
    ' El usuario pulsó No
End If
```

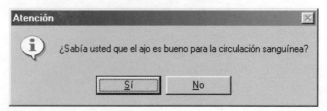

Figura 11. La función **MsgBox** devuelve el botón pulsado.

Cuestionario

1. ¿Qué funciones permiten encontrar una cadena dentro de otra?

2. ¿Cuál es la diferencia entre la función y la sentencia `Mid`?

3. ¿Qué diferencias hay entre `Round`, `Int` y `Fix`?

4. ¿A qué se denomina **semilla** al hablar de números aleatorios?

5. ¿Cuáles son las principales funciones específicas de formato?

6. ¿Para qué sirve la función `Format`?

7. ¿Qué funciones permiten obtener la fecha u hora actual?

8. ¿Para qué se utilizan las sentencias `Date` y `Time`?

9. ¿Qué funciones permiten presentar mensajes?

10. ¿Para qué sirve el parámetro *botones* de la función `MsgBox` y cómo se lo utiliza?

Funciones del lenguaje 5

ARREGLOS

Un tema muy importante en materia de programación es el de los arreglos. En este capítulo veremos sus fundamentos, todo lo relacionado con vectores y matrices, sus principales funciones y los arreglos de controles en Visual Basic.

Capítulo 6

Introducción a los arreglos

Los arreglos permiten almacenar un conjunto de variables del mismo tipo, usando un solo nombre y un número de índice que distingue cada elemento de los demás. Por ejemplo, si sabemos que debemos ingresar y almacenar 10 nombres, podríamos usar 10 variables llamadas **Nombre1**, **Nombre2**, ..., **Nombre10**, o utilizar un arreglo llamado **Nombres** que contenga 10 elementos, cada uno de los cuales representa un nombre distinto (por ejemplo **Nombres(8)**).

Esto representa una gran ventaja para el programador. Volviendo al ejemplo anterior, supongamos que necesitamos realizar una acción sobre todos los nombres, por ejemplo, convertirlos a mayúsculas (**UCase**). Si utilizamos 10 variables distintas, deberíamos escribir 10 veces una instrucción muy similar:

```
Nombre1 = Ucase (Nombre1)
Nombre2 = Ucase (Nombre2)
...
```

En cambio, si utilizamos un arreglo (en este caso un vector), podemos referirnos al subíndice mediante una variable de un ciclo **For-Next**, y reducir el problema a esto:

```
For i = 1 To 10
    Nombres(i) = Ucase(Nombres(i))
Next i
```

Los arreglos contienen varios elementos del mismo tipo. Esto significa que se puede crear un arreglo de números enteros o de cadenas, pero no un arreglo que contenga algunos elementos de un tipo y otros de otro.

También es importante mencionar que los arreglos pueden tener una o más dimensiones (con uno o más subíndices). Los arreglos de una dimensión son llamados **vectores**, y los de más dimensiones, **matrices**.

DEFINICIONES

SUBÍNDICE

Se denomina subíndice al número que permite acceder a un elemento específico del arreglo.

HAY QUE SABERLO

VECTORES Y MATRICES

Los vectores son arreglos de una dimensión, y las matrices son arreglos de dos o más dimensiones.

Tanto los vectores como las matrices son útiles no sólo para el almacenamiento de datos en sí, sino para resolver varios tipos de problemas. Por ejemplo, juegos como el **Ta-Te-Ti** o la batalla naval usan matrices para guardar información sobre una jugada.

Vectores

Como dijimos antes, los vectores son arreglos de una sola dimensión. Figuradamente, podemos imaginarnos un vector como una lista de elementos del mismo tipo.

Declaración de vectores

Los vectores se declaran en forma similar a cualquier variable, mediante la sentencia `Dim`. La salvedad es que en la declaración del vector debemos indicar el rango del mismo (el límite inferior y superior) o máximo índice posible.

Algunos ejemplos de la declaración de un vector son:

```
' Crea un vector de 16 elementos: del 0 al 15
Dim Nombres(15) As String


' Crea un vector de 15 elementos: del 1 al 15
Dim Telefonos(1 To 15) As Integer


' Crea un vector de 4 elementos: del 10 al 13
Dim Datos(10 To 13) As Double
```

Nótese que al declarar un vector podemos indicar explícitamente el límite inferior y superior del mismo, o simplemente definir el máximo índice posible. En este último caso hay que considerar que, por defecto, todos los vectores empiezan por el elemento de índice **0**, con lo cual al hacer `Dim Nombres(15) As Integer` estamos definiendo un vector de **16** elementos (15 más el elemento 0).

IMPORTANTE

El límite inferior de un vector es 0 a menos que se indique explícitamente un rango.

Los datos de los elementos de un vector son los mismos que existen para las variables. Pero lo más importante es que se puede definir un vector cuyos elementos sean un tipo de dato definido por el usuario. Por ejemplo:

```
Private Type T_Registro
    Nombre As String
    Ciudad As String
    CP As Integer
End Type


Dim Persona(1 To 10) As T_Registro
```

En este ejemplo, cada elemento de un vector es un registro que contiene, a su vez, los campos definidos previamente.

IMPORTANTE

Como cada elemento de un vector ocupa memoria (contenga o no datos), es conveniente no definir vectores mucho más grandes de lo necesario.

Arreglos 6

Trabajar con los elementos de un vector

Un vector es un conjunto de elementos del mismo tipo, por lo cual se trabaja con cada elemento de manera similar que con cualquier otra variable. Vemos un sencillo ejemplo:

```
Option Explicit

Type T_Registro
    Nombre As String
    Ciudad As String
    CP As Integer
End Type

Dim Paises(2) As String
Dim Persona(1 To 10) As T_Registro

Sub Ejemplo()
    ' Inicializamos el vector Paises
    Paises(0) = "Argentina"
    Paises(1) = "Brasil"
    Paises(2) = "Uruguay"

    ' Usamos un elemento del vector en una función
    MsgBox Paises(0)
    ' Asignamos valores para el elemento de índice 1
    Persona(1).Nombre = "Arnulfo"
    Persona(1).Ciudad = "Buenos Aires"
    Persona(1).CP = 1234

' Usamos un elemento del vector en una función
    MsgBox Persona(1).CP
End Sub
```

Vectores dinámicos

En Visual Basic hay dos tipos de vectores: los vectores de tamaño fijo y los vectores dinámicos. Hasta ahora sólo vimos vectores de tamaño fijo que mantienen su tamaño original.

Pero... ¿qué ocurre cuando no sabemos exactamente el largo del vector?

Los vectores dinámicos son aquellos que pueden variar su tamaño en tiempo de ejecución. Esto proporciona una gran flexibilidad y la ventaja de no desperdiciar memoria creando vectores más grandes de lo necesario.

Para crear un vector dinámico, los pasos a seguir son:

1. Declarar el vector mediante **Dim**, pero sin indicar su rango (sólo escribiendo los paréntesis).
2. Asignar la nueva cantidad de elementos con la sentencia **ReDim**.

Por ejemplo:

```
Dim Nombres() As String

' Cambiamos el tamaño del vector Nombres
ReDim Nombres(1 To 4)

' Inicializamos el vector Nombres
Nombres(1) = "Pabla"
Nombres(2) = "Benito"
Nombres(3) = "Ema"
Nombres(4) = "Nicolás"

' Cambiamos el tamaño del vector Nombres
' Esto hace que se pierda el contenido original
ReDim Nombres(1 To 8)
```

Obsérvese que para definir el vector dinámico no se indicó el rango del mismo (se utilizaron dos paréntesis). Otro aspecto a considerar es que luego de redimensionar un vector, el contenido previo se pierde (pero a no asustarse; más adelante veremos cómo hacer para que esto no ocurra).

DEFINIR UN VECTOR DINÁMICO

Para definir un vector dinámico no se debe incluir el rango del mismo ni el máximo índice posible: simplemente hay que utilizar dos paréntesis ().

REDIMENSIONAR UN VECTOR DINÁMICO

A menos que se indique lo contrario, cuando se redimensiona un vector dinámico se pierde el contenido que tenía previamente.

Preservar el contenido de los vectores dinámicos

Como vimos antes, al utilizar `ReDim` se redimensiona un vector dinámico, pero se pierde el contenido que éste tenía antes de ejecutarse la sentencia. Afortunadamente, es posible mantener los datos de un vector y cambiarle su tamaño gracias a la sentencia `ReDim Preserve`. Veamos el ejemplo:

```
Dim Nombres() As String

' Cambiamos el tamaño del vector Nombres
ReDim Nombres(1 To 4)

' Inicializamos el vector Nombres
Nombres(1) = "Pabla"
Nombres(2) = "Benito"
Nombres(3) = "Ema"
Nombres(4) = "Nicolás"

' Cambiamos el tamaño del vector Nombres
' preservando su contenido anterior
ReDim Preserve Nombres(1 To 6)

' Ingresamos los elementos restantes
Nombres(5) = "Jorge"
Nombres(6) = "Nélida"
```

La sentencia Erase

Los vectores pueden ser muy útiles en determinados momentos, pero consumen memoria. Visual Basic incorpora una función llamada **Erase** que elimina un vector de memoria y libera los recursos ocupados por el mismo. Por ejemplo:

```
Dim Nombres(10) As String

Nombres(1) = "Martín"
Nombres(2) = "Beto"
Nombres(3) = "Diego"
Nombres(4) = "Sergio"


Erase Nombres
```

Esto hace que liberemos la memoria ocupada por el vector **Nombres**. Si bien en los equipos de hoy en día no es común tener problemas de memoria, es una buena técnica de programación descargar las estructuras que no vamos a usar más.

Cabe aclarar que el uso de la sentencia **Erase** no es necesario si el programa sale del contexto donde fue declarado el vector. Por ejemplo, si declaramos un vector dentro de un procedimiento, al salir del mismo éste es eliminado automáticamente.

Matrices

Las matrices son arreglos, y su única diferencia con los vectores es el número de dimensiones que poseen (dos o más). Una matriz de dos dimensiones puede ser imaginada como una cuadrícula con filas y columnas. Dicho de otra manera, una matriz bidimensional posee las clásicas coordenadas (x, y). Una matriz tridimensional es ideal para representar objetos en el espacio, ya que trabaja con las coordenadas (x, y, z).

MÁS DATOS

SUGERENCIA

No conviene trabajar con matrices de muchas dimensiones a menos que sea absolutamente necesario. Por lo general, no se trabaja con matrices de más de 3 dimensiones.

Declarar matrices es similar a declarar vectores. La única diferencia es que debemos indicar el rango de cada una de sus dimensiones. Por ejemplo:

```
' Crea una matriz de 6x10
Dim Tablero(5, 1 To 10) As String


' Crea una matriz de 5x5x5
Dim Cubo(1 To 5, 1 To 5, 1 To 5) As Integer
```

Nótese que al igual que en los vectores, se puede definir un rango específico o simplemente indicar el máximo índice para una dimensión.

Trabajar con los elementos de una matriz es muy sencillo. La única diferencia con respecto a los vectores es que debemos especificar más índices para acceder a los elementos del arreglo. Ejemplo:

```
Option Explicit


Type T_Celda
    Contenido As String
    Jugador As String
End Type


Dim Tablero(1 To 3, 1 To 3) As T_Celda


Sub Ejemplo()
    Tablero(2, 2).Contenido = CRUZ
    Tablero(2, 2).Jugador = "Maximiliano"

    Tablero(1, 1).Contenido = CARA
    Tablero(1, 1).Jugador = "Daniel"

    Tablero(1, 3).Contenido = CRUZ
    Tablero(1, 3).Jugador = "Maximiliano"
End Sub
```

Por último, también existen las matrices dinámicas. Mediante la sentencia `ReDim` es posible redimensionar una matriz y hacer que su tamaño se ajuste al deseado. Esto es vital para evitar el despilfarro de memoria y trabajar en forma óptima. Recordemos que con `ReDim Preserve` se puede mantener el contenido de una matriz después de modificarle su tamaño.

Funciones útiles

Option Base

En realidad no se trata de una función, sino de una sentencia encargada de cambiar el límite inferior por defecto de un vector o una matriz. La sintaxis de la sentencia `Option Base` es:

```
Option Base {0 | 1}
```

Por defecto, el límite inferior de los arreglos es 0, pero gracias a esta sentencia podemos hacer que dicho límite sea 1. Por ejemplo:

```
Option Base 1

' Crea un vector de 3 elementos
Dim Nombres(3) As String

' Crea una matriz de 12x12
Dim Tablero(12, 12) As Boolean
```

LBound y UBound

Estas dos funciones se encargan de devolver un valor del tipo `Long` con el límite inferior (`LBound`) y superior (`UBound`) de un arreglo (o una dimensión del mismo, si trabajamos con matrices). Sus sintaxis son:

```
LBound (arreglo [, dimensión])

UBound (arreglo [, dimensión])
```

Parámetro	Descripción
arreglo	Nombre del arreglo.
dimensión	Número que indica la dimensión sobre la cual se quiere obtener el índice más pequeño o más grande. Si trabajamos con vectores, no hace falta usar este parámetro.

Veamos un ejemplo:

```
Dim LimiteInferior As Integer
Dim LimiteSuperior As Integer

Dim Vector(10) As String
Dim Matriz(1 To 100, 3, -3 To 4)

LimiteInferior = LBound(Vector)     ' Devuelve 0
LimiteSuperior = UBound(Vector)     ' Devuelve 10

LimiteInferior = LBound(Matriz, 1) ' Devuelve 1
LimiteInferior = LBound(Matriz, 2) ' Devuelve 0
LimiteInferior = LBound(Matriz, 3) ' Devuelve -3

LimiteSuperior = UBound(Matriz, 1) ' Devuelve 100
LimiteSuperior = UBound(Matriz, 2) ' Devuelve 3
LimiteSuperior = UBound(Matriz, 3) ' Devuelve 4
```

SUGERENCIA

VISUAL BASIC 6

LBound y UBound resultan ideales conocer el tamaño de un arreglo, especialmente cuando se trata de vectores o matrices dinámicas.

Cuando ignoramos el tamaño de un vector porque ha sido declarado dinámicamente, podemos usar las funciones **LBound** y **UBound** para recorrer todos los elementos del mismo:

```
For i = LBound (Vector) To UBound (Vector)
    MsgBox Vector(i)
Next i
```

Join, Split y Filter

En su versión 6, Visual Basic incorporó tres funciones relacionadas con los vectores y las cadenas de caracteres: **Join**, **Split** y **Filter**.

HAY QUE SABERLO

IMPORTANTE
Join, **Split** y **Filter** sólo trabajan con vectores (arreglos de una sola dimensión).

La función **Join** devuelve una cadena creada por la unión de varias subcadenas contenidas en un vector. Su sintaxis es:

```
Join (vector [, delimitador])
```

Parámetro	Descripción
Vector	Nombre del vector que contiene las subcadenas a unir.
Delimitador	Opcional. Carácter usado para separar las subcadenas en la cadena a devolver. Por defecto, se utiliza el carácter espacio (" ").

La función **Join** es muy fácil de usar. Prueba de ello es el siguiente ejemplo:

Arreglos 6

```
Dim Cadena As String
Dim Nombres(1 To 3) As String


Nombres(1) = "Jerry"
Nombres(2) = "Larry"
Nombres(3) = "Moe"


' Cadena = "Jerry-Larry-Moe"
Cadena = Join(Nombres, "-")
```

La función **Split** realiza el proceso inverso de **Join**, es decir, devuelve un vector que contiene un número específico de subcadenas. Su sintaxis es:

```
Split (expresión [, delimitador [, contador]])
```

Parámetro	Descripción
expresión	Expresión que contiene todas las subcadenas con sus delimitadores. Si la expresión no existe (""), **Split** devuelve un vector vacío.
delimitador	Opcional. Carácter usado en el texto para separar las subcadenas. Por omisión, se usa el carácter espacio (" ") como delimitador.
contador	Opcional. Número máximo de subcadenas a poner en el vector.

Ejemplo:

```
Dim Cadena As String
Dim Nombres() As String


Cadena = "Jerry-Larry-Moe"
Nombres = Split(Cadena, "-")


' Luego de ejecutar Split:
' Nombres(0) = "Jerry"
' Nombres(1) = "Larry"
' Nombres(2) = "Moe"
```

IMPORTANTE

Obsérvese en el ejemplo anterior que al definir el vector que contendrá lo devuelto por la función `Split` no se indicó rango. Esto es vital, ya que `Split` devuelve un vector cuya cantidad de elementos no se conoce, aunque se sabe que el primer elemento tendrá el índice 0.

Por último, y como su nombre lo indica, la función **Filter** se encarga de filtrar subcadenas de un vector que cumplan cierto criterio. Mediante esta función es posible extraer sólo determinados elementos de un vector de cadenas (por ejemplo, los elementos que contengan "ción"). Su sintaxis es:

```
Filter (vector, cadena [, modo])
```

Parámetro	Descripción
vector	El vector donde se van a buscar las subcadenas.
cadena	La cadena a buscar (o a ignorar).
modo	Opcional. Valor booleano que indica si hay que devolver subcadenas que incluyan o excluyan el valor del parámetro *cadena*. Si es **True**, **Filter** devuelve todos los elementos del vector que contienen el valor *cadena*. Si es **False**, **Filter** devolverá aquellos elementos que no contengan el valor *cadena*.

Veamos un ejemplo de la función **Filter**:

```
Dim Resultado() As String
Dim Nombres(1 To 5) As String

Nombres(1) = "Homero"
Nombres(2) = "Marge"
Nombres(3) = "Bart"
Nombres(4) = "Lisa"
Nombres(5) = "Maggie"

Resultado = Filter(Nombres, "ar", True)

' Luego de ejecutar Filter:
' Resultado(0) = "Marge"
' Resultado(1) = "Bart"
```

Arreglos

6

Luego, para conocer cantidad de elementos que devolvió la función `Filter`, podemos usar la función `UBound`.

Arreglos de controles

Hasta aquí hemos visto todo lo relacionado con los arreglos (vectores y matrices) como medio para almacenar información o resolver problemas lógicos. Con esa base, estamos listos para presentar un nuevo tema que trata sobre los arreglos pero desde otra perspectiva: los arreglos de controles.

Un arreglo de controles es un grupo de controles, todos del mismo tipo, que poseen el mismo nombre y están identificados por un índice. Por ejemplo:

- En un arreglo de cajas de texto, todos sus elementos deben ser cajas de texto.
- Si el arreglo se llama "txtCampos", todas las cajas de texto que forman parte del arreglo también deben tener ese nombre (propiedad `Name`).
- Cada control tiene un índice que lo distingue de las demás, que se indica en la propiedad `Index` (ver **Figura 1**).

Figura 1. *La propiedad* `Index` *determina el índice de cada control en el arreglo.*

Además, los arreglos de controles tienen ciertas restricciones:

- Pueden tener una sola dimensión. Por este motivo también suelen llamarse "vectores de controles"
- No puede haber dos controles del arreglo con el mismo valor en la propiedad `Index`. Además eso es ilógico, pues sería imposible distinguir un elemento de otro.

En general, todos los elementos de un vector de controles comparten los mismos valores en las propiedades relacionadas con su apariencia (aunque no es obligatorio).

IMPORTANTE

Como cada elemento de un vector ocupa memoria (contenga o no datos), es conveniente no definir vectores mucho más grandes de lo necesario.

En ciertas situaciones específicas, trabajar con vectores de controles es una gran ventaja:

- Como todos los controles del vector comparten el mismo procedimiento de suceso en cada evento, no es necesario repetir el código para cada control por separado.
- Es más fácil modificar las propiedades de todos los controles en tiempo de ejecución, ya que podemos referirnos al subíndice de cada uno.
- Los arreglos de controles son una buena forma de crear nuevos controles en tiempo de ejecución.
- Tener varios controles en un arreglo requiere menos recursos que tenerlos todos por separado. Por ejemplo, 10 botones de comandos separados usan más recursos que un arreglo de 10 botones.

Trabajar con arreglos de controles

Crear un arreglo de controles

Los arreglos de controles se crean en tiempo de diseño (pero es posible agregar elementos en tiempo de ejecución, siempre que ya esté creado el arreglo). Una forma rápida de crear un arreglo de controles es la siguiente:

1. Agregar un control al formulario (o seleccionar uno que ya exista).
2. Copiarlo (CTRL+C) y pegarlo (CTRL+V).

Al hacer esto, Visual Basic nos preguntará si queremos crear un arreglo de controles con el objeto que acabamos de pegar (ver **Figura 2**).

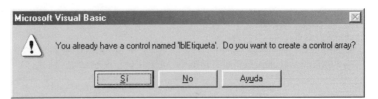

Figura 2. Al momento de pegar un control, Visual Basic nos ofrece la posibilidad de crear un arreglo de controles.

Si deseamos construir un arreglo de controles, simplemente debemos contestar "Sí" a la pregunta. Según el ejemplo de la **Figura 2**, Visual Basic creará un arreglo de controles que tendrá, por el momento, dos elementos (`lblEtiqueta(0)` y `lblEtiqueta(1)`). Si no queremos crear el arreglo, debemos hacer clic sobre el botón "No", con lo cual Visual Basic le asignará un nuevo nombre al control pegado (por ejemplo, `Label1`).

Una vez que esté creado el arreglo de controles, Visual Basic no nos hará más preguntas al copiar y pegar los controles del mismo.

HAY QUE SABERLO

IMPORTANTE

Cuando copiamos un control y luego lo pegamos, el nuevo control que se crea tiene las mismas propiedades que el anterior.

Otra forma de crear un arreglo de controles es ingresar un valor directamente en la propiedad `Index` de un control. Cuando un control es ubicado en el formulario, esta propiedad se encuentra vacía (no contiene ningún valor). Si le ponemos un valor (por ejemplo **0**), estaremos creando un nuevo arreglo de controles con el nombre de ese control.

Trabajar con cada elemento del arreglo

Una vez creado un arreglo de controles, podemos referirnos a todo el arreglo (mediante su nombre) o a cada elemento en particular, usando los paréntesis con el índice del mismo. Por ejemplo, si tenemos un arreglo llamado `lblEtiquetas` con 10 etiquetas, podríamos hacer lo siguiente:

```
lblEtiquetas(1) = "Esta es la etiqueta 1"
lblEtiquetas(2) = "Esta es la etiqueta 2"

lblEtiquetas(3).Visible = False
lblEtiquetas(4).Enabled = True
...
```

Los eventos de un arreglo de controles

Como se mencionó anteriormente, una ventaja de los arreglos de controles es que el código que maneja los eventos de los controles es el mismo para todos. Esto quiere decir que si tenemos un arreglo con 20 botones, todos tienen el mismo código en el evento `Click` (en realidad, no es que todos tengan el mismo código, sino que hay un solo procedimiento).

De todas formas, puede ser necesario identificar cada control dentro del resto, en alguno de los eventos. Por esa razón, a todos los procedimientos de suceso se les agrega un nuevo parámetro llamado `Index`, que hace referencia al índice de cada control dentro del arreglo.

Por ejemplo, en el arreglo de los 20 botones, éste sería el procedimiento de suceso para el evento `Click`:

```
Private Sub cmdBotones_Click (Index As Integer)
...
End Sub
```

Aquí, el procedimiento recibe en `Index` el valor de la propiedad `Index` del control que disparó el evento (en este caso, un clic). En otros eventos, el procedimiento de suceso puede ser más grande:

```
Private Sub cmdBotones_KeyUp(Index As Integer, KeyCode As Integer,
Shift As Integer)

End Sub
```

6

Arreglos

Cuando se utilizan arreglos de controles, generalmente se suele relacionar cada elemento con su índice, de forma que sirva para automatizar algún proceso. Por ejemplo, imaginemos que vamos a hacer un marcador de números telefónicos con un pad numérico similar al de la calculadora de Windows (ver **Figura 3**). Aquí tendríamos dos opciones:

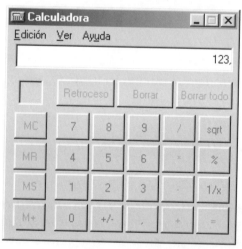

Figura 3. *Seguramente, la calculadora de Windows utiliza un arreglo de controles para el pad numérico, aunque obviamente no fue programada en Visual Basic.*

- Llamar a todos los botones numéricos con un nombre distinto (`cmdBoton1`, `cmdBoton2`, `cmdBoton3`, etc.).
- Utilizar un arreglo de controles con el nombre `cmdBoton`.

El primer método es realmente engorroso, ya que tendríamos que escribir un procedimiento de suceso para cada botón, cuando lo único que cambia entre ellos es un simple valor numérico. Supongamos que cada pulsación de un botón hace que se vaya mostrando el número en una caja de texto (`txtNumero`). Tendríamos que hacer algo similar a esto:

```
Private Sub cmdBoton0_Click()
    txtTexto = txtTexto + "0"
End Sub

Private Sub cmdBoton1_Click()
    txtTexto = txtTexto + "1"
End Sub

...

Private Sub cmdBoton9_Click()
    txtTexto = txtTexto + "9"
End Sub
```

Es algo complejo. En cambio, si empleamos un arreglo de botones, podemos utilizar el parámetro `Index` para conocer rápidamente el botón pulsado:

```
Private Sub cmdBotones_Click (Index As Integer)
    txtTexto = txtTexto + Format(Index)
End Sub
```

¡Listo! En vez de hacer 10 procedimientos de suceso, hacemos sólo 1. Nuestro ejemplo del marcador telefónico se ve terminado en la **Figura 4**.

Figura 4. Un marcador telefónico construido con un arreglo de controles.

EN EL CD

VISUAL BASIC 6

Este ejemplo se encuentra terminado en la carpeta **Ejemplos\Cap06\Ej01** del CD.

Algunas propiedades de los arreglos de controles

En todo arreglo, suele ser muy importante conocer los límites inferiores y superiores del mismo. Para los vectores y matrices comunes habíamos visto que las funciones `LBound` y `UBound` cumplían esa tarea, pero en los arreglos de controles ya no contamos con ellas.

Cada arreglo de controles tiene 4 propiedades que debemos conocer:

Propiedad	Descripción
Lbound	Límite inferior del arreglo.
Ubound	Límite superior del arreglo.
Count	Cantidad de controles en el arreglo.
Item(i)	Permite acceder a las propiedades del elemento "i" del arreglo.

Para referirnos a cualquiera de estas propiedades, basta con usar el operador punto después del nombre del arreglo. Por ejemplo, para un arreglo de cajas de texto llamado **txtCampos**, podemos hacer:

```
txtCampos.LBound    'Contiene el límite inferior
txtCampos.UBound    'Contiene el límite superior
txtCampos.Count     'Contiene la cantidad de elementos
```

Con estos datos, podríamos realizar un ciclo como el siguiente:

```
For i = txtCampos.LBound To txtCampos.UBound
   txtCampos(i) = UCase(txtCampos(i))
Next i
```

¡Cuidado! Supuestamente, esto pasaría a mayúsculas el contenido de todas las cajas de texto del arreglo, pero nada nos asegura que existan todos los elementos; es decir, un arreglo puede tener su primer elemento como el de índice **0**, y tener sólo un elemento más, pero en el índice **20**. En ese caso, como los elementos **1** al **19** del arreglo no existen, se producirá un error al referirse a ellos.

Cuestionario

1. ¿Qué son los arreglos?

2. ¿Qué diferencias hay entre los vectores y las matrices?

3. ¿Qué son los índices?

4. ¿Qué son los arreglos dinámicos?

5. ¿Para qué sirve la sentencia `ReDim Preserve`?

6. ¿Para qué se usa la sentencia `Option Base`?

7. ¿Qué diferencias hay entre `LBound` y `UBound`?

8. ¿Para qué sirven las funciones `Join`, `Split` y `Filter`?

9. ¿Qué son los arreglos de controles?

10. ¿Cuáles son las propiedades de un arreglo de controles?

Arreglos 6

MÓDULOS, PROCEDIMIENTOS Y FUNCIONES

Los módulos, procedimientos y funciones son porciones de código que ejecutan rutinas específicas. En este capítulo veremos cómo crearlos y manejarlos desde Visual Basic.

Capítulo **7**

Subrutinas

En el mundo de la programación, la famosa frase "divide y vencerás" es más verdadera que nunca. La mejor forma de resolver un gran problema es dividiéndolo en varios problemas más pequeños, y para esto las subrutinas son ideales.

Las subrutinas son porciones de código que se encargan de resolver un problema muy específico. Una subrutina puede ser una porción de código identificada por una etiqueta, un procedimiento o una función. Dado que los procedimientos y funciones se tratarán más adelante, a continuación veremos cómo manejar subrutinas por medio de etiquetas.

DEFINICIONES

SUBRUTINAS

Permiten agrupar varias sentencias de código, bajo un nombre específico, seguido de dos puntos (":").

La sentencia GoTo

La sentencia GoTo permite saltar la ejecución de un programa hacia una línea específica que, por medio de una etiqueta, agrupa varias sentencias. Por ejemplo:

```
Dim Nombre As String
Dim Numero As Integer

Numero = 1

If Numero = 1 Then
    GoTo rutina1
Else
    GoTo rutina2
End If

rutina1:
    Nombre = "Nicolás"
    Return

rutina2:
    Nombre = "Benito"
    Return
```

Módulos, procedimientos y funciones   7

Como se verá en capítulos siguientes, la sentencia GoTo se utiliza para la captura y el manejo de errores. En muchos ámbitos se dice que utilizar esta sentencia es una mala costumbre de programación; eso es verdad, ya que lleva a escribir código desordenado, sin control, y además existen procedimientos que pueden reemplazar a esta sentencia.

MÁS DATOS

SUGERENCIA

Conviene evitar al máximo el uso de la sentencia GoTo (o, de ser posible, no utilizarla). Su empleo sólo se justifica para la captura y el manejo de errores. En lugar de GoTo se usan los ciclos, procedimientos y funciones.

Procedimientos y funciones

Visual Basic tiene sus propios procedimientos y funciones, pero también brinda la posibilidad de crear los nuestros. Los procedimientos y funciones son rutinas de código que cumplen una determinada tarea. Por ejemplo:

```
MiProcedimiento parámetro1, parámetro2, ...


Valor = MiFuncion (parámetro1, parámetro2,...)
```

Cuando llamamos a un procedimiento o a una función, ésta se ejecuta completamente, y luego el programa sigue desde la línea siguiente a la que hizo el llamado. Usar procedimientos y funciones tiene varias ventajas:

- Contribuyen a la buena organización del código en nuestros programas
- Permiten dividir un problema grande en varios problemas pequeños y fáciles de resolver
- Se pueden probar por separado. Cada vez que creamos un nuevo procedimiento o función, podemos probar que funciona correctamente y luego utilizarlo sin temor a errores.
- Evitan tener que escribir el mismo código en varias partes del proyecto.

- Hacen que sea fácil reutilizar el código en varios proyectos diferentes. Mediante los módulos de código es posible agrupar una gran cantidad de funciones y procedimientos, y utilizarlos en otros proyectos.

Si bien pueden parecer lo mismo, un procedimiento y una función no son iguales. La diferencia radica en que las funciones devuelven un valor, y los procedimientos no. Generalmente, un procedimiento realiza un proceso que termina, pero no devuelve una respuesta. En cambio, una función se usa con el propósito de obtener un resultado.

DIFERENCIA ENTRE PROCEDIMIENTOS Y FUNCIONES
La diferencia radica en que estas últimas son llamadas a porciones de código que devuelven un valor como resultado (los procedimientos no devuelven valores).

IMPORTANTE
Al finalizar cada procedimiento o función, se devuelve el control del programa a la sentencia posterior a la que invocó el llamado.

Procedimientos

Crear un procedimiento

Antes de ingresar el código en un procedimiento, debemos declararlo adecuadamente. Declarar un procedimiento implica darle un nombre e indicar todos los parámetros que tiene (junto con el tipo de dato de cada uno).

Para crear un procedimiento debemos encontrarnos en la ventana de código. Allí tenemos dos opciones:

- Crear el procedimiento tipeando su nombre
- Crear el procedimiento desde la barra de menúes

Para crear un procedimiento directamente tipeando su nombre debemos situar el cursor en la ventana de código, en una ubicación que no esté dentro de otro procedimiento o función ya existente, y escribir **Sub** más el nombre del procedimiento. Al pulsar **ENTER** automáticamente se agregará la sentencia **End Sub** (ver **Figura 1**).

```
Sub MiProcedimiento()

End Sub
```

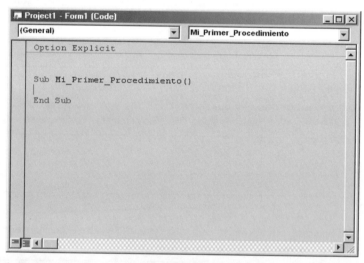

Figura 1. *Es muy cómodo crear los procedimientos simplemente tipeando su nombre en la ventana de código.*

Otra forma de crear un procedimiento es ir al menú **Tools/Add Procedure**. Allí aparecerá el cuadro de diálogo que se muestra en la **Figura 2**.

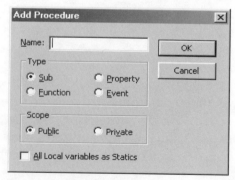

Figura 2. *Mediante la opción* **Add Procedure** *del menú* **Tools** *también se puede crear un procedimiento.*

Aquí debemos especificar si vamos a crear un procedimiento o una función, y también su alcance (si es público o privado).

Los parámetros

Por lo general, los procedimientos tienen parámetros. Un parámetro permite pasarle valores o variables a la rutina, para que ésta actúe en base a ellos. La idea de usar parámetros es hacer que el procedimiento sea más general, es decir, que no utilice siempre los mismos valores, variables u objetos, sino que pueda variar según la forma en la que se lo llame.

Las funciones que vimos en el capítulo 5 disponían de uno o más parámetros, que determinaban su sintaxis. Al igual que en esas funciones, podemos definir los parámetros de nuestros procedimientos indicándolos entre paréntesis:

```
Sub MiProcedimiento (parametro1 As tipo1, parametro2 As tipo2, ...)
```

Por ejemplo:

```
Sub Abrir (NombreArchivo As String)
...
End Sub
```

Luego, una posible llamada al procedimiento sería:

```
Abrir "pepe.doc"
```

Escribir el código del procedimiento

Una vez que declaramos un procedimiento, ya estamos en condiciones de escribir el código del mismo. Para esto, seguramente deberemos tener en cuenta los parámetros que recibe el procedimiento, que son tratados como variables locales al mismo. Por ejemplo, en el caso del procedimiento `Abrir`, estamos recibiendo un parámetro llamado `NombreArchivo`, que contiene el nombre del archivo a abrir. Si sólo quisiésemos mostrar ese nombre, podríamos hacer algo así:

```
Sub Abrir (NombreArchivo As String)
    ...
    MsgBox NombreArchivo
    ...
End Sub
```

Llamar a un procedimiento

Una vez definidos, los procedimientos ya están listos para ser invocados desde otras partes del programa. Para ejecutar un procedimiento hay dos alternativas:

- Utilizar la sentencia `Call`.
- Utilizar simplemente el nombre del procedimiento.

Las sintaxis de ambos métodos son:

```
Call nombre_procedimiento ([parametros])

nombre_procedimiento parametros
```

Básicamente, la diferencia entre ambos métodos radica en que al usar la sentencia `Call`, los parámetros se pasan entre paréntesis. El uso de esta sentencia no es necesario, y suele obviarse para no escribir código innecesario que podría llegar a confundir al programador. Por ejemplo:

```
Mostrar 20, 14

Sub Mostrar(a As Integer, b As Integer)
    MsgBox Format(a)
    MsgBox Format(b)
End Sub
```

Aquí llamamos a un procedimiento que simplemente muestra un mensaje con el valor de dos números enteros que son pasados como parámetros.

Pasar datos por valor y por referencia

A esta altura, seguramente se estarán haciendo una pregunta: ¿Qué pasa con los parámetros que se le pasan a los procedimientos? Si un procedimiento modifica esos valores, ¿los cambios permanecen al salir del mismo? Bueno, llegó el momento de hablar del tema.

Los valores que se envían como argumento a los procedimientos se pueden pasar de dos maneras: por valor o por referencia.

Cuando se pasa un parámetro por valor, se envía a la rutina una copia de la variable; por ese motivo, cualquier cambio realizado en el procedimiento no afecta la variable original. Cuando se pasa un parámetro por referencia, se envía un puntero a la variable original, y cualquier cambio dentro de la rutina afecta la variable original.

IMPORTANTE

Los parámetros por valor no modifican la variable original. En cambio, al enviar un parámetro por referencia, todos los cambios afectan directamente la variable en cuestión.

Parámetros por valor

Al pasar un parámetro por valor, podemos modificar su contenido libremente dentro del procedimiento, pero al salir de éste, la variable original permanecerá intacta. Para indicarle al lenguaje que deseamos pasar un parámetro por valor, se utiliza la palabra clave **ByVal** de la siguiente manera:

```
Sub Mostrar (ByVal Altura As Integer, Ancho As Integer)
```

En este ejemplo, sólo el parámetro **Altura** fue pasado por valor. El parámetro **Ancho** fue pasado por referencia, y al salir del procedimiento, cualquier cambio que haya sufrido permanecerá. Por ejemplo:

Módulos, procedimientos y funciones | **7**

```
Dim A As Integer
Dim B As Integer

A = 25
B = 50

Mostrar A, B

' A sigue conteniendo 25.
' B ahora contiene 5000, porque fue pasado por referencia
' y su valor cambió dentro del procedimiento.

Sub Mostrar(ByVal Altura As Integer, Ancho As Integer)
    Altura = Altura * 100
    Ancho = Ancho * 100

    MsgBox Format(Altura)
    MsgBox Format(Ancho)
End Sub
```

Aquí, se le pasan las variables **A** y **B** al procedimiento, donde se transforman en **Altura** y **Ancho** para el mismo. Como la primera es pasada por valor, el cambio sufrido dentro del procedimiento no la afecta. En cambio, la variable **B** sí sufre el cambio (se multiplica por 100 dentro del procedimiento).

Parámetros por referencia

Al pasar un parámetro por referencia, la variable con la que trabaja el procedimiento y la variable original hacen referencia a la misma zona de memoria, con lo cual todos los cambios efectuados dentro del procedimiento se mantendrán al salir del mismo. Para pasar un parámetro por referencia se puede utilizar la palabra clave **ByRef** (aunque esto no es necesario, ya que por defecto todos los parámetros se pasan por referencia):

```
Sub Calcular(Altura As Integer, ByRef Ancho As Integer)
```

En el ejemplo superior, los dos parámetros se pasan por referencia, sólo que en un caso lo definimos explícitamente.

IMPORTANTE

Por defecto, todos los parámetros se envían por referencia.

A continuación veremos un ejemplo donde se demuestra claramente la diferencia entre pasar parámetros por valor y por referencia. Tenemos dos procedimientos (`Cadena_V` y `Cadena_R`) que modifican un texto de la misma manera, pero como en uno se pasa un argumento por valor, el cambio no toma efecto fuera del procedimiento. La apariencia del programa se encuentra en la **Figura 3**.

```
Private Sub cmdProcesar_Click()
    Dim Cadena As String


    Cadena = "Hoy es un día soleado"


    ' Parámetro por valor
    Cadena_V Cadena
    lbl Por Valor.Caption = Cadena


    ' Parámetro por referencia
    Cadena_R Cadena
    lbl Por Referencia.Caption = Cadena
End Sub


Sub Cadena_V(ByVal Texto As String)
    Texto = "Hoy es un día lluvioso"
End Sub


Sub Cadena_R(Texto As String)
    Texto = "Hoy es un día lluvioso"
End Sub
```

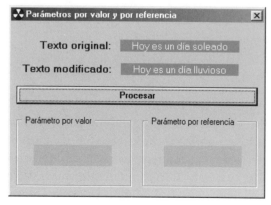

Figura 3. *Nótese en este ejemplo la diferencia entre pasar parámetros por valor y por referencia.*

EN EL CD

VISUAL BASIC 6

Este ejemplo se encuentra en la carpeta **Ejemplos\Cap07\Ej01** del CD.

Salir de un procedimiento

Todos los procedimientos terminan cuando aparece la palabra clave **End Sub**. Pero muchas veces resulta necesario salir de un procedimiento antes de su finalización, por ejemplo, al cumplirse una condición. Para tal fin, el lenguaje incorpora la sentencia **Exit Sub**. Su uso es muy sencillo:

```
Sub Dividir(Operador1 As Integer, Operador2 As Integer)
    Dim Resultado As Integer

    If Operador1 < 0 Or Operador2 < 0 Then
        Exit Sub
    End If


    Resultado = Operadir1 / Operador2
End Sub
```

De todas formas, es una buena práctica de programación hacer que todos los procedimientos terminen en el mismo punto, mediante la sentencia **End Sub**. Esto no quiere decir que sea malo usar **Exit Sub**, pero no conviene abusar.

Funciones

Las funciones son exactamente iguales a los procedimientos, salvo por un detalle: devuelven un valor. Ese valor puede ser asignado a una variable o utilizado en alguna expresión. El valor que devuelve una función define el tipo de la misma, por ejemplo, podemos crear funciones enteras, de cadenas, o de cualquier tipo de dato válido.

HAY QUE SABERLO

LO NUEVO DE LA VERSIÓN 6

Las funciones devuelven un solo valor. Desde la versión 6 de Visual Basic las funciones pueden devolver arreglos y tipos de datos definidos por el usuario.

Crear una función

Crear una función es similar a crear un procedimiento. Para crear una función debemos situar el cursor en la ventana de código en una ubicación que no esté dentro de otro procedimiento o función ya existente, y escribir **Function** más el nombre de la función. Al pulsar **ENTER** automáticamente se agregará la sentencia **End Function** (ver **Figura 4**). La otra forma de crear una función es ir al menú **Tools, Add Procedure**.

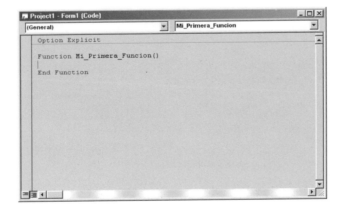

Figura 4. Es muy cómodo crear las funciones simplemente tipeando su nombre en la ventana de código. Pero luego no hay que olvidarse de definir su tipo.

Módulos, procedimientos y funciones   7

Si observamos detenidamente la **Figura 4**, notaremos que a la función le falta algo: su tipo (es decir, el tipo de valor que devuelve). Para eso, debemos agregar al final de la función la palabra clave **As** más el tipo de dato a devolver. Por ejemplo, para crear una función entera habría que escribir:

```
Function Mi_Primera_Funcion() As Integer


End Function
```

Recordemos que las funciones pueden recibir parámetros al igual que los procedimientos, y que éstos pueden ser por valor y por referencia. Ejemplo:

```
Function Calcular(ByVal Op1 As Integer, Op2 As Integer) As Integer


End Function
```

Devolver valores

La gran diferencia entre las funciones y los procedimientos es que las primeras devuelven un valor. Para eso, dentro de una función podemos asignar el nombre de la misma a un valor (que será el dato a devolver):

```
Function Sumar(ByVal Op1 As Integer, ByRef Op2 As Integer) As In-
teger
    Dim Resultado As Integer


    Resultado = Op1 + Op2


    ' Antes de salir de la función debemos asignarle un valor a de-
volver
    Sumar = Resultado
```

Para devolver un valor en una función, éste se suele cargar antes en una variable y, justo antes de terminar, asignárselo a la función.

ASIGNAR VALORES A UNA FUNCIÓN

Si bien se puede asignar un valor a una función muchas veces dentro de la misma, sólo el último valor asignado antes del fin de la función será el devuelto.

Ejecutar una función

Al ejecutar una función, se suele utilizar una variable para capturar el valor devuelto la misma. También se pueden llamar instrucciones mediante expresiones (sin utilizar variables). A continuación, un sencillo ejemplo:

```
Private Sub Form_Load()

Dim Resultado As Boolean

' Resultado = True
Resultado = Mayor(9, 7)

' Resultado = False
Resultado = Mayor(5, 5)

If Mayor(6, 9) Then
    ' Todo el código aquí incluido no se va a ejecutar
    ' ya que la función Mayor no es True.
End If

Function Mayor(ByVal Op1 As Integer, ByVal Op2 As Integer) As Boolean
    ' Esta función devuelve True sólo cuando el
    ' primer parámetro es mayor que el segundo.

    If Op1 > Op2 Then
        Mayor = True
    Else
        Mayor = False
    End If
End Function
```

Salir de una función

Gracias a la sentencia `Exit Function` es posible salir de una función en el momento deseado. Esto puede ser útil para usar en expresiones condicionales.

SUGERENCIA

EXIT FUNCTION

Un error muy común es usar `Exit Function` y olvidarse de devolver el valor de la función. Recordemos que, generalmente, antes de usar `Exit Function` debemos hacer que la función devuelva un valor.

Tal como ocurre con los procedimientos, no conviene abusar de esta sentencia: podría hacer difícil el seguimiento de una función mediante las técnicas de depuración.

Devolver arreglos y tipos de datos definidos por el usuario

Una novedad de Visual Basic 6 es la posibilidad de que las funciones devuelvan arreglos y tipos de datos definidos por el usuario. Esto es muy importante ya que le brinda más flexibilidad a las funciones que creamos.

Veamos un ejemplo de una función que devuelve un arreglo de cadenas:

```
Private Sub Form_Load()
    Dim NuevoArray() As String

    NuevoArray = GenerarArreglo(20)
End Sub

Function GenerarArreglo(n As Integer) As String()
    Dim i As Integer
    Dim Temp() As String

    ' Crea un vector temporal
    ReDim Temp(n)
```

```
'Genera un vector de cadenas (Cadena 1, Cadena 2, etc.)
For i = 1 To n
    Temp(i) = "Cadena " + Format(i)
Next i        .


' La función devuelve un arreglo
GenerarArreglo = Temp
End Function
```

Obsérvese que al final de la declaración de la función aparece: **As String** (). El uso de los paréntesis indica que la función va a devolver un arreglo.

Las funciones también pueden devolver tipos de datos definidos por el usuario. A continuación, un ejemplo:

```
' Crea un tipo de dato mediante Type
Private Type MiTipo
    Nom As String * 20
    Dir As String * 20
    Tel As String * 10
End Type


Private Sub Form_Load()
    Dim Resultado As MiTipo


    Resultado = MiFuncion
End Sub


'Una función que devuelve una variable del tipo MiTipo
Function MiFuncion() As MiTipo
    MiFuncion.Nom = "MP Ediciones"
    MiFuncion.Dir = "Moreno 2062"
    MiFuncion.Tel = "4954-1884"
End Function
```

DEFINICIONES

UDT (USER DEFINED TYPE)

A los tipos de datos definidos por el usuario, generalmente se los conoce por la sigla **UDT** (*User Defined Type*).

Alcance de los procedimientos y funciones

El alcance de un procedimiento se refiere al ámbito donde dicho procedimiento está disponible. Básicamente hay dos tipos de procedimientos y funciones en cuanto a su alcance:

- Procedimientos y funciones públicas.
- Procedimientos y funciones privadas.

MÁS DATOS

SUGERENCIA

Es importante colocar los procedimientos y funciones en el alcance apropiado. Hacer que los procedimientos estén disponibles en todos los sectores de código puede significar desperdiciar recursos.

Procedimientos y funciones públicas

Mediante la palabra clave `Public` podemos hacer que una función o procedimiento sea público, es decir, que esté disponible desde cualquier parte del código del programa. El uso de esta palabra clave permite que un procedimiento definido en un formulario o módulo sea llamado desde cualquier otro formulario o módulo de código. Por ejemplo:

```
Public Sub GenerarListado(Nombre As String)
End Sub


Public Function Sumar(Op1 As Integer, Op2 As Integer)
End Function
```

Igualmente, los procedimientos y funciones son siempre públicos, a menos que se especifique lo contrario.

Procedimientos y funciones privadas

El uso de la palabra `Private` antes del nombre de un procedimiento o función hace que se pueda acceder a la rutina sólo desde el mismo módulo o formulario desde la que fue definida. La principal ventaja de los procedimientos y funciones privadas es que residen en memoria sólo mientras el módulo o formulario que los contiene permanezca cargado. Su uso es muy sencillo:

```
Private Sub GenerarListado(Nombre As String)
End Sub


Private Function Sumar(Op1 As Integer, Op2 As Integer)
End Function
```

HAY QUE SABERLO

ATENCIÓN

Si no escribimos ni `Public` ni `Private` antes del nombre de un procedimiento o función, dicho procedimiento o función es considerado como público.

Conservar el valor de las variables

Cuando se usan variables dentro de un procedimiento, por lo general se crean, se les asigna un contenido y se destruyen automáticamente al finalizar la rutina. En ciertos momentos es necesario preservar el valor de una variable para que cuando se vuelva a entrar al procedimiento, se conserve el valor anterior. Es ahí donde entra en escena la palabra clave `Static`. Por ejemplo:

```
Sub MiProcedimiento(Sumar As Long)
    Static Acumulado As Long

    Acumulado = Acumulado + Sumar
End Sub
```

7

Módulos, procedimientos y funciones

En ese caso se declaró la variable `Acumulado` como estática, y así, al salir del procedimiento, el valor se conserva para que al volver a entrar se pueda trabajar con él.

Otra forma de usar la palabra clave `Static` es en la declaración de un procedimiento (o función); de ese modo se conservan los valores de todas las variables locales que se definan. Por ejemplo:

```
Static Sub GenerarListado(Nombre As String)
End Sub


Static Function Sumar(Op1 As Integer, Op2 As Integer)
End Function
```

MÁS DATOS

SUGERENCIA

A no abusar de las variables estáticas, ya que consumen recursos adicionales de memoria.

Alcance de las variables y constantes

Al igual que los procedimientos y las funciones, las variables y constantes tienen su alcance. Este alcance puede ser público o privado, y depende de cómo y dónde se las declare. Que una variable o constante sea pública significa que podrá ser accedida desde otra ubicación, además de donde fue declarada; si es privada, sólo podrá ser usada en el contexto donde fue declarada.

Cómo se las declara depende de si anteponemos la palabra `Public` o `Private` (por defecto) en su declaración; **dónde** se las declara depende de la ubicación (un procedimiento, la sección declaraciones de un formulario, etc.).

Tipo	Lugar de declaración	Alcance
Private	Módulo de código	Puede ser accedida desde todos los procedimientos y funciones del módulo, pero no desde afuera del mismo.
	Formulario	Puede ser utilizada desde todos los procedimientos y funciones del formulario, pero no puede ser accedida desde otros formularios o módulos de código.
	Procedimiento	Sólo puede ser accedida desde el procedimiento en el cual fue declarada.
Public	Módulo de código	Puede ser accedida desde cualquier parte del proyecto. Se dice que ésta es una variable `Global`.
	Formulario	Puede ser accedida desde cualquier parte del proyecto.
	Procedimiento	Error	No es posible declarar una variable o constante como pública en un procedimiento o función.

Veamos algunas declaraciones de ejemplo, en la sección de declaraciones de un formulario:

```
[Declarations]

' Variable pública, que puede ser accedida desde otras ubicaciones
Public CantidadPulsos As Integer

' Variable privada: es sólo para este formulario
Private ProcesoInterno As Boolean

' Otra variable privada
Dim SecuenciaCuadros As String
```

Cuando usamos la sentencia `Dim` normalmente, Visual Basic asume que se trata de una variable privada. Del mismo modo, si usamos la sentencia `Const` sin ninguna especificación, la constante declarada será privada:

```
[Declarations]

' Constante pública
Public Const MaxEntradas = 50

' Constante privada
Private Const MaxSocios = 15000

' Otra constante privada
Const MaxDir As 256
```

HAY QUE SABERLO

VARIABLES PÚBLICAS VS. PRIVADAS

No es conveniente declarar variables o constantes como públicas si pueden ser privadas. Las variables públicas consumen más recursos que las privadas.

Finalmente, cabe destacar que también podemos definir tipos de datos públicos y privados, mediante la sentencia **Type** (anteponiendo la palabra **Private** o **Public** según corresponda).

Módulos

Los módulos son porciones de código que generalmente almacenan declaraciones, procedimientos y funciones. La gran ventaja que presentan los módulos es que permiten crear bibliotecas con funciones definidas por el usuario, y trasladarlas hacia otros proyectos con sólo copiar un archivo.

HAY QUE SABERLO

SISTEMA MODULAR

Un sistema es modular cuando fue construido y dividido en varios módulos.

SUGERENCIA

Es muy útil crear módulos que contengan varias funciones definidas por el usuario sobre un tema específico, para luego reutilizarlos en otros proyectos. Por ejemplo, se puede crear un módulo con funciones de impresión.

Agregar un módulo a un proyecto

Para agregar un módulo de código a un proyecto, simplemente hay que ir al menú **Project** y elegir la opción **Add Module**. Aparecerá el cuadro de diálogo que se muestra en la **Figura 5**.

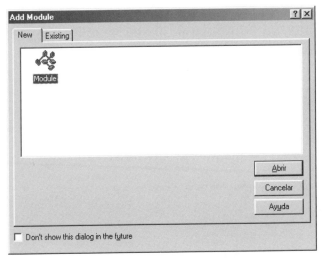

Figura 5. El cuadro de diálogo para agregar un nuevo módulo.

Si seleccionamos la pestaña **Existing** tendremos la posibilidad de incorporar un módulo ya existente (lo cual es ideal si deseamos reutilizar un módulo).

Para crear un nuevo módulo sólo debemos hacer clic en **Abrir**. Inmediatamente aparecerá la ventana de código, donde podremos crear nuevos procedimientos y funciones. Si vamos al explorador de proyecto podemos confirmar la existencia del nuevo módulo y cambiar su nombre (ver **Figura 6**).

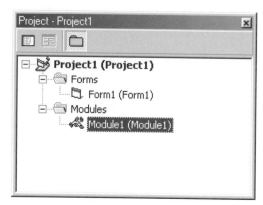

Figura 6. En el explorador de proyecto podemos ver el nombre del nuevo módulo.

Iniciar un programa desde un módulo

Por defecto, Visual Basic asume que todos los programas comienzan en el primer formulario creado. Sin embargo, a veces es necesario seleccionar otros formularios o un módulo para iniciar un proyecto.

Si vamos al menú **Project** y elegimos la opción `Project1 Properties` (**Project1** puede ser reemplazado por el nombre del proyecto) podemos configurar dónde se iniciará el programa (ver **Figura 7**).

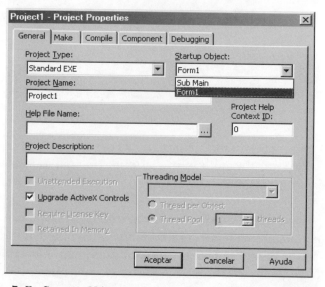

*Figura 7. En **Startup Object** podemos elegir dónde iniciar el programa.*

Donde dice **Startup Object** (objeto inicial) aparece un combo que contiene todos los formulario del proyecto y una entrada llamada **Sub Main**. Este nombre de procedimiento reservado nos permite iniciar el programa sin un formulario inicial. Si elegimos esta opción debemos crear un procedimiento **Main** en cualquier módulo de código, para iniciar la ejecución desde allí.

Cuestionario

1. ¿Qué son las subrutinas?

2. ¿Qué diferencias hay entre los procedimientos y las funciones?

3. ¿Para qué sirve la sentencia **Call**?

4. ¿Qué diferencias hay entre pasar argumentos por valor y por referencia?

5. ¿Para qué se utiliza la sentencia **Exit Sub**?

6. ¿Qué tipos de valores pueden devolver las funciones?

7. ¿Qué significa que un procedimiento sea público?

8. ¿Para qué se utiliza la palabra clave **Private**?

9. ¿Qué son las variables estáticas?

10. ¿Cómo se puede hacer para iniciar un programa desde un módulo?

7

Módulos, procedimientos y funciones

ARCHIVOS

Llegó el momento de hablar sobre archivos. En este capítulo se verán los principales tipos de archivos, cómo trabajar con ellos, y las funciones para manipular archivos y carpetas.

Capítulo 8

Trabajar con archivos

Seguramente no hace falta definir qué son los archivos, ya que todos los días trabajamos con ellos. Lo que sí es importante es conocer los tipos de archivos existentes, cuándo conviene trabajar con cada uno de ellos, y cómo manejarlos. Esto es básicamente lo que veremos a continuación.

La sentencia Open

Al trabajar con archivos, una de las sentencias más utilizadas es `Open`, ya que es la encargada de abrirlos para poder trabajar con ellos. Además, esta función es la que determina el tipo de archivo a abrir (o crear) y el modo en el que accederemos al mismo (lectura, escritura, etc.). La sintaxis de `Open` es:

```
Open archivo For tipo [Access acceso] As [#] numero_archivo
```

Parámetro	Descripción
archivo	El nombre del archivo a abrir o crear. Puede contener una ruta completa, es decir, incluir unidad, directorio y nombre de archivo.
tipo	Especifica el tipo de archivo a abrir o crear, y el modo de apertura. Sus posibles valores son: `Append`, `Input`, `Output`, `Random` y `Binary`.
acceso	Especifica el tipo de acceso, es decir, las operaciones que se pueden realizar sobre el archivo. Sus posibles valores son: `Read`, `Write` y `Read Write`. Este parámetro es opcional.
numero_archivo	Un número que identifica al archivo, para que luego pueda ser usado en el código. Este parámetro es requerido y el rango del número es de 1 a 511.

El parámetro *tipo* especifica el tipo de archivo a abrir o crear (tema que veremos en detalle más adelante, en este mismo capítulo). A continuación, sus posibles valores.

Parámetro tipo	Acción
append	Abre o crea un archivo de texto para agregarle información.
input	Abre un archivo de texto para lectura.
output	Crea un archivo de texto.
random	Abre o crea un archivo de acceso aleatorio.
binary	Abre o crea un archivo binario.

8

Archivos

Output permite crear archivos de **texto**. Si se usa este valor en el parámetro *tipo* con un archivo existente, toda la información se perderá y se creará un archivo nuevo. Para actualizar un archivo existente se debe usar Append en lugar de Output.

Si el archivo indicado en *archivo* no existe, éste será creado automáticamente por la sentencia Open, a menos que el parámetro *tipo* sea Input. En ese caso se producirá un error en tiempo de ejecución.

Veamos un ejemplo:

```
' Abre un archivo de texto para lectura
Open "datos.txt" For Input As #1


' Abre o crea un archivo de acceso aleatorio
Open "C:\Textos\Notas.dat" For Random As #2


' Abre o crea un archivo de binario para escritura
Open "musica.dat" For Binary Access Write As #3
```

En la primera línea del ejemplo se intenta abrir un archivo llamado "datos.txt". Si ese archivo no existe se produce un error, ya que cuando se usa Input sólo se abren archivos de texto para lectura. En cambio, si en las siguientes líneas no existen los archivos ("Notas.dat" y "musica.dat"), se crearán unos nuevos con dichos nombres.

Cuando se abre un archivo cuyo *tipo* es Input, Random o Binary, podemos abrir el mismo archivo usando un número diferente (*numero_archivo*) sin cerrar el original. En cambio, al abrir un archivo cuyo *tipo* es Append o Output debemos cerrar el archivo antes de volverlo a abrir con un número diferente.

La sentencia Close

La sentencia `Close` cierra archivos abiertos con `Open`. Su uso es muy sencillo:

```
Close [numero_archivo]
```

Parámetro	Descripción
numero_archivo	El número de archivo a cerrar. Este parámetro es opcional.

Si se omite el parámetro *numero_archivo*, `Close` cerrará todos los archivos abiertos.

SUGERENCIA

Un error muy común al programar es salir de la aplicación dejando archivos abiertos. Una buena idea es usar la sentencia `Close` sin parámetros en los procedimientos de salida, para asegurarnos de que todos los archivos abiertos sean cerrados.

Veamos un ejemplo del uso de `Close`:

```
' Cierra un archivo
Close #1

' Cierra dos archivos
Close #1, #2

' Cierra todos los archivos abiertos
Close
```

La función FreeFile

Visual Basic posee una función llamada `FreeFile` que devuelve un número entero con el valor del próximo número de archivo disponible para abrir (parámetro *numero_archivo*). El problema es que si intentamos abrir un archivo con un número que ya está en uso, se produci-

Archivos 8

rá un error. Esta función es útil para averiguar un número de archivo y asegurarnos de que no está en uso. Por ejemplo:

```
Dim Numero As Integer

Open "perro.txt" For Output As #1
Open "gato.txt" For Output As #2
Open "vibora.txt" For Output As #3

' Numero posee el valor 4
Numero = FreeFile
```

Si vamos a trabajar con muchos archivos al mismo tiempo, una buena técnica es utilizar siempre **FreeFile** antes de abrir cualquiera de ellos, para evitar posibles errores. Por ejemplo:

```
Dim NroArchivo As Integer

NroArchivo = FreeFile

Open "leeme.txt" For Input As NroArchivo
Close #NroArchivo
```

De todas formas, si trabajamos con un solo archivo podemos obviar el uso de **FreeFile**.

La función EOF

Por lo general, el proceso de trabajar con archivos consiste en abrirlos, ejecutar ciertas acciones y luego cerrarlos. Pero cuando abrimos archivos de texto o de acceso aleatorio para leerlos secuencialmente, muchas veces necesitaremos saber cuándo llegamos al final del archivo. De eso se encarga la función **EOF**.

EOF devuelve un valor booleano (**True** o **False**) indicando si la posición actual de un archivo se corresponde con el final del mismo. Su sintaxis es:

```
EOF (numero_archivo)
```

Por ejemplo:

```
Open "notas.txt" For Input As #1

While Not EOF(1)
    ' Este bucle se va a repetir hasta
    ' llegar al final del archivo.
Wend
```

La función **EOF** es ideal para evitar seguir leyendo un archivo luego de haber llegado al fin del mismo (lo cual produce un error en tiempo de ejecución).

Tipos de archivos

Archivos de texto

Como su nombre lo indica, este tipo de archivos contiene texto. Este texto no son más que varias líneas con cadenas de caracteres, desde el inicio hasta el fin del archivo.

Generalmente, el trabajo con archivos de texto consiste en abrir el archivo, recorrerlo hasta el final y capturar cada línea en una variable del tipo **String**. Luego, con cada cadena podemos usar las funciones deseadas o utilizar esos valores en el programa.

La principal ventaja de los archivos de texto es que brindan un método rápido y sencillo para almacenar información (por ejemplo: nombres, países, etc.) Sin embargo, cuando se requiere guardar información más compleja, estos tipos de archivos resultan insuficientes.

Es muy importante estar familiarizados con la sentencia **Open** antes de entrar de lleno en el tema de los tipos de archivos.

Archivos 8

Abrir archivos de texto

Básicamente, hay tres formas de abrir (o crear, en algunos casos) archivos de texto. Dichas formas dependen del parámetro *tipo* de la sentencia `Open`:

- **Append**: abre o crea un archivo de texto para agregarle información.
- **Input**: abre un archivo de texto para lectura.
- **Output**: crea un archivo de texto.

`Append` se utiliza cuando tenemos un archivo de texto al cual le queremos agregar más información al final del mismo. Si usamos `Append` con un archivo inexistente, se creará un archivo nuevo (aunque para esto es mejor utilizar `Output`).

`Input` permite abrir un archivo de texto para lectura. Se usa cuando queremos recuperar información de un archivo de texto para usarla en nuestro programa. Eso sí: si el nombre de archivo no existe, no se creará uno nuevo, sino que se producirá un error por intentar leer desde un archivo inexistente.

Por último, `Output` se utiliza para crear un nuevo archivo de texto y poder colocar información en el mismo. Es ideal para cuando queremos guardar datos ingresados por el usuario en un nuevo archivo de texto.

Veamos un ejemplo:

```
' Abre o crea un archivo de texto
Open "agregar.txt" For Append As #1

' Abre un archivo de texto
Open "leer.txt" For Input As #2

' Crea un archivo de texto
Open "grabar.txt" For Output As #3
```

Leer archivos de texto

Para leer información de archivos de texto, existen dos sentencias muy útiles: `Line Input #` e `Input #`.

La sentencia `Line Input #` lee una línea completa de un archivo de texto y la almacena en una variable del tipo `String`. Su sintaxis es la siguiente:

```
Line Input #numero_archivo, variable
```

Parámetro	Descripción
numero_archivo	El número de archivo del cual se va a leer una línea completa.
variable	Una variable del tipo `String` para guardar la línea leída.

Por ejemplo:

```
Dim Cadena As String

Open "datos.txt" For Input As #1

Do While Not EOF(1)
    Line Input #1, Cadena
Loop

Close #1
```

Este ejemplo recorre todo un archivo de texto, leyendo cada línea y almacenándola en una variable (`Cadena`). Por supuesto que dentro del mismo bucle habría que incluir instrucciones para manipular los datos leídos, ya que así como está planteado el ejemplo, la variable `Cadena` sólo almacena el último valor leído (cada vez que se lee una nueva línea, se sobreescribe el contenido anterior de la variable). Si se quiere guardar todo el contenido del archivo en memoria, podría usarse un vector (pero esto puede derrochar muchos recursos).

En la **Figura 1** se muestra un ejemplo de un archivo que se utilizará para leer todos sus renglones con `Line Input #`.

Archivos 8

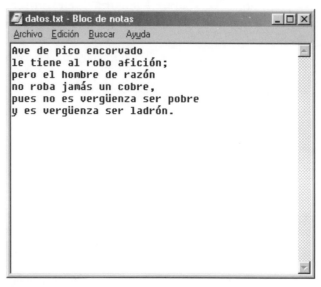

Figura 1. Con `Line Input #` *podemos leer líneas enteras de texto.*

IMPORTANTE

Los datos leídos mediante `Line Input #` generalmente fueron escritos con la sentencia `Print #`.

La otra sentencia para leer datos de un archivo de texto es `Input #`. Su funcionamiento es distinto al de `Line Input #`: en lugar de leer líneas enteras de texto, lee datos de una línea separados por comas (,). Su sintaxis es:

```
Input #numero_archivo, lista_variable
```

Parámetro	Descripción
numero_archivo	El número de archivo del cual leer datos.
lista_variable	La lista de variables a las cuales asignarles los datos leídos.

Veamos un ejemplo:

```
Dim Nombre As String
Dim Edad As String

Open "datos.txt" For Input As #1

Do While Not EOF(1)
   Input #1, Nombre, Edad
Loop

Close #1
```

Este ejemplo recorre un archivo de texto, y en cada línea lee y almacena en variables los datos separados por comas.

En la **Figura 2** se muestra un ejemplo de un archivo que se va a utilizar para leer datos separados por comas con `Input #`.

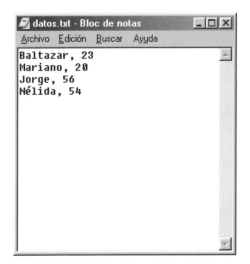

Figura 2. Con `Input #` podemos leer datos separados por comas.

HAY QUE SABERLO

IMPORTANTE

Los datos leídos con `Input #` generalmente fueron escritos con la sentencia `Write #`.

Escribir en archivos de texto

De la misma forma en que existen sentencias para leer líneas completas y datos separados por comas, existen sentencias análogas para escribir información. Dichas sentencias son `Print #` y `Write #`.

La sentencia `Print #` permite escribir información a un archivo de texto. Su sintaxis es:

```
Print #numero_archivo, datos
```

Parámetro	Descripción
numero_archivo	Cualquier número de archivo válido.
datos	La expresión o lista de expresiones a escribir.

Por ejemplo:

```
Dim Pais As String
Dim Nro As Integer

Nro = 2
Pais = "Argentina"

Open "prueba.txt" For Output As #1

Print #1, "Información de fútbol:"
Print #1, "——————"
Print #1,
Print #1, Pais; " ganó"; Nro; "campeonatos mundiales"

Close #1
```

Nótese en el ejemplo cómo se puede usar `Print #` para escribir una cadena o varios datos concatenados en un archivo. Luego de ejecutar dicho ejemplo, se crea un archivo que contiene los datos que se observan en la **Figura 3**.

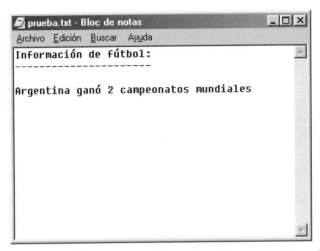

Figura 3. Con `Print #` es muy sencillo grabar datos en archivos de texto.

IMPORTANTE

Si se usa la sentencia `Print #` sin parámetros, se escribe una línea en blanco.

IMPORTANTE

Los datos escritos con `Print #` generalmente son leídos con `Line Input #`.

La sentencia `Write #` también permite escribir valores en archivos de texto, pero generalmente se usa para guardar datos separados por comas (que luego son leídos mediante `Input #`). Su sintaxis es:

```
Write #numero_archivo, datos
```

Parámetro	Descripción
numero_archivo	Cualquier número de archivo válido.
datos	La expresión o lista de expresiones a escribir.

Archivos **8**

Veamos un ejemplo:

```
Open "prueba.txt" For Output As #1

Write #1, "Contador", 9, "A"
Write #1, "Abogado", 11, "D"
Write #1, "Médico", 15, "B"
Write #1,
Write #1, "[ Fin archivo ]"


Close #1
```

El ejemplo muestra cómo escribir datos separados por comas en un archivo de texto. En la **Figura 4** se observan los datos que tiene el archivo creado en el ejemplo.

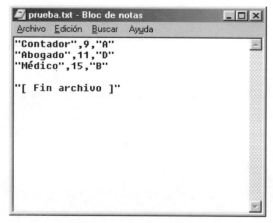

Figura 4. Con `Write` *# podemos guardar valores separados por comas.*

IMPORTANTE

Los datos escritos con `Write` # generalmente son leídos con `Input` #.

Un ejemplo de archivos de texto

A continuación construiremos un ejemplo que haga uso de archivos de texto. La idea es hacer un programa que abra un archivo del CD

(**Ejemplos\Cap08\Ej01\Prueba.txt**), lo cargue en una caja de texto, y el usuario pueda modificar el contenido y guardarlo en un archivo ubicado en su disco rígido (**C:\Prueba.txt**).

El programa utiliza tres botones de comando (**cmdCargar**, **cmdLimpiar** y **cmdGrabar**) y una caja de texto (**txtContenido**). La apariencia se puede observar en la **Figura 5**; el código empleado es el siguiente:

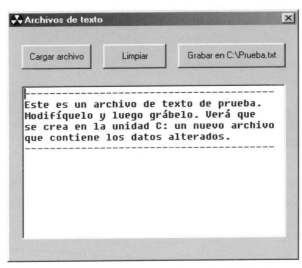

Figura 5. Los archivos de texto son los más fáciles de operar.

```
Private Sub cmdCargar_Click()
    Dim Cadena As String
    Dim Archivo As String

    txtContenido = ""

    Archivo = App.Path + "\Prueba.txt"
    Open Archivo For Input As #1
        While Not EOF(1)
            Line Input #1, Cadena
            txtContenido = txtContenido + Cadena + vbCrLf
        Wend
    Close
```

```
    txtContenido.SetFocus
End Sub

Private Sub cmdGrabar_Click()
   Open "C:\Prueba.txt" For Output As #1
      Print #1, txtContenido
   Close
   txtContenido.SetFocus
End Sub

Private Sub cmdLimpiar_Click()
   ' Vacía el contenido de la caja de texto
   txtContenido = ""
   txtContenido.SetFocus
End Sub
```

La propiedad **Path** del objeto **App** permite obtener la ruta actual del programa (en donde se encuentra el archivo a abrir). La constante **vbCRLF** representa un salto de línea y retorno de carro (**ENTER**).

EN EL CD

VISUAL BASIC 6

Este ejemplo se encuentra en la carpeta **Ejemplos\Cap08\Ej01** del CD.

Archivos de acceso aleatorio

Los archivos de texto que acabamos de ver poseen sólo cadenas de caracteres, pero carecen de una estructura. Esto significa que el acceso a los datos es secuencial, es decir, se empieza a leer un archivo desde el principio hasta el final, sin poder acceder a un sector específico.

Para solucionar este inconveniente surgieron los archivos de acceso aleatorio, que contienen registros (tipos de datos definidos por el usuario mediante **Type**). La gran ventaja de este tipo de archivos es que podemos recuperar un registro en forma directa, sin tener que leer secuencialmente todo el archivo.

ARCHIVOS DE ACCESO ALEATORIO

Los archivos de acceso aleatorio consisten de varios registros (tipos de datos definidos por el usuario).

ARCHIVOS DIRECTOS

A los archivos de acceso aleatorio también se los suele llamar archivos directos.

Abrir archivos de acceso aleatorio

Para abrir archivos de acceso aleatorio se usa la sentencia `Open`, con una pequeña variante:

```
Open archivo For Random [Access acceso] As [#] numero_archivo [Len-
=longitud]
```

Parámetro	Descripción
archivo	El nombre del archivo a abrir o crear. Puede contener una ruta completa, es decir, incluir unidad, directorio y nombre de archivo.
acceso	Especifica el tipo de acceso, es decir, las operaciones que se pueden realizar sobre el archivo. Sus posibles valores son: `Read`, `Write` y `Read Write`. Este parámetro es opcional.
numero_archivo	Un número que identifica al archivo en el código. Este parámetro es requerido y el rango del número es de 1 a 511.
longitud	Longitud de cada registro. Si se omite este parámetro, se asume el valor 128.

Si son observadores habrán podido notar que para los archivos de acceso aleatorio hay un nuevo parámetro llamado *longitud*, cuya función es indicar el tamaño de cada registro.

Si bien este parámetro es opcional, en la práctica no lo es. En caso de que no especifiquemos un valor para *longitud*, Visual Basic asumirá que el tamaño del registro es 128, y al trabajar con archivos directos que posean otra longitud de registro se producirá un error. Conclusión: siempre debemos indicar el tamaño del registro.

ARCHIVOS DE ACCESO ALEATORIO

En los archivos de acceso aleatorio siempre se debe indicar el tamaño del registro mediante el parámetro *longitud*.

Veamos un ejemplo:

```
Private Type T_Persona
    Nombre As String * 20
    Apellido As String * 20
    Edad As Byte
End Type


Dim Persona As T_Persona


Open "info.dat" For Random As #1 Len = Len(Persona)
```

En el ejemplo hay que remarcar dos cosas. Primero, ver cómo se indica la longitud de cada registro al abrir un archivo de acceso directo. Segundo, cuando se define un tipo de dato para usar como registros del archivo, las cadenas deben tener una longitud fija. En este ejemplo trabajamos con registros de 41 bytes (20+20+1), pero en lugar de ingresar dicho valor, conviene usar la función **Len**.

MÁS DATOS

SUGERENCIA

Podemos usar la función **Len** para determinar la longitud de un registro en los archivos de acceso aleatorio: esto evita tener que modificar líneas de código, si la estructura cambia.

HAY QUE SABERLO

REGISTROS DE ARCHIVOS DIRECTOS

Cuando se define un tipo de dato para usar como registro de un archivo directo, siempre se debe trabajar con cadenas de longitud fija.

Grabar registros

Acabamos de ver cómo abrir archivos de acceso aleatorio; ahora veremos cómo grabar información en ellos.

Dijimos que los archivos de acceso aleatorio almacenan registros, por lo cual lo primero a hacer es declarar un tipo de dato (a usar como registro), abrir el acceso directo, almacenar información en un registro, y finalmente guardarlo en el archivo.

La sentencia `Put` es la que permite grabar registros en archivos directos. Su sintaxis es la siguiente:

```
Put [#]numero_archivo, [numero_registro], variable
```

Parámetro	Descripción
numero_archivo	Cualquier número de archivo válido (que se encuentre abierto).
numero_registro	Número de registro donde empezar a grabar datos. Este parámetro es opcional.
variable	Variable a grabar en el archivo. Generalmente, será la variable que contiene el registro (o tipo de dato definido por el usuario).

El parámetro *número_registro* es opcional. Si se omite, los datos se grabarán después del último registro leído o grabado (con `Get` o `Put`), o en el registro apuntado por la sentencia `Seek` (que trataremos más adelante).

Por ejemplo:

```
Private Type T_Persona
    Nombre As String * 20
    Apellido As String * 20
    Edad As Byte
End Type


Dim Persona As T_Persona
```

```
Open "info.dat" For Random As #1 Len = Len(Persona)


Persona.Nombre = "Martín"
Persona.Apellido = "Fierro"
Persona.Edad = 33


Put #1, 1, Persona


Persona.Nombre = "José"
Persona.Apellido = "Hernández"
Persona.Edad = 42


Put #1, 2, Persona


Close #1
```

En este caso definimos un tipo de dato (registro) y una variable asociada, abrimos un archivo de acceso aleatorio, y grabamos dos registros
en la posición **1** y **2**. Luego cerramos el archivo. El archivo creado ocupa 82 bytes, y no es casualidad, ya que cada registro ocupa 41 bytes
(20+20+1).

HAY QUE SABERLO

IMPORTANTE

En los archivos de acceso aleatorio manejados por Visual Basic, el primer registro es el
número **1** (a diferencia de otros lenguajes, que utilizan el **0**).

Leer registros

Para leer registros de un archivo de acceso aleatorio se utiliza la sentencia Get, cuya sintaxis es la siguiente:

```
Get [#]numero_archivo, [numero_registro], variable
```

Parámetro	Descripción
numero_archivo	Cualquier número de archivo válido.
numero_registro	Número de registro donde comenzar a leer datos. Este parámetro es opcional.
variable	Variable para guardar los datos leídos. Debe ser del mismo tipo que la variable usada para grabar los datos (generalmente, será un tipo de dato definido por el usuario).

A continuación, un pequeño ejemplo:

```
Private Type T_Persona
    Nombre As String * 20
    Apellido As String * 20
    Edad As Byte
End Type


Dim Persona As T_Persona


Open "info.dat" For Random As #1 Len = Len(Persona)


Get #1, 1, Persona
' Persona.Nombre = "Martín"
' Persona.Apellido = "Fierro"
' Persona.Edad = 33


Get #1, 2, Persona
' Persona.Nombre = "José"
' Persona.Apellido = "Hernández"
' Persona.Edad = 42


Close #1
```

En el ejemplo se puede apreciar cómo abrimos y leemos los dos primeros registros de un archivo directo mediante la sentencia `Get`.

Posicionarse en un registro

Visual Basic incorpora una sentencia llamada `Seek` que permite fijar la posición donde leer o grabar archivos. Su uso es muy sencillo:

```
Seek [#]numero_archivo, posición
```

Parámetro	Descripción
numero_archivo	Cualquier número de archivo válido.
posición	El número de registro donde ubicarse.

Veamos un ejemplo que complemente a los anteriores:

```
Private Type T_Persona
    Nombre As String * 20
    Apellido As String * 20
    Edad As Byte
End Type


Dim Persona As T_Persona


Open "info.dat" For Random As #1 Len = Len(Persona)


Persona.Nombre = "Soldado"
Persona.Apellido = "Cruz"
Persona.Edad = 35


Seek #1, 3
Put #1, , Persona
```

En este ejemplo nos situamos en la posición 3 para grabar el tercer registro. Noten que al usar la función **Put** no utilizamos el parámetro *numero_registro*, con lo cual Visual Basic utiliza el valor apuntado por **Seek** (3).

Un ejemplo de archivos de acceso aleatorio

Ahora veremos cómo construir un programa que permita ingresar un único registro, grabarlo en la ruta **C:\Personas.dat** y recuperarlo con sólo pulsar un botón. La apariencia del mismo se puede observar en la **Figura 6**, y el código usado fue el siguiente:

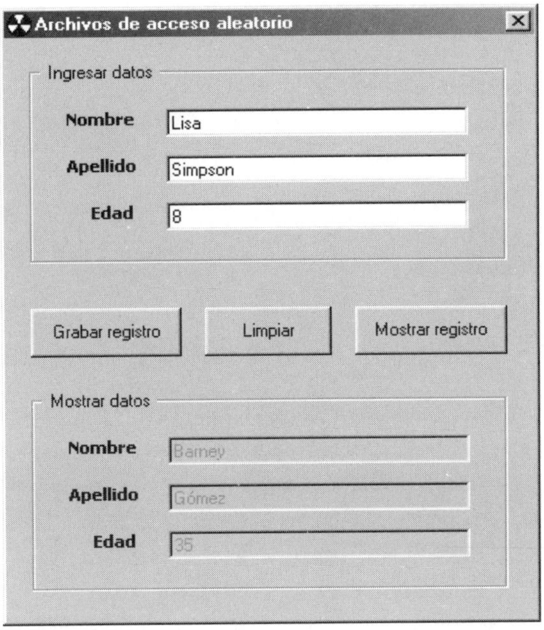

Figura 6. Un sencillo ejemplo que graba y recupera un registro.

```
Private Type T_Registro
    Nombre As String * 20
    Apellido As String * 20
    Edad As Integer
End Type


Dim Registro As T_Registro


Private Sub cmdGrabar_Click()
    Open "C:\Personas.dat" For Random As #1
        Registro.Nombre = txtNombre.Text
        Registro.Apellido = txtApell.Text
        Registro.Edad = Val(txtEdad.Text)
        Put #1, 1, Registro
    Close

  cmdLimpiar_Click
End Sub
```

```
Private Sub cmdLimpiar_Click()
    txtNombre = ""
    txtApell = ""
    txtEdad = ""
    txtNombre.SetFocus
    txtMostrarN = ""
    txtMostrarA = ""
    txtMostrarE = ""
End Sub


Private Sub cmdMostrar_Click()
    Open "C:\Personas.dat" For Random As #1
        Get #1, 1, Registro
        txtMostrarN.Text = Registro.Nombre
        txtMostrarA.Text = Registro.Apellido
        txtMostrarE.Text = Registro.Edad
    Close
End Sub
```

EN EL CD

VISUAL BASIC 6

Este ejemplo se encuentra en la carpeta **Ejemplos\Cap08\Ej02** del CD.

Archivos binarios

Los archivos binarios permiten tener un control más minucioso sobre los datos del archivo, ya que los bytes representan toda la información.

Principalmente, los archivos binarios se emplean para acceder a ciertos bytes de un archivo. Otra ventaja es que permiten tener registros que contengan datos de longitud variable.

HAY QUE SABERLO

ARCHIVOS BINARIOS

Los archivos binarios permiten almacenar información en registros de longitud variable.

Abrir archivos binarios

Para abrir archivos binarios se utiliza la sentencia `Open` y el parámetro *tipo* en `Binary`. Por ejemplo:

```
Open "info.dat" For Binary As #1
```

Si el archivo indicado no existe, se creará uno nuevo en la ruta indicada.

A diferencia de los archivos de acceso directo, en los archivos binarios no hace falta incluir la longitud del registro. Si lo hacemos, la sentencia `Open` lo ignorará.

Guardar información en registros de longitud variable

Como dijimos anteriormente, los archivos binarios permiten guardar registros cuyos campos sean de longitud variable.

Por ejemplo, en lugar de:

```
Private Type T_Persona
    Nombre As String * 20
    Apellido As String * 20
    Edad As Byte
End Type
```

podemos utilizar:

```
Private Type T_Persona
    Nombre As String
    Apellido As String
    Edad As Byte
End Type


Dim Persona As T_Persona
```

En este último caso, cada registro guarda el número exacto de bytes que ocupa (en lugar de desperdiciar espacios en blanco para las cadenas de longitud fija). Sin embargo, esto presenta una desventaja: como cada registro puede tener distintos tamaños, no podemos acceder a ellos en forma directa (como en los archivos de acceso aleatorio), sino que debemos acceder en forma secuencial a los registros.

En los archivos binarios podemos acceder a una posición determinada del archivo, pero no podemos conocer directamente qué registro está en una determinada posición si su longitud es variable.

Funciones de archivos y carpetas

La función Dir

La función **Dir** devuelve una cadena de caracteres que representa el nombre de un archivo o carpeta que concuerda con un determinado patrón de búsqueda. Su sintaxis es la siguiente:

```
Dir (ruta, [atributos])
```

Parámetro	Descripción
ruta	Indica la ruta de un archivo, directorio o unidad. Si la ruta o el archivo no existe, la función Dir devuelve una cadena nula ("").
atributos	Los atributos que deben poseer los archivos o carpetas a devolver. Si se omite este parámetro, la función devuelve los archivos que concuerden con ruta (sin importar sus atributos).

Los atributos a utilizar pueden ser los siguientes:

Atributos	Valor	Descripción
vbNormal	0	Cualquier atributo. Ésta es la opción por defecto.
vbReadOnly	1	Archivos de sólo lectura.
vbHidden	2	Archivos ocultos.
vbSystem	4	Archivos de sistema.
vbVolume	8	Etiqueta de volumen.
vbDirectory	16	Directorios o carpetas.

ASIGNACIÓN DE ATRIBUTOS

Cuando se especifica un atributo no significa que sólo se buscarán archivos que contengan ese atributo específico, sino que se buscan archivos que incluyen ese atributo (y otros más). Para filtrar archivos según sus atributos existen otras funciones que veremos más adelante.

LA FUNCIÓN DIR

La función `Dir` soporta el uso de comodines (***** y **?**).

Si la función `Dir` no encuentra ningún archivo o carpeta que se corresponda con el patrón de búsqueda, devuelve una cadena vacía. Esto puede ser muy útil para comprobar si un archivo existe o no.

Veamos un ejemplo que aclare el uso de la función `Dir`:

```
Dim Archivo As String


' Devuelve "AUTOEXEC.BAT" si el archivo existe.
Archivo = Dir("C:\AUTOEXEC.BAT")


' Devuelve un archivo con extensión EXE. Si hay
' varios archivos, sólo se devuelve el primero.
Archivo = Dir("C:\*.EXE")


' Si el archivo no existe, devuelve una cadena vacía.
Archivo = Dir("C:\NOEXISTE.ABC")


' Devuelve directorios (además de archivos).
Archivo = Dir("C:\", vbDirectory)
```

Cuando queremos obtener un listado de archivos de un determinado tipo, la función **Dir** presenta una limitación: sólo devuelve un archivo (el primero encontrado). Sin embargo, este inconveniente se puede subsanar utilizando otra instrucción `Dir` sin parámetros. Por ejemplo:

Archivos

8

```
Dim Archivo As String

Archivo = Dir("C:\*.TXT")

While Archivo <> ""
    MsgBox Archivo

    Archivo = Dir
Wend
```

Este ejemplo muestra, mediante la función **MsgBox**, todos los archivos con extensión **TXT** que se encuentran en el directorio C:\. Lo más importante a destacar es que la función **Dir** sin parámetros busca nuevos archivos o directorios que se correspondan con el patrón de la función **Dir** original.

La sentencia FileCopy

Como su nombre lo indica, esta sentencia se encarga de copiar archivos. Su sintaxis es muy simple:

```
FileCopy origen, destino
```

Parámetro	Descripción
origen	Especifica el nombre del archivo a copiar. Puede contener una ruta con la unidad, carpeta y nombre del archivo.
destino	Indica el destino del archivo. Puede incluir unidad y directorio.

HAY QUE SABERLO

FILECOPY

FileCopy no se debe usar con archivos abiertos. Conviene que nos aseguremos de no estar trabajando con un archivo a copiar.

Ejemplo:

```
Dim Origen As String
Dim Destino As String


Origen = "C:\FOTO.GIF"
Destino = "C:\TRABAJO\FOTO.GIF"


FileCopy Origen, Destino
```

Cabe aclarar que si el archivo destino ya existe, esta instrucción lo sobreescribe.

La sentencia Name

Para renombrar archivos o directorios, Visual Basic incorpora una sentencia llamada **Name**. Su sintaxis es:

```
Name nombre_viejo As nombre_nuevo
```

Parámetro	Descripción
nombre_viejo	Indica la ruta del archivo o directorio a renombrar.
nombre_nuevo	Indica el nuevo nombre del archivo o directorio (incluyendo la ruta de trabajo).

HAY QUE SABERLO

ATENCIÓN
Name no se puede utilizar con archivos abiertos.

HAY QUE SABERLO

ATENCIÓN
La sentencia **Name** no permite el uso de comodines (* y ?).

La función **Name** también puede mover archivos. Para eso, simplemente debemos indicar una ruta de trabajo distinta en el parámetro *nombre_nuevo*. Veamos un ejemplo:

```
' Renombra un archivo.
Name "C:\FOTO.GIF" As "C:\FOTITO.GIF"


' Mueve un archivo.
Name "C:\MASCOTA.GIF" As "C:\TRABAJO\MASCOTA.GIF"
```

MOVER ARCHIVOS

La sentencia **Name** no crea directorios. Si vamos a mover de lugar un archivo, debemos asegurarnos de que exista la nueva ruta.

La sentencia Kill

Kill es una sentencia de Visual Basic que permite borrar uno o más archivos. Su uso es muy sencillo, lo cual se refleja en su sintaxis:

```
Kill archivos
```

Parámetro	Descripción
archivos	Especifica uno o más archivos a borrar. Puede incluir el nombre de unidades y directorios.

Para especificar un grupo de archivos a borrar, **Kill** puede utilizar comodines (* y ?)

Ejemplo:

```
' Elimina un archivo.
Kill "C:\FOTO.GIF"


' Borra todos los archivos TXT de un directorio.
Kill "C:\TRABAJO\*.TXT"
```

SUGERENCIA

Si bien `Kill` es muy fácil de usar, debemos ser cuidadosos con esta sentencia, ya que un error puede significar el fin de varios archivos.

La función FileLen

`FileLen` devuelve un valor del tipo `Long` que contiene el tamaño en bytes de un archivo. Su sintaxis es la siguiente:

```
FileLen (archivo)
```

Parámetro	Descripción
archivo	El nombre de un archivo. Puede incluir la ruta del mismo.

Por ejemplo:

```
Dim Tamanio As Long


Tamanio = FileLen("C:\FOTO.GIF")
```

No debemos utilizar `FileLen` con archivos abiertos, pues devolverá el tamaño que tenía el archivo antes de ser abierto.

Esta función es muy útil para averiguar la cantidad de registros que tiene un archivo directo. Sólo tenemos que dividir el tamaño del archivo por el tamaño de cada registro. Por ejemplo:

```
Type T_Registro
    Nombre As String * 20
    Telefono As String * 15
End Type


CantRegistros = FileLen ("agenda.dat") / Len (T_Registro)
```

Esto nos permite hacer un ciclo desde 1 hasta la cantidad de registros que posee el archivo.

La función GetAttr

`GetAttr` devuelve un número entero que representan los atributos de un archivo o directorio. Su sintaxis es:

```
GetAttr (ruta)
```

Parámetro	Descripción
ruta	Especifica la ruta de acceso a un archivo o directorio.

El valor devuelto por esta función puede ser:

Constante	Valor	Descripción
vbNormal	0	Normal.
vbReadOnly	1	Sólo lectura.
vbHidden	2	Oculto.
vbSystem	4	Archivo de sistema.
vbDirectory	16	Directorio.
vbArchive	32	Archivo modificado.

MÁS DATOS

SUGERENCIA

Los archivos pueden tener más de un atributo, con lo cual se pueden utilizar operadores lógicos para determinarlos.

Veamos un ejemplo:

```
' Devuelve 2 (Oculto)
Atributos = GetAttr("C:\OCULTO.DAT")

' Devuelve 3 (Oculto + Sólo lectura)
Atributos = GetAttr("C:\OSL.DAT")

' Devuelve 16 (Directorio)
Atributos = GetAttr("C:\TRABAJO")
```

Luego, podríamos utilizar una sentencia `If` para comprobar si un archivo cumple con ciertos atributos, por ejemplo:

```
IF Atributos = vbNormal Or Atributos = vbHidden) Then
    ...
End If
```

La sentencia SetAttr

Así como se pueden obtener los atributos de un archivo, también es posible establecerlos. Para eso contamos con la sentencia `SetAttr`, cuya sintaxis es:

```
SetAttr ruta, atributos
```

Parámetro	Descripción
ruta	Especifica la ruta de acceso a un archivo o directorio.
atributos	Constante o expresión numérica que indica el o los atributos a establecer.

Los atributos a establecer pueden ser:

Constante	Valor	Descripción
vbNormal	0	Normal.
vbReadOnly	1	Sólo lectura.
vbHidden	2	Oculto.
vbSystem	4	Archivo de sistema.
vbArchive	32	Archivo modificado.

HAY QUE SABERLO

FIJAR ATRIBUTOS

Si intentamos fijar los atributos de un archivo abierto, se producirá un error en tiempo de ejecución.

Veamos un ejemplo:

Archivos 8

```
' Hace que un archivo sea Oculto y de Sólo lectura
SetAttr "C:\FOTO.GIF", vbHidden + vbReadOnly
```

Esto hace que el archivo FOTO.GIF sea de sólo lectura, y oculto.

La sentencia MkDir

Si pertenecen a la vieja camada de usuarios del DOS que escribían instrucciones para ejecutar comandos, seguramente ya conocerán lo que hace `MkDir`. Esta sentencia tiene una función bien específica: crear directorios. Su sintaxis es:

```
MkDir directorio
```

Parámetro	Descripción
directorio	El nombre del directorio a crear.

Por ejemplo:

```
MkDir "C:\FUTBOL"
```

Una aclaración muy importante: esta función no crea más de un nivel de directorios. Es decir, si utilizamos una instrucción como la siguiente:

```
MkDir "C:\Futbol\Equipos\Jugadores"
```

las carpetas **Futbol** y **Equipos** deben existir. De lo contrario, la función no creará el directorio.

La sentencia RmDir

La sentencia `RmDir` permite borrar un directorio existente. Su sintaxis es muy sencilla:

```
RmDir directorio
```

Parámetro	Descripción
directorio	El nombre del directorio a remover

Si se intenta borrar un directorio que contiene archivos se producirá un error. En ese caso, se debe usar primero `Kill` para eliminar los archivos y luego `RmDir` para remover el directorio.

Veamos un pequeño ejemplo:

```
RmDir "C:\FUTBOL"
```

La sentencia ChDir

`ChDir` permite cambiar el directorio actual de trabajo. Su sintaxis es:

```
ChDir directorio
```

Parámetro	Descripción
directorio	El nombre del nuevo directorio de trabajo.

DIRECTORIO ACTUAL DE TRABAJO

El directorio actual de trabajo es aquel que se asume por defecto. Por ejemplo, algunas operaciones con archivos pueden incluir un nombre de directorio; si no se ingresa un directorio, se trabaja con el directorio por defecto (que se cambia con **ChDir**).

Ejemplo:

```
ChDir "C:\TRABAJO"
```

Si la carpeta indicada no existe, se producirá un error en tiempo de ejecución.

Cuestionario

1. ¿Para qué sirve la sentencia `Open` y cuáles son sus parámetros?

2. ¿Cuáles son los principales tipos de archivos?

3. ¿Cuál es la diferencia entre `Print #` y `Write #`?

4. ¿Qué particularidad tienen los archivos de acceso aleatorio en cuanto al tamaño de sus registros?

5. ¿Qué sentencias permiten leer y grabar registros en archivos directos?

6. ¿Para qué se utiliza la sentencia `Seek`?

7. ¿Qué son los archivos binarios y cuál es su principal característica?

8. ¿Para qué sirve la función `Dir`?

9. ¿Cuál es la misión de la sentencia `SetAttr`?

10. ¿Qué sentencias permiten crear y eliminar directorios?

CREACIÓN DE UNA INTERFASE

En este capítulo veremos las técnicas necesarias para crear menúes y aplicaciones MDI (*Multiple Document Interface*).

Capítulo **9**

Gestión de menúes

Los menúes son fundamentales en cualquier aplicación. Si bien las barras de herramientas, los atajos de teclado y otros métodos pueden resultar mucho más rápidos para el usuario, en aplicaciones importantes es imprescindible la presencia de un buen menú que contenga absolutamente todas las funciones del programa. Si el usuario no encuentra alguna opción a mano, debe tener la seguridad de que la encontrará en uno de los menúes de la aplicación.

Además, la correcta diagramación de un menú facilita mucho la programación, ya que simplemente tendremos que recorrer opción por opción y escribir el código necesario. En la **Figura 1** vemos un menú bien organizado.

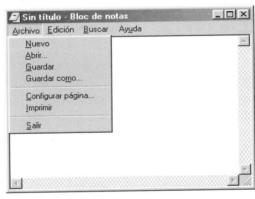

Figura 1. El menú del Bloc de Notas es un ejemplo de una buena organización.

Lo primero que debemos entender es que cada elemento de un menú es un objeto como cualquier otro (ya sea un menú de cabecera como **Archivo**, o una opción interior como **Nuevo**). Por ejemplo, el clásico ítem **Nuevo** del menú **Archivo** es un objeto que tiene sus propiedades, y seguramente éstas serán diferentes a las del elemento **Guardar** del mismo menú. Estas propiedades pueden ser establecidas mediante el editor de menúes en tiempo de diseño, y modificadas con código en tiempo de ejecución (sólo algunas).

También hay que considerar que cada opción interior de un menú de cabecera puede contener a otro submenú (ver **Figura 2**). Esto hace que sea conveniente hablar de "niveles" en los menúes.

CANTIDAD DE NIVELES DE UN MENÚ

El máximo número de niveles posibles en los menúes es 4.

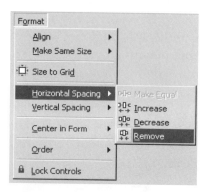

Figura 2. La pequeña flecha en el menú indica que de allí se desprende otro submenú.

Para finalizar, es muy importante respetar las estructuras de menúes actuales. Es decir, el menú **Archivo** del **Bloc de Notas** es muy típico y se repite en varios programas, lo que hace que los usuarios ya estén muy acostumbrados al orden de los elementos y a sus teclas de acceso rápido. Hacer un cambio inadecuado aquí sería fatal para la aceptación de nuestro programa por parte de los usuarios.

El Editor de menúes

En Visual Basic podemos crear menúes de forma sencilla usando el Editor de menúes. Éste se encuentra disponible en la barra de herramientas (ver **Figura 3**) y en el menú **Tools/Menu Editor**.

Figura 3. El ícono del editor de menúes, en la barra de herramientas de Visual Basic.

MENU EDITOR

Es el nombre original del Editor de menúes.

Una vez que accedemos al editor, aparece un cuadro de diálogo similar al de la **Figura 4**, mediante el cual podemos crear absolutamente todos los menúes del programa.

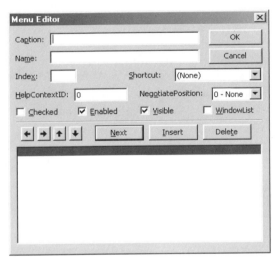

Figura 4. El editor de menúes de Visual Basic.

Allí hay varios campos que debemos completar para cada elemento del menú:

Caption
Es el título del menú que ve el usuario. En el ejemplo citado anteriormente, la propiedad `Caption` sería "`Nuevo`".

ACCESO DIRECTO A MENÚES

Algunos menúes tienen una letra o un número que permite ir directamente a ellos (en el caso del menú **Nuevo**, es la letra "N"). Para hacer que un menú disponga de esta característica, debemos escribir un ampersand ("**&**") justo antes de la letra elegida.

USO DE SEPARADORES

Cuando hay muchos elementos en un solo menú, es conveniente usar separadores por grupos. Para insertar un separador, la propiedad `Caption` debe ser un guión ("-").

Creación de una interfase   9

Name

Es el nombre del elemento del menú con el que trabaja Visual Basic. Generalmente, los nombre de menúes llevan el prefijo "mnu", por ejemplo: mnuArchivo, o mnuArchivoNuevo.

Index

Dado que cada elemento del menú es un objeto como cualquier otro, es posible crear arreglos de varios elementos, por ejemplo mnuOpcion(0), mnuOpcion(1), mnuOpcion(2), etc. De todas formas, esta práctica no es muy utilizada, salvo casos específicos.

HelpContextID

Es el identificador del tópico de ayuda, por si el usuario pulsa **F1** justo arriba de esta opción del menú. Esto permite abrir la ayuda en el tema deseado (ayuda contextual).

Shortcut

Todos los elementos de un menú pueden tener un atajo de teclado (por ejemplo, CTRL+N). Para asignar uno, es necesario usar el combo Shortcut.

Checked

Todos los elementos del menú pueden tener o no un tilde a su izquierda. Si esta propiedad se encuentra en True, el tilde se ve; y si está en False, no hay tilde.

Enabled

¿Está habilitado este elemento del menú? Si se encuentra deshabilitado (Enabled=False), se observará en un gris más claro.

Visible

Indica si un elemento del menú estará visible. Acepta los valores True o False.

WindowList

Indica si un menú contiene la lista de ventanas abiertas en una aplicación MDI (que veremos más adelante). Es el típico menú llamado **Ventana**, o **Window** en inglés.

Cuando ingresamos todos los datos de un elemento, estamos en condiciones de ubicarlo correctamente en el menú. En la parte inferior de la ventana se ve una lista en la cual van apareciendo los elementos ingresados. Utilizando los botones con las flechas izquierda y derecha, podemos cambiar el nivel de cada menú, representado por la cantidad de tabulaciones que posee con el margen izquierdo. Por ejemplo: como **Archivo** es un menú de cabecera, no tiene ninguna tabulación, pero el menú **Nuevo** aparece corrido un lugar hacia la derecha, y se encuentra justo debajo de **Archivo**.

El botón `Next` guarda los datos del elemento actual y limpia el formulario para comenzar con la siguiente opción. Para insertar un nuevo elemento es necesario usar el botón `Insert`; para eliminar uno ya existente, el botón `Delete`.

Todos estos conceptos se ven mucho mejor en la práctica, así que vamos a crear un menú muy sencillo para empezar. Se trata de un clásico menú **Archivo**, como se observa en la **Figura 5**.

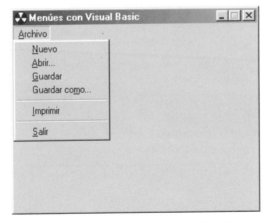

Figura 5. Vamos a crear un menú Archivo típico.

1. Creamos un nuevo proyecto con Visual Basic.
2. Vamos al Editor de menúes. Podemos usar el atajo `CTRL+E`.
3. Una vez allí, hay que ingresar los datos de todos los elementos del menú. El primer ítem que debemos ingresar es el del menú de cabecera. Para esto, en `Caption` ingresamos "`&Archivo`" y en `Name` escribimos `mnuArchivo`.

Creación de una interfase 9

4. Pulsamos el botón **Next** para seguir con el resto de los elementos.
5. Como los elementos que vienen ahora están dentro del menú de
   ' cabecera **Archivo**, pulsamos el botón con la flecha hacia la derecha,
   para ir a un nivel inferior.
6. Ahora debemos ingresar los datos de todas las opciones del menú
   Archivo. En la **Tabla 1** están volcados los datos de cada elemento. Cada vez que se ingresa un elemento, es necesario continuar con **Next**.

Elemento	Caption	Name
Archivo	&Archivo	mnuArchivo
Nuevo	&Nuevo	mnuArchivoNuevo
Abrir...	&Abrir...	mnuArchivoAbrir
Guardar	&Guardar	mnuArchivoGuardar
Guardar Como...	Guardar Co&mo...	mnuArchivoGuardarComo
—	-	mnuArchivoSeparador1
Imprimir	&Imprimir	mnuArchivoImprimir
—	-	mnuArchivoSeparador2
Salir	&Salir	mnuArchivoSalir

Tabla 1. *Los datos de nuestro menú Archivo.*

SUGERENCIA

Cuando un menú presente un cuadro de diálogo para abrir, guardar o seleccionar archivos, el nombre debe terminar con tres puntos ("...").

1. Una vez que hayamos ingresado todos los elementos, la ventana del
   editor de menúes se verá similar a la de la **Figura 6**.

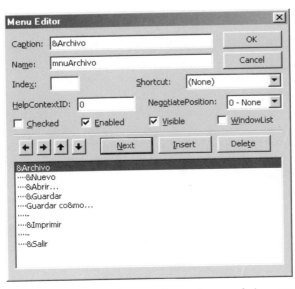

Figura 6. *El estado del editor de menúes cuando terminamos de ingresar todos los elementos.*

2. Cuando finalizamos, pulsamos el botón **Aceptar**. Si luego queremos modificar alguno de los elementos, basta con abrir nuevamente el editor de menúes.

Respondiendo a las acciones del menú

Básicamente, el único suceso que debe reconocer un menú es que el usuario haga clic sobre el mismo. Por ejemplo, en el menú **Archivo/Nuevo**, sólo nos interesa codificar alguna acción cuando el usuario selecciona dicha opción.

Por esta razón todos los elementos de un menú cuentan con un evento llamado **Click**, que se dispara cuando el usuario selecciona esa opción, ya sea con el mouse, con la tecla **Enter**, o por medio de los atajos de teclado establecidos en **Shortcut**.

Creación de una interfase   **9**

Veamos un ejemplo simple:

```
Private Sub mnuArchivoSalir_Click()
    'Terminar el programa
    End
End Sub
```

Otros menúes pueden realizar acciones más complicadas; por ejemplo, el menú **Archivo/Abrir** podría utilizar un cuadro de diálogo común para abrir un archivo:

```
Private Sub mnuArchivoAbrir_Click()
    'CD es el nombre del Common Dialog

    CD.DialogTitle = "Abrir archivo..."
    CD.ShowOpen
End Sub
```

Finalmente, sólo resta decir que estos eventos pueden ser llamados con código desde Visual Basic, por ejemplo:

```
Call mnuArchivoNuevo_Click()
```

Esto resulta ideal cuando se están programando barras de herramientas, ya que no hay que escribir el código dos veces.

Menúes con tildes

Cada opción interior de un menú puede tener o no un tilde a su izquierda, indicando si la opción está marcada o no. La aparición del tilde se puede controlar mediante la propiedad `Checked` de cada elemento del menú. Si `Checked` está en `True`, el tilde se ve, y viceversa.

Ahora bien: un simple clic del mouse sobre la opción del menú no pone o quita automáticamente el tilde, sino que hay que escribir código adicional en el evento `Click` del menú. Por ejemplo:

```
Private Sub mnuOpcionesLetras_Click()
    If mnuOpcionesLetras.Checked Then
        mnuOpcionesLetras.Checked = False
    Else
        mnuOpcionesLetras.Checked = True
    End If
End Sub
```

Este código invierte el valor de la propiedad `Checked` del elemento `mnuOpcionesLetras`. Si bien funciona correctamente, hay una forma más sencilla de lograrlo haciendo uso de la lógica `Booleana`:

```
Private Sub mnuOpcionesLetras_Click()
    mnuOpcionesLetras.Checked = NOT mnuOpcionesLetras.Checked
End Sub
```

En una sola línea invertimos el valor de la propiedad `Checked`. Hay que tener muy en claro que esta propiedad por sí sola no hace nada. Es el programador quien puede definir una acción según el estado de un elemento del menú.

Un menú bien completo

Para terminar con el tema, hemos creado un ejemplo de un menú bien poblado, con casi todas las características: submenúes, atajos de teclado, menúes chequeados y mucho más. Este ejemplo, que se ve en la **Figura 7**, está incluido en el CD que acompaña el libro.

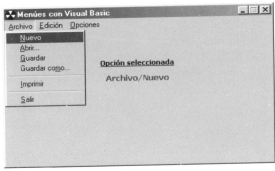

Figura 7. Un menú muy completo, que abarca prácticamente todos los conceptos de menúes.

Cada vez que seleccionamos una opción del menú, el programa nos muestra en el formulario la opción seleccionada.

La carpeta **Ejemplos\Cap09\Ej02** contiene un ejemplo de un menú bien completo, que utiliza submenúes, atajos de teclado, separadores y mucho más.

Menúes contextuales

En el antiguo Windows 3.1, todavía no se le había encontrado un uso útil al botón derecho del mouse. Afortunadamente, esto cambió en Windows 95, y ahora el botón derecho cumple una función muy importante en cualquier aplicación: desplegar un menú contextual.

Se le llama menú contextual porque se adapta al contexto en el que es invocado. Es decir, si en Word hacemos clic derecho sobre una palabra, aparece un menú diferente al que se muestra al hacer clic derecho sobre la barra de herramientas. El menú que se muestra depende del objeto sobre el cual se lo llamó. En la **Figura 8** vemos la apariencia de un menú contextual de Word.

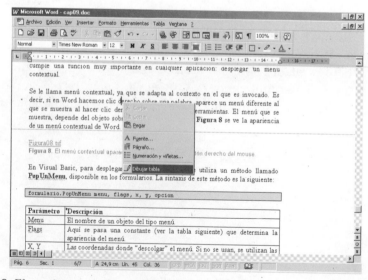

Figura 8. *El menú contextual aparece al hacer un clic con el botón derecho del mouse.*

En Visual Basic, para desplegar un menú contextual se utiliza un método llamado `PopupMenu`, disponible en los formularios. La sintaxis de dicho método es la siguiente:

```
formulario.PopupMenu menu, flags, x, y, opcion
```

Parámetro	Descripción
menu	El nombre de un objeto del tipo menú, por ejemplo `mnuArchivo`.
flags	Aquí se pasa una constante (ver la tabla siguiente) que determina la apariencia del menú.
x, y	Las coordenadas donde "descolgar" el menú. Si no se usan, se utilizan las coordenadas actuales del mouse.
opcion	El elemento que debe aparecer en negritas en el menú contextual, por ejemplo `mnuArchivoNuevo`.

La función principal del parámetro `flags` es determinar la alineación del menú con respecto a la coordenada X. Puede tener uno de los siguientes valores:

Constante	Valor	Descripción
vbPopupMenuLeftAlign	0	El lado izquierdo del menú se ubica en X.
vbPopupMenuCenterAlign	4	El menú aparece centrado en X.
vbPopupMenuRightAlign	8	El lado derecho del menú se ubica en X.

Ahora bien, ¿cómo definimos cuáles son las opciones del menú contextual? Para esto, debemos crear un menú como cualquier otro, utilizando el Editor de menúes. Luego cambiamos la propiedad `Visible` de este menú a `False`, para que no se vea en la barra de menúes.

Veamos algunos ejemplos sencillos:

```
form1.PopupMenu mnuContextual
```

Esto despliega el menú `mnuContextual` en el formulario de nombre form1. El menú aparece alineado a la izquierda, ya que la constante `vbPopupMenuLeftAlign` es la predeterminada en el parámetro `flags`.

Creación de una interfase   **9**

```
form1.PopupMenu mnuArchivo, vbPopupMenuRightAlign, , , mnuArchivo-
```

Esto despliega el menú **mnuArchivo**, alineado a la derecha (un poco extraño), y marca la opción "**Nuevo**" en negritas.

Sólo falta aclarar un detalle: ¿cuándo llamamos al método **Popup-Menu**? Este método puede ser invocado en cualquier momento, pero hay uno que es más común: cuando el usuario hace un clic derecho sobre un área libre en un formulario. Para eso, deberíamos usar el evento **MouseUp** del formulario:

```
Private Sub Form_MouseUp(Button As Integer, Shift As Integer, X, Y)
    If Button = vbRightButton Then
        Me.PopupMenu mnuContextual
    End If
End Sub
```

La variable **Button** y la constante **vbRigthButton** permiten determinar si el usuario hizo un clic con el botón derecho. Luego, usando el objeto **Me**, desplegamos el menú **mnuContextual**.

Haciendo una síntesis de los conceptos aprendidos, los pasos a seguir para crear un menú contextual serían:

1. Crear un menú utilizando el editor de menúes.
2. Establecer la propiedad **Visible** en **False**, para el menú de cabecera (por ejemplo, **mnuContextual**).
3. Utilizar el método **PopupMenu** del formulario para mostrar el menú cuando sea necesario.

Con estos sencillos pasos hemos construido el ejemplo que se ve en la **Figura 9**. Nótese que el programa no tiene barras de menúes, porque el único menú que hay (llamado **mnuContextual**) está invisible.

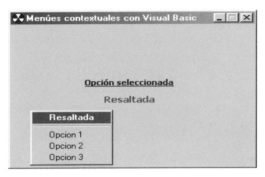

Figura 9. Ahora podemos usar menúes contextuales en nuestros programas.

Aplicaciones MDI

MDI significa *Multiple Document Interface*, o Interfase de múltiples documentos. Este concepto apunta a una interfase en donde hay un formulario principal (el MDI), que contiene varias ventanas adentro (los hijos MDI o *MDI Child*).

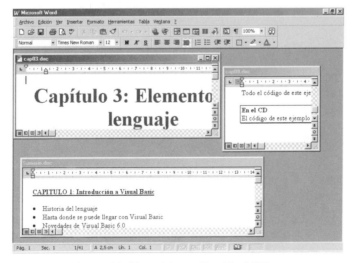

Figura 10. Una típica aplicación MDI.

Creación de una interfase 9

323

Un ejemplo típico de aplicación **MDI** es **Microsoft Word**, donde el usuario puede trabajar con varios documentos a la vez y cuenta con una ventana para cada uno (ver **Figura 10**).

El concepto contrario a **MDI** se llama **SDI**, que significa *Single Document Interfase*. En este tipo de aplicaciones, el usuario sólo puede trabajar con una misma ventana. Un ejemplo de aplicación **SDI** es el **Bloc de Notas** del Windows.

FORMULARIOS MDI E HIJOS MDI

A no confundirse: el formulario **MDI** es el "padre" que contiene varios formularios. A estos otros formularios se los suele llamar "hijos" o "hijos **MDI**".

Antes de empezar a programar aplicaciones **MDI**, vamos a ver sus características básicas:

- Una aplicación sólo puede tener un formulario **MDI**. Obviamente, puede tener muchos formularios hijos.
- Un formulario **MDI** sólo puede contener controles que tengan la propiedad `Align`, como es el caso de las cajas de imagen o las barras de herramientas (`CoolBar` o `Toolbar`).
- No se pueden utilizar los métodos gráficos para mostrar información en el fondo de un formulario **MDI**.
- Los hijos de un formulario **MDI** pueden maximizarse, minimizarse y controlarse como cualquier otra ventana de Windows.
- Cuando un hijo de un **MDI** se maximiza, el ícono del mismo se ubica en la barra de menúes del formulario **MDI**.
- Si un formulario hijo posee un menú, éste reemplaza al del formulario **MDI**.

Para familiarizarse con las aplicaciones **MDI**, una buena idea es utilizar Word y "jugar" con las ventanas interiores, a fin de observar cómo reacciona la aplicación.

El formulario MDI

Para agregar un formulario **MDI** se debe ir al menú "**Project**" y elegir "`Add MDI Form`". Ni bien se carga, el formulario **MDI** tendrá la apariencia que se ve en la **Figura 11**.

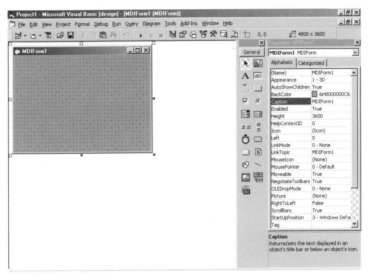

Figura 11. *Los formularios* **MDI** *tienen un fondo gris oscuro, aunque se puede modificar mediante la propiedad* **BackColor** *del mismo.*

Estos formularios tienen dos propiedades adicionales, que no están presentes en los formularios comunes:

ScrollBars

Determina si aparecerán barras de desplazamiento verticales u horizontales, en caso de que uno de los formularios hijos se vaya del área del **MDI**. En general conviene utilizar esta propiedad en **True**, para permitirle al usuario tener una mayor área de trabajo.

AutoShowChildren

Determina si se van a mostrar los formularios hijos cuando sean cargados mediante la instrucción **Load**. Si está en **True**, una instrucción **Load** mostrará automáticamente el formulario (de forma similar al método **Show**).

Los hijos de un formulario MDI

Básicamente, hay dos tipos de aplicaciones **MDI**: las que le permiten al usuario abrir tantas ventanas nuevas como desee, y las que trabajan siempre con las mismas ventanas. Por ejemplo, Word le permite al usuario abrir tantos archivos como desee, pero es probable que una aplicación de control de stock sea **MDI** y siempre utilice los mismos formularios (altas, bajas, etc.).

Crear hijos de un formulario MDI

Para crear un formulario hijo, es necesario utilizar la propiedad `MDIChild`:

Valor	Descripción
False	El formulario no es un hijo, y actúa como cualquier formulario normal.
True	El formulario es hijo en la aplicación **MDI**.

Para crear un hijo de un formulario **MDI** debemos:

1. Agregar un formulario común, mediante el menú **Project/Add Form**.
2. Establecer su propiedad `MDIChild` a `True`.

Una vez hecho esto, el formulario se comportará en forma totalmente diferente, ya que tendrá todas las características de un hijo de un formulario MDI. Veamos un ejemplo sencillo:

1. Creamos un nuevo proyecto en Visual Basic.
2. Vamos al menú **Project** y elegimos "`Add MDI Form`" para agregar el formulario **MDI**.
3. Cuando creamos el proyecto nuevo, se creó un formulario llamado **form1**. Vamos a utilizar este formulario como un hijo, así que cambiamos su propiedad `MDIChild` a `True`.
4. Vamos a **Project/Project Properties** y en el combo `StartUp Object` elegimos el formulario MDI (llamado `MDIForm1` por defecto).
5. Finalmente, en el evento `Load` del formulario MDI, podemos mostrar el formulario hijo (`form1`):

```
Private Sub MDIForm_Load()
    Form1.Show
End Sub
```

Si la propiedad `AutoShowChildren` del formulario MDI estuviese en `True`, hubiese sido necesario utilizar el método `Show` de la siguiente forma:

```
Form1.Show
```

El proyecto en acción se muestra en la **Figura 12**.

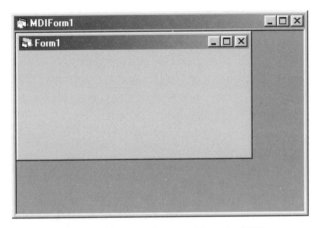

Figura 12. Nuestra primera aplicación MDI.

VISUAL BASIC 6

Este ejemplo se encuentra en la carpeta **Ejemplos\Cap09\Ej04** del CD.

Acomodar los formularios hijos

Dado que el usuario puede abrir más de una ventana al mismo tiempo (varios formularios hijos), es posible que en algún momento se desordenen las cosas y sea necesario poner orden. Poner orden significa acomodar las ventanas en cascada o mosaico.

Para hacerlo es necesario utilizar el método **Arrange**, disponible sólo en los formularios **MDI**. Este método tiene la siguiente sintaxis:

```
FormularioMDI.Arrange estilo
```

El parámetro **Estilo** puede ser una de las siguientes constantes:

Creación de una interfase 9

Constante	Valor	Descripción
vbCascade	0	Cascada.
vbTileHorizontal	1	Mosaico horizontal.
vbTileVertical	2	Mosaico vertical.
vbArrangeIcons	3	Organiza todos los íconos de las ventanas minimizadas.

Por ejemplo:

```
FormularioMDI.Arrange vbTileHorizontal
```

Esto acomodaría todos los formularios hijos en un mosaico horizontal.

Un menú con todas las ventanas

Cuando se construye una aplicación **MDI**, es muy útil contar con un menú que muestre un listado de todas las ventanas abiertas para poder ubicarlas rápidamente. Esto se puede hacer mediante la propiedad `WindowList` de un menú de cabecera, generalmente llamado "**Ventana**". Si esta propiedad está en `True` (chequeada en el Editor de menúes), el menú presentará una lista con las ventanas abiertas. En la **Figura 13** se ve la apariencia de esta lista.

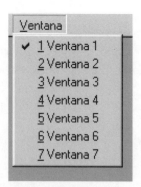

Figura 13. Un menú que contiene la lista de los hijos abiertos.

Cabe aclarar que no es necesario actualizar el menú, ni nada por el estilo. La lista con las ventanas se actualiza automáticamente, cuando se abren o cierran hijos nuevos.

Creación dinámica de varios hijos

Pensemos en un editor de textos como el Bloc de Notas, pero que permita abrir varios archivos a la vez (convirtiéndose en una aplicación **MDI**). ¿Cómo sabemos cuántas ventanas va a abrir el usuario? La respuesta es que nunca se puede saber.

A fin de solucionar este tipo de inconvenientes es necesario crear dinámicamente un formulario hijo cuando el usuario abre cada archivo. Para lograrlo es necesario tener un formulario hijo <u>ya creado</u>, que sirva de "molde" para crear otros en el futuro. Los hijos nuevos creados a partir del molde tendrán exactamente su misma apariencia.

En el ejemplo anterior, nuestro formulario molde sería `form1`. Luego, para crear nuevas instancias del mismo, deberíamos utilizar el siguiente código:

```
Dim Nuevo As New Form1
```

Aquí utilizamos `Form1`, ya que ése era el molde a copiar, pero esto es deficiente para tener como regla, porque un día puede ser `Form1` y otro día puede ser `Form229`. Lo correcto es darle un nombre más mnemotécnico que nos permita saber qué tipo de formulario estamos creando, por ejemplo `HijoMDI`.

```
Dim Nuevo As New HijoMDI
```

Claro que, antes de hacerlo, tendremos que haber creado un formulario llamado `HijoMDI`, de lo contrario no tendríamos ningún objeto a "copiar". Después de haber hecho eso, podemos mostrar:

```
Nuevo.Show
```

Creación de una interfase 9

MÁS DATOS

SUGERENCIA

Conviene emplear un nombre mnemotécnico para el formulario hijo que utilizaremos como "molde" de los demás.

Ahora, supongamos que la acción de crear una nueva instancia viene determinada por el uso de un menú **Archivo/Nuevo**. El código sería el siguiente:

```
Private Sub mnuArchivoNuevo_Click()
    Dim Nuevo as HijoMDI


    Nuevo.Show
End Sub
```

Esto crearía una nuevo hijo. Ahora bien, ¿qué pasa con la variable **Nuevo** cuando salimos del procedimiento? ¿Cómo volvemos a tener el control sobre este formulario en particular?

Cuando salimos de este procedimiento, la variable **Nuevo** deja de existir, pero el formulario que fue creado todavía sigue allí. Para referenciarnos luego a este formulario, o a cualquier otro que hayamos creado dinámicamente, podemos usar el objeto **Forms** de Visual Basic. Además, el concepto de crear formularios dinámicamente apunta a un control global sobre los mismos, y no particular. Es decir, cuando creamos dinámicamente un nuevo formulario hijo, éste pasa a ser simplemente "uno más".

El objeto Forms

El objeto Forms contiene información sobre todos los formularios de nuestra aplicación. Mediante la propiedad `Count` del mismo podemos conocer la cantidad de formularios existentes, y utilizando el vector `Forms(i)` (que comienza en **0** y termina en `Forms.Count - 1`) podemos trabajar con cada formulario en particular.

Veamos un ejemplo. Para imprimir todos los títulos de las ventanas (propiedad `Caption`), deberíamos usar el siguiente código:

```
Dim i As Integer


For i = 0 to Forms.Count — 1
    Debug.Print Forms(i).Caption
Next i
```

Esto imprimiría en la ventana de **Debug** (depuración) la información que buscamos. El uso de la ventana **Debug** lo trataremos más adelante (aquí se emplea sólo para simplificar el ejemplo).

VECTOR FORMS(I)

Por medio del vector **Forms(i)** podemos acceder a las propiedades de todos los formularios de nuestra aplicación. El vector tiene un rango comprendido entre **0** y **Forms.Count - 1**.

Antes de continuar, vamos a ver un ejemplo de un programa que permita crear varios formularios hijos en forma dinámica.

PASO A PASO

❶ Creamos un nuevo proyecto y agregamos un formulario **MDI** (lo llamamos simplemente **MDI**).

❷ Vamos al **form1** que se creó junto con el proyecto, y el cambiamos el nombre a **HijoMDI**. Luego, establecemos su propiedad **MDIChild** a **True**.

❸ Vamos al menú **Project/Project Properties** y elegimos el formulario **MDI** en **StartUp Object**.

❹ Establecemos la propiedad **WindowState** del formulario MDI en "**2 — Maximized**".

❺ En el formulario MDI, creamos un único menú llamado **Archivo**, con dos opciones: **Nuevo** (con el atajo **CTRL+N**) y **Salir**.

❻ En el menú **Nuevo** ingresamos el código necesario:

```
Private Sub mnuArchivoNuevo_Click()
    Dim Nuevo as HijoMDI


    Nuevo.Caption = "Ventana " + & Forms.Count
    Nuevo.Show
End Sub
```

Como se puede observar, es posible trabajar con las propiedades del nuevo formulario mediante el objeto **Nuevo**. En este caso, modificamos su propiedad `Caption` incluyendo la cantidad de formularios abiertos.

En la **Figura 14** se ve nuestro programa en acción. Cada vez que usamos el menú **Archivo/Nuevo**, creamos un nuevo formulario hijo.

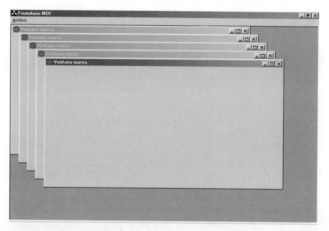

Figura 14. Podemos crear tantos hijos como queramos.

EN EL CD

 VISUAL BASIC 6

Este ejemplo se encuentra en la carpeta **Ejemplos\Cap09\Ej05** del CD.

Trabajar con todos los formularios hijos

Dado que el programa puede trabajar con varias ventanas a la vez, es muy común tener la necesidad de efectuar acciones globales: minimizar todas las ventanas, cerrar todas las ventanas, acomodarlas en el formulario MDI, etc. Para esto, es ideal el uso del objeto `Forms`.

Para recorrer todos los formularios de la aplicación (sean hijos o no), es necesario hacer un ciclo **For**, desde **0** hasta **Forms.Count - 1**, como vimos en el apartado anterior. La dificultad radica en distinguir a los formularios hijos de los formularios normales o los MDI. A tal fin, podemos usar el conjunto de operadores **TypeOf / Is**, que nos permiten determinar si un objeto o formulario es de determinada clase. Por ejemplo:

```
Dim i As Integer


For i = 0 to Forms.Count — 1
    IF TypeOF Forms(i) Is HijoMDI Then
        Debug.Print Forms(i).Caption
    End If
Next i
```

Esto compara el tipo de cada formulario con el objeto **HijoMDI**, resultando verdadero si **Forms(i)** es en verdad un formulario creado del molde **HijoMDI**. Sabiendo esto, podemos tener el control total sólo sobre los formularios hijo que estuvimos creando dinámicamente.

Minimizar todos los hijos

Haciendo memoria recordaremos que la propiedad **WindowState** indicaba o establecía el estado de un formulario (minimizado, maximizado, etc.). Las constantes **vbMinimized**, **vbMaximized** y **vbNormal** resultan ideales para usar con esta propiedad.

```
Dim i As Integer

For i = 0 to Forms.Count — 1
    IF TypeOF Forms(i) Is HijoMDI Then
        Forms(i).WindowState = vbMinimized
    End If
Next i
```

En pocas palabras, este ejemplo:

1. Recorre todos los formularios de la aplicación.
2. Con cada formulario, se fija si es un hijo del **MDI**.

3. En caso afirmativo, aprovecha la propiedad `WindowState` para minimizar la ventana.

También hubiese sido posible maximizar todas las ventanas, reemplazando `vbMinimized` por `vbMaximized`.

Cerrar todos los hijos

Para evitarle al usuario la tediosa tarea de cerrar uno por uno los formularios hijo, es muy útil incluir una opción que cierre todas las ventanas abiertas. Para esto, debemos usar la sentencia `Unload` con cada formulario hijo.

Sólo falta un detalle antes de ver el ejemplo. Utilizando el ciclo que nos permite recorrer todos los formularios, desde el **0** hasta `Forms-.Count - 1`, se produciría un error. ¿Por qué? Porque al descargar un formulario se reduce el número de elementos del vector `Forms(i)`, pero la variable que controla el ciclo sigue igual (conteniendo un número mayor de elementos de los que realmente hay). Para solucionarlo, simplemente hay que recorrer el vector `Forms(i)` en sentido inverso, es decir, desde `Forms.Count - 1` hasta **0**.

```
Dim i As Integer

For i = Forms.Count - 1 To 0 Step -1
    If TypeOf Forms(i) Is HijoMDI Then
        Unload Forms(i)
    End If
Next i
```

Nótese el cambio en el ciclo que recorre el vector `Forms`.

El formulario activo

Al tener varios formularios hijos abiertos en una aplicación **MDI** , es posible que en un momento dado necesitemos saber cuál está activo. Por ejemplo, si tenemos varias ventanas abiertas, cada una con un archivo de trabajo, y el usuario va al menú **Archivo/Guardar**, necesitamos saber cuál es el formulario que contiene los datos a grabar.

Para lograrlo hay un objeto llamado `ActiveForm` dentro del formulario **MDI**. A partir de `ActiveForm` podemos conocer todas las propiedades del formulario activo, por ejemplo:

```
MDIForm1.ActiveForm.Caption
```

Esto contiene la propiedad `Caption` del formulario hijo activo. También, podemos cerrar el formulario activo utilizando la sentencia `Unload`:

```
Unload MDIForm1.ActiveForm
```

o simplemente minimizarlo:

```
MDIForm1.ActiveForm.WindowState = vbMinimized
```

EL OBJETO ACTIVEFORM

El objeto `ActiveForm`, contenido en el formulario **MDI**, incluye todas las propiedades y métodos para el formulario activo.

Un ejemplo completo

No hay nada mejor que probar todo por cuenta propia. Para eso, lo ideal es un ejemplo completo. En la **Figura 15** se ve un ejemplo de una aplicación **MDI** con varios menúes, que además permite realizar todas las funciones vistas en esta parte del capítulo: minimizar y cerrar todos los hijos, organizar las ventanas en cascada y mucho más.

9

Creación de una interfase

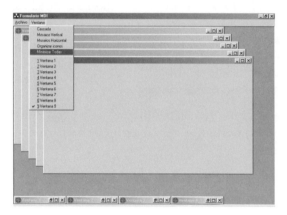

Figura 15. Un ejemplo que hace uso intensivo de los formularios hijos.

El código del proyecto ya fue expuesto mediante pequeños ejemplos, por lo que sería redundante mostrarlo de nuevo. En el CD podrán encontrar el ejemplo terminado y listo para probar.

EN EL CD

Este ejemplo se encuentra en la carpeta **Ejemplos\Cap09\Ej06** del CD que acompaña el libro. Es un buen momento para darle una mirada.

Cuestionario

1. ¿Qué es el Editor de menúes?

2. ¿Cómo se insertan los separadores en los menúes?

3. ¿Cuántos niveles pueden tener los menúes?

4. ¿Para qué sirve la propiedad `WindowList`?

5. ¿Qué son los menúes contextuales?

6. ¿Qué es un formulario **MDI**?

7. ¿Cuál es el método que permite acomodar los formularios hijos?

8. ¿Cómo se crean dinámicamente los formularios hijos?

9. ¿Qué es el objeto `Forms`?

10. ¿Cuántos formularios **MDI** puede haber en un programa? ¿Y formularios hijos?

LOS OBJETOS DE VISUAL BASIC

En este capítulo se tratarán algunos de los objetos más importantes que Visual Basic pone a disposición del programador. Entre otros temas veremos cómo obtener información de nuestra aplicación, la pantalla y el uso de la impresora.

Capítulo 10

Los objetos del lenguaje

Visual Basic ofrece al programador una serie de objetos muy útiles para usar en tiempo de ejecución. Algunos de esos objetos tienen funciones meramente informativas, y otros pueden llegar a servir para trabajar en áreas específicas, como el manejo de la impresora o el Portapapeles.

En este capítulo veremos cuatro objetos:

Objeto	Función
App	Contiene información sobre nuestra aplicación; por ejemplo, el directorio donde se encuentra.
Screen	Contiene información acerca de la pantalla. Nos permite determinar, por ejemplo, en qué resolución estamos trabajando, qué fuentes de pantalla hay disponibles, y mucho más.
Clipboard	Permite manejar el Portapapeles de Windows para programar las acciones tradicionales de Copiar, Pegar y Cortar.
Printer	Permite imprimir mediante una de las impresoras del sistema.

Los dos primeros objetos, **App** y **Screen**, tienen una función principalmente informativa, mientras que los objetos **Clipboard** y **Printer** pueden realizar acciones más complejas.

Escribir código con los objetos

Los objetos de Visual Basic tienen sus propiedades y métodos, como cualquier otro. Para hacer referencia a ellos, basta con usar el operador punto como veníamos haciéndolo hasta ahora, por ejemplo:

```
MsgBox App.Path
```

Esto muestra un mensaje informando el directorio en el cual fue ejecutada la aplicación. Si bien ahora lo usamos una sola vez, puede darse el caso de que necesitemos trabajar con varias de las propiedades de un objeto al mismo tiempo. Por ejemplo:

```
MsgBox Screen.Height
MsgBox Screen.Width
MsgBox Screen.TwipsPerPixelX
MsgBox Screen.TwipsPerPixelY
...
```

En este caso, es bastante cansador y repetitivo tener que escribir siempre el nombre del objeto (**Screen**). Para solucionarlo, Visual Basic provee una sentencia llamada **With**, que se utiliza de la siguiente forma:

```
With Objeto
    .Propiedades
    .Metodos
    ...
End With
```

With brinda la posibilidad de no tener que escribir el nombre del objeto dentro de un grupo de instrucciones delimitado por la sentencia **End With**. En nuestro ejemplo del objeto **Screen**, el código quedaría así:

```
With Objeto
    .Propiedades
    .Metodos
    ...
End With
```

Nótese como hemos obviado el nombre del control dentro del bloque **With** (pero sí incluimos el **punto**). Esto, que a simple vista parece insignificante, nos ayudará a acelerar mucho el tiempo de codificación, y sobre todo, a hacer más claro el código fuente. Asimismo, la instrucción **With** trabaja con cualquier objeto, incluso con los que fueron creados por el usuario.

La única restricción de esta sentencia es que no está permitido enlazar más de un bloque. Además sería absurdo, pues Visual Basic no sabría a qué objeto le corresponde cada propiedad o método escrito después del punto.

Datos de nuestra aplicación: el objeto App

El objeto `App` contiene propiedades con datos útiles acerca de nuestra aplicación. En general, las propiedades que más se usan son tres:

Propiedad	Descripción
Path	La ruta en la cual fue ejecutada la aplicación.
PrevInstance	Propiedad booleana que indica si la aplicación ya fue ejecutada y se encuentra cargada en memoria.
EXEName	Nombre del archivo ejecutable.

La ruta de nuestra aplicación

La propiedad `Path` es sumamente importante. Dado que el usuario puede elegir en qué directorio instalar nuestro programa, nunca podremos referirnos a una ruta absoluta para trabajar con un archivo externo que pertenece a la aplicación.

Por ejemplo, supongamos que nuestro programa abre un archivo de configuración al empezar. ¿Qué ruta deberíamos especificar para dicho archivo? Si especificamos una ruta absoluta, por ejemplo "C:\Mi-Programa\config.dat" estaremos cometiendo un **gravísimo error**, ya que el usuario pudo haber instalado el programa en otra ubicación. En lugar de esto, **necesitamos saber** en que carpeta está corriendo nuestro programa, y hacer una referencia a ella.

La solución correcta para el problema anterior sería hacer referencia a:

```
App.Path + "\config.dat"
```

De este modo, sea cual fuere la ubicación de nuestro programa, encontraremos el archivo **config.dat** que necesitamos. Como regla general, si vamos a distribuir archivos externos con nuestros programas (so-

Los objetos de Visual Basic **10**

nidos, documentos, etc.), debemos usar la propiedad `Path` de `App` para trabajar con ellos correctamente.

HAY QUE SABERLO

LA PROPIEDAD PATH DE APP

La propiedad `Path` de `App` devuelve un nombre de directorio sin incluir la barra invertida al final.

HAY QUE SABERLO

CADENA DE APP.PATH

Si nuestro prográma se ejecuta en el directorio raíz de una unidad, por ejemplo un CD-ROM, la cadena de `App.Path` posee barra invertida al final.

Evitar que nuestra aplicación se cargue dos veces

Como vimos en la tabla anterior, el objeto `App` dispone de una propiedad llamada `PrevInstance`, que devuelve `True` si nuestra aplicación ya estaba cargada en memoria. Muchas veces, los usuarios novatos suelen abrir por error más de una instancia de una aplicación, cosa que en la mayoría de los casos no tiene sentido.

Evitar esto es muy fácil: sólo debemos chequear el valor de `PrevInstance` ni bien iniciamos la aplicación. Por ejemplo:

```
IF App.PrevInstance Then
    MsgBox "Esta aplicación ya está cargada en memoria"
End If
```

De esta forma le informamos cordialmente al usuario que está intentando ejecutar más de una vez la aplicación, y evitamos desperdiciar los recursos de su PC.

HAY QUE SABERLO

CONSEJO

Evitar que una aplicación se cargue dos veces en memoria no es obligatorio, pero recomendable. Si queremos que el usuario tenga la posibilidad de trabajar con más de un documento a la vez, construimos una aplicación **MDI**, tal como se explicó en el capítulo anterior.

Otras propiedades importantes del objeto App

El objeto **App** cuenta con una larga lista de propiedades, aunque la mayoría no es de uso frecuente. En la tabla siguiente se mencionan otras propiedades importantes que vale la pena conocer:

Propiedad	Descripción
Title	Devuelve o establece el título de una aplicación (aparece cuando el usuario pulsa CTRL+ALT+DEL para ver la lista de tareas).
EXEName	Devuelve o establece el nombre del archivo ejecutable de una aplicación (sin la extensión). Si estamos corriendo la aplicación en el entorno de Visual Basic, esta propiedad contiene el nombre del proyecto.
TaskVisible	Propiedad booleana que permite establecer si nuestra aplicación estará visible en la lista de tareas de Windows, cuando no tenga interfase gráfica (si hay un formulario visible, el programa aparecerá en la lista de tareas).
hInstance	Devuelve el *handle* de la aplicación. Puede ser utilizado con algunas funciones APIs muy específicas, para controlar nuestra aplicación.

Finalmente, el objeto **App** también dispone de propiedades para ver algunos datos de la aplicación, como el nombre (**ProductName**), la empresa que la desarrolló (**CompanyName**), comentarios (**Comments**), y mucho más. Estos datos sólo pueden ser establecidos al momento de compilar el programa, y en tiempo de ejecución son de sólo lectura.

El objeto Screen

Este objeto tiene una gran cantidad de datos referidos a la pantalla del sistema sobre el cual se ejecuta nuestra aplicación. Por ejemplo, podemos averiguar la resolución de pantalla, el formulario activo, las fuentes disponibles, y mucho más.

Este objeto no tiene ningún método, pero sí algunas propiedades que vale la pena conocer:

Los objetos de Visual Basic **10**

Propiedad	Descripción
ActiveControl	Un objeto que hace referencia al control activo en la pantalla (una caja de texto, un botón, etc.).
ActiveForm	Un objeto que hace referencia al formulario activo en la pantalla (puede no ser de nuestra aplicación).
FontCount	La cantidad de fuentes disponibles para usar en la pantalla.
Fonts	Contiene toda la información de las fuentes de pantalla.
Height	La altura de la pantalla, medida en *Twips*.
TwipsPerPixelX	La cantidad de *Twips* horizontales que hay por cada pixel.
TwipsPerPixelY	La cantidad de *Twips* verticales que hay por cada pixel.
Width	El ancho de la pantalla.

Las propiedades del objeto **Screen** son muy sencillas, más allá de algunas complicaciones que puedan llegar a surgir con la unidad de medida (*Twips*).

Obtener la resolución del monitor en pixeles

Anteriormente vimos que las propiedades **Height** y **Width** del objeto **Screen** permiten obtener el alto y ancho de la pantalla, pero en *Twips*. En el mundo de los usuarios, esta medida siempre se expresa en pixeles. Por ejemplo, algunas resoluciones normales son: **640x480**, **800x600**, y **1024x768** (aunque hay mayores).

Pasar los *Twips* a pixeles no es complicado: el mismo objeto **Screen** nos brinda dos propiedades (**TwipsPerPixelX** y **TwipsPerPixelY**) que permiten hacer la conversión con una simple cuenta matemática:

```
PixelesX = Screen.Width / Screen.TwipsPerPixelX
PixelesY = Screen.Height / Screen.TwipsPerPixelY
```

Luego, podríamos informar la resolución del monitor mediante un sencillo mensaje:

```
MsgBox "La resolución actual es: " & Format(PixelesX) & "x" & For-
mat(PixelesY)
```

En la **Figura 1** se puede ver un ejemplo que utiliza estas propiedades.

***Figura 1**. Un mensaje que informa la cantidad de pixeles horizontales y verticales de la resolución actual del monitor.*

EN EL CD

Este pequeño ejemplo de la resolución del monitor se encuentra en la carpeta **Ejemplos-\Cap10\Ej01** del CD.

HAY QUE SABERLO

LAS PROPIEDADES TWIPSPERPIXELX Y TWIPSPERPIXELY

Las propiedades `TwipsPerPixelX` y `TwipsPerPixelY` sirven para convertir a pixeles las medidas en *Twips* de cualquier control.

Listar todas las fuentes de pantalla

Si bien el usuario puede elegir una fuente mediante un cuadro de diálogo adecuado (como se verá en el capítulo siguiente), tal vez sea muy útil poder mostrarle un listado con todas las fuentes de pantalla disponibles. Además, puede ser vital conocer todas las fuentes instaladas, para construir alguna aplicación específica (como un visor de fuentes).

Eso es posible gracias a que el objeto **Screen** dispone de un vector llamado **Fonts**, que contiene el nombre de todas las fuentes de pantalla instaladas en el sistema. Además, para saber la cantidad de fuentes que hay, podemos usar la propiedad **FontCount** del mismo objeto **Screen**.

HAY QUE SABERLO

Los objetos de Visual Basic — 10

EL VECTOR FONTS

El vector `Fonts` comienza en la posición **0** y termina en `FontCount - 1`.

Sabiendo esto, vamos a construir un pequeño ejemplo que muestre en un listado el nombre de las fuentes instaladas:

PASO A PASO

1 Creamos un nuevo proyecto en Visual Basic.

2 Agregamos una caja de listado y la llamamos `lstFuentes`. También cambiamos su propiedad `Sorted` a `True`.

3 Agregamos dos botones: `Cargar Lista` (`cmdCargar`) y `Salir` (`cmdSalir`).

4 Ahora, sólo resta escribir el código para ambos botones:

```
Private Sub cmdCargar_Click()
   Dim i As Integer

   For i = 0 To Screen.FontCount - 1
      lstFuentes.AddItem Screen.Fonts(i)
   Next i
End Sub

Private Sub cmdSalir_Click()
   End
End Sub
```

¡Listo! El ejemplo terminado se ve en la **Figura 2**, y por supuesto, se encuentra en el CD.

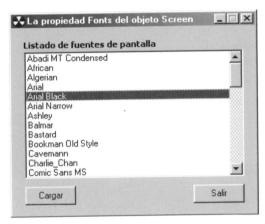

Figura 02. Un programa que lista las fuentes de pantalla.

El objeto Printer

Todo lo que se refiere a impresión en Visual Basic se maneja desde un objeto llamado `Printer`, que -como todo objeto- tiene sus métodos y propiedades bien definidos. Este objeto puede ser utilizado sólo en tiempo de ejecución, por lo tanto tendremos que manejarlo exclusivamente con código.

Antes de comenzar con las propiedades y métodos del objeto `Printer`, es necesario entender cómo funciona (básicamente) el sistema de impresión en Windows. La idea es la siguiente:

1. Primero, debemos "dibujar" en memoria todo lo que vamos a imprimir (líneas, encabezados, texto, saltos de página, etc.). Para esto, podemos usar una especie de "hoja virtual" y utilizar coordenadas **X** e **Y** para movernos dentro de ella.
2. Una vez que está absolutamente todo terminado, enviamos los datos a la impresora.

3. Después de hacerlo, se activará el clásico *Spooler* de la impresora. El *Spooler* es un programa que se instala junto con la impresora, y se encarga, entre otras cosas, de administrar los trabajos de impresión y mostrar el progreso de los mismos. En la **Figura 3** se ve un *Spooler* muy conocido; en la **Figura 4**, un administrador de trabajos de impresión.

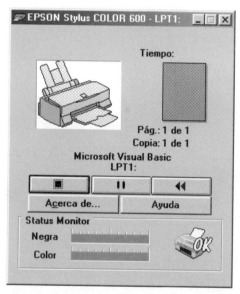

Figura 3. El Spooler de una impresora Epson.

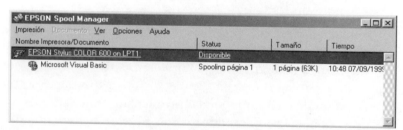

Figura 4. Con esta utilidad podemos cancelar trabajos de impresión, retenerlos, y mucho más.

En realidad, el punto crítico de la cuestión es el primero, ya que es ahí donde definimos todo lo que vamos a imprimir. De hecho, una vez que esa instancia está terminada, tenemos dos opciones: enviar los datos a la impresora (método **EndDoc**) o cancelar la impresión (método **KillDoc**). Luego, el *Spooler* ya no es asunto nuestro.

Imprimir texto

El método más común del objeto `Printer` se llama `Print`, y es el que permite imprimir texto, ya sea una palabra, una frase, o un párrafo entero. Su sintaxis es muy sencilla:

```
Printer.Print Cadena
```

Cadena es una cadena de caracteres cualquiera. Este método se utiliza igual que la antigua sentencia Print de QuickBasic, en la que podíamos separar varios valores por comas, o terminar la cadena con un punto y coma para no efectuar un salto de línea. Por ejemplo:

```
' Imprime cuatro variables: a b c y d
Printer.Print a, b, c, d


' Imprime Hola Mundo, y salta a la línea siguiente
Printer.Print "Hola Mundo"


' Imprime Hola Mundo, pero no hace el salto de línea
Printer.Print "Hola Mundo";
```

Pero... ¿en qué ubicación de la hoja virtual se imprimirá la cadena?. El objeto `Printer` tiene dos propiedades llamadas `CurrentX` y `CurrentY`, que permiten establecer la posición actual del "lápiz" dentro de la hoja. Estas propiedades también pueden ser consultadas para saber dónde estamos exactamente. Además, como sucedía con otros objetos similares, esta ubicación está expresada en la unidad indicada en la propiedad `ScaleMode` del objeto. Generalmente, esta propiedad se utiliza en "**7 — Centimeters**", ya que es una medida más visual que los *Twips*.

HAY QUE SABERLO

TAMAÑO A4

Las hojas de tamaño **A4** tienen **210x297** mm, es decir, 21 centímetros de ancho por casi 30 de alto.

Por ejemplo:

```
Printer.ScaleMode = vbCentimeters    ' Valor 7
Printer.CurrentX = 2
Printer.CurrentY = 5
Printer.Print = "Un elefante se balanceaba"
```

Aparentemente, esto imprimiría la cadena indicada en la posición (**2**, **5**) de la hoja (en centímetros). Pero como se mencionó antes, lo primero que hay que hacer es dibujar una imagen en memoria de lo que vamos a imprimir. Con estas sentencias sólo hemos impreso en una hoja virtual la cadena "Un elefante se balanceaba", pero todavía no hemos enviado los datos a la impresora. Existe un método llamado **EndDoc**, que nos permite hacer justamente eso: dar por terminada la sesión de trabajo en la hoja virtual y comenzar a mandar los datos hacia el *Spooler* de la impresora:

```
Printer.EndDoc
```

Al instante de hacer esto, se activa el *Spooler* y comienza la verdadera impresión.

HAY QUE SABERLO

MÉTODO ENDDOC

El uso del método **EndDoc** es obligatorio para imprimir cualquier cosa (texto, imagen, etc.). Si no usamos este método, nunca estaremos enviando los datos a la impresora.

De todas formas, puede suceder que una vez que terminamos de armar la imagen en memoria decidamos cancelar la impresión (porque ocupa muchas hojas, por ejemplo). Para tal fin, disponemos del método **KillDoc**:

```
Printer.KillDoc
```

Esto cancela la impresión que estábamos preparando.

UN DATO IMPORTANTE

Una vez que enviamos los datos al Spooler mediante el método `EndDoc`, no podremos detener la impresión mediante `KillDoc`.

Cambiar la fuente de impresión

El objeto `Printer` tiene un objeto llamado `Font`, que permite establecer la fuente (*Font*) con la cual se imprimirá el texto siguiente. Este objeto `Font` tiene varias propiedades (`Name`, `Size`, `Bold`, `Italic`, etc.) que en su conjunto le dan forma al texto, por ejemplo:

```
Printer.Font.Name = "Tahoma"
Printer.Font.Size = 20
Printer.Font.Bold = True
```

Esto selecciona la fuente **Tahoma** en tamaño **20** y en negrita. Luego, la siguiente instrucción se imprimirá con la fuente seleccionada:

```
Priner.Print "Tengo fuente Tahoma de tamaño 20 y en negritas"
```

Después podemos volver a cambiar la fuente para imprimir texto con diferente estilo.

También es posible modificar el color con el que se imprime el texto utilizando la propiedad `ForeColor` del objeto `Printer`:

```
Printer.ForeColor = QbColor(1) ' Azul
```

De todas formas, esto no hará que imprimamos en color: necesitamos utilizar una propiedad más. Esta propiedad adicional se llama `ColorMode`, y acepta uno de los siguientes valores:

Constante	Valor	Descripción
vbPRCMMonochrome	1	Imprime en blanco y negro
vbPRCMColor	2	Imprime en color

El valor predeterminado de dicha propiedad depende de los *drivers* de la impresora del lugar donde usamos nuestro programa. Por eso, siempre es mejor asegurarse de establecer el valor correcto:

```
'Imprime en blanco y negro
Printer.ColorMode = 1

'Imprime en color
Printer.ColorMode = 2
```

BUGS

Las versiones de Visual Basic anteriores a la 6 tenían serios bugs en el objeto `Printer`, que hacían que la fuente seleccionada "se perdiera" y el sistema imprimiera con cualquier fuente. El problema fue solucionado con el *Service Pack* para Visual Basic 5.

Una función para establecer la fuente

Como es probable que debamos modificar la fuente varias veces, puede ser útil tener una función que nos evite el manejo de tantas propiedades, por ejemplo:

```
Sub prnFuente(Nombre As String, Tamano As Integer, Bold As Boolean,
Italic As Boolean, Color As Long)
    Printer.Font.Name = Nombre
    Printer.Font.Size = Tamano
    Printer.Font.Bold = Bold
    Printer.Font.Italic = Italic
    Printer.ForeColor = Color
End Sub
```

Esta inocente función permite ahorrar mucho código, ejecutando sentencias como la siguiente:

```
prnFuente "Tahoma", 20, True, False, QbColor(1)
```

El prefijo "prn" del procedimiento es una convención para notar que nos estamos refiriendo a la impresora.

Un ejemplo

Vamos a ver un pequeño ejemplo que imprima una cierta cantidad de líneas (numeradas) y un encabezado en cada página.

1 Creamos un proyecto nuevo.

2 Agregamos tres cajas de texto: `txtEncabezado`, `txtTexto`, `txtCantidad`.

3 Creamos dos botones: `Imprimir` (`cmdImprimir`) y `Salir` (`cmdSalir`).

4 La apariencia del programa se ve en la **Figura 5**.

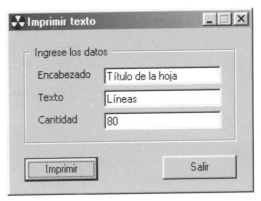

Figura 5. Un programa que permite imprimir una gran cantidad de líneas de texto.

La idea del programa es que mediante el botón `Imprimir`, imprimamos la cantidad de líneas indicadas en `txtCantidad`. De todos modos, antes de enviar los datos a la impresora el programa nos avisará cuantas hojas necesitaremos. El código del botón `Imprimir` es el siguiente:

```
Private Sub cmdImprimir_Click()
    Dim i As Integer

    'En color y centímetros
    Printer.ColorMode = 2
    Printer.ScaleMode = vbCentimeters

    For i = 1 To Val(txtCantidad)
        'Si nos pasamos, saltar de página
        If Printer.CurrentY + Printer.TextHeight(txtTexto) > Prin-
ter.ScaleHeight Then
            Printer.NewPage
        End If

        '¿Estamos arriba de todo? Imprimir encabezado
        If Printer.CurrentY = Printer.ScaleTop Then
            prnFuente "Tahoma", 36, True, False, QBColor(1)
            Printer.Print txtEncabezado
            prnFuente "Tahoma", 10, True, False, QBColor(0)
        End If

        'Imprimir una linea de texto
        Printer.Print txtTexto & "(" & i & ")"
    Next i

    'Ultima confirmación
    If MsgBox("Serán necesarias " & Printer.Page & " hojas. ¿Contiu-
nar?", vbYesNo, "Atención") = vbYes Then
        'Terminar esta hoja
        Printer.NewPage
        'Enviar los datos
        Printer.EndDoc
    Else
        Printer.KillDoc
    End If
End Sub
```

El tamaño de la hoja

El objeto `Printer` dispone de una propiedad llamada `PaperSize` que determina el tamaño del papel sobre el cual vamos a imprimir. Esta propiedad puede aceptar alguno de los siguientes valores o constantes:

Constante	Valor	Descripción
vbPRPSLetter	1	Carta (216x279 mm)
vbPRPSLegal	5	Oficio (216x356 mm)
vbPRPSA3	8	A3 (297x420 mm)
vbPRPSA4	9	A4 (210x297 mm)
vbPRSPUser	256	Personalizado

Otra forma de cambiar el tamaño del papel es modificar directamente las propiedades `Width` y `Height` del objeto `Printer`. Al modificar estas propiedades, el valor de `PaperSize` cambiará automáticamente a `vbPRSPUser`.

Otras propiedades relacionadas con el tamaño del papel son `ScaleWidth` y `ScaleHeight`. Expresan el ancho y alto de la hoja en la unidad indicada en la propiedad `ScaleMode` (que normalmente está en *Twips*, aunque puede ser cambiada a `vbCentimeters` para trabajar más cómodos).

Finalmente, si cambiamos el valor de la propiedad `PaperSize`, automáticamente se modificarán los valores de `Width`, `Height`, `ScaleWidth` y `ScaleHeight`, con lo que obtendremos una nueva área de impresión.

Cambiar de hoja

Dado que el área de impresión es un espacio finito, las hojas se acaban, y es necesario utilizar más. Hay dos formas de pasar a una nueva hoja limpia para seguir imprimiendo:

- Usar el método **NewPage**. Esto brinda la posibilidad de saltar a una hoja nueva, lista para ser utilizada.
- Utilizar el método **Print**, y pasarnos del límite inferior de la hoja. Esto hace que saltemos automáticamente a una hoja nueva.

De una u otra forma, cuando usamos una hoja nueva, la propiedad **Page** del objeto **Printer** aumenta una unidad. Esta propiedad se ocupa de llevar un contador (que comienza en 1) con la cantidad de hojas que vamos usando.

Veamos un ejemplo:

```
Printer.Print "Hoja 1"
Printer.NewPage
Printer.Print "Hoja 2"
Printer.NewPage
Printer.Print Printer.Page    'Imprime Hoja 3
```

Asimismo, si nos hubiésemos pasado del largo de la hoja, hubiésemos iniciado una nueva página. Esto, que parece tan lógico, funciona sólo verticalmente, es decir que si nos pasamos del **ancho** de la hoja, Visual Basic no se dará cuenta y no imprimirá el resto de las palabras en el próximo renglón.

Eso puede ser un problema si vamos a imprimir oraciones muy largas, aunque tenemos algunos formas para evitarlo. El objeto **Printer** dispone de dos métodos llamados **TextWidth** y **TextHeight** que permiten conocer el ancho y el alto que tendrá un texto al imprimirse. Ambos reciben una cadena como parámetro, y devuelven la longitud (horizontal o vertical) que ocupan.

Dichos métodos resultan ideales justamente para determinar si nos estamos excediendo horizontalmente en el área de impresión. Por ejemplo:

```
IF Printer.CurrentX + Printer.TextWidth ("Mi oración") > Printer.S-
caleWidth Then
    MsgBox "Oración muy larga, ingrese una más corta"
Else
    Printer.Print "Mi oración"
End If
```

Aquí, le mostramos un mensaje informativo al usuario si la oración es demasiado larga para ser impresa en la posición actual.

Del mismo modo, podemos controlar que no nos estemos excediendo verticalmente al imprimir un texto (que, de ser así, se vería cortado). En ese caso, deberíamos efectuar primero un salto de página:

```
Texto = "Dos elefantes se balanceaban"

IF Printer.CurrentY + Printer.TextHeight (Texto) Then
    Printer.NewPage
End If


Printer.Print Texto
```

Aquí la intención es efectuar un salto de línea si el texto excede el tamaño vertical de la hoja. Recordemos que la simple ejecución del método `NewPage` no hace que imprimamos la página que acabamos de crear (para eso debemos utilizar sí o sí el método `EndDoc`).

Una última aclaración importante sobre el método `NewPage`: si lo usamos **justo antes** del método `EndDoc`, no se imprimirá una hoja en blanco. Esto es muy útil, pues cada vez que terminemos de armar nuestra hoja virtual nos conviene hacer un **NewPage** antes del `EndDoc`, a fin de dejar lista la impresora para un trabajo posterior.

Imprimir una imagen

En la primera parte explicamos cómo imprimir texto, y luego hablamos de las generalidades del objeto `Printer` (tamaño del papel, cambiar de hoja, etc.). En esta sección nos ocuparemos de imprimir una imagen, que puede ser prácticamente cualquier cosa: desde una foto digitalizada hasta una imagen diseñada con la PC. Obviamente, la calidad dependerá de la impresora.

Para imprimir una imagen podemos utilizar el método `PaintPicture` del objeto `Printer`. Este método tiene algunos parámetros, pero es muy sencillo:

```
Printer.PaintPicture picture, x1, y1, ancho1, alto1, x2, y2, an-
cho2, alto2, codigo
```

Parámetro	Descripción
picture	La propiedad `Picture` de una caja de imagen o un formulario.
x1 y1	Las coordenadas (X, Y) de la hoja virtual donde ubicar la imagen.
ancho1 alto1	Ancho y alto de la imagen en la hoja virtual.
x2 y2	Posición de la caja de imagen a partir de la cual se va a recortar un recuadro para poner en la hoja.
ancho2 alto2	El ancho y alto del recuadro a recortar de la caja de imagen para poner en la hoja.
codigo	Una constante que indica qué método utilizar para mostrar el contenido de la caja de imagen en la hoja. Algunas constantes permitidas son: `vbSrcCopy` (predeterminado), `vbSrcAnd`, etc.

La idea de este método es simple: tomar un recuadro de una imagen contenida en un caja y ponerla en la hoja virtual. Mediante las coordenadas, podemos especificar la posición a partir de la cual tomar los datos, y la posición en la cual ubicarlos. Además, es posible agrandar o achicar el recuadro tomado, si utilizamos valores diferentes en las propiedades **Ancho** y **Alto** de cada parte del método (ancho2 y alto2 se redimensionan para entrar o estirarse a ancho1 y alto1). Por ejemplo:

```
'Pasamos a centímetros
Printer.ScaleMode = vbCentimeters

'Imprimimos la imagen de Picture1 en la posición (3, 3)
Printer.PaintPicture picture1.Picture, 3, 3

'Idem anterior, pero el achicamos el tamaño
'de la imagen en un 50% (de 10,10 a 5,5)
Printer.PaintPicture picture1.Picture, 3, 3, 5, 5, 0, 0, 10, 10
```

Veamos un ejemplo:

1 Creamos un nuevo proyecto.

2 Agregamos una caja de imagen y cargamos su propiedad `Picture` con alguna foto. Nosotros utilizamos **bosque.bmp** del directorio de Windows.

3 Agregamos dos botones de comandos, uno para imprimir (`cmdImprimir`) y otro para salir (`cmdSalir`). La apariencia del programa se ve en la **Figura 6**.

4 El código del botón `cmdImprimir` es el siguiente:

```
Private Sub cmdImprimir_Click()
    Printer.ScaleMode = vbCentimeters

    Printer.PaintPicture picBosque.Picture, Val(txtX), Val(txtY)

    'Terminar la impresión
    Printer.NewPage
    Printer.EndDoc
End Sub
```

***Figura 6**. Un programa que permite imprimir la imagen del bosque.*

Los objetos de Visual Basic **10**

ATENCIÓN

El método `PaintPicture` no está presente sólo en el objeto `Printer`, sino que también está disponible en las cajas de imagen.

Este ejemplo se encuentra en el CD, dentro de la carpeta **Ejemplos\Cap10\Ej04**.

Imprimir gráficos

Finalmente, sólo resta decir que mediante el objeto `Printer` también podemos imprimir gráficos (líneas, círculos, curvas, elipses, rectángulos, cuadrados, etc.). Todo esto se puede realizar mediante los métodos gráficos que ofrece el objeto `Printer`, y que se resumen a continuación:

Método	Descripción
Line	Permite dibujar líneas y recuadros.
Circle	Permite dibujar círculos, arcos de curva y elipses
Pset	Permite dibujar punto por punto.

Todos estos métodos son idénticos a los provistos por otros objetos, como las cajas de imagen. En la sección "Gráficos y dibujos" del capítulo 14 hay una descripción detallada de los mismos.

Otras propiedades del objeto Printer

En la tabla siguiente se resumen algunas propiedades más del objeto `Printer`:

Propiedad	Descripción
Port	Puerto de la impresora (usualmente LPT1).
DeviceName	Marca y modelo de la impresora.
DriverName	Nombre del *driver* de impresión.
Copies	Copias a imprimir automáticamente luego de `EndDoc`.
Orientation	Permite establecer si la orientación del papel es vertical u horizontal.
PrintQuality	Establece la calidad de impresión.
FontCount	Cantidad de fuentes disponibles para la impresora.
Fonts	Un vector de **0** a `FontCount — 1` con el nombre de las fuentes disponibles.

Todas estas propiedades se pueden utilizar en conjunto con las anteriores, y aunque no son difíciles de comprender, se encuentran muy bien explicadas en la ayuda de Visual Basic.

HAY QUE SABERLO

DRIVER DE IMPRESIÓN

Algunas de estas propiedades pueden no estar disponibles, dependiendo del *driver* de impresión que se encuentre instalado.

Los objetos de Visual Basic | 10

Cuestionario

1. ¿Cuáles son los principales objetos del lenguaje?

2. ¿Para qué sirve la estructura `With`?

3. ¿Cuál es la función del objeto `App`?

4. ¿Para qué se utiliza la propiedad `PrevInstance` del objeto `App`?

5. ¿Qué información brinda el objeto `Screen` y cuáles son sus principales propiedades?

6. ¿Cuál es la función del vector `Fonts` del objeto `Screen`?

7. ¿Cómo funciona el sistema de impresión bajo Windows?

8. ¿Qué es el *Spooler* y la "hoja virtual"?

9. ¿Para qué se utilizan los métodos `EndDoc` y `KillDoc` del objeto `Printer`?

10. ¿Cuál es la función del método `PaintPicture`?

CONTROLES NO ESTÁNDAR

En el capítulo 3 mencionamos todos los controles estándar que provee Visual Basic, pero ésos no son los únicos. Ahora veremos cómo se usan los cuadros de diálogo común, y haremos una completa recorrida por los controles no estándar.

Capítulo **11**

Acceso a otros controles

Una característica de Visual Basic es que no limita en la cantidad de controles que podemos usar. Si bien hay un grupo de controles estándar que vimos en el capítulo 3 (cajas de texto, etiquetas, etc.), el programador puede tener a su disposición varios controles más. Estos otros controles pueden ser de empresas de terceros (hay empresas dedicadas exclusivamente a la creación de controles) o del gran artífice del software: Microsoft.

Todos estos controles que podemos agregar se llaman controles `ActiveX`, o más formalmente controles `OCX` (*OLE Custom Controls*); por ejemplo, el control que se encarga de trabajar con multimedia se llama `MCI32.OCX`. La mayoría de estos controles residen en el directorio `System` dentro de `Windows`, aunque muchas veces no es necesario conocer su ubicación para poder usarlos.

Agregar un nuevo control a la caja de herramientas

Lo primero que debemos hacer para usar un control no estándar es agregarlo a la caja de herramientas de Visual Basic (luego se puede usar como cualquier otro control). Para hacerlo podemos seguir los pasos siguientes:

PASO A PASO

❶ Ir al menú `Project` y elegir `Components`.

❷ Allí se verá un cuadro de diálogo como el de la **Figura 1**.

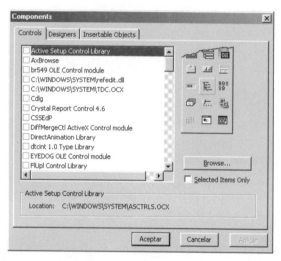

Figura *1. Desde aquí se pueden agregar controles nuevos a Visual Basic.*

En esta ventana tenemos tres pestañas, de las cuales nos interesa la primera, llamada `Controls`. Allí se ve un listado con todos los controles que podemos agregar o eliminar. Para agregar uno (o más), basta con buscarlo en la lista y marcarlo con un tilde. Si luego queremos eliminar éste u otro control agregado, primero debemos asegurarnos de que no lo estemos usando en ningún formulario de nuestro proyecto, y luego lo podemos desmarcar. Cuando terminamos de trabajar con esta ventana, podemos salir pulsando `Aceptar`.

BOTÓN BROWSE

En la lista de la ventana de componentes sólo se encuentran los controles instalados en el sistema (los controles requieren una instalación, que agrega algunos valores al registro de Windows). Si vamos a usar un control que todavía no está instalado, podemos usar el botón `Browse` (examinar) y buscar el archivo del control, que debe poseer extensión `OCX`, como todos los controles `ActiveX`.

A pesar de que el menú `Project/Components` es bastante cómodo, existen otras alternativas:

1 Hacer clic derecho sobre la caja de herramientas y elegir **Components.**

2 Pulsar **CTRL+T** en cualquier momento (la opción más veloz).

Al agregar un control a la caja de herramientas, éste se ubica justo después del último. Si luego de agregar varios controles esta caja nos queda chica, tenemos dos opciones:

1. Agrandar la caja de herramientas, arrastrando sus bordes con el mouse (**Figura 2**).
2. Crear una nueva categoría o **Tab** dentro de la caja de herramientas. Para esto, debemos hacer clic derecho sobre cualquier sector libre de la misma, y elegir la opción **Add Tab**. Después podemos arrastrar controles a este nuevo *tab*, y estar así más organizados (**Figura 3**).

Figura2. *Una barra de herramientas más nutrida.*

Figura 3. *Una barra de herramientas más nutrida, pero bien organizada.*

HAY QUE SABERLO

CONSEJO

No conviene agregar controles a la barra de herramientas si luego no vamos a usarlos.

HAY QUE SABERLO

CONTROLES DE UN ARCHIVO OCX

Cada archivo OCX puede tener más de un control. Por ejemplo, los controles comunes de Microsoft están contenidos en sólo dos archivos, pero son muchos más.

Diálogos comunes

Una de las ventajas que trajo Windows fue que todas las aplicaciones tuvieran una apariencia similar: las mismas ventanas, los mismos estilos de botones, y todo un conjunto de elementos que se repiten una y otra vez. Para el programador, esto también es una ventaja: por un lado, no tiene que preocuparse tanto por crear una interfase visual, y por otro, tiene que **programar menos**.

Un ejemplo son los llamados **Cuadros de diálogo común**, o simplemente diálogos comunes: consisten en ventanas que el usuario usa mucho y que se repiten en varios programas. En total son seis ventanas que se presentan en acciones muy comunes:

- Abrir un archivo
- Guardar un archivo
- Elegir una fuente
- Elegir un color
- Enviar un documento a imprimir
- Abrir la ayuda de Windows con un documento

Los cuatro primeros son los diálogos más utilizados, y los que veremos en este capítulo. Luego de haber estudiado estos diálogos, los de impresión y ayuda resultarán un juego de niños.

En Visual Basic, el control que permite usar estos diálogos se llama `Microsoft Common Dialog 6.0`. Antes que nada, y por ser el primer control adicional que vamos a estudiar, veremos cómo agregarlo a la caja de herramientas:

PASO A PASO

1 Pulsamos `CTRL+T`, o vamos al menú `Project/Components`.

2 En la lista que se nos presenta, elegimos *Microsoft Common Dialog 6.0.*

3 Pulsamos `Aceptar`.

HAY QUE SABERLO

CONTROL COMDLG32.OCX

Este control se encuentra en el directorio `System` dentro de `Windows`, y se llama `COMDLG32.OCX`.

Una vez que agregamos el control, éste se ubica en la caja de herramientas y tiene la apariencia de la **Figura 4**. Luego, al agregarlo en un formulario se ve como en la **Figura 5**.

Figura4. *Acabamos de agregar el* **Common Dialog** *a nuestra caja de herramientas.*

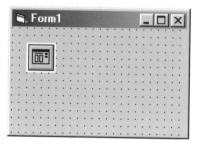

Figura5. *El control ubicado en un formulario (en tiempo de diseño).*

Cuando el control es ubicado en el formulario, no podemos cambiarle el tamaño ni la apariencia. De hecho, parece bastante "tonto", ya que no responde para nada. Esto se debe a que es un control que sólo se muestra en pantalla al hacer uso de sus métodos, y recién allí adquiere la apariencia indicada en las propiedades del mismo.

HAY QUE SABERLO

ATENCIÓN

El control **Common Dialog** no se ve en tiempo de ejecución.

El control posee 6 métodos fundamentales, que se corresponden con los cuadros de diálogo a mostrar:

Método	Muestra el diálogo de...
ShowOpen	Abrir un archivo.
ShowSave	Guardar un archivo.
ShowFont	Elegir una fuente (con tamaño, estilo, etc.).
ShowColor	Elegir un color.
ShowPrinter	Imprimir un documento.
ShowHelp	Abrir la ayuda con el archivo que indiquemos.

Por ejemplo, para mostrar el diálogo de elegir color podríamos hacer:

```
NombreControl.ShowColor
```

CUADROS DE DIÁLOGO COMUNES

El control que maneja los cuadros de diálogo comunes no tiene ningún evento que el programador pueda manejar.

Este control posee varias propiedades, pero todas no se usan al mismo tiempo, sino que dependen del tipo de diálogo que haya sido mostrado (mediante uno de los métodos expuestos). Por ejemplo, la propiedad `FontName` sólo tiene sentido cuando se muestra el diálogo de elegir fuente, y la propiedad `FileName` cuando se utilizan los diálogos de abrir o guardar un archivo.

Ahora que ya conocemos los lineamientos generales de los cuadros de diálogo común, vamos a ver cada uno por separado.

VENTAJA DE LOS CUADROS DE DIÁLOGO COMUNES

Otra ventaja de los cuadros de diálogo comunes, es que se adaptan automáticamente al idioma del sistema operativo que esté instalado en la máquina donde se muestran.

Abrir o guardar archivos

Éste es uno de los cuadros de diálogo más utilizados, ya que casi todas las aplicaciones deben abrir o guardar un archivo en algún momento. En la **Figura 6** se ve la apariencia típica de estos cuadros.

Figura 6. Podemos utilizar este diálogo con unas pocas líneas de código.

SUGERENCIA

Estos cuadros de diálogo son ideales para utilizar en el menú `Archivo` de nuestro programas.

Los métodos que se utilizan son **ShowOpen** y **ShowSave**, para mostrar el diálogo de abrir o guardar un archivo, respectivamente. En la tabla siguiente se ve una lista de las propiedades que usan estos cuadros de diálogo.

Propiedad	Tipo	Descripción
DialogTitle	String	Establece el título de la ventana ("Abrir..", "Elija un archivo", etc.)
FileName	String	Contiene el nombre y la ruta completa del archivo elegido por el usuario.
FileTitle	String	Contiene sólo el nombre del archivo elegido por el usuario (sin la ruta).
InitDir	String	Especifica la carpeta en la cual debe aparecer el cuadro de diálogo.
Filter	String	Permite definir los tipos de archivos con los que trabaja el diálogo. Por ejemplo, "*.*" y "*.wav". Esto determina qué ítems aparecen en el listado "Tipos de archivos"
Flags	Long	Variable numérica que permite establecer diferentes opciones del cuadro de diálogo. Por ejemplo, en este caso una de las cosas que permite es determinar si el usuario puede hacer multiselección o no.
CancelError	Boolean	¿Generar un error en tiempo de ejecución si el usuario cancela? Este error (número 32755) luego se puede capturar con las técnicas del capítulo de "Finalización de un proyecto".

Algunas de estas propiedades deben usarse antes de llamar al método **ShowOpen** o **ShowSave**, mientras que otras sólo sirven para consultarse luego de que el usuario usó el diálogo, y son las que contienen la información que necesitamos.

Los cuadros de diálogo común no realizan ninguna acción efectiva por nosotros. Es decir, el cuadro de abrir o guardar un archivo, sólo nos provee de una cadena con el nombre que fue elegido por el usuario, pero no abre o graba nada: eso lo debemos hacer nosotros.

Veamos algunos ejemplos, suponiendo que tenemos un cuadro de diálogo llamado **CD** (por `Common Dialog`).

```
'Establecemos el título de la ventana
CD.DialogTitle = "Elija un archivo para abrir..."
CD.ShowOpen
'Mostramos la información que obtuvimos del diálogo
MsgBox "El archivo elegido fue: " & CD.FileTitle

[...]

'Título de la ventana
CD.DialogTitle = "Guardar archivo..."
'Establecemos un filtro, que nos permita indicar los
'tipos de archivo aceptados por el programa
CD.Filter "Texto (*.txt)|*.txt|Imágenes (*.bmp;*.ico)|*.bmp;*.ico"
CD.ShowSave
'Mostramos la información que obtuvimos del diálogo
MsgBox "El archivo se guardo aquí: " & CD.FileName
```

De estos ejemplos podemos aprender algunas cosas nuevas:

- Los cuadros de diálogo interrumpen la ejecución del programa, hasta que el usuario los cierra.
- Podemos usar el mismo control para mostrar muchos diálogos diferentes en un mismo programa.

Además, disimuladamente utilizamos la propiedad `Filter` para establecer los tipos de datos que muestra el control. Usar esta propiedad es muy fácil; simplemente debemos usar una cadena con el siguiente formato:

```
Nombre del tipo (*.extension)|*.extension
```

El primer campo (separado por un *pipe*) indica el nombre del tipo a mostrar en el combo "Tipos de archivo" del control. El segundo campo, luego del *pipe*, es el que realmente le dice al control qué extensión utilizar. Además, podemos conectar otros tipos de archivo utilizando más separadores (*pipes*), como en el ejemplo.

MÁS DATOS

SUGERENCIA

El *pipe* es un carácter bastante útil como separador; para los que todavía no lo conocen, ésta es una buena ocasión. Generalmente se obtiene pulsando SHIFT y la barra invertida ("\").

Ya estamos en condiciones de desarrollar un ejemplo más completo, que como siempre, podrán encontrar en el CD:

PASO A PASO

① Creamos un nuevo proyecto y agregamos un control de diálogos comunes.

② Luego creamos un menú con el editor de menúes. Los menúes se llaman **mnuArchivo**, **mnuArchivoAbrir**, **mnuArchivoGuardar**, **mnuSeparador** y **mnuArchivoSalir** (ver **Figura** 7).

③ Al *Common Dialog* lo llamamos **CD**, como en los ejemplos anteriores.

④ Finalmente, sólo debemos agregar el siguiente código en cada uno de menúes:

```
Private Sub mnuArchivoAbrir_Click()
    On Error GoTo UsuarioCancelo

    'Generar un error si el usuario cancela
    CD.CancelError = True

    'Propiedades del cuadro de diálogo
    CD.DialogTitle = "Abrir..."
    'Archivos de texto, o todos los archivos
    CD.Filter = "Texto (*.txt)|*.txt|Todos los archivos (*.*)|*.*"
```

```
    CD.ShowOpen

    MsgBox "El archivo elegido fue: " & CD.FileTitle
    Exit Sub

UsuarioCancelo:
    '¿El error se generó porque el usuario canceló?
    '(el número de error es igual a 32755)
    If Err.Number = 32755 Then
        MsgBox "Usted pulsó Cancelar"
    Else
        MsgBox "Error desconocido"
    End If
End Sub

Private Sub mnuArchivoGuardar_Click()
    'Ahora no vamos a comprobar si el usuario cancela
    CD.CancelError = False

    CD.DialogTitle = "Guardar archivo..."
    CD.Filter = "Texto (*.txt)|*.txt|Todos los archivos (*.*)|*.*"

    CD.ShowSave

    MsgBox "El archivo se guardo aquí: " & CD.FileName
End Sub

Private Sub mnuArchivoSalir_Click()
    End
End Sub
```

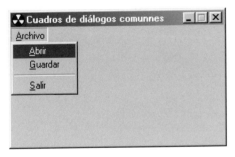

Figura *7. Un programa que sólo muestra dos cuadros de diálogo común*
y nos muestra la información que obtenemos de los mismos mediante un **MsgBox**.

Cabe aclarar que, en el caso del menú **Abrir**, utilizamos la propiedad `CancelError` del control, aunque todavía no hemos visto las técnicas de manejo de errores (lo haremos en el siguiente capítulo). Igualmente no es complicado comprender el código de esa opción, pero si se prefiere, tal vez sea conveniente volver aquí luego de haber leído el próximo capítulo.

Cuando el programa se ejecuta y se pulsan los botones aparecen los cuadros que acabamos de crear.

EN EL CD

Este ejemplo se encuentra terminado en el CD, en la carpeta `Ejemplos\Cap11\Ej01`.

Elegir una fuente

Otra acción común que realiza el usuario en varios programas es la de elegir una fuente, para cualquier texto. El cuadro de diálogo que aparece se muestra en la **Figura 8**, y es muy familiar.

Figura 8. El Bloc de Notas de Windows utiliza este cuadro de diálogo para elegir una fuente.

Este cuadro de diálogo se usa mediante el método `ShowFont`, y trabaja con las siguientes propiedades del control:

Propiedad	Tipo	Descripción
FontName	String	Nombre de la fuente elegida
FontSize	Integer	Tamaño de la fuente elegida
FontBold	Boolean	¿Negritas?
FontItalic	Boolean	¿Itálicas?
FontUnderline	Boolean	¿Subrayado?
FontStrikethru	Boolean	¿Subrayado?

Estas propiedades sólo tienen sentido cuando el usuario ya utilizó el diálogo, y mediante ellas podemos conocer exactamente qué fuente y estilo seleccionó.

Básicamente, el uso de este diálogo se reduce a estas propiedades, salvo por dos detalles. Antes de usar un diálogo común para fuentes, es necesario especificar en la propiedad `Flags` si vamos a seleccionar una fuente de pantalla, de impresora, o de ambos medios. Para esto, podemos usar los siguientes valores o constantes:

Constante	Valor	Descripción
cdlCFScreenFonts	1	Fuentes de pantalla
cdlCFPrinterFonts	2	Fuentes de impresora
cdlCFBoth	3	Ambas clases

Si no le damos un valor correcto a `Flags` antes de llamar al método `ShowFont`, se producirá un error en tiempo de ejecución, diciendo que no hay fuentes instaladas en el sistema (**Figura 9**).

Figura *9. Antes de usar el método* **ShowFont**, *hay que utilizar la propiedad* **Flags**.

El otro detalle es que también tenemos la posibilidad de usar la constante **cdlCFEffects** en la propiedad **Flags**, para que el usuario también pueda elegir un estilo subrayado, tachado, y el color de la fuente. Para usar las dos constantes, simplemente debemos sumarlas en dicha propiedad.

Ahora sí estamos listos para el ejemplo. En el programa de la **Figura 10** tenemos una caja de texto, y mediante un diálogo común, le damos la posibilidad al usuario de cambiar la fuente del texto. Estos son los pasos a seguir:

PASO A PASO

1 En un nuevo proyecto, agregamos un control de diálogos comunes.

2 Luego agregamos una caja de texto (**txtTexto**) y establecemos su propiedad **Multiline** en **True**. También creamos dos botones: Fuente (**cmdFuente**) y Salir (**cmdSalir**).

3 Sólo resta el código de los botones, la inicialización de la caja de texto en el evento **Load** del formulario:

```
Private Sub cmdFuente_Click()
    'Por si el usuario cancela
    On Error GoTo UsuarioCancelo

    'Las propiedades del Common Dialog
    CD.DialogTitle = "Elija una fuente y estilo"
    CD.CancelError = True
    CD.Flags = cdlCFBoth + cdlCFEffects

    CD.ShowFont

    'Le asignamos a la caja de texto, la fuente
    'y estilo seleccionado por el usuario
    txtTexto.FontName = CD.FontName
    txtTexto.FontSize = CD.FontSize
    txtTexto.FontBold = CD.FontBold
    txtTexto.FontItalic = CD.FontItalic
```

```
'Como usamos la constante cdlCFEffects
'podemos usar estas propiedades
txtTexto.FontUnderline = CD.FontUnderline
txtTexto.FontStrikethru = CD.FontStrikethru
txtTexto.ForeColor = CD.Color

    Exit Sub

UsuarioCancelo:
    '¿El usuario canceló?
    If Err.Number = 32755 Then
        MsgBox "El usuario cancelo"
    Else
        MsgBox "Error desconocido"
    End If
End Sub

Private Sub Form_Load()
    'Le damos un valor a la caja de texto
    txtTexto = "Terminado el juego, el Rey y el Peón vuelven a la
misma caja."
End Sub

Private Sub cmdSalir_Click()
    End
End Sub
```

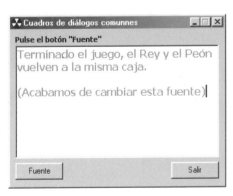

Figura 10. *La fuente de la caja de texto fue alterada en tiempo de ejecución, mediante el diálogo común de elegir fuente.*

Elegir un color

Uno de los cuadros de diálogo más sencillos es el de elegir un color. Además de emplear el método `ShowColor`, hay que utilizar sólo una propiedad más: `Color`. Esta propiedad es usada para ver qué color eligió el usuario en el diálogo (que se ve en la **Figura 11**).

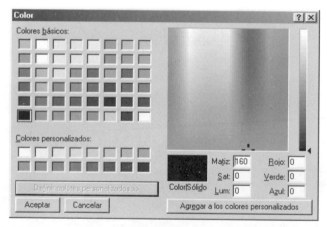

Figura 11. El diálogo de elegir color también permite crear colores personalizados, mediante el botón correspondiente.

Para detectar la cancelación se pueden usar las técnicas de captura de errores, que se explican en el capítulo siguiente, pero que ya hemos nombrado en los diálogos de archivo y fuente.

Finalmente, sólo resta decir que mediante la propiedad `Flags` se pueden establecer algunas opciones adicionales del diálogo. Es una buena idea leer en la ayuda de Visual Basic el listado de las constantes disponibles para esta propiedad (no sólo para este diálogo, sino para todos los demás).

En el ejemplo que vamos a construir a continuación, usamos una etiqueta común y mediante dos botones, podemos cambiar el color de las letras y del fondo de la misma. Veamos cómo hacerlo:

1 En un nuevo proyecto agregamos un *Common Dialog* (**CTRL+T**).

2 Agregamos una etiqueta (**lblMuestra**), que nos sirva para probar los colores elegidos en el diálogo.

3 Ahora creamos un arreglo de dos botones de comando: **cmdElegirColor(0)** y **cmdElegirColor(1)**. Esto nos ahorrará tener que escribir código casi idéntico en ambos botones.

4 El código de los botones es el siguiente:

```
Private Sub cmdElegirColor_Click(Index As Integer)
    'Por si el usuario cancela
    On Error GoTo UsuarioCancelo

    CD.ShowColor

    'Le damos a la etiqueta el color elegido
    '(vemos si es a las letras o al fondo, segun el botón)
    If Index = 0 Then
        lblMuestra.ForeColor = CD.Color
    Else
        lblMuestra.BackColor = CD.Color
    End If

    Exit Sub

UsuarioCancelo:
    If Err.Number = 32755 Then
    'Canceló, pero no hacemos nada
    End If
End Sub
```

Si **Index** es **0**, significa que el usuario pulsó el primer botón del arreglo, que permite cambiar el color de las letras (**ForeColor**). De otra manera, cambiamos el color de fondo de la etiqueta (**BackColor**). En la **Figura 12** se ve el ejemplo terminado.

Figura 12. *Un programa que trabaja con el diálogo de elegir color.*

EN EL CD

VISUAL BASIC 6

Este ejemplo se encuentra terminado en el CD, dentro de la carpeta `Ejemplos\Cap11\Ej03`.

Controles comunes de Windows

Los controles estándar que provee Visual Basic no son los únicos. Si miramos atentamente otras aplicaciones, veremos algunos elementos adicionales, como listados más poderosos, barras de herramientas, almanaques y mucho más. Estos son los llamados Controles Comunes de Windows, o *Microsoft Windows Common Controls*. En la lista siguiente aparecen los nombres de todos estos controles, y una breve descripción:

Control	Descripción
ImageList	Guarda varias imágenes en un solo control
ImageCombo	Combo que puede contener imágenes
ListView	Listados de todo tipo
ToolBar	Barra de herramientas
CoolBar	Barra de herramientas Cool (más moderna y flexible).
TabStrip	Una clásica vista con pestañas
TreeView	Vista de árbol
MonthView	Muestra un almanaque para que el usuario elija una fecha
DateTimePicker	Un combo que puede desplegar un almanaque pequeño para elegir una fecha y hora en forma visual.
StatusBar	Barra de estado

Control	Descripción
ProgressBar	Barra de progreso
Slider	Deslizador que permite elegir un valor numérico
UpDown	Flechas para abajo y para arriba que permiten elegir un valor numérico
FlatScrollbar	Barras de desplazamiento chatas
AnimationControl	Control de animación

HAY QUE SABERLO

LO NUEVO DE LA VERSIÓN 6

Los controles `CoolBar`, `ImageCombo`, `MonthView`, `DateTimePicker` y `Month-View` son nuevos en la versión 6 de Visual Basic.

Todos estos controles se pueden agregar a la caja de herramientas de Visual Basic, para trabajar con ellos normalmente. En la **Guía Visual 1** se ve una caja de herramientas, en la que incluimos todos los íconos de los controles comunes de Windows.

GUÍA VISUAL Nº 1

Una caja de herramientas con muchos controles nuevos para probar.

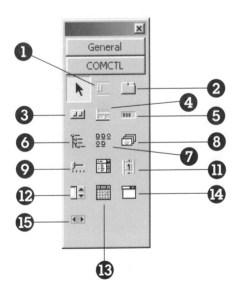

1. CoolBar
2. TabStrip
3. ToolBar
4. StatusBar
5. ProgressBar
6. TreeView
7. ListView
8. ImageList
9. Slider
10. ImageCombo
11. Animation Control
12. UpDown
13. MonthView
14. DateTimePicker
15. FlatScrollBar

Como siempre, antes que nada debemos agregar estos controles a la caja de herramientas. Para eso, pulsamos **CTRL+T** para ir a la ventana de componentes, y elegimos los siguientes elementos de la lista:

- Microsoft Windows Common Controls 6.0
- Microsoft Windows Common Controls 2-6.0
- Microsoft Windows Common Controls 3-6.0

Una vez hecho eso, tendremos 15 nuevos controles listos para usar.

IMPORTANTE

Los archivos OCX de estos controles se llaman: `MSCOMCTL.OCX`, `MSCOMCT2.OCX` y `COMCT332.OCX`. Todos se ubican en la carpeta **System** dentro de **Windows**.

Antes de comenzar, una aclaración. La mayoría de estos controles disponen de una propiedad `Custom`, que permite configurar las propiedades del control mediante prácticas páginas de propiedades. Esto resulta mucho más sencillo que cargar las propiedades una a una, por lo que le vamos a dar un uso intenso a esta propiedad.

El control ImageList

El primer control que veremos es el **ImageList**, o lista de imágenes. La función de este control es muy simple: agrupar un conjunto de imágenes en un solo control, ya sea para utilizarlas luego por separado, o para incluirlas en otros controles automáticamente. En la **Figura 13** se ve un control ubicado en un formulario cualquiera (en tiempo de diseño). Lo más importante para trabajar con este control, es comprender que por sí solo no muestra ninguna imagen: sólo las contiene.

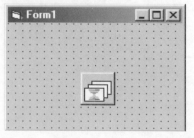

*Figura 13. El control **ImageList** ubicado en un formulario, en tiempo de diseño.*

HAY QUE SABERLO

IMPORTANTE

Los controles `ImageList` no están visibles en tiempo de ejecución.

En realidad, la función principal del este control es enlazarse con otros controles para proveerles las imágenes que necesitan. Por ejemplo, las barras de herramientas (que veremos luego) sólo pueden contener imágenes que se encuentren en un `ImageList`. Es por eso que el aprendizaje de este control es fundamental.

Cargar las imágenes en el control

Lo primero que debemos hacer es cargar el control con la lista de imágenes que vamos a utilizar. Esto lo podemos hacer mediante la propiedad `Custom`. Al hacer clic sobre ella en la ventana de propiedades, aparece una ventana como la de la **Figura 14**. Allí debemos seleccionar el tamaño de las imágenes: **16x16**, **32x32**, **48x48**, o `Custom` (personalizado) para cualquier otro tamaño.

HAY QUE SABERLO

MODIFICAR EL TAMAÑO DE LAS LISTAS

Una vez que cargamos imágenes a la lista, no podemos modificar el tamaño de las mismas.

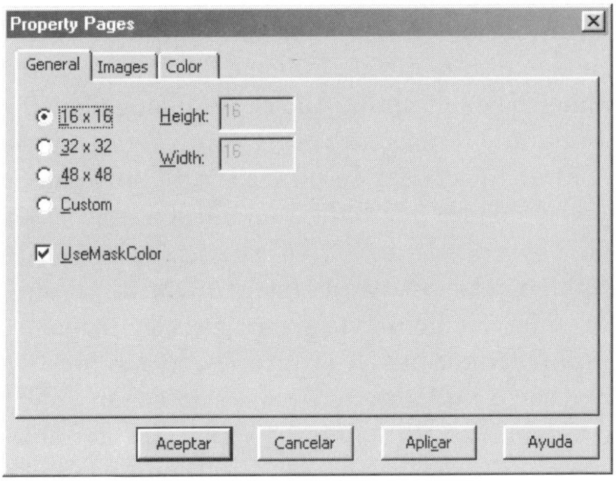

***Figura 14**. El primer paso es elegir el tamaño de las imágenes.*

Luego, pasamos a la pestaña siguiente, llamada **Images** (ver **Figura 15**). Aquí es donde realmente debemos cargar imágenes en el control, explorando nuestra PC mediante el botón **Insert Picture**.

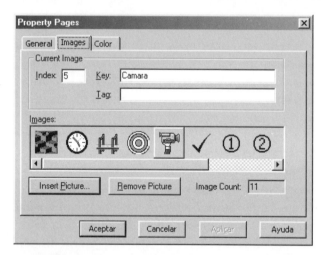

Figura 15. *Mediante los botones* **Insert Picture** *o* **Remove Picture** *podemos agregar o eliminar imágenes del control.*

MÁS DATOS

SUGERENCIA

Si vamos a agregar varias imágenes de una misma carpeta al **ImageList**, podemos seleccionarlas todas juntas de una vez en el diálogo de seleccionar imágenes.

Cuando cargamos una imagen, ésta se agrega a la lista horizontal, y adquiere un número de índice dentro del control, que puede verse y modificarse en el campo **Index** del diálogo. Dicho número determina el orden de las imágenes en el control, que puede ser fundamental a la hora de mostrarlas en una barra de herramientas. Además, existen dos propiedades más para cada imagen: **Key** y **Tag**.

Si bien relacionar cada imagen con un número de índice es posible, resulta mucho más fácil asociar cada imagen con una palabra (por ejemplo "IconoAbrir"). La propiedad **Key** permite hacer justamente esto: darle un nombre único a cada imagen, que permita identificarla de las demás en forma rápida y fácil. La segunda propiedad, **Tag**, sirve para almacenar cualquier dato que queramos asociar en una imagen (un número, una palabra, etc.).

Utilizar imágenes con un color transparente

Una de las virtudes del `ImageList` es que permite utilizar imágenes con un color transparente, que se llama **máscara**. Esto es muy común en los archivos GIF que son ampliamente utilizados en el mundo de Internet.

El `ImageList` dispone de una propiedad booleana llamada `Use-MaskColor`, que permite definir un color que sea tomado como transparente, mediante la propiedad `MaskColor`. Si la propiedad `UseMask-Color` está en `False`, no tiene sentido utilizar la propiedad `MaskColor`.

HAY QUE SABERLO

COLOR DE MÁSCARA
Todas las imágenes deben usar el mismo color como máscara. Por ejemplo, no podemos tener unas imágenes con máscara azul y otras con máscara verde.

Trabajar con las imágenes en código

Si bien es posible cargar el `ImageList` en tiempo de diseño, también podemos hacerlo en tiempo de ejecución mediante código. Este control dispone de un objeto llamado `ListImages`, que contiene una colección con todas las imágenes cargadas. Este objeto también dispone de los métodos `Add`, `Remove` y `Clear` que permiten agregar o eliminar imágenes a la lista, y de la propiedad `Count` que devuelve la cantidad de imágenes existentes.

Agregar una imagen

El método `Add` que permite agregar una imagen tiene la siguiente sintaxis:

```
ImageList.ListImages.Add [indice],[clave],imagen
```

`Indice` y `clave` se refieren a las propiedades `Index` y `Key` de la nueva imagen, que viene indicada en el último parámetro. Aquí podemos utilizar la función `LoadPicture` para cargar una imagen del disco, o bien asignarle la propiedad `Picture` de cualquier caja de imagen. Por ejemplo:

```
ImageList1.ListImages.Add 1, "Nubes", LoadPicture ("C:\Windows\Nu-
bes.bmp")
```

Indicar el índice y clave no es obligatorio:

```
ImageList1.ListImages.Add ,, LoadPicture ("C:\Windows\Nubes.bmp")
```

Si no se especifica un índice, la imagen es ubicada al final de la lista.

Eliminar una imagen

El método **Remove** permite eliminar cualquier imagen de la lista. Su uso es muy sencillo:

```
ImageList1.ListImages.Remove (índice o "clave")
```

Para indicar la imagen a eliminar, podemos referirnos al índice o clave de la misma. Por ejemplo:

```
ImageList1.ListImages.Remove (1)

ImageList1.ListImages.Remove ("Nubes")
```

Esto eliminaría en el primer caso la imagen de índice **1**, y en el segundo la de clave **Nubes**. Por último, si queremos vaciar la lista de imágenes, podemos utilizar el método **Clear** de la misma, que no tiene ningún tipo de argumentos.

Referirnos a una imagen en particular

El objeto **ListImages** de la lista de imágenes también nos brinda información de cada imagen en particular. En este caso, lo que nosotros necesitamos es poder acceder a una determinada imagen, por ejemplo, para mostrarla en un formulario. Podemos hacerlo mediante la propiedad **Picture** de cada imagen, de la siguiente forma:

```
ImageList.ListImages(índice o "clave").Picture
```

Por ejemplo:

```
Form1.Picture = ImageList1.ListImages("Nubes").Picture
```

Esto asignaría al formulario **Form1** la imagen **Nubes** del listado de imágenes.

HAY QUE SABERLO

FUNCIÓN PRINCIPAL DE UN IMAGELIST

La función principal de un **ImageList** es asociarse con otros controles, no usarse por separado. Más adelante en este mismo capítulo, veremos cómo utilizar un **ImageList** desde otro control.

El control ImageCombo

Este control llamado **ImageCombo** (o combo de imágenes) es una especie de mejora al combo común: además de mostrar ítems en una lista desplegable, permite mostrar una imagen (generalmente pequeña) a su lado. Si bien la apariencia visual es muy similar a la de un combo común, internamente se manejan de forma diferente. En la **Figura 16** se ve la apariencia de un combo de imágenes en una aplicación.

*Figura 16. Un **ImageCombo** cuando es desplegado.*

HAY QUE SABERLO

ATENCIÓN

No debemos usar un **ImageCombo** si no vamos a mostrar imágenes en sus elementos.

Las imágenes

Lo primero que debemos hacer antes de utilizar el control, es enlazarlo con un **ImageList** del cual pueda obtener las imágenes necesarias. Para tal fin podemos utilizar la propiedad **Custom** del combo de imágenes. En la **Figura 17** vemos claramente cómo elegir una lista de imágenes mediante la opción `ImageList`.

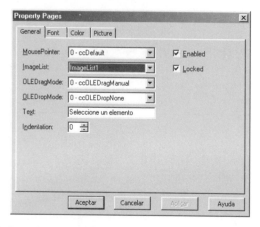

Figura 17. Lo primero que debemos hacer es asociar el `ImageCombo` con un `ImageList`.

MOSTRAR UNA IMAGEN EN LA LISTA DESPLEGABLE

Si el `ImageCombo` no tiene un `ImageList` asociado, no podrá mostrar ninguna imagen en la lista desplegable.

Cabe aclarar que la lista de imágenes ya debe estar creada para enlazarla en tiempo de diseño con combo.

Trabajar con el combo

El combo de imágenes tiene un objeto fundamental que contiene una colección desde la cual podemos agregar, eliminar y modificar los elementos del listado. Este objeto se llama `ComboItems`, y su método más importante es `Add`. Mediante este método podemos agregar ítems nuevos al combo y asignarle una imagen a cada uno. Su sintaxis se detalla a continuación:

```
ImageCombo.ComboItems.Add [indice], [clave], [texto], [imagen],
[imagen_sel],[indentacion]
```

Parámetro	Descripción
indice	Determina la posición en la cual se inserta el nuevo elemento. La posición 1 es la primera, y la posición indicada por `ComboItems.Count` la última. Si no especificamos este parámetro, el ítem se agrega al final.
clave	Clave o `Key` (un *String*) del elemento agregado.
texto	El texto del nuevo elemento.
imagen	El índice o la clave de la imagen de este elemento, que se encuentra en el `ImageList` especificado.
imagen_sel	El índice o la clave de la imagen que se muestra cuando el elemento es seleccionado.
indentacion	Cantidad de tabulaciones hacia la derecha de este elemento. Si es 0, el elemento se muestra pegado al margen.

Veamos un ejemplo:

```
'Indice 1, clave "Primero", texto "Hola mundo", e imagen 1
ImageCombo1.ComboItems.Add 1, "Primero", "Hola mundo", 1


'Se inserta en la segunda posiciín, y usa la imagen "Imagen2do"
ImageCombo1.ComboItems.Add 2, "Segundo", "Soy el segundo", "Imagen-
2do"


'Sin índice ni clave, pero con la imagen "ImagenMundo"
ImageCombo1.ComboItems.Add , , "Hola mundo", "ImagenMundo"


'Indentado 2 tabulaciones hacia la derecha
ImageCombo1.ComboItems.Add , , "Hola mundo", "ImagenMundo", 2
```

HAY QUE SABERLO

CLAVE DE LOS IMAGECOMBO

Los `ImageCombo` tienen su propia clave (`Key`), y hay que diferenciarla muy bien de la clave del `ImageList` asociado (que se puede utilizar para definir qué imagen mostrar con cada elemento).

El objeto `ComboItems` también tiene los otros métodos típicos en las colecciones:

Método o propiedad	Descripción
Remove	Elimina un determinado elemento del combo.
Clear	Vacía el combo.
Count	Propiedad que contiene la cantidad de elementos en el combo.

Veamos algunos ejemplos:

```
'Eliminar el primer elemento del combo
ImageCombo1.ComboItems.Remove 1

'Eliminar el último elemento del combo
ImageCombo1.ComboItems.Remove ImageCombo1.ComboItems.Count

'Eliminar el elemento con clave "Mundo"
ImageCombo1.ComboItems.Remove "Mundo"

'Eliminar todos los elementos del combo
ImageCombo1.ComboItems.Clear
```

Otras propiedades del ImageCombo

Cuando mostramos un listado, por defecto, el usuario puede ingresar un elemento que no está en la lista, modificando el valor que aparece seleccionado en el combo. Esto puede resultar útil en algunos casos, pero molesto en otros. Mediante la propiedad `Locked` de los `ImageCombo` podemos bloquear el texto para que el usuario no lo pueda modificar. Esta propiedad es booleana:

Valor	Descripción
True	El usuario no puede ingresar sus propio texto.
False	El usuario puede modificar el texto de cualquier elemento, y especificar así una opción no disponible en el listado.

Otra propiedad interesante es `Text`. Esta propiedad permite definir el texto que muestra el combo cuando no hay ningún elemento seleccionado. Por defecto, esta propiedad contiene `ImageCombo1` o el nombre con el que ha sido creado el control. El tiempo de diseño es un buen momento para cambiar esta propiedad, por algo así como **Se-**

leccione una opción. A su vez, cada elemento dentro del listado tiene su propiedad **Text**, que efine el texto que muestra, por ejemplo:

```
MsgBox ImageCombo1.ComboItems(1).Text
```

Esto informa el texto del primer elemento del combo. De este ejemplo también se desprende cómo hacer para acceder a todos los elementos del listado, mediante el objeto **ComboItems**. Otro caso posible sería:

```
For i = 1 To ImageCombo1.ComboItems.Count
    MsgBox ImageCombo1.ComboItems(i).Text
Next i
```

Esto muestra una gran cantidad de mensajes, informando todos los ítems del listado.

Para terminar, podemos consultar o establecer el elemento que está seleccionado, mediante la propiedad **SelectedItem** del combo (no del objeto **ComboItems**). Por ejemplo:

```
MsgBox ImageCombo1.SelectedItem.Text
```

Esto mostraría un mensaje con el texto del mensaje seleccionado. Cabe aclarar que, como en todo combo, puede darse el caso de que no haya ningún elemento seleccionado. En el caso de los combos comunes, la propiedad **ListIndex** tomaba el valor −1. Aquí, dado que el elemento actual es un objeto (**SelectedItem**), debemos preguntar si ese objeto existe:

```
IF Not ImageCombo1.SelectedItem Is Nothing Then
    MsgBox ImageCombo1.SelectedItem.Text
End If
```

Finalmente, podemos establecer con código el elemento actual, refiriéndonos a la propiedad **Selected** de cualquier elemento del listado:

```
ImageCombo1.ComboItems(5).Selected = True
```

Un ejemplo integrador

Ahora vamos a construir un ejemplo integrador que permita ver el uso de un `ImageCombo`, pero a su vez nos muestre la utilidad de un `ImageList`. Con el formulario de la **Figura 18** en mente, éstos son los pasos a seguir:

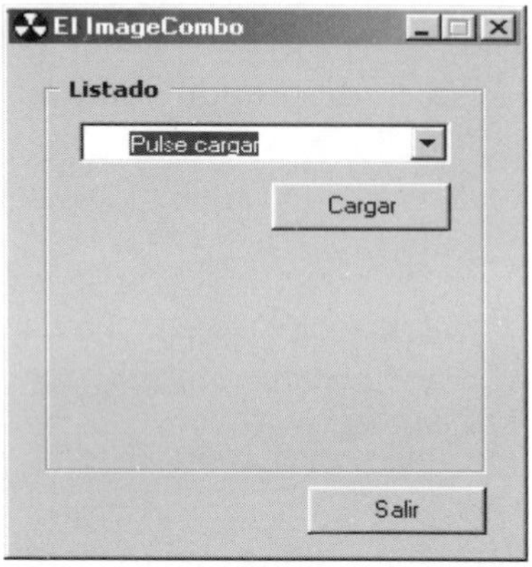

Figura 18. *Mediante el botón* `Cargar` *llenamos el combo con todas las imágenes disponibles en el* `ImageList`.

1. Creamos un nuevo proyecto, y en la ventana de componentes (`CTRL+T`) agregamos *Microsoft Windows Common Controls 6.0.*
2. Agregamos un `ImageList` y un `ImageCombo`, y dejamos sus nombres tal cual están.
3. Ahora, lo primero que debemos hacer es cargar las imágenes en el `ImageList`. Para eso, vamos a su propiedad `Custom`, y elegimos un tamaño de `16x16` (el ideal para las imágenes de un combo). Luego, en la pestaña `Images`, cargamos una buena cantidad de imágenes al azar.
4. En el `ImageCombo`, cambiamos la propiedad `Text` a "Pulse Cargar", y la propiedad `Locked` a `True`.
5. Agregamos un nuevo botón llamado `cmdCargar`, y en él ingresamos el siguiente código:

```
Private Sub cmdCargar_Click()
    Dim i As Integer

    'Cargar el ImageCombo con tantos elementos
    'como imágenes disponibles haya
    For i = 1 To ImageList1.ListImages.Count
        ImageCombo1.ComboItems.Add , , "Elemento " & i, i
    Next i
```

```
'Seleccionar el primer elemento
ImageCombo1.ComboItems(1).Selected = True
End Sub
```

Este código hace un ciclo que recorre todas las imágenes del **Ima-geList**, y agrega un ítem llamado "Elemento x" al combo por cada imagen encontrada. Si bien es un ejemplo poco usual, es muy bueno para mostrar lo ligados que pueden estar el **ImageList** y el **ImageCombo**. Nuestro programa en acción se ve en la **Figura 19**.

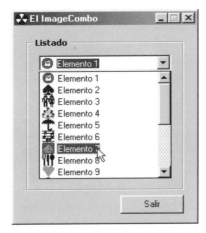

*Figura 19. Todo este listado fue cargado mediante un simple ciclo **For**.*

Listados más poderosos: el control ListView

Casi sin darnos cuenta, en nuestro uso diario con el Explorador de Windows estamos utilizando repetidas veces un mismo control, llamado **ListView** (ver **Figura 21**). Este control permite hacer poderosos listados de cuatro formas diferentes:

- En columnas, con las cabeceras correspondientes (Vista Detalle)
- En una lista (Vista de lista)
- Con íconos grandes
- Co íconos pequeños

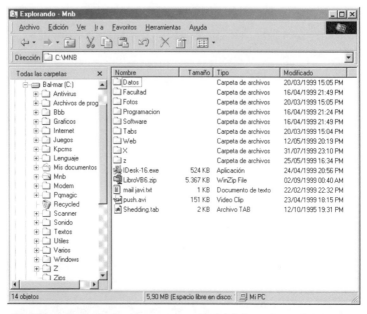

Figura 20. *El listado de la derecha es un control del tipo* `ListView`, *aunque obviamente, no fue implementado con* **Visual Basic**.

Sin ir más lejos, si abrimos una ventana del Explorador y pulsamos el botón derecho del mouse sobre cualquier sector vacío, obtendremos un menú contextual con una opción llamada **Ver**, que permite alternar entre estos 4 estilos de vista. Para no ser menos, Visual Basic permite hacer este tipo de listados, a través del control `ListView`.

Este control se agrega a la caja de herramientas al seleccionar *Microsoft Windows Common Controls 6.0* en la ventana de componentes (`CTRL+T`). Como veremos a continuación, su uso no es demasiado complicado.

Comprender los diferentes tipos de listados

Antes que nada, tenemos que poder diferenciar bien los diferentes tipos de listados que nos puede ofrecer el `ListView`, y conocer cómo está compuesto cada elemento del mismo.

En el `ListView` tenemos varios ítems o elementos que forman el listado, por ejemplo, "archivo1", "archivo2", "archivo3", etc. A su vez, cada ítem tiene una cantidad **fija** de subitems asociados.

Nuestro listado de archivos podría asociar a cada elemento tres subítems: "tamaño", "fecha", y "atributos", por ejemplo. Esto desemboca en una diagramación típica para mostrar este tipo de información: una cuadrícula. Para nuestro ejemplo, podría ser:

Archivo	Tamaño	Fecha	Atributos
Archivo1.doc	1500 Bytes	14/07/99	Sólo lectura
Informe.txt	34.176 Bytes	15/06/99	Archivo normal
Juego.bas	1.2 MB	04/09/99	Oculto
Calculadora.exe	0.7 MB	11/01/99	Sólo lectura

Aquí, tenemos sólo cuatro elementos en el listado: "archivo1.doc", "informe.txt", "juego.bas", y "calculadora.exe". El resto de la información son subítems de cada elemento. Por ejemplo, "1500 Bytes", "14/07/99" y "Sólo lectura" son subítems del elemento "Archivo-1.doc", casualmente ubicado en la primera posición.

En este tipo de vista que acabamos de presentar se pueden ver todos los elementos y subítems, y por eso se llama vista **Detallada** o **Reporte** (ver **Figura 21**). Hay otras formas de diagramar esta información, que no muestran todos los datos. Estas otras formas se conocen como:

Nombre	Tamaño	Tipo	Modificado
Buscador.exe	32 KB	Aplicación	02/10/1998 15:53 PM
cat.dat	2 KB	Archivo DAT	01/07/1999 17:17 PM
cds.dat	1 KB	Archivo DAT	01/07/1999 17:14 PM
Fondo.bmp	302 KB	ACDSee BMP Image	02/10/1998 14:34 PM
Icd.dat	9 KB	Archivo DAT	06/07/1999 17:23 PM
Inom.dat	121 KB	Archivo DAT	06/07/1999 17:23 PM
Lista.dat	2.731 KB	Archivo DAT	06/07/1999 17:23 PM
Mpop.wav	1 KB	Wave Sound	25/07/1995 15:46 PM
Vbrun300.dll	390 KB	Extensión de la aplic...	12/05/1993 08:00 AM

Figura 21. Un típico listado detallado.

- **Lista**: Muestra sólo los elementos con su respectivos íconos (si los poseen). Aquí, los elementos tienen un orden claramente establecido (ver **Figura 22**).

- **íconos:** Muestra sólo los elementos con íconos grandes. El usuario puede mover libremente los íconos de lugar, como sucede con el escritorio de Windows (ver **Figura 23**).
- **íconos pequeños:** Idem anterior, pero con íconos más pequeños (ver **Figura 24**).

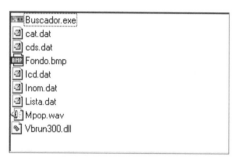

Figura 22. Un vista del tipo **Lista.** *Los íconos permanecen siempre ordenados.*

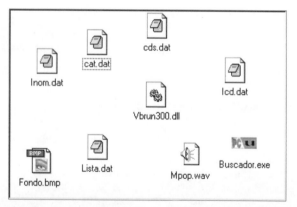

Figura 23. Un listado con íconos. El usuario puede moverlos libremente (no hay un orden visual).

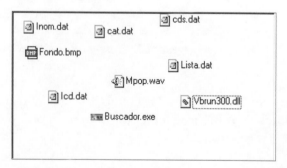

Figura 24. Un listado con íconos pequeños.

Es muy importante comprender que si bien un tipo de vista puede no mostrar toda la información del listado, ésta igualmente se encuentra cargada en el mismo. Por esa razón, si siempre vamos a usar un listado del tipo **Lista** o **Iconos**, no conviene agregar subítems a cada elemento, ya que nunca estarán visibles.

Establecer el tipo de listado

Como casi todos los controles no estándar, los **ListView** disponen de una propiedad llamada **Custom**, desde la cual podemos configurar todos los aspectos del listado. Cuando accedemos a esta propiedad, aparece una página de propiedades como la que se ve en la **Figura 25**.

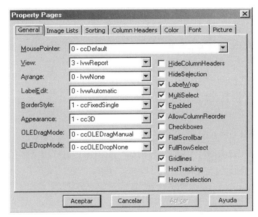

*Figura 25. La propiedad **Custom** de los **ListView** es muy completa.*

Cuando agregamos un **ListView** a un formulario, éste tiene una apariencia sencilla (un cuadro blanco con su nombre). Luego, lo primero que debemos hacer es definir su estilo inicial. Decimos "inicial" porque después podemos darle al usuario la posibilidad de cambiar el tipo de vista. De todas formas, por ahora trabajaremos siempre con el mismo estilo. Dicho estilo se puede establecer desde la propiedad **Custom** mediante el combo **View**, que acepta cuatro valores:

Valor	Descripción
0 — lvwIcon	Iconos
1 — lvwSmallIcon	Iconos pequeños
2 — lvwList	Vista de lista
3 — lvwReport	Vista detallada o reporte

La propiedad **View** también se puede modificar directamente desde la ventana de propiedades, sin pasar por **Custom**. En un principio, conviene trabajar con listados del tipo detallado, simplemente por cuestiones didácticas (ya que permite visualizar mejor toda la estructura del listado).

Las imágenes

En todos los **ListView** hay tres clases de imágenes:

- Las que se ubican junto al encabezado de las columnas, en el caso de que estemos en una vista detallada
- Los íconos asociados a cada elemento del listado.
- Los íconos pequeños asociados a cada elemento del listado.

Como era de esperarse, los tres tipos de imágenes se deben cargar mediante los **ImageList**. Generalmente se utiliza uno para los íconos de los encabezados, y otro que proporciona los íconos (grandes y pequeños) a los elementos del listado.

Una vez que creamos los **ImageList** que vamos a usar, debemos indicarlos en la pestaña **Image Lists** de la propiedad **Custom**. Como se ve en la **Figura 26**, hay tres combos disponibles, uno para cada lista de imágenes.

Figura 26. Mediante esta pestaña podemos indicar el origen de los íconos que utiliza el listado.

En la siguiente tabla se detalla para qué sirve cada combo de esta pestaña:

Combo	ImageList para los...
Normal	Iconos normales para cada elemento
Small Icons	Iconos pequeños para cada elemento
Column Headers	Encabezados de las columnas

Luego, cuando agreguemos nuevas columnas o elementos, podremos indicar qué gráfico contiene mediante un índice o clave del `ImageList` correspondiente.

Crear las columnas

Si vamos a trabajar con un listado detallado, debemos establecer sus columnas. En un listado de este tipo, la primera columna se asocia con los elementos del listado, y el resto de las columnas se refieren a los subítems de cada elemento.

Para crear las columnas del listado debemos ir a la pestaña `Columns Headers` de la página de propiedades `Custom`, y utilizar allí los botones `Insert Column` (para agregar una columna) y `Remove Column` (para eliminar una columna).

Para cada columna podemos establecer algunas propiedades útiles:

Propiedad	Descripción
Text	Opcional. El título del encabezado de la columna.
Alignment	La alineación de la columna y sus datos (izquierda, derecha o centrada).
Width	El ancho de la columna.
Key	Opcional. Una palabra clave única que sirve para identificar a la columna.
Tag	Sirve para almacenar un dato cualquiera en cada columna.
Icon Index	El índice del icono que vamos a usar, en su correspondiente `ImageList`.

Ahora ya podemos ir creando los encabezados del listado, aunque los cambios no se verán hasta que ejecutemos nuestro programa. Es importante destacar que la propiedad `Text` define el texto del encabezado, y la propiedad `Icon Index` sirve para mostrar una imagen pequeña en el mismo.

Trabajar con el objeto ListItems

Ahora que estamos en condiciones de crear la apariencia de un listado sencillo, necesitamos saber cómo cargar elementos (y subítems) en el mismo. Como sucedía en otros controles, el `ListView` tiene un objeto que contiene una colección con todos los elementos del listado. Este elemento se llama `ListItems` y dispone de los siguientes métodos:

Método	Descripción
Add	Agrega un elemento al listado
Remove	Elimina un elemento del listado
Clear	Vacía toda la lista

El método más importante es `Add`, ya que `Remove` y `Clear` no son diferentes a los estudiados en los controles anteriores. El método `Add` tiene la siguiente sintaxis:

```
ListView.ListItems.Add [indice], [clave], [texto], [icono], [icono_pe-
```

Los tres primeros parámetros permiten indicar el índice, clave y texto de cada elemento. Los dos últimos, permiten especificar un índice o clave de ícono grande y pequeño, en los respectivos `ImageList` de cada uno. Por ejemplo:

```
ListView1.ListItems.Add , , "Elemento 1", 1, 2
```

Esto crea un nuevo elemento, al que le asigna el ícono grande 1 y el ícono pequeño 2.

```
ListView1.ListItems.Add 1, "keyPrimero", "Elemento", "Solazo",
```

Esto crea un nuevo elemento, al que le asigna una clave "keyPrimero", y los íconos "Solazo" (grande) y "Solcito" (pequeño).

Ahora ya podemos agregar elementos nuevos al listado, pero nos falta algo fundamental: los subítems de cada elemento, que pueden ser fácilmente establecidos de la siguiente forma:

```
Dim Elemento As ListItem

'Creamos un nuevo elemento, y lo guardamos en la variable
'Elemento, mediante la instrucción Set
Set Elemento = ListView1.ListItems.Add(, , "Elemento nuevo")

'Le damos valores a los subítems del elemento
Elemento.SubItems(1) = "SubItem 1"
Elemento.SubItems(2) = "SubItem 2"
```

Nótese cómo guardamos el nuevo elemento en la variable `Set`, para poder accederlo después mediante la propiedad `SubItems` del mismo. Tendremos tantos subítems como columnas haya en el listado (sin contar la primera, que pertenece al elemento en sí).

Los métodos para eliminar elementos son `Remove` y `Clear`, que se utilizan igual que en los controles anteriores. Además, los `ListView` disponen de una propiedad llamada `SelectedItem` que contiene toda la información del elemento seleccionado, por ejemplo:

```
ListView1.SelectedItem.Text
```

Esto contiene el texto del elemento actualmente seleccionado por el usuario.

Un ejemplo completo

A esta altura, nada menor que un buen ejemplo que solidifique los conceptos vistos. Vamos a hacer un programa que permita al usuario agregar o eliminar elementos (con subítems) en un listado de personas. En principio será detallado, pero el usuario podrá cambiar fácilmente el tipo de listado mediante cuatro botones de opción:

1. Como siempre, primero creamos un proyecto nuevo y agregamos los controles comunes de Windows (CTRL+T).
2. Luego añadimos dos `ImageList` al formulario (`ilColumnas`, e `ilElementos`). En el primero, cargamos cuatro íconos de **16x16** (nos servirán para los encabezados). En el segundo, cargamos una

cantidad arbitraria de íconos a gusto, que serán asignados a los elementos del listado.

3. La apariencia del formulario que vamos a construir se ve en la **Figura 27**.

4. Creamos un nuevo `ListView`, que llamamos `lvwPersonas`. En la propiedad `Custom`, elegimos `View` en "3 — lvwReport" para una vista inicial detallada.

5. En la pestaña `Image Lists` de Custom, asociamos `ilColumnas` a *Column Headers*, y `ilIconos` en los otros dos combos (`Normal` y `Small`).

6. El listado debe tener cuatro columnas: `Nombre`, `Edad`, `Sexo`, `Teléfono`, así que vamos a la pestaña `Column Headers` de la propiedad `Custom`, y creamos las columnas mediante el botón `Insert Columns`. Éste es el momento de asignar un ícono a cada columna, estableciendo un valor en la propiedad `Icon Index`, que se refiere a los íconos del `ImageList` llamado `ilColumnas`.

7. Creamos cuatro cajas de texto (`txtNombre`, `txtEdad`, `txtSexo` y `txtTelefono`) que nos permitan ingresar datos.

8. Luego creamos dos botones de comando: Agregar (`cmdAgregar`) y Eliminar (`cmdEliminar`), cuyo código se detalla a continuación:

```
Private Sub cmdAgregar_Click()
    Dim Nuevo As ListItem
    Dim IndiceIcono As Integer

    'Elegir un icono al azar para el elemento
    IndiceIcono = NroAzar(1, ilIconos.ListImages.Count)

    'Agregar el nuevo elemento, y asignarle el icono elegido
    Set Nuevo = lvwPersonas.ListItems.Add(, , txtNombre, IndiceIcono, IndiceIcono)
    Nuevo.SubItems(1) = txtEdad
    Nuevo.SubItems(2) = txtSexo
    Nuevo.SubItems(3) = txtTelefono
End Sub

Private Sub cmdEliminar_Click()
    'Eliminamos el ítem que esta seleccionado
    lvwPersonas.ListItems.Remove lvwPersonas.SelectedItem.Index
End Sub
```

```
'Función que genera un número al azar entre Min y Max
Function NroAzar(Min As Integer, Max As Integer) As Integer
    NroAzar = Int((Max - Min + 1) * Rnd + Min)
End Function
```

9. Ahora sólo restarían los botones de opción que permitan cambiar la vista del listado. Dentro de un marco creamos un arreglo de cuatro botones de opción llamado **optVista** (con las opciones de la **Figura 27**) y en su evento **Click** ingresamos el siguiente código:

```
Private Sub optVista_Click(Index As Integer)
    'Cambiamos el tipo de vista en View
    lvwPersonas.View = Index
End Sub
```

Listo, ya estamos en condiciones de probar el programa (ver **Figura 28**). Una observación a tener en cuenta: al agregar elementos nuevos, el botón **Agregar** asigna un ícono al azar a cada elemento mediante la función **NroAzar**, que devuelve un número aleatorio entre un rango mínimo-máximo. En este caso, el mínimo es **1**, y el máximo, la cantidad de elementos del **ImageList** llamado **ilElementos**.

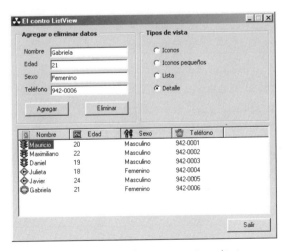

Figura *27. Un ejemplo muy completo que nos permite tomar confianza con los listados* **ListView**.

Para sacarle el jugo a este ejemplo, lo ideal es agregar 5 o 6 elementos nuevos y luego experimentar qué pasa cambiando el tipo de vista, que por defecto aparece detallada.

EN EL CD

Este ejemplo se encuentra completo y listo para probar en el CD, en la carpeta `Ejem-plos\Cap11\Ej05`.

Otras propiedades del ListView

Aunque el `ListView` es uno de los controles con más propiedades, vamos a tratar de describir algunas brevemente:

Propiedad	Descripción
LabelEdit	Permite establecer si los usuarios pueden cambiar los valores del `ListView`.
HideColumnHeaders	Permite ocultar los encabezados del listado.
MultiSelect	Permite que el usuario seleccione más de un elemento.
AllowColumnReorder	Le brinda la posibilidad al usuario de cambiar el orden de las columnas, arrastrándolas con el mouse.
CheckBoxes	Pone una caja de verificación para cada elemento.
FlatScrollbar	Hace que las barras de desplazamiento sean chatas.
FullRowSelect	Hace que, en un listado detallado, podamos seleccionar una fila completa (y no sólo el elemento).
GridLines	Muestra y oculta las líneas que dividen las filas y columnas.
Sorted	Propiedad booleana que indica si el listado está ordenado.
SortedKey	Establece la clave por la cual ordenar el listado.
SortedOrder	¿Orden ascendente o descendente?

MÁS DATOS

SUGERENCIA

El `ListView` es muy flexible y se adapta a muchos usos diferentes. Para aprender más al respecto es buena idea investigar en la propiedad `Custom`.

Las barras de herramientas: el control ToolBar

Trabajamos a diario con barras de herramientas, incluso dentro del mismo Visual Basic, porque constituyen una forma muy rápida de acceder a las opciones **más importantes** de un programa, sin tener que pasar por extensos menúes, o acordarse complejas combinaciones de teclas. Remarcamos "más importantes" porque una barra de herramientas deja de tener sentido si se vuelve grande y confusa.

El control que permite crear barras de herramientas en Visual Basic se llama **ToolBar**. Como siempre, primero debemos agregarlo a la caja de herramientas, desde la ventana de componentes.

Al igual que otros controles, **ToolBar** necesita de por lo menos un **ImageList** para funcionar. Adicionalmente, puede utilizar otros dos, para contener las imágenes de los botones presionados o activos. Todo esto y mucho más, se puede configurar desde la propiedad **Custom** del mismo, que se ve en la **Figura 28**.

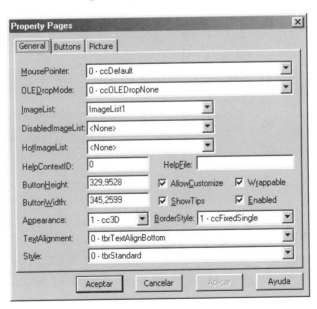

*Figura 28. La página de propiedades del control **Toolbar**.*

La metodología de trabajo es sencilla:

1 Creamos un `ImageList` con las imágenes que contendrán los botones de la barra.

2 Agregamos el control `ToolBar` y vamos a su propiedad `Custom`.

3 Allí, en la propiedad `ImageList` elegimos el nombre de la lista de imágenes que creamos antes. En esta pestaña también podemos cambiar diferentes aspectos de la apariencia del control.

4 Luego vamos a la pestaña `Buttons` (**Figura 29**) y comenzamos a agregar nuevos botones mediante el botón `Insert Button`. Si queremos eliminar uno, podemos usar `Remove Button`. En este paso tenemos varias propiedades para cada botón:

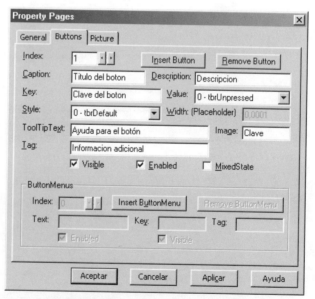

Figura 29. Desde esta pestaña podemos crear todos los botones de nuestra barra de herramientas.

Propiedad	Descripción
Caption	El título del botón que se ve en la barra de herramientas. Generalmente no se pone para ahorrar espacio en el botón.
Key	Clave única para identificar al botón con código.
Style	Estilo del botón.
Image	Indice de la imagen del botón en el `ImageList`.
ToolTipText	El texto de ayuda que aparece al detenerse sobre el botón.
Value	Un valor que indica si inicialmente está presionado o suelto.

Una vez que terminamos de agregar botones, pulsamos `Aceptar`.

La apariencia de la barra

En la primera pestaña `General` de la propiedad `Custom`, podemos cambiar la apariencia de nuestra barra de herramientas.

Las propiedades `ButtonHeight` y `ButtonWidth` determinan el ancho y alto de los botones de la barra. De todas formas, eso también dependerá del tamaño de las imágenes utilizadas, y de que mostremos o no un texto en cada botón.

Mediante la propiedad `Style` podemos definir si queremos una barra de herramientas estándar (con relieve en 3D) o una barra chata más moderna, en la cual los botones sólo se levantan cuando el usuario pasa por encima de ellos. Esta propiedad acepta dos valores: 1 (`tbrStandard`) y 2 (`tbrFlat`).

Otras propiedades generales se ven en la tabla siguiente:

Propiedad	Descripción
BorderStyle	Permite determinar si la barra tiene o no bordes.
AllowCustomize	Si está en `True`, el usuario tendrá la posibilidad de personalizarla haciendo clic derecho sobre la misma.
ShowTips	Propiedad booleana que indica si se mostrarán o no *ToolTips* (las ayudas sobre cada botón).
TextAlignment	Determina la alineación del texto dentro de los botones.

Finalmente, una propiedad muy importante que no se encuentra en la página de `Custom`, es `Alignment`. Esta propiedad permite determinar a qué borde se pega la barra de herramientas. Acepta uno de los siguiente valores:

Valor	Descripción
1 — vbAlignTop	La barra de herramientas se en la parte superior de la ventana.
2 — vbAlignBottom	Pegada al borde inferior.
3 — vbAlignLeft	Pegada a la izquierda.
4 — vbAlignRight	Pegada a la derecha.
0 — vbAlignNone	No está pegada a ningún borde (flota sobre el formulario).

MÁS DATOS

SUGERENCIA

Es recomendable que todos los botones de la barra de herramientas también puedan accederse desde un menú.

Los estilos de botones

Como veíamos antes, los botones pueden tener diferentes estilos, que se pueden modificar mediante el combo `Style` de la pestaña `Buttons` de la propiedad `Custom`. Cada botón admite seis estilos diferentes:

Estilo	Descripción
0 — tbrDefault	Un botón común y corriente.
1 — tbrCheck	El botón admite dos estados: presionado o suelto.
2 — tbrButtonGroup	Contiene un grupo de botones, en el que sólo uno puede estar presionado.
3 — tblSeparator	El botón es en realidad un separador, que permite organizar mejor las cosas.
4 — tbrPlaceholder	Actúa como un separador, pero podemos configurar su tamaño. Además puede contener otros controles (combos, etc.)
5 — tbrDropDown	Es un botón que contiene un menú desplegable, que puede ser creado en la misma pestaña `Buttons`, con los botones `InsertButtonMenu` y `RemoveButtonMenu`.

Pero una imagen dice más que mil palabras. En la **Guía Visual 2** se muestran los diferentes estilos de botones.

GUÍA VISUAL Nº 2

Una barra de herramientas con los diferentes tipos de botones.

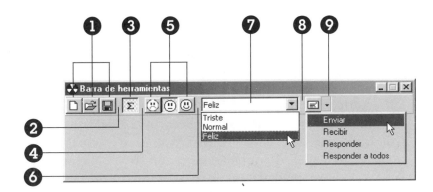

1 tbrDefault

2 tbrSeparator

3 tbrCheck

4 tbrSeparator

5 tbrButtonGroup

6 tbrSeparator

7 tblPlaceHolder

8 tbrSeparator

9 tbrDropDown

Responder a los clics en los botones

El control `ToolBar` también dispone de varios eventos, de los cuales el que más nos interesa es `Click`. Este evento se dispara cuando el usuario hace clic sobre alguno de los botones de la barra. Para saber que botón fue pulsado, podemos consultar el parámetro `Button` (es un objeto) que recibe el evento. Por ejemplo:

```
Private Sub ToolBar_ButtonClick(ByVal Button As MSComctlLib.Button)
    Select Case Button.Key
        Case "Nuevo"

            ...

        Case "Abrir"

            ...

        Case "Guardar"

            ...

    End Select
End Sub
```

Aquí se ve la importancia de utilizar la propiedad `Key` de cada botón cuando los creamos, ya que nos facilita mucho el hecho de referirnos a ellos mediante código.

MÁS DATOS

SUGERENCIA

No es necesario darle una valor a la propiedad `Key` si el tipo de botón es un separador.

Un ejemplo

Vamos a ver un ejemplo que nos permita afianzarnos con este control. Dado que la forma de configurarlo es muy visual, no tiene sentido hacer hincapié allí. Además, basta con abrir el ejemplo del CD y curiosear en la propiedad `Custom` para ver los valores utilizados.

Vamos a crear la barra de herramientas de la **Guía Visual 2**, pero con una apariencia más moderna (estilo chato):

PASO A PASO

1 Creamos un nuevo proyecto. Agregamos un `ImageList` y un control `ToolBar`.

2 Una vez que cargamos el `ImageList`, vamos a la propiedad `Custom` del `ToolBar` y creamos todos los botones necesarios, con sus respectivos estilos; no hay que olvidar asignarle una clave y una imagen a cada botón. Establecemos el estilo de la barra en "1 — tbrFlat". En la **Figura 30** se ve la apariencia de nuestra barra de herramientas chata.

3 Ahora debemos prestar especial atención al botón del tipo `PlaceHolder` que contiene un combo (ver la **Guía Visual 2**). Este combo fue dibujado sobre la barra de herramientas, por lo que sólo puede moverse dentro de ella. Además, es necesario cargarlo, y acomodarlo para que se redimensione en el espacio justo del botón. Esto se hace con el siguiente código, que escribimos en el evento `Load` del formulario:

```
Private Sub Form_Load()
    'Redimensionar el combo para que entre en el botón
    With ToolBar.Buttons("Animo")
        cboAnimo.Move .Left, .Top, .Width
    End With


    'Cargar el combo con valores
    With cboAnimo
        .AddItem "Triste"
        .AddItem "Normal"
        .AddItem "Feliz"
    End With
End Sub
```

Aquí, la propiedad **Key** del botón del tipo **PlaceHolder** es "Animo".

1. Finalmente, sólo resta escribir el código para detectar qué botón fue pulsado. Nosotros mostramos ese valor en una etiqueta llamada **lblBoton**, y aprovechamos el valor de la propiedad **Key** (que fue establecido en tiempo de diseño):

```
Private Sub ToolBar_ButtonClick(ByVal Button As MSComctlLib.Button)
    lblBoton = Button.Key
End Sub
```

Además, como tenemos un botón con una lista desplegable, también debemos responder a los sucesos de la misma. Esto se puede hacer mediante el evento **ButtonMenuClick**:

```
Private Sub ToolBar_ButtonMenuClick(ByVal ButtonMenu As MSComct-
lLib.ButtonMenu)
    lblBoton = ButtonMenu.Key
End Sub
```

Figura 30. Nuestra barra de herramientas chata.

Recordemos que es muy importante abrir el ejemplo del CD para investigar la propiedad `Custom` del control `ToolBar`.

El control CoolBar

En la **Figura 31** se puede observar un estilo de barra, que se puso de moda junto con Windows 98. Este tipo de barras tiene una particularidad: le permite al usuario ubicarlas donde desea, muy fácilmente.

Figura 31. Una barra "cool" ubicada junto al botón Inicio de Windows.

Decimos "barra" a secas, porque no necesariamente tiene que ser una barra de herramientas: puede contener cualquier control en su interior. Si este control es una barra de herramientas, entonces obtendremos una barra de herramientas *cool*. Este control se encuentra sólo en la ventana de propiedades, bajo el nombre de **Microsoft Windows Common Control 3-6.0**.

Los Bands

Este control se organiza en varios fragmentos llamados **Bands**. Cada *band* puede tener un control externo incluido en su interior. Ni bien ubicamos un **CoolBar** en el formulario, éste se ve como en la **Figura 32**. Allí podemos divisar los tres *Bands* que lo componen.

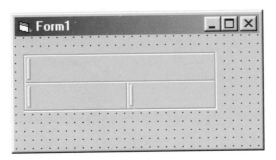

*Figura 32. Los controles **CoolBar** están formados por varios **Bands**.*

Luego, cada *Band* puede contener un control, que puede ser desde una caja de texto hasta una barra de herramientas, pasando por un botón de comandos. De todas formas, primero debemos crear la cantidad de *Bands* que creamos necesaria. Para eso:

PASO A PASO

1 Seleccionamos el control **CoolBar** del formulario y vamos a la propiedad **Custom**.

2 Vamos a la pestaña **Bands**.

3 Si queremos crear uno, pulsamos **Insert Band**. Luego, para eliminar alguno, pulsamos **Remove Band**.

De esa forma podemos crear *Bands*. Para cada uno hay varias propiedades que podemos establecer, como la clave (**Key**), el título (**Caption**), el ancho y alto (**Width** y **Height**), y hasta la imagen de fondo (**Picture**).

Asignarle un control a un Band

Como decíamos antes, cada *Band* puede contener exclusivamente un solo control. Para asignarle este control a un *Band* debemos hacer lo siguiente:

1 Creamos un control sobre el `CoolBar` (esto implica dibujarlo sobre el mismo).

2 Vamos a la propiedad `Custom` del `CoolBar` y seleccionamos la pestaña `Bands`.

3 Allí elegimos el *Band* en el cual poner el control, haciendo clic sobre las flechas del campo `Index`.

4 Una vez que encontramos el `Band` buscado, vamos al combo `Child`; y si hicimos todo correctamente, veremos una lista con los controles que fueron dibujados sobre el `CoolBar`. Seleccionamos el control deseado.

¡Listo! El control se adapta automáticamente al tamaño del *Band* indicado. Por ejemplo, al poner un combo dentro de un *band*, éste adquiere la apariencia de la **Figura 33**.

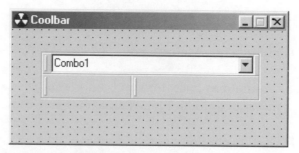

Figura 33. Al situar un control en un Band, se redimensiona automáticamente para caber en él.

Cabe destacar que los controles que ubicamos dentro de un `Cool-Bar` funcionan normalmente.

Un ejemplo

Veamos un pequeño ejemplo sobre el uso del control `CoolBar`. Vamos a crear dos barras de herramientas y a ponerlas dentro de los dos únicos *Band* que contendrá nuestro control.

PASO A PASO

1 Creamos un proyecto nuevo y agregamos un control `CoolBar`.

2 Ahora debemos crear las barras de herramientas (`ToolBar`). Podemos crearlas desde cero, como se explicó en el control `ToolBar` de la sección anterior. Para el ejemplo, hemos creado dos barras sencillas (`tbrArchivo` y `tbrClipboard`) con tres botones normales cada una: Nuevo, Abrir, y Guardar, y Cortar, Pegar y Copiar.

3 Una vez creadas las barras de herramientas, establecemos la propiedad `Alignment` de ambas en `0 — vbAlignNone`. Luego les damos un tamaño más acorde a la cantidad de botones que contienen.

4 En ambas barras de herramientas cambiamos las propiedades `Appearance` y `Style` a `Flat`, y `BorderStyle` a `0 — None`, para que no contengan ningún tipo de borde.

5 Llegó el momento crucial. Seleccionamos una barra de herramientas y la cortamos (`CTRL+X`). Luego seleccionamos el `CoolBar` y pegamos la barra dentro de él (`CTRL+V`). Hacemos lo mismo con la otra barra de herramientas.

6 Ahora vamos a la propiedad `Custom` del `CoolBar`, y en la pestaña `Bands` eliminamos un *Band* (había tres por defecto y nosotros sólo queremos dos).

7 En cada *Band* utilizamos el combo `Child` para que carguen las barras de herramientas (`tbrArchivo` en un Band, y `tbrClipboard` en otro).

8 Finalmente, establecemos la propiedad `Alignment` del `CoolBar` en `1 — AlignTop`.

Nosotros agregamos un menú para darle una apariencia más pulida al programa. Este programa se ve en la **Figura 34**.

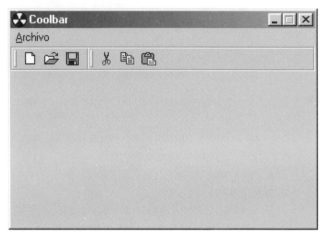

Figura 34. Los `CoolBar` *hacen que nuestros programas se vean muy modernos.*

Las pestañas: el control TabStrip

Muchas veces habremos utilizado las clásicas interfases con pestañas, que son muy cómodas: ayudan al programador a organizar las cosas, y al usuario a entenderlas y visualizarlas mejor, sin perder demasiado espacio en su pantalla. En la **Figura 35** se ve un ejemplo típico de una interfase tabular.

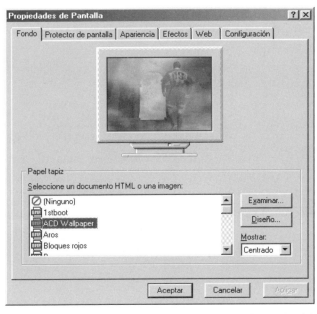

Figura 35. Las propiedades de pantalla representan el ejemplo típico.

Estas interfases se pueden crear mediante un control llamado **TabStrip**. En este control, cada pestaña recibe el nombre de **Tab**, y se pueden crear mediante la propiedad **Custom** del control, eligiendo la pestaña **Tabs**. Cada **Tab** tiene un título (**Caption**) que ve el usuario, y una clave (**Key**) que le es útil al programador. Además, podemos ubicar iconos en cada pestaña si antes creamos un **ImageList** con todas las imágenes.

La apariencia general del control se maneja mediante algunas propiedades de la pestaña **General** en **Custom**:

Propiedad	Descripción
Style	Determina el estilo de los Tabs. Pueden ser pestañas comunes, o parecidas a un botón.
Placement	Determina la ubicación de los Tabs: pueden ir arriba del control, a la izquierda, a la derecha o abajo.
ShowTips	Propiedad booleana que determina si se muestran los **ToolTips** de ayuda.
HotTracking	Si está en **True**, el texto de cada pestaña se pone azul al pasar por encima.

Controles no estándar **11**

Usar el TabStrip

El uso del **TabStrip** consiste en la siguiente metodología:

1 Ubicamos el control en el formulario.

2 Creamos todas las pestañas necesarias mediante la propiedad **Custom**.

3 En el evento **Click** del control, consultamos la propiedad **Key** del objeto **SelectedItem** para ver qué elemento acaba de seleccionar el usuario. Por ejemplo:

```
Private Sub TabStrip1_Click()
    Select Case TabStrip1.SelectedItem.Key
        Case "Pestaña 1": ...
        Case "Pestaña 2": ...
        Case "Pestaña 3": ...
        Case "Pestaña 4": ...
        Case "Pestaña 5": ...
    End Select
End Sub
```

Una vez que sabemos qué pestaña seleccionó el usuario, debemos mostrar los controles adecuados, o realizar la acción conveniente.

Una de las grandes desventajas del **TabStrip** es que no puede actuar como un control contenedor, es decir, no puede contener otros controles en su interior, y mostrar los que sean necesarios de acuerdo a la pestaña seleccionada. Entonces, el **TabStrip** se vuelve un simple método de selección, como podría ser un botón de opción, en el que el programador debe realizar todo el trabajo pesado de mostrar los controles.

Por ejemplo, supongamos que en la pestaña "Lista" queremos mostrar un listado, y en la pestaña "Opciones" un marco con una caja de texto. En tiempo de diseño nunca tenemos la posibilidad de asociar cada control a una pestaña, y en tiempo de ejecución tampoco. Esto quiere decir que cada vez que el usuario seleccione una pestaña, deberemos mostrar el control adecuado (`Visible=True`), y ocultar (`Visible=False`) el que no deba verse (algo muy tedioso). Además, las propiedades de los controles de cada pestaña no serán relativas al `TabStrip`, ya que no están contenidas en él.

Para solucionarlo, podemos utilizar otro control llamado `Tabbed Dialog`, en el que cada pestaña actúa como un contenedor de otros objetos; el hecho de mostrar unos u otros es automático. Este control se puede encontrar en la ventana de componentes bajo el nombre de `Microsoft Tabbed Dialog Control 6.0`. Además, el trabajo con este control en tiempo de diseño es excelente, ya que podemos ubicar los controles en cada pestaña a medida que los creamos.

MÁS DATOS

SUGERENCIA

Aunque después de leer lo anterior puede sonar obvio, si tenemos varios controles en cada pestaña, conviene utilizar el `Tabbed Dialog` en lugar del `TabStrip`.

HAY QUE SABERLO

TABBED DIALOG

El `Tabbed Dialog` es un control que consume más recursos que el `TabStrip`, pero es muchísimo más eficiente.

Vista de árbol: el control TreeView

Otro tipo de listado muy común es el organizado en forma de árbol. Por ejemplo, el panel izquierdo del Explorador de Windows muestra todas las carpetas y las unidades de disco y actúa como un árbol (ver **Figura 36**). Algunos ítems están contraídos y otros expandidos, mostrando todos los "hijos" que tienen en su interior.

Figura 36. *Una típica vista de árbol.*

Este tipo de listados se puede implementar mediante el control `TreeView`. Dicho control se trabaja principalmente en tiempo de ejecución, ya que los datos que contiene son muy dinámicos. De todas formas, mediante la clásica propiedad `Custom` (o la ventana de propiedades) es posible modificar algunos aspectos de su apariencia:

Propiedad	Descripción
ImageList	Si vamos a asociar un icono con cada nodo del árbol, debemos utilizar un `ImageList`.
LineStyle	Permite establecer si las líneas que unen los nodos (ramas), disponen del recuadro con el "+" y el "-", que indican si las ramas están expandidas o no. Generalmente, se usa esta propiedad en "1 − `tvwRootLines`" (que no es el valor predeterminado).

Propiedad	Descripción
Scroll	Indica si el **TreeView** puede poseer barras de desplazamiento.
LabelEdit	Permite que el usuario cambie los datos del árbol.
BorderStyle	Indica si el control tiene un borde.
CheckBoxes	Si está en **True**, cada nodo del árbol contendrá una caja de verificación.

En general, lo primero que se hace es darle forma a la apariencia del listado. Para ver en forma más clara el funcionamiento del **Tree-View**, es conveniente establecer la propiedad **LineStyle** del mismo en "1 — **tvwRootLines**".

Trabajar con el TreeView

Ahora que el listado ya está creado, estamos en condiciones de empezar a cargar los datos. Para eso podemos usar el objeto **Nodes** del control, que dispone de los siguientes métodos:

Método	Descripción
Add	Agrega un nodo al árbol.
Remove	Elimina un nodo del árbol.
Clear	Limpia todo el árbol (elimina todos sus nodos).

Antes de estudiar estos métodos, veamos algunas generalidades de estos árboles:

- Cada nodo puede tener padres e hijos. Un padre es un nodo que está ubicado inmediatamente arriba, y un hijo es un nodo que está justo debajo del nodo en cuestión.
- Un nodo puede tener varios hijos, pero un solo padre.
- Los árboles tienen un solo nodo raíz (el primero que se carga).
- Cada nodo puede tener una clave que lo identifica.

Ahora sí podemos ver cómo agregar elementos al árbol.

Agregar elementos al árbol

Para agregar ítems al árbol, hay que usar el método **Add** del objeto **Nodes** del control:

```
TreeView.Nodes.Add relativo, relacion, clave, texto, imagen, ima-
```

Los parámetros tienen el siguiente significado:

Parámetro	Descripción
relativo	Clave del nodo relativo del árbol al que nos referimos para agregar el nodo nuevo.
relacion	Relación del nodo nuevo con el nodo *relativo* (parámetro anterior). Esta relación es la que define si el nodo nuevo es padre o hijo del nodo existente.
clave	La clave única que identifica a este nodo. Es importantísimo que siempre utilicemos este parámetro, para poder identificar de forma fácil a cada elemento.
texto	El texto que muestra el elemento.
imagen	Imagen de este elemento, que debe estar en el **ImageList** seleccionado.
imagen_sel	Imagen que se muestra cuando el elemento está seleccionado (también debe estar en un **ImageList** seleccionado).

La idea del método **Add** es agregar un nodo y establecer qué relación tiene con algún nodo existente del árbol. Por ejemplo, si tenemos un nodo llamado "Argentina" en el árbol, podemos agregar un nodo nuevo llamado "Brasil", y establecer una relación de hijo con Argentina. Esto es exactamente lo que hacen los parámetros **Relativo** y **Relación**. Los posibles valores aceptados por este último se ven en la tabla siguiente:

Constante	Valor	Descripción
tvwFirst	0	El nodo nuevo es ubicado antes de todos los nodos del mismo nivel que el nodo relativo.
tvwLast	1	El nodo nuevo es ubicado después de todos los nodos del mismo nivel que el nodo relativo.
tvwNext	2	El nodo nuevo es ubicado después del nodo relativo.
tvwPrevious	3	El nodo nuevo es ubicado antes del nodo relativo.
tvwChild	4	El nodo nuevo se convierte en un hijo del nodo relativo.

Atención: no hay que confundir "antes" y "después" con "padre" e "hijo". En esta tabla, el único valor que permite establecer una relación padre-hijo, es el último (`tvwChild`).

Veamos el ejemplo que planteamos en el párrafo anterior:

```
TreeView1.Nodes.Add "Argentina", tvwChild, "Brasil", "Texto Brasil",
```

Otros ejemplos válidos son:

```
'Agrega un nodo nuevo en el mismo nivel que la raíz
TreeView1.Nodes.Add "Raiz", tvwFirst, "Nuevo", "Texto"

'Agrega un nodo nuevo en el mismo nivel que NodoX, justo después
TreeView1.Nodes.Add "NodoX", tvwNext, "Otro nodo", 1
```

Luego, si queremos eliminar un nodo, podemos utilizar el método `Remove`:

```
TreeView.Nodes.Remove Nodo
```

Esto elimina el nodo con la clave indicada, por ejemplo:

```
TreeView1.Nodes.Remove "Argentina"
```

Finalmente, el método `Clear` elimina todos los elementos, y no posee ningún parámetro.

El nodo actual

El control `TreeView` posee un objeto llamado `SelectedItem`, que es del tipo `Node` (un nodo) y contiene toda la información del ítem actual. Por ejemplo:

```
Msg Box TreeView1.SelectedItem.Text
```

Esto muestra el texto del elemento actualmente seleccionado. Además, todos los objetos del tipo **Node** tienen otras propiedades muy importantes:

Propiedad	Descripción
Key	La clave de este nodo.
FullPath	Devuelve la "ruta" completa de este nodo. Cada nodo de nivel superior es separado por un "carácter separador", que por defecto es "\". Este carácter se puede cambiar desde la propiedad **PathSeparator** del control.
Root	Una propiedad que contiene un objeto con el nodo raíz del árbol.
Previous	El nodo anterior a este nodo.
Next	El nodo siguiente a este nodo.
Parent	El padre de este nodo.
Child	El primer hijo de este nodo.

Los eventos de un TreeView

Los eventos más importantes del **TreeView** son aquellos que responden a los clics del usuario, como ser el evento **Click** o **DblClick**. Estos eventos no reciben ningún parámetro, pero esto no es necesario. Pensemos en lo siguiente: cuando el usuario hace clic sobre un elemento, lo está seleccionando, y entonces, el nodo que seleccionó queda apuntado por la propiedad **SelectedItem**. Veamos un ejemplo:

```
Private Sub TreeView1_Click()
    MsgBox "Usted seleccionó: " & TreeView1.SelectedItem.Text
End Sub
```

De esta forma mostramos un mensaje con el texto del elemento seleccionado.

Un ejemplo

Vamos a ver un ejemplo muy pequeño, que agregue algunos nodos a un árbol y nos permita visualizar qué forma toma el árbol creado.

1 Creamos un nuevo proyecto y agregamos un `TreeView`, que llamamos `Arbol`.

2 Agregamos un `ImageList` y cargamos varias imágenes en él.

3 En el árbol, cambiamos la propiedad `LineStyle` a "1 — tvwRootLines", y lo enlazamos con el `ImageList` creado en el paso 2.

4 En el evento `Load` del formulario ingresamos el código necesario para cargar el árbol (cargamos algunos elementos arbitrariamente):

```
Private Sub Form_Load()
    Dim i As Integer

    Arbol.Nodes.Add , , "Raiz", "Nodo raiz", 1

    For i = 1 To 3
        Arbol.Nodes.Add "Raiz", tvwChild, "Hijo " & i, "Hijo " & i,
(i + 1)
    Next i

    Arbol.Nodes.Add "Hijo 1", tvwChild, "Nieto 1", "Nieto 1", 5
    Arbol.Nodes.Add "Nieto 1", tvwNext, "Nieto 2", "Nieto 2", 6
    Arbol.Nodes.Add "Nieto 1", tvwPrevious, "Nieto 0", "Nieto 0", 7
End Sub
```

5 Luego, hacemos que el usuario reciba una pequeña respuesta a través de una etiqueta (`lblActual`) del nodo que seleccionó:

```
Private Sub Arbol_Click()
    lblActual = Arbol.SelectedItem.Text
End Sub
```

Al ejecutar el programa y expandir todas las ramas del árbol, éste adquiere la apariencia de la **Figura 37**.

*Figura 37. Un árbol creado con el control **TreeView**.*

EN EL CD

Este ejemplo se encuentra en el CD que acompaña al libro, dentro de la carpeta `Ejemplos\Cap11\Ej08`.

Almanaques con el control MonthView

Tiempo atrás, una de las tareas más tediosas de la programación era trabajar con fechas, pero con el paso del tiempo, esto se convirtió en un juego de niños. Combinando las funciones de fechas (vistas en el capítulo 5) con los controles adecuados, podemos obtener muy buenos resultados.

El **MonthView** es un nuevo control de Visual Basic 6; muestra un almanaque y le da al usuario la posibilidad de elegir (marcar) uno o más días. Además, si la fecha buscada no se ve en el rango mostrado, el usuario dispone de dos botones que permiten cambiar los meses del almanaque. Este control es muy fácil de usar, ya que la mayoría de propiedades que posee se refieren a su apariencia.

Mediante la propiedad **Custom** podemos entrar a una página de propiedades como la de la **Figura 38**.

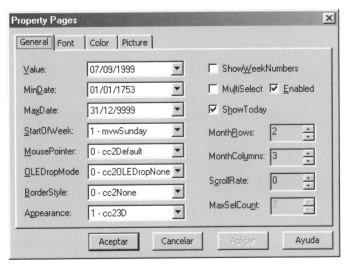

*Figura 38. La página de propiedades del control **MonthView**.*

Allí podemos establecer algunas de estas propiedades:

Propiedad	Descripción
Value	El valor seleccionado en el almanaque.
MinDate	La fecha mínima que puede mostrar el almanaque.
MaxDate	La fecha máxima que puede mostrar el almanaque.
StartOfWeek	Día en el que comienza la semana.
ShowWeekNumbers	Muestra el número de cada semana en el año.
ShowToday	Establece si el control muestra el día actual (en la fecha del sistema).
MonthRows	La cantidad de filas que muestra el almanaque.
MonthColumns	La cantidad de columnas que muestra el almanaque.
ScrollRate	Un valor numérico que determina cuántos meses se desplaza el almanaque cuando el usuario pulsa las flechas.

En la **Figura 39** vemos la apariencia de un almanaque de **2x3** (típico). Como la propiedad **ScrollRate** está en **6**, el uso de las flechas avanza o retrocede un semestre.

Figura 39. Un almanaque creado con el `MonthView`.

La fecha seleccionada

De nada sirve un bello almanaque si no nos permite obtener información. Cuando el usuario selecciona una fecha, se establecen estas propiedades:

Propiedad	Descripción
Value	La fecha completa seleccionada.
Week	El número de semana del año seleccionado (1 a 52).
Day	El día del mes seleccionado (1 a 31).
Month	El número de mes (1 a 12).
Year	El año seleccionado.
DayOfWeek	El día de semana seleccionado (1 a 7).

Luego de presentar el almanaque, podemos chequear con código el valor de estas propiedades:

```
MsgBox "La fecha seleccionada fue: " & MonthView1.Value
```

De la misma forma podemos consultar las otras propiedades mencionadas.

~~VISUAL BASIC 6~~

En el CD hay un ejemplo que utiliza un almanaque, como lo acabamos de describir. Se encuentra en la carpeta `Ejemplos\Cap11\Ej09`.

El control DateTimePicker

Otro control utilizado para manejar fechas es el `DateTimePicker`, también nuevo en Visual Basic 6. Este control presenta una especie de combo, en el cual el usuario tiene dos opciones:

- Ingresar una fecha manualmente.
- Desplegar un pequeño almanaque de un mes (que se puede deslizar) y elegir la fecha visualmente.

En la **Figura 40** vemos un ejemplo de este control en acción, cuando el usuario quiere elegir una fecha.

Figura 40. El `DateTimePicker` *se suele llamar* `DTPicker`.

Si bien este control no dispone de todas las propiedades de apariencia del `MonthView`, cuenta con las propiedades `Value`, `Day`, `Month`, `Year` y `DayOfWeek`, que permiten ver qué fecha seleccionó el usuario.

EN EL CD

En el CD hay un ejemplo que usa el `DTPicker`, ubicado en la carpeta `Ejemplos-\Cap11\Ej10`.

Barras de estado: el control StatusBar

Las barras de estado permiten mostrar información, sin ocupar demasiado lugar. Por ejemplo, en la **Figura 41** se ve la barra de estado de una ventana del Explorador de Windows.

Figura 41. Una barra de estado con información acerca de la carpeta actual.

En Visual Basic, podemos crear barras de estado mediante el control **StatusBar**. Al agregar el control a un formulario, éste se ubica automáticamente en el sector inferior del mismo (se puede cambiar mediante la propiedad **Alignment** del control). A partir de allí, podemos usar la propiedad **Custom** para modificar su apariencia visual.

Hay dos tipos de barras de estado:

- **Simples**: sólo muestra un recuadro o panel con un texto cualquiera.
- **Normales**: pueden mostrar varios paneles, imágenes, texto, y hasta contener otros controles.

En la primera pestaña de la propiedad **Custom**, podemos elegir el tipo de barra de estado mediante el combo **Style**. Si elegimos el estilo simple, podemos utilizar la propiedad **SimpleText** del control para indicar el texto que muestra. Si elegimos el tipo normal, podemos pasar a la pestaña **Panels**, que se ve en la **Figura 42**.

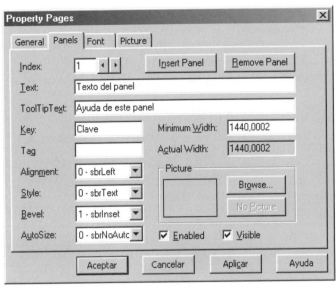

Figura 42. Desde la pestaña `Panels` podemos crear todos los paneles de nuestra barra de estado.

En esta pestaña hay dos botones fundamentales llamados `Insert Panel` y `Remove Panel`, que permiten crear o eliminar paneles. Cuando creamos un panel nuevo con `Insert Panel`, podemos establecer sus propiedades:

Propiedad	Descripción
Style	El estilo del panel (ver siguiente sección).
Text	El texto que muestra el panel.
Key	La clave que identifica al panel entre los demás.
ToolTipText	El texto de ayuda que aparece al dejar el mouse encima.
Alignment	La alineación del panel.
Bevel	El tipo de borde (hundido, levantado, sin borde, etc.).
AutoSize	Indica cómo se ajusta el tamaño del panel.
Picture	Permite establecer una imagen de fondo para el panel.
MinWidth	El ancho mínimo que puede tener el panel.

Cuando vamos a crear una barra de estado, ya tenemos que prever que información vamos a mostrar allí, y por ende el número de paneles que vamos a usar.

Estilos de panel

Cada panel de una barra de estado puede ser de un estilo diferente, que varía según el tipo de información que muestra. El estilo de cada panel se puede cambiar mediante el combo `Style` de la pestaña `Paneles` de la propiedad `Custom`, y acepta alguno de los siguientes valores:

Valor	Descripción
SbrText	Muestra el texto indicado en la propiedad `Text` del panel.
SbrCaps	Muestra el estado de la tecla Caps Lock.
SbrNum	Muestra el estado de la tecla Num Lock.
SbrIns	Muestra el estado de la tecla Insert.
SbrScrl	Muestra el estado de la tecla Scroll Lock.
SbrTime	Muestra la hora.
SbrDate	Muestra la fecha.

En la **Figura 43** vemos una barra de estado que tiene un panel de cada tipo.

Figura 43. Siete paneles con información muy variada, y todo en forma automática.

ATENCIÓN

Si un panel no es del tipo `sbrText`, y utilizamos la propiedad `Text` del mismo, ésta es ignorada.

Simplemente con establecer alguno de estos valores, la información se mostrará en el panel. Esto hace que sea una tentación mostrar por lo menos la fecha y la hora, para darle una buena apariencia al programa.

Los tipos de borde

La propiedad `Bevel` de cada panel establece su tipo de borde, y acepta 3 valores:

Valor	Descripción
SbrNoBevel	Sin borde.
SbrInsert	Borde hundido.
SbrRaised	Borde sobresalido.

En la **Figura** 44 vemos una barra de estado tres paneles del tipo `sbrText` (muestran texto), que nos dan una idea de cómo quedan los diferentes tipos de borde.

Figura 44. Los tres tipos de borde: listo, hundido y levantado.

El ajuste de tamaño de los paneles

La propiedad `AutoSize` de cada panel define la forma en que varía su tamaño cuando cambia el tamaño del contenedor (el formulario). Esta propiedad admite tres valores:

Valor	Descripción
SbrNoAutoSize	No se agranda ni se achica.
SbrSpring	Se agranda en igual proporción que el resto de los paneles con este valor en `AutoSize`. Si un solo panel tiene este valor, se expandirá tanto como pueda.
SbrContents	Se ajusta siempre al contenido del panel (tiende a achicarse).

Por lo general, si no hay un panel que necesite más espacio que otro, todos los paneles se utilizan en `sbrSpring`.

Identificar a los paneles con código

Si tenemos un panel del tipo `sbrText`, muchas veces será necesario cambiar el texto que contiene. Para eso contamos con el objeto `Panels` (una colección), en el que podemos buscar el panel necesario por clave (propiedad `Text`), y luego modificar su propiedad `Text`:

```
StatusBat1.Panels("ClavePanel").Text = "Texto del panel"
```

Si bien el panel también puede ubicarse por su número de índice, es mucho más conveniente usar la clave, ya que es más fácil de recordar.

Un ejemplo

Aunque este control se puede manejar por código (creando o eliminando paneles con método como **Add** o **Remove**) es mucho más común crearlos visualmente con las páginas de propiedades. Debido a esa razón que no vale la pena ahondar en la creación de un ejemplo, pero sí es bueno investigar el que está en el CD, que se muestra en la **Figura 45**.

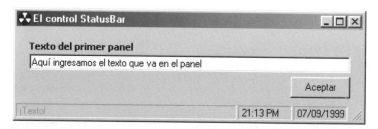

Figura 45. *Es una buena idea intentar maximizar la ventana para ver cómo se adaptan los paneles.*

EN EL CD

~~VISUAL BASIC 6~~

En el CD que acompaña al libro hay un ejemplo que utiliza una barra de estado. Se encuentra en la carpeta **Ejemplos\Cap11\Ej11.**

Barras de progreso: el control ProgressBar

Las computadoras muchas veces tienen que realizar procesos de duración indeterminada: pueden tardar segundos, minutos y hasta horas. Aunque el usuario de un programa pueda estimar cuanto tardará en hacer algo, siempre es mejor brindarle una información del progreso del proceso.

Para hacerlo, nada mejor que una barra de porcentaje, o **ProgressBar**. Este control es muy sencillo, y permite mostrar una barra que se va llenando a medida que avanza un proceso.

Este control tiene algunas propiedades que debemos conocer:

Propiedad	Descripción
Min	Valor mínimo del proceso.
Max	Valor máximo del proceso.
Value	Valor actual en el que se encuentra el proceso. Este valor lo tenemos que ir estableciendo nosotros, para que la barra de progreso avance.
Appearance	Permite darle una apariencia 3D o chata al control.
BorderStyle	Indica si la barra tiene o no un borde que la rodea.
Orientation	¿Orientación vertical y horizontal?
Scrolling	Permite elegir entre dos tipos de barras de porcentaje: varios cuadritos divididos que se van llenando, o una barra llena (sin divisiones).

Las propiedades más importantes son **Min**, **Max** y **Value**. Éstas son relativas al proceso que estamos realizando. Por ejemplo, supongamos que vamos a leer 248 archivos de texto:

- El valor mínimo sería **0** (todavía no empezó el proceso).
- El valor máximo sería **248** (la cantidad de archivos a leer).
- El valor actual sería el número de archivo que estamos leyendo (por ejemplo, **192**).

Antes de usar el control, es muy importante establecer los valores **Min** y **Max**. El resto de las propiedades es una cuestión de apariencia.

Veamos un ejemplo que muestre una barra que se va llenando según un proceso (que utiliza un **Timer**):

PASO A PASO

1 Creamos un nuevo proyecto y agregamos un **ProgressBar** (la llamamos **Progreso**).

2 Cambiamos su propiedad **Scrolling** a "1 – ccScrollStandard", y le damos un valor mínimo de **0** y un valor máximo de **200**.

3 Agregamos un botón Comenzar (**cmdComenzar**) que nos permita dar por iniciado el proceso. La apariencia del programa se ve en la **Figura 46**.

4 Agregamos un **Timer** que permita controlar el proceso.

5 El código necesario:

```
Private Sub Form_Load()
    'Inicializamos el timer para que esté apagado
    Timer1.Enabled = False
End Sub

Private Sub cmdComenzar_Click()
    'Inicializamos la barra de progreso, y comenzamos el Timer
    Progreso.Value = 0
    Timer1.Enabled = True
End Sub

Private Sub Timer1_Timer()
    'Si el progreso todavía no termina, seguir aumentando Value
    With Progreso
        If .Value < .Max Then
            .Value = .Value + 1
        Else
            'Termino!
            MsgBox "Proceso terminado"
            'Deshabilitamos el Timer
            Timer1.Enabled = False
        End If
    End With
End Sub
```

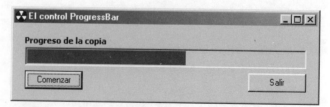

Figura 46. Nuestro proceso se encuentra a un poco más de la mitad.

EN EL CD

VISUAL BASIC 6

Este ejemplo se encuentra terminado en el CD, dentro de la carpeta `Ejemplos\Cap11\Ej12.`

Cuestionario

1. ¿Cómo se agregan nuevos controles a la caja de herramientas?

2. ¿Qué son los cuadros de diálogo común?

3. ¿Cuáles son los principales controles comunes de Windows?

4. ¿Para qué se usa el control `ImageList`?

5. ¿Cómo se agregan elementos a un `ImageCombo`?

6. ¿Qué diferencias hay entre los controles `ListView` y `TreeView`?

7. ¿Para qué se usa el control `CoolBar` y qué diferencias tiene con `ToolBar`?

8. ¿Qué son los `Bands` en los controles `CoolBar`?

9. ¿Para qué sirve el objeto `Nodes` en un control `TreeView`?

10. ¿Qué diferencias hay entre los controles `StatusBar` y `ProgressBar`?

FINALIZACIÓN DE UN PROYECTO

Un proyecto nunca termina inmediatamente después de ser programado: debe tener un tiempo de prueba adecuado donde se corrijan todos los errores. El proceso de prueba es exitoso cuando se encuentran y se corrigen varios errores. En este capítulo veremos las herramientas de depuración y manejo de errores que ofrece el lenguaje, y también cómo compilar y finalizar un proyecto.

Capítulo

Manejo de errores

Por más empeño que un programador ponga en el desarrollo de un proyecto, nunca estará librado cien por cien de los errores. Pueden ocurrir errores causados por el mismo programa (más conocidos como *bugs*) o bien debido a una mala utilización de la aplicación por parte del usuario. De una forma u otra, estos errores son un aspecto importante a tener en cuenta, así que vamos a tener que aprender a convivir con ellos para poder minimizarlos y dominarlos.

Errores de compilación

Se llaman errores de compilación aquellos que se producen cuando Visual Basic compila un programa. Un caso típico son los errores de sintaxis. Por ejemplo, la siguiente línea de código produce un error de compilación:

```
a += b
```

En la **Figura 1** se puede ver el mensaje que nos muestra Visual Basic cuando se produce este error.

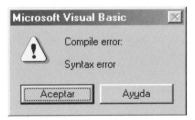

Figura 1. Error de sintaxis: un error de compilación típico. Pulsado el botón Ayuda podemos obtener una pequeña descripción del error, sus posibles causas y soluciones.

Pero.. ¿cuándo compila Visual Basic un programa? Sólo en dos ocasiones: cuando se va a crear el archivo ejecutable (**EXE**) y cuando se ejecuta el proyecto utilizando la opción "*Start with Full Compile*". Básicamente, hay dos formas de ejecutar un programa desde el entorno de Visual Basic:

- Pulsando **F5** (*Start*)
- Pulsando **Ctrl+F5** (*Start with full compile*)

La primera opción compila sólo la parte del código necesaria para arrancar. Luego, a medida que sea necesario, va compilando el resto del programa. Esta técnica se llama "*Compile on demand*", y se activa sólo si está habilitada en las opciones (menú **Tool/Options**, pestaña **General**).

La segunda opción (**Ctrl+F5**) compila absolutamente todo el proyecto antes de comenzar la ejecución, y por lo tanto, se detiene si encuentra algún error de este tipo. Veamos un ejemplo:

PASO A PASO

❶ Crear un proyecto nuevo.

❷ Agregar un botón de comandos (**command1** por defecto).

❸ En el código del evento **Click**, escribir:

```
Private Sub Command1_Click()
    Dim a As Integer
    Dim b As Integer

    a += b
End Sub
```

Como se ve, la anteúltima línea de código produce un error de compilación.

- Si pulsamos **F5** para ejecutar el proyecto, el error no aparece en una primera instancia, pero una vez que estamos en el programa, al hacer clic sobre el botón, el error aparecerá.
- Si pulsamos **Ctrl+F5** para ejecutar el programa, Visual Basic nos informa del error y la compilación se detiene allí.

MÁS DATOS

SUGERENCIA

En la mayoría de los casos conviene ejecutar los proyectos utilizando la opción **Start with full compile** (Ctrl+F5).

Los errores de compilación no suelen ser complicados, y se pueden solucionar leyendo bien el código y prestando atención a los mensajes de Visual Basic.

Errores en tiempo de ejecución

Estos errores se producen durante la ejecución de un programa y no pueden ser advertidos en el proceso de compilación. Generalmente se deben a situaciones particulares, que pueden darse siempre o no. Algunos ejemplos de errores en tiempo de ejecución son:

- Se intentó acceder a un subíndice de un vector, pero se sobrepasaron los límites. Por ejemplo, se quiso acceder a la posición **10** de un vector con **5** elementos.
- Se intentó abrir un archivo que no existe.
- En una variable se cargó un valor numérico superior al que dicha variable puede soportar. Por ejemplo, se le asignó el valor **15.000** a una variable del tipo **Byte**. Este error es conocido como **Overflow**.

Por ejemplo:

```
' Tipo de dato: Byte. Máximo: 255
Dim a As Byte


a = 15000
```

Cuando un error se produce siempre, es muy fácil solucionar el problema. Por ejemplo, en el caso del archivo, es posible que haga falta copiar en una carpeta un documento faltante. Ahora bien, cuando el error es inesperado y se produce en forma aislada, seguramente la causa es una falla en la lógica del programa, que debe ser solucionada con un poco más de "investigación" y trabajo (utilizando las técnicas de depuración).

Cuando se produce un error en tiempo de ejecución y no hay ninguna rutina de manejo de errores activada, el programa muestra un mensaje informativo bastante chocante.

Si el programa se estaba ejecutando desde el entorno de Visual Basic (IDE), aparece un mensaje como el de la **Figura 2**, e inmediatamente después entramos en modo depuración. Si el programa se estaba ejecutando desde un ejecutable compilado (EXE), el mensaje se ve como en la **Figura 3**, y para los ojos del usuario, esto es un verdadero desastre.

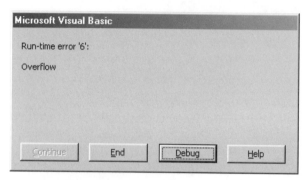

Figura 2. Un error en tiempo de ejecución, cuando el programa se estaba ejecutando desde el entorno de Visual Basic.

Figura 3. Un error en tiempo de ejecución, cuando el programa fue compilado en un archivo ejecutable.

Dado que los errores de compilación suelen ocurrir de forma inesperada, es necesario poder obtener toda la información posible para corregirlo. Lo más importante es conocer cuál fue la acción que provocó el error, y bajo qué circunstancias ocurrió.

Obviamente, también es muy bueno saber qué tipo de error se produjo. Por dicha razón, cada error tiene su correspondiente código numérico, que se informa en los mensajes mencionados anteriormente. Para obtener una lista completa de los errores en tiempo de ejecución, podemos buscar el tema **Trappable Errors** en la ayuda de Visual Basic (**F1**). A continuación se describen los más importantes:

Número	Descripción
5	Llamada a procedimiento no válida
6	Overflow (desbordamiento)
7	No hay memoria suficiente
9	Subíndice fuera del rango
11	División por cero
20	Resume sin Error
52	Número de archivo (#) incorrecto
53	No existe el archivo
54	Modo de archivo incorrecto
55	El archivo ya está abierto
61	Disco lleno
70	Acceso denegado
75	Error en la ruta del archivo

Capturando los errores: la instrucción On Error

La instrucción **On Error** permite capturar un error. Capturar un error significa evitar que aparezca el mensaje informativo y tener la posibilidad de hacer que la aplicación siga funcionando correctamente.

Para capturar un error es necesario programar una rutina de manejo de errores, que entre en acción al producirse una falla. Por ejemplo, en el caso del *Overflow*, Visual Basic no mostraría el mensaje, sino que le devolvería el control a nuestra rutina, y ésta se encargaría de tomar una decisión al respecto.

La instrucción se puede utilizar de tres maneras:

```
On Error Goto Etiqueta
```

Esto hace que al producirse un error, Visual Basic salte a la etiqueta de código indicada.

```
On Error Resume Next
```

Aquí, al producirse un error, Visual Basic lo ignora por completo y sigue con la próxima instrucción.

```
On Error Goto 0
```

Esto deshabilita la rutina de manejo de errores y vuelve al modo normal.

Cabe aclarar que las rutinas de manejo de errores son locales a un procedimiento o función. Es decir, el uso de la sentencia On Error tiene validez sólo en el procedimiento en donde es usada. Veamos un ejemplo:

```
Private Sub MiProcedimiento()
Dim a As Byte

    On Error Goto ManejoError:

    a = 15000

    Exit Sub

ManejoError:
    ' Rutina de manejo de errores
End Sub
```

Esto hace que al producirse cualquier error en el procedimiento **MiProcedimiento**, el control del programa salte automáticamente a la etiqueta **ManejoError**. Aquí, lo bueno es que no aparecerá ningún mensaje de error: sólo el programa sabrá que hubo una falla, y ahora tiene la posibilidad de solucionarla.

Nótese que se utiliza la sentencia Exit Sub para salir del procedimiento, sin pasar innecesariamente por la rutina de error.

En la rutina de errores podemos tomar varias decisiones:

• Mostrar un mensaje informativo, pero más amable (generalmente tratando de minimizar el problema), y luego retomar la ejecución del programa.
• Controlar que no sea un error demasiado grave; en ese caso, no informar nada y seguir adelante.

• Guardar un archivo `log` con el error y la situación que lo provocó.

Ahora bien; más allá de la decisión que tomemos, hay un punto fundamental: si deseamos seguir con la ejecución del programa, ¿cómo volvemos a donde estábamos antes? Es decir, luego de la rutina de manejo de errores debemos volver a la línea de código que provocó el error. Para esto podemos utilizar la sentencia `Resume`, que acepta tres usos diferentes:

```
Resume
```

Vuelve a la línea que produjo el error, y continúa la ejecución desde allí (vuelve a ejecutar esa línea).

```
Resume Next
```

Vuelve a la línea siguiente a la que produjo el error, y continúa la ejecución desde allí.

```
Resume Etiqueta
```

Continúa la ejecución desde la **Etiqueta** indicada.

En el ejemplo anterior, podríamos haber utilizado `Resume Next` para continuar con la línea siguiente:

```
Private Sub MiProcedimiento()
Dim a As Byte

    On Error Goto ManejoError:

    a = 15000

    Exit Sub

ManejoError:
    Resume Next    ' Continuar en la línea siguiente
End Sub
```

Obviamente, no todas las veces los errores son tan simples como en este ejemplo.

MANEJO DE ERRORES

El manejo de errores siempre es local, es decir, no tiene vigencia fuera de un procedimiento. Hay que programar una rutina para cada procedimiento que se quiera controlar.

Por último, existe una opción que habilita o deshabilita las rutinas de manejo de errores cuando se ejecuta un programa desde el entorno de Visual Basic. Capturar los errores suele ser muy bueno, pero sólo cuando el programa se ejecuta en la máquina del usuario. Mientras programamos, lo mejor que puede pasar es que "salten" todos los errores posibles, para así poder corregirlos.

En la ventana de opciones (menú `Tools/Options`), pestaña `General`, en `Error Trapping` tenemos tres opciones (explicadas en el capítulo 2), de las cuales conviene seleccionar `Break On All Errors` (interrumpir en cualquier error). De todas formas, para probar las técnicas de esta parte del capítulo conviene seleccionar momentáneamente `Break on Unhandled Errors` (interrumpir sólo en errores no capturados).

Obteniendo información del error: el objeto Err

Hasta ahora vimos cómo tomar una decisión cuando se produce un error. Pero para tomar cualquier decisión siempre es necesario contar con información. No siempre el error será tan sencillo como para "pasarlo por alto" y "seguir adelante". Por ejemplo, si el error se produce porque falta un archivo fundamental para la aplicación, la ejecución debe detenerse. ¿Cómo obtener información de un error?

Visual Basic nos provee un objeto llamado `Err`, con algunas propiedades que nos pueden ser muy útiles:

Propiedad	Descripción
Source	Contiene el nombre del objeto o aplicación que generó el error.
Number	Contiene el número de error ocurrido.
Description	Contiene una descripción que se corresponde con el número de error.

Lo más común es averiguar que tipo de error de produjo en la rutina de manejo de errores, y a partir de allí tomar una decisión. Para hacerlo se suele usar una estructura del tipo `Select Case`, preguntando por el número de error:

```
Private Sub MiProcedimiento(Archivo As String)
    On Error Goto ManejoError

    Open Archivo For Input As #1
        Line Input #1, Cadena
    Close #1

    Exit Sub

ManejoError:
    ' Ver que tipo de error se produjo
    Select Case Err.Number
        Case 53
            MsgBox "El archivo no existe. Especifique otro."
            Exit Sub
        Case 7
            MsgBox "No hay memoria suficiente, cierre algunos programas."
            Resume
        Case Else
            ' Otro error, ignorarlo
            Resume Next
    End Select
```

Este procedimiento intentará abrir un archivo para lectura, que es pasado mediante el parámetro **Archivo**. Si al abrir el archivo nos damos cuenta de que éste no existe (error **53**), se informa al usuario de la situación y se le pide que elija otro archivo. En caso de que no haya memoria (error **7**), le pedimos que cierre algunas aplicaciones. En cualquier otro caso, el error es ignorado por completo.

También, podemos mostrarle al usuario lo que está sucediendo en realidad y preguntarle cordialmente si desea seguir adelante:

```
Private Sub MiProcedimiento(Archivo As String)
    On Error Goto ManejoError

    Open Archivo For Input As #1
        Line Input #1, Cadena
    Close #1

    Exit Sub

ManejoError:
    IF MsgBox("Error:" & Err.Number & "Seguir adelante?", vbYesNo)
= vbYES Then
        Resume Next
    Else
        End
    End If
End Sub
```

Dado que el control de errores siempre se realiza en forma local, es decir, dentro de cada procedimiento, a veces puede resultar repetitivo ingresar la misma rutina de control en todos los casos. Para mejorarlo, una buena posibilidad es crear un procedimiento que se encargue de manejar los errores, que sea llamado siempre que se produce una falla. Por ejemplo:

```
Errores:
    ManejarError Err.Number, Err.Description
    Resume Next
End Sub
```

Aquí, el procedimiento **ManejarError** siempre es llamado cuando se produce un error, y recibe como parámetros el número y descripción del mismo.

Cabe aclarar que no es posible manejar dos rutinas de error a la vez. Esto quiere decir que si en la rutina de manejo de errores se produce una nueva falla, ésta será fatal y no se podrá capturar. Además, la instrucción **Resume** siempre debe utilizarse dentro del procedimiento que causó el error, si no obtendremos uno nuevo del tipo *Resume without error* (Instrucción **Resume** sin error).

Disimular los posibles errores de un programa

Una técnica que a veces puede resultar útil es la de camuflar todos los errores; por ejemplo, mediante la sentencia **Resume Next** continuar la ejecución en la línea siguiente, ignorando el error. Utilizar esta técnica a veces resulta favorable y a veces no.

En algunos casos, si se produce un error de menor importancia, dicha técnica puede salvar a nuestra aplicación de mostrar un mensaje de error innecesario. Por ejemplo:

```
Dim a As Byte

a = 15000

...

a = 150

MsgBox "Valor: " & a
```

Aquí, primero le asignamos un valor incorrecto a la variable "a", pues supera el rango admitido (255). Para el programa eso no tiene importancia, porque más adelante se le asigna a la variable el valor 150, que es el que finalmente se muestra. Una instrucción **Resume Next** aquí nos hubiese salvado de asustar al usuario con un mensaje por un error de menor importancia.

En otras situaciones, la técnica nos puede jugar en contra. Usar siempre la instrucción **Resume Next** es como decir "Seguí adelante pase lo que pase, y no te detengas". Esto puede desembocar en misteriosos cuelgues del programa, sin razón aparente, y sería más difícil enterarnos si éste tiene realmente un *bug*.

La experiencia indica que es conveniente usar esta técnica en pocas ocasiones, cuando tenemos cierto control de la situación.

Un ejemplo

Vamos a construir un programa muy sencillo que le asigne un valor a una variable del tipo **Byte**, mediante una caja de texto (`txtValor`). Si el número ingresado es mayor a **255**, se activa la rutina de manejo de errores y captura el `Overflow` provocado. En la **Figura 4** se ve la apariencia del programa. Luego de construir el formulario, sólo debemos ingresar el código necesario en los botones Aceptar (`cmdAceptar`) y Cancelar (`cmdCancelar`):

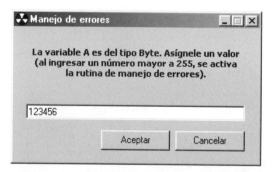

Figura 4. *Un programa que utiliza una rutina de manejo de errores.*

```
Private Sub cmdAceptar_Click()
    Dim A As Byte

    On Error GoTo ManejoError

    A = Val(txtValor)

    txtValor = ""
    Exit Sub

ManejoError:
    'Según el tipo de error
    Select Case Err.Number
        Case 6
            'OVERFLOW!!!
            MsgBox "Overflow capturado. El número sobrepasa el rango"
        Case Else
            MsgBox "Error capturado: " & Err.Number & vbCrLf & Err.Des-
cription
```

```
      'Retomamos en la siguiente línea
      Resume Next
  End Sub


  Private Sub cmdCancelar_Click()
      End
  End Sub
```

Cuando ingresamos un valor superior a 255, el programa nos muestra el mensaje de la **Figura 5**.

Figura 5. *Hemos capturado el error.*

Cabe recordar que para ver trabajar a la rutina de error debemos seleccionar `Break on Unhandled Errors` en `Trapping Errors` (menú `Options/Tools`).

Depuración

Un error de compilación o de ejecución puede llegar a ser fácil de solucionar, pero un error en la lógica de un programa puede absorber varias horas de trabajo de un programador que ignora cómo utilizar las herramientas de depuración.

Depurar significa probar un programa y eliminar todos los errores o *bugs* que contenga. Hay varias técnicas que nos pueden ayudar a hacerlo, siguiendo paso a paso la ejecución de un programa y verificando los valores de las variables y otras estructuras.

Técnicas de depuración

Las técnicas de depuración no deben estudiarse por separado: todas ayudan al programador en un aspecto diferente, y todas se vuelven más poderosas cuando son usadas en conjunto. En general están disponibles desde el menú **Debug**. Antes de comenzar a ver cada una de las técnicas debemos plantearnos lo siguiente: cuando advertimos que nuestro programa no funciona como es debido... ¿qué datos necesitamos para identificar rápidamente la causa del problema? Esos datos son:

1. El lugar exacto donde se produce el error.
2. El estado de las variables en ese momento.

Veamos un ejemplo. En el siguiente código se pretende informar la longitud de la primera palabra de una cadena, pero hay un error lógico:

```
Dim Espacio As Integer
Dim Longitud As String

Cadena = "Manual de referencia"
Longitud = Instr (Cadena, " ")
...

MsgBox "Longitud de la primera palabra: " & Longitud
```

La primera palabra es "Manual", y el programa debería informar que tiene una longitud de 6 caracteres, pero al hacer una prueba de ejecución, informa que tiene 7. ¿Por qué?

Dado que la cadena es correcta, es probable que el problema se encuentre cuando le damos el valor a la variable **Longitud**. Para comprobarlo, sería muy bueno observar qué valor tiene justo después de la asignación. Para esto, podemos insertar un **Breakpoint** y después hacer un **QuickWatch**, como veremos a continuación.

Volviendo al ejemplo, el error lógico ocurre porque la función **Instr** devuelve la posición del primer espacio en la cadena, pero no estamos considerando que la palabra termina justo un carácter antes.

El código correcto hubiese sido:

```
Longitud = Instr (Cadena, " ") - 1
```

Los breakpoints

Breakpoint significa "punto de interrupción". Los puntos de interrupción pueden insertarse en cualquier línea de código ejecutable; luego, cuando la ejecución llegue a ese punto, se detendrá y entraremos en "modo depuración".

En este modo podemos consultar el valor de las variables, probar pequeñas líneas de código, modificar el código fuente, avanzar paso a paso, y mucho más.

Para insertar *breakpoints* podemos utilizar la tecla **F9** o ir al menú **Debug/Toogle Breakpoint**. Cuando ubicamos un punto de interrupción, la línea se marca con otro color y aparece un círculo a la izquierda, como se ve en la **Figura 6**.

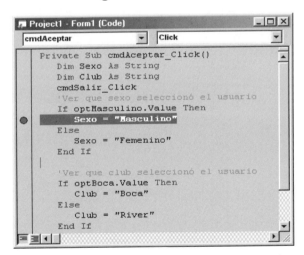

Figura 6. Acabamos de insertar un **breakpoint** *para detener momentáneamente la ejecución en ese punto.*

De todas formas, los *breakpoints* no son la única forma de entrar en modo depuración: también podemos pulsar **Ctrl+Pause** en cualquier momento para interrumpir el programa, o utilizar el menú **Run-/Break** del IDE de Visual Basic.

Podemos salir del modo depuración de dos formas: continuando la ejecución (`F5`), o deteniendo definitivamente el programa (menú `Run/End`).

Conocer el valor de las variables

Ni bien entramos en modo depuración, es de vital importancia conocer el valor de las variables importantes. Para esto, tenemos varias opciones:

- Ubicar el puntero del mouse sobre el nombre de la variable y esperar un segundo hasta que aparezca el recuadro con su contenido (**Figura 7**).
- Ubicar el cursor del teclado sobre la variable en cuestión y pulsar `Shift+F9` para abrir una ventana con la información (*Quick Watch* o vista rápida). Ver **Figura 8**.
- Seleccionar la variable y crear un *Watch* o vista por medio del menú `Debug/Add Watch`, o pulsando el botón `Add` en la ventana *Quick Watch*. Ver **Figura 9**.
- Pulsar `Ctrl+G` para ir a la ventana *Immediate* y ejecutar allí una instrucción `Print` de la variable o expresión. Ver **Figura 10**. Esta ventana se estudia unas líneas más adelante.

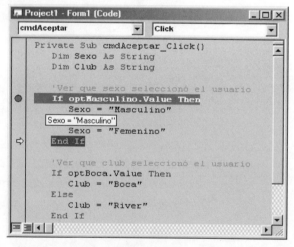

Figura 7. Para saber el contenido de una variable, lo más rápido es ubicar el mouse sobre ella unos segundos.

*Figura 8. La ventana QuickWatch nos muestra el contexto,
la expresión o variable y su valor.*

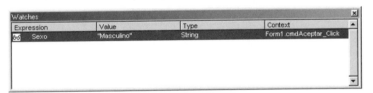

Figura 9. Si necesitamos "monitorear" muchas variables, nada mejor que los Watchs.

Figura 10. La ventana Immediate, que veremos más adelante, es muy útil.

Así como es posible conocer el valor de una variable, también podemos averiguar el valor de una expresión compuesta por una mezcla de variables y números o cadenas. Por ejemplo, podemos averiguar qué valor tienen las siguientes expresiones:

```
TotalAlquiler + 150

TotalAlquiler + Recargo * 100

4 * 8 + 15

Instr (Cadena, "/")

Left (Cadena, Posicion)
```

Ejecución paso a paso

Una vez que se detuvo la ejecución y entramos en modo depuración, tenemos dos opciones para seguir ejecutando el programa:

- Pulsar **F5** para continuar normalmente con la ejecución
- Pulsar **F8** para ir paso a paso.
- Pulsar **Shift+F8** para ir paso a paso, pero sin entrar en procedimientos.

Avanzar paso a paso significa ejecutar una línea de código a la vez, y luego volver inmediatamente al modo interrupción. Esto nos permite capturar los errores en el momento, cuando están "con las manos en la masa", ya que de antemano conocemos el valor de las variables.

La línea actual de código en la que se encuentra la ejecución se ve resaltada en color y con una flecha a su izquierda, como se ve en la **Figura 11**. Al pulsar **F8**, esta línea avanza una vez.

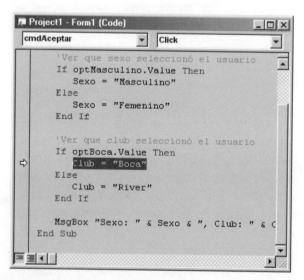

Figura 11. Es muy fácil identificar la línea actual de ejecución.

En general, cuando encontramos un error podemos corregirlo fácilmente, cambiando el código en el acto y sin necesidad de detener definitivamente la ejecución.

También es posible establecer cuál será la próxima línea a ejecutar, mediante el menú `Debug/Set Next Statement` (`Ctrl+F9`). Esto nos permite volver atrás una líneas y volver a ejecutar el código recién corregido.

La ventana Immediate

Esta ventana (**Figura 10**), accesible mediante el menú `View/Immediate Window` o `Ctrl+G`, brinda la posibilidad de ejecutar instrucciones en el acto, con variables y expresiones que se encuentren dentro del contexto actual de nuestro programa. Por ejemplo, para conocer el estado de la variable **Ganador** podemos ejecutar una instrucción `Print`:

```
Print Ganador
Equipo Número 1
```

En el instante que pulsamos **ENTER**, la instrucción se ejecuta y muestra el resultado justo en la línea de abajo. También es posible realizar asignaciones, por ejemplo:

```
Ganador="Equipo 2"
```

En este caso la variable **Ganador** se encuentra accesible, es decir que pertenece al contexto actual de ejecución. Si intentamos hacer referencia a una variable no disponible (privada para otro procedimiento), obtendremos un error.

La ventana Call Stack

Esta ventana permite seguir el hilo de ejecución de nuestro programa. Por ejemplo, insertamos un *breakpoint* en un procedimiento, y al ejecutar el programa, Visual Basic entra en modo de depuración cuando ingresa al mismo. ¿De qué otro/s procedimiento/s venimos?

La ventana **Call Stack** (**Figura 12**) brinda esta información. Para verla, podemos ir al menú `View/Call Stack`, o pulsar `Ctrl+L`.

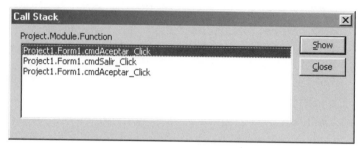

Figura 12. *Esta ventana no se usa mucho,*
pero en casos particulares puede resultar muy útil.

Esta ventana es de gran utilidad para detectar cuelgues causados por llamadas infinitas a un mismo procedimiento.

Compilación de un proyecto

Se llama compilación a la acción de traducir todo el código fuente que escribimos a un lenguaje entendible por la máquina. Como se explicó anteriormente, Visual Basic compila un proyecto en dos instancias:

• Al ejecutar el programa, compilando todo el proyecto
• Al crear el archivo ejecutable (EXE)

Ahora nos ocuparemos del segundo punto.

Creación del archivo ejecutable

Una vez que creamos el archivo ejecutable de nuestra aplicación, ésta ya puede ejecutarse en la PC de los usuarios sin necesidad de que tengan Visual Basic instalado (pero sí algunas librerías, como se verá en el siguiente apartado). Para crear el archivo ejecutable, debemos:

1. Ir al menú **File**.
2. Elegir `Make(archivo).exe`. "Archivo" es el nombre del ejecutable que Visual Basic creará, si no especificamos ningún nombre luego.
3. En el cuadro siguiente (**Figura 13**), cambiar el nombre del ejecutable si es necesario, y modificar otras opciones del mismo mediante el botón `Options`.

4. Pulsar el botón **OK** para que comience el proceso.

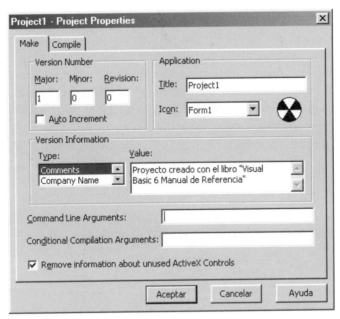

Figura 13. El cuadro de diálogo que permite crear el archivo ejecutable de nuestra aplicación.

Una vez que pulsamos **OK**, en la esquina superior derecha del IDE de Visual Basic aparecerá una pequeña barra de porcentaje (**Figura 14**) indicando el estado del proceso.

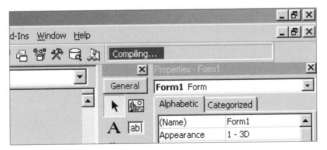

Figura 14. Aquí no tenemos otra opción que esperar.

Esto puede tomar unos segundos en proyectos pequeños, y varios minutos en proyectos grandes.

Uso del asistente de instalación

Las aplicaciones no son sólo un archivo ejecutable o sus documentos adicionales, sino que también usan librerías de uso común (las clásicas **DLL**) y otros archivos que tienen funciones generales. Por ejemplo, la librería que contiene todas las funciones provistas por Visual Basic 6 se llama `Msvbvm60.dll`. Para que un programa funcione correctamente, todas las librerías necesarias deben estar instaladas en el directorio `Windows\System`; por esa razón, nuestra aplicación debe tener un "instalador" que, además de copiar los archivos propios de nuestro programa, se asegure de copiar las librerías necesarias.

Para hacer este proceso automáticamente, Visual Basic nos provee el *Package and Deployment Wizard*, o asistente de instalación. Lo podemos ubicar en el menú **Inicio**, en el mismo grupo donde se encuentra **Visual Basic**. Esta utilidad ha sufrido algunos cambios con respecto a su predecesor, el **Setup Wizard** de **Visual Basic 5**.

Cómo funciona

El asistente de instalación toma un proyecto, y en forma automática averigua cuáles son los archivos necesarios para que nuestra aplicación funcione. Además nosotros debemos indicarle qué archivos adicionales necesitamos (documentos, gráficos, videos, etc.). El programa se utiliza siguiendo una serie de pasos que veremos a continuación:

1. Al iniciar el asistente, aparece una ventana como la de la **Figura 15**. Allí debemos indicar el archivo de proyecto sobre el cual crear el instalador. Conviene que éste ya se encuentre compilado (con el EXE). Seguimos adelante con el botón `Package`.

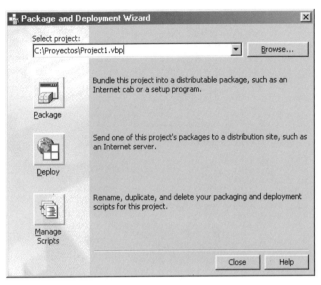

Figura 15. Aquí indicamos el nombre del proyecto que vamos a utilizar.

2. Luego tenemos que elegir el tipo de paquete. Si optamos por ***Standard Setup Package***, vamos a crear nuestro instalador. Eligiendo `Dependency File`, Visual Basic sólo genera un archivo con la lista de todas las librerías requeridas por nuestro programa (que puede ser utilizado con otros creadores de instaladores).

3. Luego debemos elegir la ubicación de los archivos.

4. Ahora estamos en el paso más importante del proceso (ver **Figura 16**). Aquí tenemos que elegir qué archivo incluir en el paquete de instalación. Visual Basic muestra una lista con los que necesita, y nos da la posibilidad de agregar uno nuevo mediante el botón `Add`. Seguimos adelante con el botón `Next`.

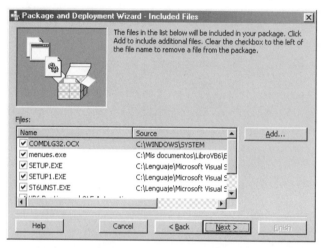

Figura 16. *Es muy importante agregar aquí los archivos adicionales que pueda llegar a usar nuestro programa (por ejemplo, un clásico archivo "léame.txt).*

5. Ahora debemos elegir cómo queremos que sea el paquete: un solo archivo **CAB** (bien grande), o varios **CABs** pequeños de un tamaño específico. Seguimos con `Next`.

6. El paso siguiente es ingresar el título que se desplegará en la pantalla del instalador cuando el usuario se disponga a instalar nuestro programa (ver **Figura 17**).

7. Ahora podemos especificar qué elementos se deben crear en el menú inicio del sistema del usuario (generalmente se crea un solo acceso directo para el programa).

8. En los dos pasos siguientes podemos modificar la ubicación de alguno de los archivos, y forzar a que alguno de ellos sea instalado como archivo compartido. Generalmente estos pasos no se modifican.

9. Finalmente ya podemos pulsar el botón `Finish` para crear nuestro paquete de instalación. Cuando el usuario instale el programa, verá una pantalla como la de la **Figura 17**.

MÁS DATOS

SUGERENCIA

Cuando se crea el paquete de instalación, Visual Basic genera un archivo llamado "**setup.lst**". Allí se puede modificar fácilmente alguno de los parámetros seleccionados cuando creamos el paquete.

Figura 17. Los instaladores que crea Visual Basic.

Cuestionario

1. ¿Qué son los errores de compilación?

2. ¿Para qué sirve la combinación de teclas `Ctrl+F5`?

3. ¿Qué son los errores en tiempo de ejecución?

4. ¿Qué instrucciones permiten capturar errores?

5. ¿Para qué sirve el objeto `Err`?

6. ¿Qué son los *breakpoionts*?

7. ¿Cómo se puede conocer el valor de una variable?

8. ¿Qué es la ejecución paso a paso?

9. ¿Para qué sirve la ventana *Immediate*?

10. ¿Qué es el asistente de instalación?

INTRODUCCIÓN A LAS API

Tener un buen conocimiento de las API abre muchas puertas en el mundo de la programación. Además, es un campo cuya exploración resulta muy adictiva: primero empezamos por funciones sencillas y después de un tiempo ya conocemos casi todo el funcionamiento interno de Windows. Por ese motivo éste es uno de los capítulos más extensos del libro, y tratará desde los conceptos iniciales hasta las funciones más complejas.

Capítulo 13

¿Qué son las API?

API significa *Aplication Program Interface* o Interfase para la Programación de Aplicaciones. Las **API** son funciones externas a Visual Basic que se encuentran compiladas y almacenadas en librerías DLL (*Dynamic Link Library*) o en archivos ejecutables (.EXE). Hay librerías con **API**s de temas muy diversos, y hasta es posible que el programador cree sus propias **API**s (usando Visual C++ o algún lenguaje de similar capacidad), pero en este libro sólo nos remitiremos al estudio de las **API**s proporcionadas por el sistema operativo.

DEFINICIONES

API

API significa *Aplication Program Interface* o Interfase para la Programación de Aplicaciones; consiste en un conjunto de funciones externas a Visual Basic, almacenadas en librerías DLL o archivos ejecutables.

HAY QUE SABERLO

FUNCIONES API

Las funciones **API** se encuentran compiladas y almacenadas en librerías DLL o archivos ejecutables (.EXE). Estos archivos generalmente se ubican en el directorio Windows\System, aunque no necesariamente debe ser así.

Las API de Windows

El propio sistema operativo nos da la posibilidad de acceder a las **API** que él mismo usa para llevar a cabo una gran cantidad de tareas. Algunas de esas funciones tienen su "equivalente" en Visual Basic, pero otras no.

Este tipo de funciones se utilizan generalmente para llevar a cabo tareas que Visual Basic no contempla. Por ejemplo, en Visual Basic el programador no dispone de ninguna función para reiniciar el sistema. Aquí es donde el conocimiento de las **API** se convierte en una herramienta de inmenso poder, que muchas veces sirve para diferenciar a un programador de Windows novato de un programador con más conocimiento general sobre la materia.

Introducción a las API   13

En Windows, las **API** principales se encuentran en cinco archivos:

Archivo	Tipo	Contenido
GDI32	EXE	Funciones para el manejo de los gráficos y la pantalla.
KERNEL32	EXE	El núcleo del sistema operativo.
USER32	EXE	Funciones de uso general.
WINMM	DLL	Multimedia (sonido, MCI, etc.)
ADVAPI32	EXE	Funciones avanzadas (por ejemplo, para trabajar con el registro de Windows).

Tabla 1. *Los archivos que contienen las funciones **API** de Windows.*

Dichos archivos se encuentran en cualquier PC que tenga instalado Windows 95 o superior. Esto representa una gran ventaja, ya que siempre podremos estar seguros de que dichas funciones estarán disponibles en cualquier máquina donde se ejecuten nuestros programas.

HAY QUE SABERLO

API EN WINDOWS

Si usamos alguna **API** de Windows en nuestros programas, no es necesario distribuir las librerías con él.

Acceder a las API desde Visual Basic

Dado que Visual Basic no conoce cuáles son las funciones que el programador va a utilizar, es necesario declarar dichas funciones antes de usarlas (en otras palabras, avisarle a Visual Basic que vamos a usar una función "de afuera"). Además, también es probable que la función utilice constantes (**Const**) y estructuras de datos (**Type**), que también deben ser declaradas. Sabiendo esto, el uso de las **API** se reduce a cuatro pasos muy simples:

1. Declarar la función usando la sentencia **Declare** en un módulo de código.
2. Si la función utiliza alguna constante, declararla usando **Public Const**.
3. Si la función utiliza alguna estructura, declararla usando **Public Type**.
4. Usar la función normalmente, como si fuese cualquier otra.

USO DE FUNCIONES API

Antes de usar cualquier función **API**, es necesario declararla adecuadamente, incluyendo todas las constantes y estructuras que utilice.

SUGERENCIA

Es muy útil crear un módulo de código llamado, por ejemplo, **APIs.BAS**, y utilizarlo sólo para declarar las funciones **API** que vamos a usar. Esto nos permite distinguir bien el contenido del módulo, y realizar cambios o actualizaciones sobre el mismo si fuese necesario.

El primer paso es el más importante y (por ahora) engorroso. Para declarar la función hay que usar la sentencia **Declare** de la siguiente forma:

```
Declare Function NOMBRE Lib "LIBRERÍA" Alias 'ALIAS' (Param1, Pa-
```

NOMBRE se refiere al nombre por el cual se debe a llamar a la función cuando sea necesario usarla. En **LIBRERÍA** debemos indicar el archivo que contiene la función a utilizar (ver **Tabla 1**) y en **ALIAS** se indica el verdadero nombre de la función dentro de la DLL.

Si la función usa constantes, es necesario declararlas:

```
Public Constante1 = Valor1
Public Constante2 = Valor2
...
```

Si alguno de los parámetros de la función es una estructura de datos, también es necesario declararla:

```
Public Type ESTRUCTURA
    Campo1 as TipoDato1
    Campo2 as TipoDato2
    ...
End Type
```

Introducción a las API **13**

CONSEJO

Si bien es posible declarar una función **API** en la sección de declaraciones de un formulario común, no es una práctica aconsejable. Lo mejor es usar un módulo especial para las **API** y declararlas todas públicamente allí.

Después de declarar todo lo necesario, ya estamos en condiciones de usar la función como si fuese propia de Visual Basic:

```
retorno = FuncionAPI (parametro1, parametro2,...)
```

El primer ejemplo

Antes de continuar, veamos un ejemplo para fijar un poco estos conceptos. Existe una función llamada **ExitWindowsEx** que permite reiniciar el sistema de la misma forma en que lo hace Windows. A continuación veremos cómo usarla.

Lo primero que debemos hacer es crear un nuevo proyecto y agregar un módulo de código (Project/Add Module). Luego, escribimos allí la declaración de la función y sus constantes como se detalla a continuación:

```
Public Const EWX_LOGOFF = 0
Public Const EWX_SHUTDOWN = 1
Public Const EWX_REBOOT = 2
Public Const EWX_FORCE = 4


Public Declare Function ExitWindowsEx Lib "user32" (ByVal uFlags As
Long, ByVal dwReserved As Long) As Long
```

De ahora en más podemos usar la función en cualquier parte de nuestro programa. Pero eso no basta: también hay que saber cómo se usa (cosa que depende totalmente de cada función particular).

Traduciendo un poco la declaración de la función, su sintaxis sería la siguiente:

```
Ret = ExitWindowsEx (Flags, Reservado)
```

El parámetro **Reservado** es ignorado por completo (en la práctica se le asigna un **0**). El parámetro **Flags** le indica a la función cómo queremos salir de Windows. Básicamente hay tres formas de hacerlo:

- Apagar el equipo (**EWX_SHUTDOWN**).
- Reiniciar el sistema (**EWX_REBOOT**).
- Cerrar la sesión del usuario actual y mostrar el cartel de contraseña para "loguearse" de nuevo (**EWX_LOGOFF**).

Para efectuar alguna de estas acciones, basta con pasarle la constante necesaria (indicada arriba entre paréntesis) a la función en el parámetro **Flags**.

Pero eso no termina allí. Como se ve en la declaración de la función, hay una cuarta constante llamada **EWX_FORCE**. Cuando le indicamos a Windows que queremos reiniciar el sistema, éste le "avisa" a todas las aplicaciones abiertas y brinda la posibilidad de, por ejemplo, preguntar para guardar datos que no fueron salvados. En la práctica, muchas veces es necesario evitarlo (afrontando la posible pérdida de datos). Para hacerlo hay que usar esta cuarta constante "combinada" con el resto dentro del mismo parámetro **Flags**.

Combinar dos constantes significa unirlas mediante el operador lógico **OR** o un "+" (ver los ejemplos más adelante). Al combinar dos constantes, ambas quedan "habilitadas" o en estado "verdadero" para la función. Hacer uso de esta posibilidad matemática es muy común en todas las **API**, así que es mejor ir acostumbrándose.

Veamos unos ejemplos:

```
Dim ret As Integer

'Reinicia el equipo. Si había alguna aplicación abierta,
'le da la posibilidad de preguntar para guardar los datos
ret = ExitWindowsEx (EWX_REBOOT, 0)

'Reinicia el equipo, y cierra forzosamente todas las
'aplicaciones abiertas (hayan guardado sus datos o no)
'Prestar especial atención al uso del OR
ret = ExitWindowsEx (EWX_REBOOT OR EWX_FORCE, 0)
```

```
'Cierra la sesión del usuario actual, y
'permite loguear a uno nuevo
ret = ExitWindowsEs (EWX_LOGOFF, 0)
```

EN EL CD

En la carpeta **Ejemplos\Cap13\Ej01** se encuentra un ejemplo completo que utiliza la función **ExitWindowsEx** para reiniciar el sistema. La **Figura 1** muestra su apariencia.

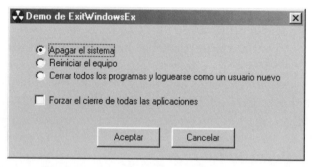

*Figura 1. Con las **API** podemos hacer fácilmente un programa que reinicie el equipo.*

El API Viewer

Cuando trabajamos con funciones **API** debemos ser extremadamente exactos en las declaraciones. Algunos errores típicos que se pueden cometer son:

- Tipear un error en el **Alias** de la función
- Escribir mal el nombre de la librería.
- Declarar incorrectamente el tipo de alguno de los parámetros de la función.

Cualquiera de estas barbaridades generaría un error en tiempo de ejecución, que puede ser fácilmente capturado con las técnicas de depuración. Pero aquí, el verdadero punto es que en definitiva no podremos usar la función.

Para evitar este tipo de errores y facilitarle la vida al programador, existe una utilidad llamada **API Viewer** que viene junto con Visual Basic (como una herramienta del paquete Visual Studio). Con el **API Viewer** nos podemos olvidar completamente de las declaraciones y estructuras engorrosas que usan las **API**.

Luego de la instalación del Visual Studio, podremos encontrar el **API Viewer** en el menú **Inicio** (dentro de una carpeta **Tools** en *Microsoft Visual Studio*). También es posible acceder al mismo desde Visual Basic, yendo al menú **Diagram**, y eligiendo allí **API Viewer**. En la **Figura 2** podemos ver su aspecto.

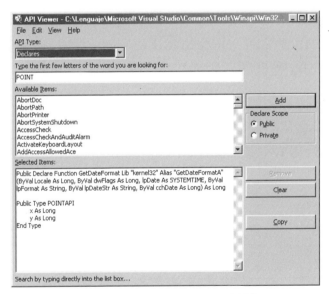

Figura 2. *La pantalla principal del **API** Viewer.*

Para comenzar a trabajar con el **API Viewer** debemos abrir un archivo de texto que contiene todos los datos necesarios: declaraciones, constantes y estructuras de datos. Los pasos a seguir son:

1. Ir al menú **File**.
2. Elegir **Load Text File...**
3. Abrir el archivo **Win32api.txt**. Si el archivo no aparece inicialmente en el cuadro de "Abrir...", buscarlo en la carpeta **Common\Tools\WinApi** dentro de *Microsoft Visual Studio*.

Introducción a las API

13

Cuando termine la carga del archivo, se nos preguntará si queremos convertirlo a una base de datos para trabajar más rápido. Es recomendable contestar que sí: más vale la pena perder unos segundos ahora, y no después. La próxima vez que iniciemos el **API Viewer**, tendremos que elegir la opción **Load Database File...** del menú **File** para cargar la base de datos, en lugar del archivo ASCII.

MÁS DATOS

SUGERENCIA

Es recomendable convertir el archivo de texto **win32api.txt** a una base de datos (**Access** con extensión **.MDB**). El proceso demorará unos segundos, pero se acelerará mucho la carga de los datos en el **API Viewer**.

Ahora deberían aparecer cargadas las listas **API Type** y **Available Items.** La metodología de trabajo es la siguiente:

1. En **API Type** seleccionamos el tipo de dato que buscamos:

   Declare   La declaración de una función
   (en nuestro ejemplo anterior, **ExitWindowsEx**).
   Constants   Cualquier constante de Windows que pueda usar una
   API (por ejemplo: **EWX_REBOOT**).
   Types   Una estructura de datos.

2. Luego, buscamos en la lista **Available Items** los datos que necesitamos.

MÁS DATOS

SUGERENCIA

Para encontrar más rápido un dato en el **API Viewer**, podemos escribir las primeras letras del mismo en la caja de texto con título *Type the first few letters...*.

3. Cuando encontramos alguno de los datos que necesitamos, hacemos clic en el botón **Add**. Con esto vamos agregando entradas a la lista **Selected Items**.
4. Una vez que hayamos terminado definitivamente y tengamos en la lista **Selected Items** todos los datos deseados, hacemos clic en el botón **Copy** para copiar toda la selección al Portapapeles de Windows.
5. Ahora resta volver a Visual Basic y pegar en un módulo de código el contenido del Portapapeles.

Si en algún momento queremos eliminar alguno de los ítems seleccionados, podemos usar el botón **Remove**. Si necesitamos eliminar todos los datos seleccionados, utilizamos el botón **Clean**.

También tenemos la posibilidad de usar declaraciones públicas o privadas eligiendo la opción deseada en **Declare Scope** (Alcance). Siguiendo con nuestros principios, dejaremos esta opción en **Public**, ya que siempre declararemos las funciones en forma pública, en un módulo de código.

Parámetros de cadena en las API

Windows es un sistema basado en **C**, y este lenguaje trata las cadenas en forma absolutamente diferente que Visual Basic. En **C**, las cadenas son vectores de caracteres, donde un carácter **0** (**Nulo**) identifica el fin de la cadena. Por este motivo, la mayoría de las **API** que trabajan con cadenas requieren que éstas sean de longitud fija (que generalmente se debe indicar en algunos de los parámetros de la función).

El problema no se da cuando sólo le enviamos una cadena a una **API**, ya que Visual Basic se encarga de hacer la conversión necesaria y de poner el carácter nulo al final de la misma. Pero cuando la función **API** modifica la cadena y le inserta el carácter nulo, no podremos referirnos a la cadena en formal normal.

FUNCIONES API DE LONGITUD FIJA

Cuando trabajamos con funciones **API** que devuelven cadenas, es necesario que éstas sean de longitud fija. Además, debemos tener en cuenta que el contenido de la cadena termina justo antes del primer carácter nulo, y es por eso que debemos "recortar" la parte izquierda (eliminando la derecha) antes de usar la cadena normalmente.

Para usar una función **API** que devuelve parámetros **String** (cadenas), es necesario realizar algunos pasos adicionales:

1. Declarar la variable de cadena usando una longitud fija. Por ejemplo:

```
Dim Cadena as String * 255
```

2. Rellenar la cadena con espacios antes de llamar a la función. Podemos hacerlo fácilmente usando la función **Space**. Siguiendo con el ejemplo anterior:

```
Cadena = Space(255)
```

3. Pasar la cadena a la función, indicando su longitud máxima en alguno de los parámetros, si ésta lo requiere.
4. Cuando la función termina y nos devuelve la cadena, debemos tomar sólo la parte izquierda, hasta el primer carácter nulo (podemos usar la constante **vbNullChar**). Podemos realizarlo utilizando la función **Left** e **InStr**. Por ejemplo:

```
Cadena = Left (Cadena (InStr(Cadena, vbNullChar) - 1)
```

De esta forma, la variable **Cadena** tendrá el valor correcto.

Obtener el directorio de Windows

Hay una función **API** que permite conocer rápidamente el nombre del directorio donde se encuentra instalado Windows. Su nombre es **GetWindowsDirectory** y devuelve una cadena de caracteres, por lo que debemos aplicar los conceptos del apartado anterior.

La declaración de la función es la siguiente (no requiere ninguna constante o estructura):

```
Declare Function GetWindowsDirectory Lib "kernel32" Alias "GetWin-
dowsDirectoryA" (ByVal lpBuffer As String, ByVal nSize As Long) As
```

Manejar las cadenas cuando trabajamos con **APIs** puede llegar a ser tedioso, especialmente si debemos usar la función reiteradas veces. Una solución consiste en crear una función propia que haga uso de la **API** necesaria, pero que sea más "transparente" a la hora de utilizarla. Como ejemplo, construiremos una función llamada **DirectorioWindows**:

```
Function DirectorioWindows() As String
    Dim ret As Long
    Dim Cadena As String * 255

    'Rellenamos la cadena con espacios
    Cadena = Space(255)

    'Llamamos a la función, y le indicamos en su segundo
    'parámetro la longitud de la cadena (255)
    ret = GetWindowsDirectory(Cadena, 255)

    'Si el retorno es distinto que cero, anduvo todo bien,
    'y en ese caso "recortamos" la cadena. En caso contrario
    'hacemos que nuestra función devuelva una cadena vacía

    If ret <> 0 Then
        Cadena = Left(Cadena, InStr(Cadena, vbNullChar) - 1)
        DirectorioWindows = RTrim(Cadena)
    Else
        Cadena = ""
    End If
End Function
```

EN EL CD

Esta función se puede encontrar en el CD que acompaña al libro, dentro de la carpeta **Ejemplos\Cap13\Ej02**.

Como se puede apreciar, esta función no tiene ningún parámetro, y devuelve como resultado una cadena con el nombre de la carpeta donde Windows fue instalado. Dicha cadena es vacía ("") si se produjo algún error con la función **API**.

La función **GetWindowsDirectory** devuelve **0** si se produjo algún error, o la longitud de la cadena si todo funcionó correctamente. Sabiendo esto, podríamos reemplazar la línea que llama a la función **Left** e **InStr** por la siguiente:

```
Cadena = Left (Cadena, ret)
```

Aunque no todas las **API** que manejan cadenas funcionan igual, es bueno aprovechar esta ventaja cuando sea posible.

Funciones de ajuste

Muchas veces, el uso de una función **API** resulta algo engorroso, y esto se multiplica por todas las veces que debamos usar la función en nuestros programas. En la mayoría de los casos podemos evitarlo creando una **función de ajuste**.

La idea es hacer una función que actúe como un "puente" entre las **API** y nosotros, para que los usos posteriores de la misma sean más transparentes y no sea necesario acordarse de los vericuetos de cada **API** en particular.

Un ejemplo muy claro de una función de ajuste es la función **DirectorioWindows**, desarrollada anteriormente. A lo largo del capítulo, algunas **API** tendrán su correspondiente función de ajuste, y otras no (generalmente esto ocurre en las más simples).

Utilidades generales con las API

Ahora que tenemos una noción básica de qué es y cómo se usa la función **API**, vamos a comenzar a estudiar las más comunes. Hemos agrupado estas funciones en cuatro categorías: obtención de información, manejo de pantalla y ventanas, funciones varias, y funciones **API** para acceder al registro de Windows.

Obtención de información

Uno de los usos más triviales que se les pueden dar a las **API** es el de obtención de información del sistema. Por ejemplo, en Visual Basic no tenemos forma de conocer la capacidad de un disco rígido y en qué porcentaje está usado. Ya sea para chequear los requerimientos mínimos de nuestra aplicación, o simplemente por la necesidad de estar informados, hay algunas funciones **API** que nos pueden ayudar.

Obtener la versión de Windows

Para saber sobre qué plataforma y versión del sistema operativo está corriendo nuestro programa, es posible usar una función llamada **GetVersionEx**, cuya declaración es la siguiente:

```
Declare Function GetVersionEx Lib "kernel32" Alias "GetVersionExA"
(lpVersionInformation As OSVERSIONINFO) As Long
```

Además, esta función requiere el uso de algunas constantes y de una estructura, que se detalla a continuación:

```
Public Const VER_PLATFORM_WIN32s = 0
Public Const VER_PLATFORM_WIN32_WINDOWS = 1
Public Const VER_PLATFORM_WIN32_NT = 2

Public Type OSVERSIONINFO
    dwOSVersionInfoSize As Long
    dwMajorVersion As Long
    dwMinorVersion As Long
    dwBuildNumber As Long
    dwPlatformId As Long
    szCSDVersion As String * 128
End Type
```

Cuando llamamos a la función debemos pasarle como parámetro una variable del tipo **OSVERSIONINFO** (llamémosla OS, por ejemplo). Pero antes es necesario cargar en el campo **dwOSVersionInfoSize** el tamaño total de esta estructura (usando la función **Len**). Por ejemplo:

```
Dim OS as OSVERSIONINFO
Dim ret as Long

OS.dwVersionInfoSize = Len(OS)

ret = GetVersionEx (OS)
```

Una vez hecho esto, ya tendremos en la variable OS toda la información que necesitamos, pero debemos comprender el significado de cada campo:

Campo	Significado
DwMajorVersion	Es el número de versión antes del punto (Por ejemplo: **4**).
DwMinorVersion	Es el número de versión después del punto (Por ejemplo: **10**).
DwBuildNumber	Es el *BuildNumber* (número de compilación) del sistema operativo.
DwPlataformId	Es un entero que indica el tipo de plataforma del SO. Puede contener tres valores, que se corresponden con las constantes que usa la función (**VER_PLATAFORM_WIN32s**, etc.).

Si juntamos **dwMajorVersion** y **dwMinorVersion** tendríamos el número de versión, y si chequeamos el valor de **dwPlataformId** sabríamos sobre qué plataforma estamos trabajando. Ahora bien; sería muy conveniente crear una función "de ajuste" que luego nos permita un uso más transparente:

```
Sub ObtenerVersionSO (Plataforma As String, Version As String)
    Dim SO As OSVERSIONINFO
    Dim ret As Long

    'Hay que decirle a la función el tamaño de la estructura
    SO.dwOSVersionInfoSize = Len(SO)

    'Llamamos a la función API
    ret = GetVersionEx(SO)

    'Juntamos dwMajorVersion y dwMinorVersion y armamos la versión
    Version = Format(SO.dwMajorVersion) + "." + Format(SO.dwMinor-
Version)

    'Según que plataforma sea, elegimos que cadena devolver
    Select Case SO.dwPlatformId
        Case VER_PLATFORM_WIN32s
            Plataforma = "Windows"
        Case VER_PLATFORM_WIN32_WINDOWS
            Plataforma = "Windows"
        Case VER_PLATFORM_WIN32_NT
            Plataforma = "Windows NT"
    End Select
End Sub
```

Usar esta función de ajuste resulta mucho más fácil que trabajar directamente con la **API**, ya que sólo debemos prestar atención a las dos cadenas que nos devuelve. Para terminar, hemos construido el programa de ejemplo que se ve en la **Figura 3**, y que se encuentra en el CD.

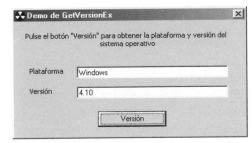

Figura 3. La función GetVersionEx nos permite conocer la versión y plataforma del sistema operativo.

Este ejemplo se puede encontrar en el CD, en la carpeta **Ejemplos\Cap13\Ej03**.

Cabe aclarar que hay otras formas de conocer la versión del sistema operativo. Una de ellas es ir al registro de Windows y dentro de la siguiente clave:

HKEY_LOCAL_MACHINE\SOFTWARE\Microsoft\Windows\CurrentVersion

consultar los valores **"Version"** y **"VersionNumber"**. De todas formas, esto se explica más adelante en el presente capítulo.

SUGERENCIA

Al final de este capítulo encontrarán una forma más sencilla de obtener una cadena con la versión de Windows, accediendo al registro. De todas formas, usar la función **GetVersionEx** resulta muy útil para distinguir rápidamente si estamos trabajando bajo plataforma Windows o Windows NT, y escribir código condicional si fuese necesario.

Obtener los recursos disponibles

Como todos sabemos, Windows cuenta con diferentes tipos de recursos, pero a la hora de correr un programa, la memoria física y la memoria virtual resultan muy importantes, ya que inciden directamente sobre la velocidad y perfomance del mismo. Para conocer su estado (es

Introducción a las API **13**

decir, saber el total de memoria y la cantidad disponible), existe una función llamada **GlobalMemoryStatus**, que posee la siguiente sintaxis:

```
Declare Function GlobalMemoryStatus Lib "kernel32" (lpBuffer As ME-
MORYSTATUS) As Long
```

CONOCER EL ESTADO DE LA MEMORIA
Para conocer el estado de la memoria del sistema hay que usar la función **API Global-MemoryStatus**.

Su único parámetro, **lpBuffer**, es una variable del tipo **MEMORYS-TATUS**, cuya estructura es la siguiente:

Campo	Tipo	Significado
dwLength	Long	Tamaño de la estructura. Es necesario cargarlo antes de llamar a la función.
dwMemoryLoad	Long	Porcentaje de memoria utilizado. Para obtener el porcentaje de memoria libre, habría que hacer la siguiente cuenta: **100 – dwMemoryLoad**.
dwTotalPhys	Long	Total de memoria física (**RAM**) en bytes.
dwAvailPhys	Long	Cantidad de memoria física disponible en bytes.
dwTotalPageFile	Long	Máximo tamaño posible del archivo de paginación (esto no indica su tamaño real en disco).
dwAvailPageFile	Long	Espacio no utilizado del archivo de paginación.
dwTotalVirtual	Long	Total de memoria virtual (en bytes).
dwAvailVirtual	Long	Memoria virtual disponible (en bytes).

```
Type MEMORYSTATUS
    dwLength As Long
    dwMemoryLoad As Long
    dwTotalPhys As Long
    dwAvailPhys As Long
    dwTotalPageFile As Long
    dwAvailPageFile As Long
    dwTotalVirtual As Long
    dwAvailVirtual As Long
End Type
```

Como sucedía con **GetVersionEx**, aquí también es necesario indicarle a la función el tamaño de la estructura que usa, mediante el campo **dwLength**. El resto de los campos son cargados por la función y están expresados en **bytes**. Para pasarlos a megabytes (MB) podemos usar una sencilla cuenta matemática:

1 MB = 2 ^ 20 Bytes
ValorEnMB = ValorEnBytes / (2 ^ 20)

En la **Figura 4** se ve un programa de ejemplo que utiliza la función **GlobalMemoryStatus** para informar el estado de la memoria. El código de este programa es el siguiente:

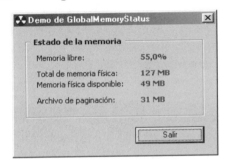

*Figura 4. Con la función **GlobalMemoryStatus** podemos conocer el uso de la memoria en cualquier máquina.*

```
Private Sub Form_Load()
    Dim MS As MEMORYSTATUS
    Dim ret As Long

    'En el campo dwLength se indica el tamaño de la estructura
    MS.dwLength = Len(MS)

    'Llamamos a la función GlobalMemoryStatus
    ret = GlobalMemoryStatus(MS)

    'Mostramos ordenadamente los datos en las etiquetas del form
    lblMemoriaLibre = Format(100 - MS.dwMemoryLoad, "00.0") & "%"

    lblFisicaTotal = Int(MS.dwTotalPhys / (2 ^ 20)) & " MB"

    lblFisicaLibre = Int(MS.dwAvailPhys / (2 ^ 20)) & " MB"

    lblArchivoPag = Int((MS.dwTotalPageFile - MS.dwAvailPageFile) /
(2 ^ 20)) & " MB"
End Sub
```

Adicionalmente, podemos calcular el tamaño real del archivo de paginación restando los campos **dwTotalPageFile** y **dwAvailPageFile**, como lo indica el código del ejemplo.

EN EL CD

Este ejemplo se puede encontrar en el CD, dentro de la carpeta **Ejemplos\Cap13\Ej04**.

Obtener el espacio libre en un disco

Conocer la capacidad disponible en un disco puede ser vital para saber, por ejemplo, si nuestra aplicación puede ser instalada o no (por falta de espacio). Hace un tiempo, los discos rígidos (y todos los medios de almacenamiento en general) no superaban el Gigabyte, pero hoy en día es muy común hablar de discos de 8 GB y más. Esto representó un gran problema para muchas aplicaciones, pues comenzaron a informar incorrectamente el tamaño del disco, y por ende el espacio libre en el mismo.

Esto sucedía porque dichas aplicaciones estaban usando una **API** obsoleta, llamada **GetDiskFreeSpace**, que sólo podía contemplar discos de hasta 2 GB. Para solucionarlo se creó otra función **API** llamada **GetDiskFreeSpaceEx**, que puede informar el tamaño de discos de enorme capacidad.

Cabe aclarar que esta función no está disponible en el **API Viewer**, por alguna razón que desconocemos. Por el contrario, hay abundante información en la ayuda del MSDN que viene junto con Visual Basic.

HAY QUE SABERLO

OBTENER CAPACIDAD Y ESPACIO DISPONIBLE DE UN DISCO

Para obtener la capacidad y el espacio disponible de un disco hay que usar la función **GetDiskFreeSpaceEx**. Su predecesora, **GetDiskFreeSpace**, ha quedado obsoleta y no funciona correctamente con discos de más de 2 GB.

```
Declare Function GetDiskFreeSpaceEx Lib "kernel32" Alias "GetDisk-
Free SpaceExA" (ByVal lpRootPathName As String, lpFreeBytesAvaila-
bleToCaller As Currency, lpTotalNumberOfBytes As Currency, lpTotal-
NumberOfFreeBytes As Currency) As Long
```

Analizando un poco esta engorrosa declaración, podríamos reformular su sintaxis:

```
GetDiskFreeSpaceEx (Disco, BytesLibresParaMi, TotalDeBytes, Total-
DeBytesLibres)
```

El significado de sus parámetros es el siguiente:

Parámetro	Significado
disco	La ruta del disco. Por ejemplo: "C:\" o "D:\".
bytesLibresParaMi	La cantidad de bytes libres disponibles para el usuario que llama a la función (si accedemos a un disco compartido, es posible que no tengamos el total de los recursos asignados).
totalDeBytes	Total de bytes del disco.
totalDeBytesLibres	Total de bytes libres en el disco.

Si fueron observadores, tal vez hayan descubierto una "perlita". Normalmente los parámetros numéricos de las **API** se trabajan usando variables del tipo **Long** (enteros de **32 bits**). Pero si esta función nos devuelve los datos expresados en bytes... ¿alcanzaría un entero largo (*Long*) para contener el número que indica la capacidad del disco? La respuesta es **no**. Es por eso que en la declaración real de la función, los parámetros son del tipo **Currency**, que pueden contener un número entero de **64 bits**, que alcanza y sobra para la capacidad del cualquier disco.

En síntesis, la idea es aprovecharse de la capacidad de una variable **Currency** para obtener los datos de la función. Luego, dado el tipo de variable, es necesario multiplicar por **10.000** para obtener el valor real que buscamos.

Una última aclaración antes de pasar a un ejemplo. Si por alguna razón necesitamos conocer el porcentaje de espacio utilizado en el disco, podemos usar una regla de tres simple de la siguiente forma:

PorcentajeUsado = EspacioLibre * 100 / CapacidadTotal

Ahora sí veremos un ejemplo del uso de **GetDiskFreeSpaceEx**. Vamos a construir una función de ajuste que nos devuelva sólo dos parámetros, ambos del tipo cadena: uno para la capacidad total y otro para el espacio libre del disco.

```
Sub EspacioLibre(Disco As String, Capacidad As String, Libre As
String)
    Dim ret As Long
    Dim p1 As Currency      'Bytes libres para mi
    Dim p2 As Currency      'Capacidad del disco en bytes
    Dim p3 As Currency      'Espacio libre total en el disco (en by-
tes)

    ret = GetDiskFreeSpaceEx(Disco, p1, p2, p3)

    Capacidad = Format(p2 * 10000)
```

Un ejemplo del uso de este procedimiento sería:

```
Dim Capacidad as String
Dim Libre as String

EspacioLibre ("C:\", Capacidad, Libre)
```

Es muy importante escribir los dos puntos y la barra invertida en el parámetro disco ("C:\"). Ahora tendríamos en las variables **Capacidad** y **Libre** la información que necesitamos. Con esto hemos construido el ejemplo de la **Figura 5**, que además incorpora una barra de porcentaje para representar de manera más visual el uso de un disco.

*Figura 5. Con la nueva función **GetDiskFreeSpaceEx** y unos retoques, podemos saber el espacio libre y utilizado de un disco.*

La barra de porcentaje consiste en dos figuras (*shapes*) rectangulares superpuestas; la de arriba varía su longitud (usando regla de tres simple) según el espacio ocupado en el disco.

VISUAL BASIC 6

El ejemplo que permite conocer el porcentaje utilizado de los discos se encuentra en el CD dentro de la carpeta **Ejemplos\Cap13\Ej05**.

Manejo de pantalla y ventanas

Además de obtener información del sistema como aprendimos anteriormente, las **API** también son muy efectivas a la hora de hacer algún cambio en él. Donde más se ven esos cambios es en la parte visual. Por eso, en los apartados siguientes veremos algunas funciones para cambiar el papel tapiz, ocultar el puntero del mouse, hacer ventanas "Always On Top", situar un ícono en el *traybar* junto al reloj de Windows, y algunos trucos más.

Cambiar el papel tapiz del escritorio

El papel tapiz del escritorio es uno de los elementos fundamentales a la hora de personalizar una PC. Si bien Windows permite situar fácilmente una imagen como fondo del escritorio, nunca está de más un utilitario que realice alguna tarea extra (por ejemplo, cambiar las imágenes cada vez que se inicia Windows).

Para establecer un *bitmap* (imagen en formato **BMP**) como papel tapiz, podemos usar la **API** llamada **SystemParametersInfo**, con la siguiente sintaxis:

```
Declare Function SystemParametersInfo Lib "user32" Alias "System-
ParametersInfoA" (ByVal uAction As Long, ByVal uParam As Long, By-
Val lpvParam As Any, ByVal fuWinIni As Long) As Long
```

En nuestro caso, utilizaremos tres constantes adicionales:

```
Public Const SPIF_UPDATEINIFILE = &H1
Public Const SPIF_SENDWININICHANGE = &H2
Public Const SPI_SETDESKWALLPAPER = 20
```

Los parámetros de la función tienen el siguiente significado:

Introducción a las API   13

Parámetro	Tipo	Significado
uAction	Long	Un valor que indica el tipo de acción a realizar. En este parámetro se pasan algunas de las constantes listadas más abajo.
uParam	Long	Un parámetro que depende del tipo de acción a realizar (**uAction**).
lpvParam	Any	Otro parámetro de cualquier tipo pasado por valor (**ByVal**), que también depende del tipo de acción a realizar.
fuWinIni	Long	Indica si es necesario actualizar el archivo **win.ini**.

El parámetro más importante es **uAction**, ya que determina el tipo de acción a realizar por la función. Los dos parámetros siguientes se usan siempre según la acción; en acciones diferentes, tienen significados distintos. La acción se puede indicar mediante alguna de las siguientes constantes:

Constante para uAction	Acción que realiza la función
SPI_SETDESKWALLPAPER	Establece un nuevo papel tapiz.
SPI_SETFONTSMOOTHING	Activa o desactiva "Alisar bordes de las fuentes de pantalla".
SPI_SETKEYBOARDDELAY	Establece el retardo del teclado entre las repeticiones (cuando mantenemos presionada una tecla).
SPI_GETFONTSMOOTHING	Consulta el valor de "Aislar bordes de las fuentes de pantalla"
SPI_GETKEYBOARDDELAY	Consulta el retardo del teclado entre las repeticiones.

MÁS DATOS

SUGERENCIA

Para ver la lista completa de constantes para **uAction**, podemos ir a la ayuda del MSDN y buscar el nombre de la función **API** en el índice.

La lista completa de constantes es enorme, ya que la función puede realizar unas cuantas tareas relacionadas con la pantalla. A nosotros nos interesa la constante **SPI_SETDESKWALLPAPER** en particular, que indica la acción de cambiar el tapiz del escritorio.

Cuando pasamos esta constante en **uAction**, el segundo parámetro (**uParam**) no tiene importancia (le pasamos un **0**), pero en el tercero (**lpvParam**) debemos pasar una cadena con la ruta completa del archivo a establecer como fondo. Si deseamos eliminar el tapiz actual, esta cadena debe ser nula. La función devuelve **0** si no se encontró.

El último parámetro de la función (**fuWinIni**) indica si se debe actualizar el archivo **win.ini**, y si se debe informar a todas las aplicaciones que esto ha ocurrido. Ambas cosas se pueden realizar combinando las constantes **SPIF_UPDATEINIFILE** y **SPIF_SENDWININICHANGE** respectivamente. Dependiendo de la acción realizada (**uAction**) puede ser necesario o no el uso de estas constantes. En el caso del cambio de papel tapiz, es necesario usar las dos.

Para simplificar un poco las cosas, hemos creado la siguiente función de ajuste:

```
Function EstablecerTapiz (Archivo As String) As Long
    Dim ret As Long

    'Si el usuario pasa una cadena vacía, eliminar
    'el papel tapiz actual. Sino, establecer el nuevo.
    If Archivo = "" Then
        ret = SystemParametersInfo(SPI_SETDESKWALLPAPER, 0&, "", _
SPIF_UPDATEINIFILE Or SPIF_SENDWININICHANGE)
    Else
        ret = SystemParametersInfo(SPI_SETDESKWALLPAPER, 0&, Archi-
vo, _ SPIF_UPDATEINIFILE Or SPIF_SENDWININICHANGE)
    End If

    'Si ret=1, anduvo todo bien.
    'Si ret=0, el archivo no existe
    EstablecerTapiz = ret
End Function
```

Esta función simplemente recibe el nombre del *bitmap* (archivo BMP) y lo establece como papel tapiz. Si recibe una cadena vacía, elimina el fondo actual. Con esta función hemos construido el ejemplo que se ve en la **Figura 6**.

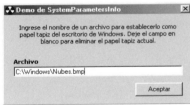

Figura 6*. Entre muchas otras utilidades, la función **SystemParameterInfo** nos permite cambiar el papel tapiz de Windows.*

EN EL CD

VISUAL BASIC 6

Este ejemplo se encuentra en la carpeta **Ejemplos\Cap13\Ej06** del CD.

Mostrar y ocultar el puntero del mouse

Cuando programamos algún juego puede ser muy útil ocultar la flechita del mouse, ya que a veces suele "estorbar". Para hacerlo podemos utilizar la función **API ShowCursor**:

```
Declare Function ShowCursor Lib "user32" (ByVal bShow As Long) As
```

La función posee un único parámetro booleano llamado **bShow**:

Valor de bShow	Acción
True	Muestra el puntero
False	Oculta el puntero

La función resulta simple, salvo por un detalle muy importante. Si llamamos más de una vez a la función para ocultar el puntero (**bShow = False**), deberemos hacer el proceso inverso la misma cantidad de veces para que el puntero vuelva a su estado normal (visible). Por eso es necesario crear una función propia que nos quite este problema de encima y así poder usar la función más tranquilos.

```
Sub MostrarMouse(Estado As Boolean)
    Dim ret As Long

    'Si Estado=TRUE (queremos mostrar el puntero)
    If Estado Then
    'Llamar a ShowCursor tantas veces como sea necesario
    'para que el cursor vuelva a su estado original (visible)
        Do
            ret = ShowCursor(True)
        Loop Until ret = 0
    Else
    'Si queremos ocultar el cursor, basta
    'con una sola llamada a ShowCursor
        ret = ShowCursor(False)
    End If
End Sub
```

En la **Figura 7** se ve un ejemplo que hemos creado para mostrar el uso de esta función.

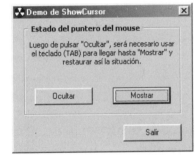

*Figura 7. La nueva función **MostrarMouse** puede ser usada para ocultar o mostrar el puntero del mouse.*

Obtener la posición actual del mouse

Para saber exactamente dónde se encuentra el mouse podemos usar la función **GetCursorPos** de las **API**:

```
Declare Function GetCursorPos Lib "user32" (lpPoint As POINTAPI) As
Long

Public Type POINTAPI
    x As Long
    y As Long
```

El parámetro **lpPOINTAPI** es una variable del tipo **POINTAPI**, descripto en la declaración de la función. Esta estructura tiene dos campos llamados **X** e **Y**, que indican la posición horizontal y vertical del mouse, expresada en pixeles. Dado que la función es muy simple, no es necesario hacer una función de ajuste, a menos que sea por cuestiones de comodidad personal.

*Figura 8. Es muy fácil monitorear la posición del mouse utilizando un **Timer** y la función **GetCursorPos**.*

En la **Figura 8** se ve un ejemplo que nos muestra constantemente la posición del puntero. Para monitorear el mouse, usamos un **Timer** con su propiedad **Interval** en **50**. El proyecto sólo tiene código en el evento **Timer** del temporizador:

```
Private Sub TimerMouse_Timer()
    Dim POS As POINTAPI
    Dim ret As Long

    'Obtenemos la posición del mouse
    ret = GetCursorPos(POS)

    'Mostramos la posición en la etiqueta lblPosicion
    lblPosicion = "(" & POS.x & ", " & POS.y & ")"
End Sub
```

Hacer que una ventana sea Always On Top

Por cuestiones de comodidad, muchas veces resulta útil tener una ventana siempre visible en el escritorio. Normalmente, cuando pasamos de una ventana a otra, las de abajo quedan "tapadas" y no las podemos ver. La solución que Windows ofrece es darle a una ventana la posibilidad de estar siempre sobre las demás ("*Always On Top*" en inglés).

Como los formularios de Visual Basic no tienen ninguna propiedad para hacer esto, debemos usar la función **SetWindowPos**:

```
Declare Function SetWindowPos Lib "user32" (ByVal hWnd As Long, By-
Val hWndInsertAfter As Long, ByVal x As Long, ByVal y As Long, By-
Val cx As Long, ByVal cy As Long, ByVal wFlags As Long) As Long


Public Const HWND_TOPMOST = -1
Public Const HWND_NOTOPMOST = -2
Public Const SWP_NOSIZE = &H1
Public Const SWP_NOMOVE = &H2
Public Const SWP_NOACTIVATE = &H10
Public Const SWP_SHOWWINDOW = &H40
```

Parámetro	Significado
hWnd	La propiedad **hWnd** del formulario a situar encima.
hWndInsertAfter	En este parámetro se usan las constantes **HWND_TOPMOST** y **HWND_NOTOPMOST** para situar o no una ventana encima.
x, y	La función también nos permite mover la ventana, e indicamos aquí sus coordenadas.
cx, cy	Podemos aprovechar para cambiar de tamaño la ventana, indicando aquí sus nuevas dimensiones.
wFlags	Este parámetro recibe una combinación de las constantes **SWP** listadas arriba.

Para nuestro objetivo, el parámetro más importante es el segundo (**hWndInsertAfter**). Si allí usamos la constante **HWND_TOPMOST**, nuestra ventana se convertirá en "Always On Top". Si luego queremos que vuelva a su estado normal y pueda ser tapada por otras ventanas, empleamos la constante **HWND_NOTOPMOST**.

Podemos utilizar los parámetros **X**, **Y**, **cX** y **CY**, aunque no es necesario si simplemente queremos situar la ventana arriba. Entonces, ¿qué valores le damos? Todos estos parámetros pueden tener valor **0**, pero además debemos usar las constantes **SWP_NOMOVE** y **SWP_NOSIZE** combinadas en el último parámetro de la función.

Sabiendo esto, es muy evidente que conviene hacer una función de ajuste. Nosotros la llamaremos **AlwaysOnTop**:

```
Public Sub AlwaysOnTop(F As Form, Estado As Boolean)
    Dim wFlags As Long
    Dim ret As Long

    'Para que no cambie el tamaño ni la posición
    wFlags = SWP_NOMOVE Or SWP_NOSIZE

    If Estado Then
        ret = SetWindowPos(F.hwnd, HWND_TOPMOST, 0, 0, 0, 0, wFlags)
    Else
        ret = SetWindowPos(F.hwnd, HWND_NOTOPMOST, 0, 0, 0, 0, wFlags)
    End If
End Sub
```

En el primer parámetro indicamos el formulario (ventana) con el cual trabajar, y en el segundo indicamos **True** o **False**, según deseemos que la ventana se sitúe arriba o vuelva a su estado normal.

Para apreciar el uso de esta función es bueno abrir el proyecto que se encuentra en la carpeta **Ejemplos\Cap13\Ej09** (ver **Figura 9**) del CD. Una vez ejecutado, hay que pulsar ambos botones y observar cómo reacciona nuestra ventana en relación a las otras.

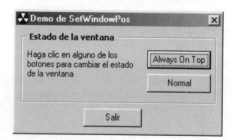

Figura 9. *Tal vez sea muy útil hacer que nuestras aplicaciones puedan ser "Always On Top".*

Utilidades varias

Examinar en busca de una carpeta

Además de examinar la PC para buscar archivos, también podemos explorarla para elegir alguna carpeta (ver **Figura 10**). Hay dos funciones **API** que permiten realizar esta tarea: **SHBrowseForFolder**, y **SH-GetPathFromIDList**. La declaración de ambas es la siguiente:

```
Type BrowseInfo
      hWndOwner As Long
      pidlRoot As Long
      sDisplayName As String
      sTitle As String
      ulFlags As Long
      lpfn As Long
      lParam As Long
      iImage As Long
End Type

Declare Function SHBrowseForFolder Lib "Shell32.dll" (bBrowse As
BrowseInfo) As Long

Declare Function SHGetPathFromIDList Lib "Shell32.dll" (ByVal lI-
tem As Long, ByVal sDir As String) As Long
```

La primera función, **SHBrowseForFolder**, es la que efectivamente presenta el cuadro de "Buscar carpeta" en pantalla. Como único parámetro recibe una estructura del tipo **BrowseInfo**, cuyos campos más importantes son:

Campo	Significado
hWndOwner	La propiedad **hWnd** del formulario que llama a la función.
sTitle	El título del diálogo (Por ejemplo: "Elija una carpeta").
sDisplayName	Un buffer de caracteres donde se ubicará el nombre de la carpeta elegida. Este nombre no representa la verdadera ruta de la misma.
uFlags	Indica qué tipo de diálogo mostrar. Si tiene el valor 1, muestra el diálogo que permite elegir carpetas.

(margen lateral) **13** Introducción a las API

La función devuelve como valor un identificador de la carpeta elegida. Para obtener la ruta completa a partir de este ID, es necesario usar la función **SHGetPathFromIDList**. Esta función recibe en el primer parámetro el ID obtenido con **SHBrowseForFolder**, y devuelve en su segundo parámetro la ruta completa de la carpeta elegida.

Para olvidarnos de todo esto, vamos a crear una función llamada **Examinar**, que reciba como parámetro el texto que aparece en la ventana y devuelva la carpeta elegida (o una cadena vacía si el usuario canceló).

```
Function Examinar(F as Form, Titulo As String) As String
    Dim BI As BrowseInfo
    Dim Item As Long
    Dim Carpeta As String

    BI.hWndOwner = F.hWnd          'hWnd del form activo
    BI.pidlRoot = 0               'Comenzar desde el escritorio
    BI.sDisplayName = Space(260)  'Es un buffer
    BI.sTitle = Titulo            'Titulo de la ventana
    BI.ulFlags = 1                'Buscar carpetas
    BI.lpfn = 0                   'Sin importancia
    BI.lParam = 0
    BI.iImage = 0

    Item = SHBrowseForFolder(BI)

    If Item Then
        Carpeta = Space(260)        'Es un buffer

        'Obtener la verdadera ruta de la carpeta, a
        'partir del ID (Item) elegido con SHBrowseForFolder
        If SHGetPathFromIDList(Item, Carpeta) Then
            Examinar = Left(Carpeta, InStr(Carpeta, Chr(0)) - 1)
        Else
            Examinar = ""
        End If
    End If
End Function
```

Figura 10. Una forma cómoda de examinar en busca de una carpeta.

EN EL CD

~~VISUAL BASIC 6~~

En la carpeta **Ejemplos\Cap13\Ej10** del CD hay un buen ejemplo del uso de esta función.

Abrir el navegador predeterminado en un URL

La función **ShellExecute** de las **API** de Windows permite realizar acciones similares a las del menú **Inicio/Ejecutar**. A diferencia de la función **Shell** de Visual Basic, **ShellExecute** no necesita que exista un archivo a ejecutar. Es más, basta con indicar el nombre de un archivo NO ejecutable para que la función abra la aplicación asociada (si tiene una) junto con el archivo.

La función **ShellExecute** tiene la siguiente sintaxis:

```
Declare Function ShellExecute Lib "shell32.dll" Alias "ShellExecu-
teA" (ByVal hWnd As Long, ByVal lpOperation As String, ByVal lpFi-
le As String, ByVal lpParameters As String, ByVal lpDirectory As
String, ByVal nShowCmd As Long) As Long
```

Básicamente, sólo nos interesan tres parámetros:

Parámetro	Significado
hWnd	La propiedad **hWnd** del formulario que llama a la función.
lpFile	Archivo a abrir o ejecutar.
nShowCmd	Indica de qué forma se muestra la ventana de la aplicación abierta. Podemos usar las constantes **vbNormalFocus**, **vbMaximizedFocus**, **vbNormalNoFocus**, etc.

El resto de los parámetros puede ser una cadena nula, indicada con **vbNullString**. Un ejemplo sería:

```
ShellExecute Formulario.hWnd, vbNullString, "notas.txt", vbNulls-
tring, vbNullString, vbNormalFocus
```

Esto abrirá el **Bloc de Notas** con el archivo "notas.txt". Pero volviendo a nuestro objetivo, ¿cómo abrimos el navegador en una página Web? Si el parámetro **lpFile** es una dirección URL y comienza con su respectivo "**http://**", la función se encargará de abrir el navegador en la ubicación indicada.

La siguiente función permite simplificar la tarea y olvidarse de los parámetros sin importancia:

```
Sub AbrirBrowser(F As Form, URL As String)
    If Left(URL, 7) <> "http://" Then
        URL = "http://" + URL
    End If

    ShellExecute F.hWnd, vbNullString, URL, vbNullString, vbNulls-
tring, vbNormalFocus
End Sub
```

Además, esta función agrega el "http://" si el URL no lo tenía. En la **Figura 11** vemos un ejemplo de lo que se puede hacer con esta función.

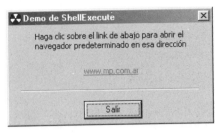

*Figura 11. Con **ShellExecute** podemos abrir el navegador de cualquier página Web.*

MÁS DATOS

SUGERENCIA

Es una buena idea poner links en los créditos de los programas. De esta forma, si el usuario está conectado a Internet, probablemente se dé una vuelta por el sitio Web.

Abrir el cliente de correo listo para enviar un mail

Además de abrir el navegador, la función **ShellExecute** brinda unas cuantas posibilidades más, como por ejemplo, abrir el cliente de correo con una dirección de email ya tipeada (ver **Figura 12**). El único secreto para hacerlo es que el parámetro **lpFile** debe comenzar con la cadena "**mailto:**".

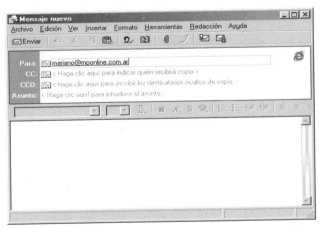

*Figura 12. El **Outlook Express** listo para enviar un mail.*

La siguiente función abre el cliente de correos predeterminado, con un destinatario ya elegido:

```
Sub AbrirMail(F As Form, Email As String)
    ShellExecute F.hWnd, vbNullString, "mailto:" + Email, vbNulls-
tring, vbNullString, vbNormalFocus
End Sub
```

En la **Figura 13** se ve un ejemplo creado con esta función.

Figura 13. *Ahora podemos abrir el cliente de correos con un destinatario ya elegido.*

Generar un retardo de 'n' milisegundos

Para generar un retardo de una cantidad 'n' de milisegundos, podemos usar la función **API GetTickCount**. Esta función no tiene ningún parámetro, y devuelve la cantidad de milisegundos transcurridos desde que se inició Windows. Su declaración es la siguiente:

```
Declare Function GetTickCount Lib "kernel32" Alias "GetTickCount" ()
As Long
```

Ahora, podemos usar **GetTickCount** para construir una función que genere una espera:

```
Sub Esperar(ms As Long)
    Dim Comienzo As Long


    'Tomo un punto de partida
    Comienzo = GetTickCount()
```

```
'Espero la cantidad de MS que sean necesarios
While Not GetTickCount >= Comienzo + ms
    DoEvents
Wend
End Sub
```

Cabe aclarar que es muy importante utilizar la sentencia **DoEvents** en el ciclo de la función. De no ser así, se producirá una espera, pero mientras tanto el sistema estará completamente "muerto". En la **Figura 14** se ve un ejemplo sencillo del uso de esta función.

Figura 14. *Un ejemplo sencillo de la función **Espera** que acabamos de construir.*

SENTENCIA DOEVENTS

Es muy importante usar la sentencia **DoEvents** dentro de los ciclos que demoran demasiado. De lo contrario, la espera se producirá, pero mientras tanto el sistema estará colgado completamente.

Este ejemplo también se encuentra en el CD, en la carpeta **Ejemplos\Cap13\Ej13**.

Esperar que una aplicación se termine de ejecutar

Dado que Windows es un sistema multitarea, la función **Shell** provista por Visual Basic ejecuta otro programa, pero no espera a que éste termine para seguir con la ejecución del nuestro. Para verlo en forma más clara:

```
MsgBox "Aquí se ejecuta el Bloc de Notas"

Shell ("c:\windows\notepad.exe")

MsgBox "Aquí termina el Bloc de Notas"
```

¡Esto es incorrecto! Ni bien Visual Basic termina de procesar la instrucción **Shell**, sigue con la próxima sentencia, y no espera a que el Bloc de Notas termine.

Hay muchas situaciones en las que es necesario esperar a que un programa ejecutado termine, por ejemplo, para ejecutar otro. Podemos hacerlo con las siguientes funciones **API**:

```
Declare Function OpenProcess Lib "kernel32" (ByVal dwDesiredAccess
As Long, ByVal bInheritHandle As Long, ByVal dwProcessId As Long)
As Long

Declare Function GetExitCodeProcess Lib "kernel32" (ByVal hProcess
As Long, lpExitCode As Long) As Long

Const STILL_ACTIVE = &H103
Const PROCESS_QUERY_INFORMATION = &H400
```

La primera, **OpenProcess**, abre un proceso y nos devuelve un identificador válido para poder consultar su estado posteriormente. La segunda, **GetExitCodeProcess**, obtiene información de un proceso. Si el valor devuelto por esta segunda función es la constante **STILL_ACTIVE**, quiere decir que el proceso sigue activo. Codifiquemos esto en una función:

```
Sub Ejecutar(Aplicacion As String)
    Dim hProceso As Long        'Handle del proceso
    Dim Activa As Long          'Valor devuleto por GetExitCodeProcess
    Dim ret As Long

'Ejecutar la aplicacion, y quedarse con el handle (manipulador)
'del proceso, para poder controlar cuando termina
hProceso = OpenProcess(PROCESS_QUERY_INFORMATION, 0, Shell(Aplica-
cion, 1)
```

```
    Do
        'Obtiene información del proceso que iniciamos antes
        ret = GetExitCodeProcess(hProceso, Activa)

        'Para que siga funcionando el sistema normalmente,
        'y se ejecuten los eventos
        DoEvents
    Loop While Activa = STILL_ACTIVE   'Sigue activa?
End Sub
```

Aquí, la función **Ejecutar** recibe como parámetro el nombre de un archivo ejecutable y crea un proceso para la ejecución del mismo. Luego, con el *handle* del mismo (**hProceso**), solicitamos información mediante **GetExitCodeProcess**. Si esta función nos devuelve **STILL_ACTIVE** en **Activa**, quiere decir que todavía la aplicación no terminó. Como se ve en la función, es muy importante el uso de **DoEvents** para no colgar la máquina.

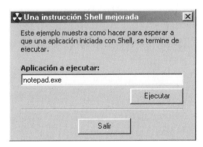

Figura 15. *Cuando usamos nuestra nueva función **Ejecutar**,*
Visual Basic espera para seguir adelante con la próxima instrucción.

En la **Figura 15** se ve un ejemplo que ejecuta una aplicación y muestra un mensaje informativo cuando la misma finaliza. El código del botón **Ejecutar** es el siguiente:

```
Private Sub cmdEjecutar_Click()
    Ejecutar Trim(txtAplicacion)

    'Esto no se ejecuta hasta que no termine la aplicacion
    MsgBox "¡Listo! Ya terminó la aplicación ejecutada"
End Sub
```

Ahora sí, el mensaje no se muestra en pantalla hasta que la aplicación iniciada termine.

EN EL CD

VISUAL BASIC 6

Este ejemplo se encuentra en la carpeta **Ejemplos\Cap13\Ej14** del CD.

Acceder al registro de Windows

En el viejo Windows 3.1 se usaban los archivos INI para guardar información acerca de diferentes aspectos del sistema (colores, asociaciones de archivos, etc.), pero eso cambió radicalmente con Windows 95. A partir de entonces se comenzó a usar el **Registro** que todos conocemos hoy en día.

Dicho registro es un archivo bastante extenso que contiene información muy importante para el sistema. En él se guarda desde el nombre de la PC hasta la configuración de los protocolos para el acceso a redes. Es por esa razón que el registro se transforma en una mina de oro para cualquier programador: con él se puede conocer hasta el más íntimo detalle de la PC y cambiar los valores que creamos necesarios.

Windows trae una utilidad llamada **Regedit**, que permite editar el registro ordenadamente. Este programa, que se ve en la **Figura 16**, es muy cómodo y nos será muy útil tenerlo siempre a mano.

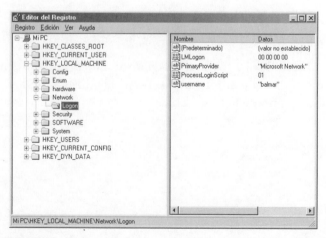

*Figura 16. El **RegEdit** cubre casi todas las necesidades a la hora de editar el registro.*

Antes de comenzar a programar rutinas para acceder al registro, conviene tener bien en claro la organización del mismo. Además, debemos ser muy prudentes: modificar o eliminar los valores incorrectos puede hacer que Windows deje de funcionar.

Claves, valores y datos

El registro de Windows tiene la organización que se ve en la **Figura 17**.

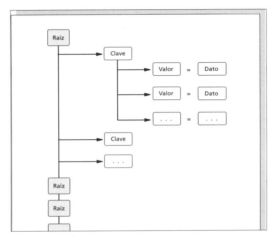

Figura 17. La organización de los datos dentro del registro.

Básicamente, tenemos seis claves principales a las que hemos llamado "raíces" por cuestiones de comodidad. Cada una de ellas contiene un tipo de información. De las seis, las más interesantes son tres:

Raíz	Información que contiene
HKEY_CLASSES_ROOT	Clases de Windows y tipos de objetos y archivos registrados.
HKEY_CURRENT_USER	Toda la configuración de Windows que rige para el usuario actual (recordemos que una máquina puede tener más de un usuario).
HKEY_LOCAL_MACHINE	Configuración de la máquina, que rige para todos los usuarios.

Dentro de cada clave principal o raíz hay varias subclaves, y a su vez, dentro de cada clave hay varios valores. Cada uno de ellos contiene un dato. Para entenderlo mejor, comparemos esta organización con la de una PC:

Introducción a las API 13

- Las raíces serían los diferentes discos rígidos de la máquina (C, D, E, etc.). En cada uno de ellos hay información diferente ("C" contiene programas, "D" contiene fotos, y "E" contiene archivos musicales).
- Las claves serían las carpetas o directorios del disco.
- Los valores serían los archivos de estas carpetas.
- Los datos serían el contenido de esos archivos.

A partir de aquí, sólo resta poder ubicar dónde está la información que buscamos. Por ejemplo, sabemos que el nombre del "dueño" de la PC se encuentra en:

- Raíz **HKEY_LOCAL_MACHINE**
- Clave **Software\Microsoft\Windows\CurrentVersion**
- Valor **RegisteredOwner**
- Dato **Baltazar y Mariano Birnios**

Ahora bien, ¿cómo sabemos dónde está la información más importante? Para eso hay que investigar el registro cautelosamente y buscar los datos que necesitamos. Otra posibilidad es darle una mirada al **Reg-Help**, incluido en el CD. **RegHelp** es un archivo de ayuda (HLP) que contiene las ubicaciones de los datos más interesantes.

EN EL CD

En el CD hay un programa llamado **RegHelp**. Más bien se trata de un archivo de ayuda que contiene información acerca del registro.

Programar en el registro

La idea en sí no es programar una aplicación que sirva para editar el registro (aunque es posible), sino tener la posibilidad de realizar algunas acciones con él. Por ejemplo:

- Consultar el contenido de un valor.
- Establecer el contenido de un valor.
- Agregar un valor nuevo.
- Crear o eliminar una clave.

Para realizar todas estas acciones vamos a necesitar algunas **API** y varias constantes. Por cuestiones de espacio, en esta sección no hemos incluido la declaración de todas las **API**. De todas formas, pueden ser extraídas del **API Viewer**, o del CD que acompaña el libro.

```
'Indican el tipo de valor (cadena o long)
Const REG_SZ As Long = 1
Const REG_DWORD As Long = 4

'Constantes para la Raiz
Const HKEY_CLASSES_ROOT = &H80000000
Const HKEY_CURRENT_USER = &H80000001
Const HKEY_LOCAL_MACHINE = &H80000002

'Otras constantes varias
Const KEY_ALL_ACCESS = &H3F
Const REG_OPTION_NON_VOLATILE = 0
```

MÁS DATOS

SUGERENCIA

Es muy recomendable tener el CD a mano para poder probar las rutinas explicadas en las siguientes líneas.

Abrir y cerrar una clave

Antes de realizar cualquier acción, debemos abrir las claves con las que vamos a trabajar. Si nos referimos a un valor de una clave que no está abierta, se producirá un error. Siguiendo con la analogía anterior, sería como intentar abrir un archivo sin estar en la carpeta correspondiente.

La función **API** que nos permite abrir una clave es la siguiente:

```
RegOpenKeyEx (ByVal hKey As Long, ByVal lpSubKey As String, ByVal
ulOptions As Long, ByVal samDesired As Long, phkResult As Long) As
```

Hemos dejado de lado el **Public Declare Function**, la **Lib** y el **Alias**, por cuestiones de espacio y prolijidad. Recordemos que las declaraciones completas están en el **API Viewer** y en el CD.

Los parámetros más significativos de esta función son:

Parámetro	Significado
hKey	Constante referida a la raíz a utilizar (algunas de las constantes comenzadas con HKEY)
lpSubKey	Cadena que indica el nombre de la clave a abrir.
phkResult	Aquí la función nos devuelve un **Handle** o identificador para la clave que acabamos de abrir.

DEFINICIONES

HANDLE

Significa "identificador" o "manipulador" en inglés, y siempre se refiere a un número entero. El handle de una clave nos permite referirnos a ella en operaciones posteriores.

Lo más importante luego de llamar a la función, es guardar el **Handle** devuelto en el último parámetro. Mediante éste, podremos utilizar el resto de las **API** para consultar y establecer valores dentro de esta clave. Un ejemplo de esta función sería:

```
Dim Raiz As String        '¿Que raiz vamos a usar?
Dim Clave As String       'Cadena con el nombre de la clave
Dim hClave as Long

                          'Handle de la clave que abrimos

Dim ret As Long


Raiz = HKEY_LOCAL_MACHINE
Clave = "Software\Microsoft\Windows\CurrentVersion"

ret = RegOpenKeyEx(Raiz, Clave, 0, KEY_ALL_ACCESS, hClave)
```

Luego de llamar a la función, tendremos en la variable **hClave** el handle de la clave abierta. La constante **KEY_ALL_ACCESS** nos brinda un acceso total en futuras operaciones con esta clave.

Una vez que abrimos la clave, podemos realizar otras acciones dentro de la misma, utilizando el **Handle** o **ID** que obtuvimos en **RegOpenKeyEx**. Luego, cuando terminamos de trabajar con la clave, es necesario cerrarla. Para esto debemos usar la siguiente función:

```
RegCloseKey (ByVal hKey As Long) As Long
```

En su único parámetro (**hKey**) hay que pasar el identificador que obtuvimos en **RegOpenKeyEx**.

Agregar o modificar un valor existente

Ahora que tenemos una clave abierta, podemos trabajar con ella. Para agregar o modificar un valor, debemos usar la siguiente función:

```
RegSetValueEx (ByVal hKey As Long, ByVal lpValueName As String, By-
Val Reserved As Long, ByVal dwType As Long, lpData As Any, ByVal
cbData As Long) As Long
```

El significado de los parámetros es el siguiente:

Parámetro	Significado
hKey	El **handle** que obtuvimos en **RegOpenKeyEx**.
lpValueName	Una cadena indicando el nombre del valor (por ejemplo: "Nombre").
dwType	Una constante indicando el tipo del dato. **REG_SZ** indica una cadena, y **REG_DWORD** un entero largo.
lpData	El dato a establecer (por ejemplo: "Mariano").
cbData	El tamaño del dato en bytes. Si es una cadena, se indica mediante la función **Len**, y si es un entero largo, el tamaño siempre es **4** bytes (32 bits).

Si el valor no existe, la función lo crea y le carga el contenido del parámetro **lpData**. El valor puede ser del tipo cadena (**REG_SZ**) o entero (**REG_DWORD**). Por ese motivo es necesario discriminar la llamada a la función, según el tipo de dato.

A partir de ahora empezaremos a construir nuestras propias funciones de ajuste para manejar el registro. Las siguientes funciones permiten agregar o modificar un valor del registro:

```
Sub regSetDatoString (Raiz As Long, Clave As String, Valor As
String, Dato As String)
    Dim hClave As Long
    Dim ret As Long
```

Introducción a las API 13

```
        ret = RegOpenKeyEx(Raiz, Clave, 0, KEY_ALL_ACCESS, hClave)
        ret = RegSetValueEx(hClave, Valor, 0, REG_SZ, Dato, Len(Dato))
        RegCloseKey (hClave)
End Sub

Sub regSetDatoLong (Raiz As Long, Clave As String, Valor As String,
Dato As Long)
    Dim hClave As Long
    Dim ret As Long

    ret = RegOpenKeyEx(Raiz, Clave, 0, KEY_ALL_ACCESS, hClave)
    ret = RegSetValueEx(hClave, Valor, 0, REG_DWORD, Dato, Len(Da-
to))
    RegCloseKey (hClave)
```

Ambas funciones primero abren la clave indicada en los parámetros **Raiz** y **Clave**. Luego, mediante la **API** que acabamos de ver, crean o modifican un valor; finalmente terminan cerrando la clave abierta. La función **regSetDatoString** sirve para valores del tipo cadena, mientras que **regSetDatoLong** permite trabajar con valores enteros. Un ejemplo del uso de estas funciones sería:

```
regSetDatoString HKEY_LOCAL_MACHINE, "Persona", "Nombre", "Mariano"


regSetDatoLong HKEY_LOCAL_MACHINE, "Persona", "Edad", 20
```

Consultar un valor

Para consultar valores del registro podemos usar la función **Reg-QueryValueEx**. Como el valor puede ser de dos tipos (cadena o entero) es necesario crear dos funciones separadas.

```
Function regGetDatoString (Raiz As Long, Clave As String, Valor As
String) As String
    Dim hClave As Long        'Handle de la clave
    Dim Longitud As Long      'Longitud de la cadena
    Dim Dato As String        'Una variable para contener el dato
    Dim ret As Long
```

```
'Primero, hay que abrir la clave y obtener el handle (hClave)
ret = RegOpenKeyEx(Raiz, Clave, 0, KEY_ALL_ACCESS, hClave)

'Ahora obtenemos la longitud del dato
ret = RegQueryValueEx(hClave, Valor, 0, 0, 0, Longitud)

'Preparamos un buffer para contener la cadena, segun su longi-
tud
Dato = String(Longitud, 0)

'Llamamos a RegQueryValurEx para obtener el dato
ret = RegQueryValueEx(hClave, Valor, 0&, REG_SZ, ByVal Dato, Lon-
gitud)

'No tenemos que olvidarnos de cerrar la clave...
ret = RegCloseKey(hClave)

'Quitamos el último caracter de la cadena, ya que es un Chr(0)
regGetDatoString = Left(Dato, Longitud - 1)
End Function

Function regGetDatoLong (Raiz As Long, Clave As String, Valor As
String) As Long
Dim hClave As Long
Dim Dato As Long
Dim ret As Long

ret = RegOpenKeyEx(Raiz, Clave, 0, KEY_ALL_ACCESS, hClave)
ret = RegQueryValueEx(hClave, Valor, 0&, REG_DWORD, Dato, 4)
ret = RegCloseKey(hClave)
regGetDatoLong = Dato
End Function
```

Ambas funciones de ajuste tienen la misma sintaxis:

Parámetro	Significado
raiz	Constante que indica la raíz en la que se encuentra el valor buscado.
clave	La clave en donde se encuentra el valor buscado.
valor	El nombre del valor que buscamos.

Cada función devuelve el dato del valor buscado, en su correspondiente tipo. Por ejemplo:

```
Nombre = regGetDatoLong (HKEY_LOCAL_MACHINE, "Persona", "Nombre")


Edad   = regGetDatoLong (HKEY_LOCAL_MACHINE, "Persona", "Edad")
```

Eliminar un valor

Para eliminar un valor del registro debemos usar la función **API RegDeleteValue**. Esta función recibe en su primer parámetro el handle de la clave en la cual está contenido el valor. Como segundo parámetro se indica el nombre del valor a eliminar.

Aunque esta función es fácil de utilizar, también vamos a construir una función de ajuste:

```
Sub regEliminarValor(Raiz As Long, Clave As String, Valor As String)
    Dim hClave As Long
    Dim ret As Long


    ret = RegOpenKeyEx(Raiz, Clave, 0, KEY_ALL_ACCESS, hClave)


    ret = RegDeleteValue(hClave, Valor)


    RegCloseKey (hClave)
End Sub
```

Esta nueva función recibe primero la constante que indica la raíz. Luego es necesario indicar el nombre de la clave; finalmente, el nombre del valor. Por ejemplo:

```
RegEliminarValor HKEY_LOCAL_MACHINE, "Persona", "Nombre"


RegEliminarValor HKEY_LOCAL_MACHINE, "Persona", "Edad"
```

Crear una clave

También tenemos la posibilidad de crear una clave. Para eso podemos usar la función **RegCreateKeyEx**. Básicamente, sólo requiere la raíz y el nombre de la clave a crear. Al crear una clave, ésta queda abierta, y por lo tanto hay que cerrarla (si no la vamos a usar). La siguiente función de ajuste permite simplificar la tarea:

```
Sub regCrearClave(Raiz As Long, Clave As String)
    Dim hClave As Long
    Dim SA As SECURITY_ATTRIBUTES
    Dim ret As Long


    ret = RegCreateKeyEx(Raiz, Clave, 0&, vbNullString, REG_OPTION-
_NON_VOLATILE, KEY_ALL_ACCESS, SA, hClave, 0)


    RegCloseKey (hClave)
End Sub
```

Esta nueva función sólo recibe la constante que indica la raíz (por ejemplo **HKEY_CURRENT_USER**) y el nombre de la clave.

La única observación es la variable **SA**, que aparentemente no se usa para nada. Esta variable del tipo **SECURITY_ATTRIBUTES** se puede usar para configurar la seguridad de la clave que estamos creando, pero en nuestro caso no es necesario. La constante **REG_OPTION_NON_VOLATILE** hace que la clave no sea volátil, y que no se pierda al reiniciar la PC.

Eliminar una clave

Eliminar una clave es demasiado sencillo para el peligro que representa, si se usa indebidamente. Al eliminar una clave estamos eliminando también todas las subclaves y valores que contiene.

```
Sub regEliminarClave(Raiz As Long, Clave As String)
    Dim ret As Long

    ret = RegDeleteKey(Raiz, Clave)
End Sub
```

La función **API RegDeleteKey** es la que nos permite eliminar una clave. Aquí, la función de ajuste resulta útil sólo para mantener una coherencia con las demás funciones que hemos creado.

Cómo conocer todas las API que contiene una DLL

Muchas veces sucede que tenemos una **DLL**, y necesitamos conocer cuáles son todas las funciones que contiene. Esto nos puede ayudar mucho al buscar información de esas funciones en Internet, o en el **API Viewer**.

El truco consiste en usar el archivo **LINK.EXE**, que se encuentra en la carpeta de Visual Basic. Debemos ejecutarlo con los siguientes parámetros:

```
link.exe /dump /exports (Nombre_DLL) /out:TXT_Salida
```

NOMBRE_DLL hace referencia a la librería que queremos revisar (debemos indicar la ruta completa) y **TXT_Salida** es el nombre de un archivo de texto donde volcar los datos. Es importante no dejar ningún espacio después de los dos puntos (en "/**out**"). Por lo general resulta más cómodo abrir una ventana DOS para hacerlo.

En la **Figura 18** vemos un archivo que contiene información acerca de **WINMM.DLL**.

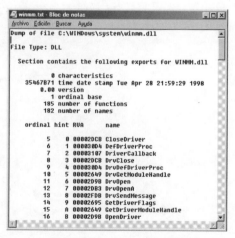

Figura18. *La información que nos provee **LINK.EXE** acerca de la DLL.*

Si bien la información que nos brinda este método es escueta (sólo tenemos el nombre de las funciones), es un excelente punto de partida para buscar más información. Por ejemplo, basta con darse cuenta de que existe una **API** llamada **waveSetVolumeOut**, para tipear su nombre en un buscador de Internet y conseguir más información.

Dónde conseguir más información

Probablemente no alcanzaría ni siquiera una obra de diez tomos para desarrollar las **API** a pleno. Los conceptos expuestos en este capítulo deben servir más bien como un punto de partida sólido, que permita a los lectores familiarizarse con el tema y buscar más información.

Pero... ¿dónde hay más información? Algunos sitios a consultar son:

1. La ayuda del **MSDN** que viene con el Visual Studio 6. Allí hay información de casi todas las **API** existentes. Es imprescindible tenerlo en nuestra biblioteca virtual.
2. **Internet**. Si necesitamos información acerca de una función **API**, podemos simplemente escribir su nombre en cualquier buscador conocido, como **Altavista**.
3. También en **Internet** hay varios sitios especializados en el tema. En el último capítulo del libro figuran los más interesantes.

Introducción a las API 13

Cuestionario

1. ¿Qué son las **API**?

2. ¿Dónde se almacenan las **API**?

3. ¿Cuáles son los pasos a seguir para usar una función **API**?

4. ¿Dónde conviene declarar las funciones **API**?

5. ¿Qué es el **API Viewer**?

6. ¿Qué función **API** se utiliza para obtener el directorio de Windows?

7. ¿Qué son las funciones de ajuste?

8. ¿Qué es un *handle*?

9. ¿Cuáles son las principales funciones **API** para acceder al Registro?

10. ¿Cómo se pueden conocer las funciones **API** que contiene un archivo DLL?

MULTIMEDIA

En este capítulo presentaremos la base de la programación multimedia con Visual Basic. Entre otras cosas, veremos cómo interactuar con varias imágenes y cómo incorporar sonidos y videos a las aplicaciones.

Capítulo **14**

¿Qué es la multimedia?

La palabra multimedia deriva de **multi** (muchos) y **media** (medios); en el mundo de la computación significa una forma de presentar la información, utilizando varios medios. Los medios más comunes son: texto, imágenes, videos, sonidos, música, animaciones, etc.

DEFINICIONES

MÉTODO MULTIMEDIA

La multimedia es un método para la presentación de información mediante el uso de varios medios, como texto, imagen, sonido, videos, etc.

Otra característica de algunas aplicaciones multimedia es la existencia de hipervínculos, que representan enlaces entre distintos puntos de la información. Estos enlaces hacen que las aplicaciones no sean lineales, permitiendo que el usuario realmente siga el camino que más le agrade.

Imagen

Uno de los componentes básicos de la multimedia es la imagen, y si pensamos crear una aplicación multimedia, debemos poner un mayor énfasis en lo estético. Como se explicó anteriormente, Visual Basic provee dos controles para tratar imágenes:

- La caja de imagen
- El control de imagen

Aunque resultan muy parecidos, ambos tienen sus pro y sus contras. Algunas veces habrá que usar una caja de imagen y otras veces habrá que ingeniárselas con un control de imagen. El cuadro siguiente resume brevemente las características particulares de cada uno:

Caja de imagen	Control de imagen
Puede actuar como un contenedor, es decir que podemos situar otros controles dentro de la caja.	No es un contenedor, y por lo tanto no puede contener otros controles dentro.
Ocupan memoria adicional, aparte de la propia imagen.	Son más rápidos en cargar, y requieren muy poca memoria (sólo la indispensable para cargar la imagen).

Multimedia **14**

Caja de imagen	Control de imagen
Son capaces de mantener una copia de la imagen en memoria (propiedad **AutoRedraw**).	No son capaces de guardar una copia de la imagen en memoria.
Disponen de una propiedad **hDC**, permitiendo el uso de los métodos gráficos disponibles a través de las API.	No disponen de una propiedad **hDC**, y por lo tanto no pueden ser usados con funciones API.
No pueden ajustar automáticamente una imagen al tamaño del control.	Mediante la propiedad **Stretch** pueden ajustar una imagen al tamaño del control. Esto permite hacer **Zoom** sobre una imagen.

Generalmente, las cajas de imagen son usadas para contener gráficos de fondo, aprovechando de paso la posibilidad de contener otros controles. En cambio, los controles de imagen resultan perfectos para actuar como "foco" de botones gráficos, y otras pequeñeces que requieran el uso de más de un control.

Logrando interacción con dos imágenes

A pesar de lo que uno puede llegar a pensar observando el cuadro anterior, los controles de imagen son fundamentales a la hora de crear programas multimedia, dado que ocupan muy pocos recursos. Son ideales para crear interacción, botones y otros tipos de objetos gráficos. La mayoría de estos objetos son creados mediante combinaciones de uno o más controles de imagen, que se ocultan o muestran cuando es adecuado.

Veamos un ejemplo simple. Pensemos en crear un programa que muestre y oculte una señal de tránsito cuando se pulsa un botón. El ejemplo se ve en la **Figura 1**, y los pasos para construirlo son los siguientes:

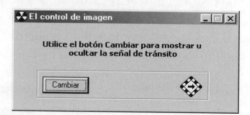

Figura 1. Un botón que muestra y oculta una imagen.

1. Creamos un nuevo proyecto y vamos al formulario principal.
2. Agregamos un botón (**cmdCambiar**) que permita cambiar el estado (visible o invisible) de la imagen.

3. Agregamos un control de imagen y cargamos su propiedad **Picture** con un gráfico a elección (nosotros usamos una señal de tránsito para seguir con el ejemplo).

4. El código del botón **cmdCambiar** es el siguiente:

```
Private Sub cmdCambiar_Click()
    If imgSenal.Visible Then
        imgSenal.Visible = False
    Else
        imgSenal.Visible = True
    End If
End Sub
```

Estas líneas muestran la señal si estaba invisible, y la ocultan si estaba visible.

Pensemos ahora algo más complicado. Siguiendo con las señales de tránsito, imaginemos un programa que muestre un botón que, al ser pulsado, cambia el estado de un semáforo (siguiendo el orden lógico: verde, amarillo, rojo, amarillo y verde). Este ejemplo se ve en la **Figura 2**.

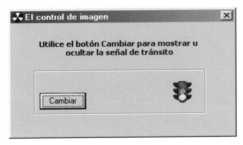

Figura 2. *Al hacer clic sobre el botón, el semáforo cambia de estado siguiendo el orden lógico.*

¿Cuál es el truco? La idea es usar tres controles de imagen superpuestos, uno para cada estado del semáforo. Luego, dependiendo del estado actual del mismo, mostramos la imagen adecuada y ocultamos las que no deben verse (los dos estados restantes). Vayamos paso a paso:

1. Creamos un nuevo proyecto y en el formulario principal agregamos un botón (**cmdCambiar**).

2. Agregamos los tres controles de imagen necesarios en un vector y cargamos su propiedad **Picture** con el estado del semáforo que corresponda (las imágenes las tomamos de la carpeta **Common\Graphics** de **Visual Basic**). El control 0 es verde, el 1 es amarillo y el 2 es rojo.

3. Para facilitar el manejo del semáforo, hemos creado algunas constantes y variables que nos ayudarán:

```
Option Explicit

Dim ParaDonde As Integer    '¿Vamos de verde a rojo o al revés?
Dim Actual As Integer       'Luz actualmente encendida

Const VERDE = 0             'El semáforo está en verde
Const AMARILLO = 1          'El semáforo está en amarillo
Const ROJO = 2              'El semáforo está en rojo

Const SUBE = 0              'Vamos de verde a rojo
Const BAJA = 1             'Vamos de rojo a verde
```

4. Ahora vamos a construir un sencillo procedimiento que muestre la luz correcta y apague las que no deben verse:

```
Sub MostrarSemaforo(Cual As Integer)
    Dim i As Integer

    'Prendemos (visible = True) la luz indicada
    imgSemaforo(Cual).Visible = True

    'Apagamos el resto de las luces
    For i = VERDE To ROJO
        If i <> Cual Then
            imgSemaforo(i).Visible = False
        End If
    Next i
End Sub
```

5. En el evento **Load** del formulario mostramos por primera vez el semáforo:

```
Private Sub Form_Load()
    Actual = VERDE
    MostrarSemaforo Actual
End Sub
```

6. Finalmente, sólo resta el código del botón que seleccione cuál es la luz que debe verse, según la lógica del semáforo:

```
Private Sub cmdCambiar_Click()
    'Controlamos qué luz debe encenderse
    If ParaDonde = SUBE Then
        If Actual < ROJO Then
            Actual = Actual + 1
        Else
            Actual = AMARILLO
            ParaDonde = BAJA
        End If
    Else
        If Actual > VERDE Then
            Actual = Actual - 1
        Else
            Actual = AMARILLO
            ParaDonde = SUBE
        End If
    End If

    'Ahora, en la variable actual tenemos la luz
    'que debe verse encendida
    MostrarSemaforo Actual
End Sub
```

7. ¡Listo! Basta con pulsar **F5** para comprobar los resultados. Más de uno quisiera tener este botón mágico para cambiar el estado del semáforo a gusto...

EN EL CD

 VISUAL BASIC 6

Este ejemplo se encuentra terminado en el CD, en la carpeta **Ejemplos\Cap14\Ej02**.

Dejando de lado el hecho de que la lógica es más complicada que en el ejercicio anterior, el tratamiento de las imágenes sigue siendo simple. Basta con ingeniárselas con los controles de imagen para crear buenos efectos de interacción.

HAY QUE SABERLO

Los controles de imagen son excelentes a la hora de crear pequeñas interacciones, como por ejemplo un semáforo que cambia su luz, o una señal que se prende y se apaga.

Gráficos y dibujos

Los formularios y las cajas de imagen, además de otras cualidades que los hacen muy importantes, disponen de los llamados "métodos gráficos": consisten en un conjunto de métodos que permiten dibujar líneas, círculos, rectángulos, puntos y otra clase de figuras sobre una superficie virtual.

A pesar de que podemos usar un formulario para dibujar, lo más común es utilizar una caja de imagen. Estos controles disponen de una propiedad llamada **AutoRedraw**, que permite guardar una copia en memoria del contenido de la imagen y habilita el uso de los métodos gráficos. Si **AutoRedraw** está en **False**, no podremos usar ninguno de los métodos aquí expuestos.

HAY QUE SABERLO

Para poder usar los métodos gráficos en una caja de imagen, la propiedad **AutoRedraw** de la misma deberá encontrarse en **True**.

Superficies de dibujo

Lo primero que necesitamos para poder dibujar es una "superficie de dibujo". Esta superficie puede ser un formulario o una caja de imagen con su propiedad **AutoRedraw** en **True**.

Además, necesitamos un "lápiz" para dibujar y una "brocha" para pintar. Estos elementos son manejados automáticamente por Visual Basic, y el programador sólo debe ocuparse de establecer algunas propiedades del objeto sobre el cual dibujamos. En la tabla siguiente se describen brevemente algunas propiedades de los objetos que actúan como superficie:

Propiedad	Descripción
CurrentX	La coordenada X de la ubicación actual del "lápiz"
CurrentY	La coordenada Y de la ubicación actual del "lápiz"
DrawStyle	El estilo de dibujo (líneas completas, líneas de puntos, etc.)
DrawWidth	El grosor con el que dibuja nuestro lápiz
FillStyle	El estilo con el que se pintan las figuras cerradas
FillColor	El color con el que se pintan las figuras cerradas

Las propiedades **CurrentX** y **CurrentY** determinan el par de coordenadas (X, Y) donde se encuentra nuestro lápiz de dibujo. Cuando dibujamos cualquier cosa con los métodos gráficos (que se exponen más adelante), la posición del lápiz cambia, y se establece justo donde se terminó de dibujar. La propiedad **DrawStyle** define el estilo de dibujo para las líneas simples (sean rectas o redondeadas). Los valores que acepta se ven en la tabla siguiente; la **Figura 3** muestra una representación de los mismos.

Valor	Estilo
0	Sólido
1	Guiones
2	Puntos
3	Guión-Punto
4	Guión-Punto-Punto
5	Transparente (invisible)
6	Sólido por dentro

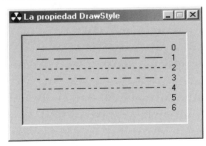

*Figura 3. Los diferentes estilos de dibujo (propiedad **DrawStyle**).*

Luego, mediante **DrawWidth**, es posible establecer el ancho de líneas de las figuras dibujadas (vendría a ser algo así como el grosor del lápiz). Cabe aclarar que la propiedad **DrawWidth** debe estar en **1** para poder usar la propiedad **DrawStyle**.

La propiedad **FillStyle** permite definir el estilo con el que se pintan las figuras cerradas (recuadros, circunferencias, etc.), y **FillColor** establece el color con el cual pintar. En la tabla siguiente aparecen los valores aceptador por **FillStyle**, y en la **Figura 4** se ve una representación de los mismos.

Valor	Estilo
0	Sólido
1	Transparente (invisible)
2	Líneas horizontales
3	Líneas verticales
4	Líneas diagonales (\)
5	Líneas diagonales (/)
6	Líneas cruzadas (mosaico)
7	Líneas cruzadas diagonalmente

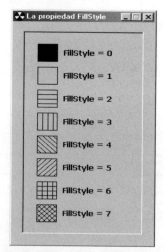

Figura 4. Los diferentes estilos de dibujo (propiedad FillStyle).

Finalmente, cabe aclarar que en los objetos sobre los cuales se dibuja se suele utilizar la propiedad **ScaleMode** en **3** (pixeles). Esto hace que las coordenadas utilizadas por los métodos gráficos para dibujar se expresen en pixeles (algo mucho más cómodo para trabajar).

Los métodos gráficos

Ahora que tenemos una superficie y los elementos necesarios para dibujar, podemos usar los llamados "métodos gráficos". En la tabla siguiente se ven algunos de estos métodos, que están presentes en todos los objetos que pueden actuar como superficies de dibujo.

Método	Descripción
Line	Se utiliza para dibujar líneas o rectángulos.
Circle	Permite dibujar circunferencias, elipses o arcos.
PSet	Permite establecer el color de un pixel
Point	Devuelve el color de un determinado pixel
Cls	Limpia la superficie de dibujo

Cada uno de estos métodos trabaja con las propiedades del objeto en donde se va a dibujar. Por ejemplo, si utilizamos el método **Line** para dibujar una línea, ésta tendrá el grosor indicado en **DrawWidth** y el estilo indicado en **DrawStyle**. Análogamente, si dibujamos una circunferencia mediante el método **Circle**, está será pintada según las propiedades **FillStyle** y **FillColor**.

Dibujar líneas o rectángulos

El método **Line** permite dibujar líneas, recuadros, y rectángulos sólidos. Su sintaxis es la siguiente:

```
objeto.Line [Step](x1, y1)[Step]-(x2, y2), [color], [B][F]
```

El significado de los parámetros es el siguiente:

Parámetro	Descripción
step	Si se escribe la palabra **Step**, las coordenadas indicadas en (x1, y1) serán relativas a la posición actual del puntero sobre el área de dibujo (propiedades **CurrentX** y **CurrentY**).
(x1, y1)	Las coordenadas de comienzo. Son absolutas si no se utiliza la palabra **Step**.
step	Idem **Step** anterior, pero para las coordenadas (x2, y2)
(x2, y2)	Las coordenadas de fin
color	El color con el cual dibujar
B	Indica si vamos a dibujar un recuadro
F	Indica si vamos a llenar el recuadro con el color indicado

Veamos algunos ejemplos:

```
'Dibuja una línea horizontal
picGraficos.Line (20, 20)-(200, 20), QBColor(0)

'Un recuadro sin llenar
picGraficos.Line (20, 50)-(100, 100), QBColor(1), B

'Un rectángulo sólido
picGraficos.Line (150, 50)-(200, 100), QBColor(4), BF

'Pintar con líneas verticales
picGraficos.FillStyle = 7
picGraficos.Line (20, 120)-(200, 170), QBColor(4), B

'Recuadro rallado diagonalmente
picGraficos.FillColor = 1
picGraficos.FillStyle = 4
picGraficos.Line (220, 20)-(270, 170), QBColor(0), B
```

En estos ejemplos tenemos una caja de imagen llamada **picGraficos**, con su propiedad **AutoRedraw** en **True** (como debe ser). El resultado que producen estos métodos **Line** se ve en la **Figura 5**; el ejemplo está disponible en el CD.

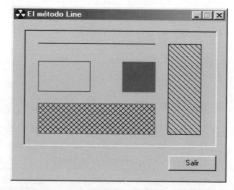

*Figura 5. El método **Line** permite dibujar tanto líneas como rectángulos.*

Dibujar círculos, elipses o arcos

Mediante el método **Circle** podemos dibujar circunferencias, elipses y arcos de curva. Su sintaxis es la siguiente:

```
objeto.Circle [Step] (x, y), radio, [color, comienzo, fin, aspec-
```

Los parámetros tienen el siguiente significado:

Parámetro	Significado
step	Hace que las coordenadas indicadas en (x, y) sean relativas a la posición actual del lápiz.
(x, y)	Las coordenadas del centro del círculo, la elipse o el arco.
radio	El radio.
color	El color con el cual dibujar.
comienzo	Si vamos a dibujar sólo un arco de curva, este parámetro indica el comienzo del mismo en radianes. Su valor predeterminado es 0, y puede variar entre −2 * pi y 2 * pi.
fin	Fin del arco de curva.
aspecto	Un valor **Single** que determina el aspecto de la elipse. Si es 1.0 es un círculo perfecto. Si es mayor a 1, la elipse tiende a parecer un huevo vertical, y si es menor a uno tiende a ser un huevo horizontal. Matemáticamente, este valor representa b / a.

Veamos algunos ejemplos:

```
'Un lápiz más gordo
picGraficos.DrawWidth = 3

'Un círculo común
picGraficos.Circle (50, 50), 25, QBColor(1)

'Un huevo acostado
picGraficos.Circle (110, 50), 25, QBColor(4), , , 0.5

'Un huevo vertical
picGraficos.Circle (160, 50), 25, QBColor(0), , , 2

'Un arco de curva
picGraficos.Circle (50, 110), 25, QBColor(1), 0, 1

'Otro arco de curva
picGraficos.Circle (110, 110), 25, QBColor(12), 0, 2
```

La apariencia de estos ejemplos se ve en la **Figura 6**.

Figura 6. *Con el método **Circle** podemos dibujar círculos, elipses y arcos de curva.*

EN EL CD

Este ejemplo se encuentra en la carpeta **Ejemplos\Cap14\Ej04** del CD.

Trabajar con pixeles: los métodos PSet y Point

Dada alguna circunstancia específica, puede resultar necesario conocer el color que tiene algún pixel de una imagen o un dibujo. Para tal fin podemos utilizar el método **Point**:

```
objeto.Point (x, y)
```

Dicho método devuelve un valor del tipo **Long**, indicando el color del pixel de las coordenadas **X** e **Y** indicadas (y relativas a la escala del objeto). Por ejemplo:

```
QueColor = picGraficos.Point (10, 10)
```

Otro método interesante es **PSet**. Permite establecer el color de un determinado pixel de una superficie de dibujo, y tiene la siguiente sintaxis:

```
objeto.PSet [Step] (x, y), Color
```

Esto pinta un punto del color indicado en las coordenadas (**X**, **Y**) del objeto en cuestión. La palabra **Step** hace que estas coordenadas sean relativas a las de **CurrentX** y **CurrentY**, como sucedía en los otros métodos. Veamos algunos ejemplos:

```
'Dibujar un punto azul en las coordenadas (10, 10)
picGraficos.PSet (10, 10), QbColor(1)

'Dibujar un punto negro de diámetro 5, en la posición (100, 100)
picGraficos.DrawWidth = 5
picGraficos.PSet (100, 100), 0
```

 VISUAL BASIC 6

Si bien mediante **PSet** se puede dibujar cualquier tipo de figura, siempre conviene usar otro método más directo, si es posible. Por ejemplo, para dibujar una línea es conveniente usar el método **Line** en lugar de dibujar varios puntos alineados.

El método Cls

Este último método es muy sencillo. Su función es limpiar el área de dibujo. Por ejemplo:

```
picGraficos.Cls
```

Así limpiamos la caja de imagen **picGraficos**, y la dejamos lista para ser usada nuevamente.

Sonido y video: El Control Multimedia

Este control permite abrir, reproducir y grabar mediante una gran cantidad de dispositivos multimedia diferentes. A nosotros sólo nos interesan sus 3 funciones principales:

1. Reproducir un sonido digital (por ejemplo, un archivo en formato **WAV** o **MID**).
2. Reproducir un video (formato **AVI**).
3. Hacer las funciones de un reproductor de **CDs de audio**.

Si bien el control multimedia puede ser usado para grabar información, es mucho más común utilizarlo para reproducirla, por ejemplo, para mostrar un video al comienzo de nuestro programa, o responder con un "clic" sonoro a una acción del usuario.

Para lograr todo esto, el control usa una interfase que se conoce con el nombre de **MCI** (*Media Control Interface*, o Interfase de Control de Medios). El control multimedia simplemente envía comandos a la interfase **MCI**, que finalmente se encarga de ejecutarlos.

HAY QUE SABERLO

El control multimedia permite trabajar con una amplia variedad de dispositivos multimedia, reproduciendo o grabando archivos.

DEFINICIONES

MCI significa *Media Control Interface*, o Interfase de Control de Medios. El control multimedia le envía al **MCI** varios comandos, que éste se encarga de ejecutar.

Sabiendo esto, podríamos decir que el control multimedia es un intermediario entre nosotros y la interfase **MCI**, permitiéndonos reproducir multimedia en forma rápida y fácil. Es por eso que para nuestros ojos, este control se comporta como cualquier otro: tiene propiedades, métodos y eventos que debemos conocer para sacarle el máximo provecho posible.

Trabajando con el control multimedia

Este control no aparece siempre en la caja de herramientas de Visual Basic, por lo tanto es necesario agregarlo. Para eso hay que:

1. Ir al menú **Proyect/Components** o presionar **CTRL+T**.
2. Elegir de la lista *Microsoft Multimedia Control 6.0*. El nombre del archivo es **MCI32.OCX** y se encuentra en el directorio **Windows\System**.

Una vez que se encuentra en la caja de herramientas, podemos ubicarlo en el formulario como normalmente lo hacemos. Este control tiene la apariencia que se ve en las **Figuras 7** y **8**.

*Figura 7. La apariencia del **Control Multimedia** en la Caja de Herramientas de Visual Basic.*

*Figura 8. El **Control Multimedia** ubicado en un formulario.*

Básicamente, sea cual fuere el archivo con el que trabajemos (audio, video, o un CD de música), el control funciona de la misma manera:

PASO A PASO

① Primero le indicamos con qué dispositivo vamos a trabajar.

② Luego definimos cuál es el archivo a reproducir (si es que hay uno).

③ Abrimos el archivo.

④ Realizamos las acciones necesarias (reproducir, adelantar, poner en pausa, etc.).

⑤ Finalmente, cerramos el archivo.

Ahora bien, hay dos formas de usar el control multimedia:

PASO A PASO

① Situar el control en el formulario y dejarlo visible para que el usuario tenga la posibilidad de controlar la reproducción mediante la botonera del mismo. Esto es lo más común en los reproductores de CDs.

② Trabajar íntegramente con código, ocultando el control en el formulario (propiedad **Visible = False**).

Si vamos a dejar visible el control, disponemos de varias propiedades para cambiar su apariencia. Lo más probable es que queramos ocultar algún botón que esté de más. Por ejemplo, la propiedad **Re-**

Multimedia **14**

cordVisible permite definir si el botón de grabación estará visible, y la propiedad **RecordEnabled** define si el control se encuentra habilitado.

De todas formas, la botonera del control no es mágica. Cuando el usuario pulsa un botón, se dispara un evento. Por ejemplo, al pulsar el botón de expulsión (**Eject**), se dispara el evento **EjectClick**. A partir de allí, nosotros debemos programar las acciones a realizar por el control.

En una aplicación multimedia, lo más común es no dejar este tipo de controles a la vista. Por el contrario, se suelen reemplazar con botones gráficos que resultan más atractivos. Debido a eso, en los párrafos siguientes vamos a aprender a usar el control manteniéndolo invisible.

HAY QUE SABERLO

OCULTAR LA BOTONERA DE UN CONTROL MULTIMEDIA
No es necesario que el control multimedia tenga su botonera visible. De hecho, es mucho más probable que la queramos ocultar (propiedad **Visible=False**) para tener el control absoluto de lo que reproducimos.

Tipos de dispositivo
Para indicarle al control multimedia qué tipo de dispositivo vamos a usar, debemos indicar un valor (*string*) en la propiedad **DeviceType**. Los valores más comunes para esta propiedad son:

Valor	Dispositivo seleccionado
WaveAudio	Archivos de sonido digital .**WAV**
Sequencer	Archivos **MIDI**.
AVIVideo	Video en formato .**AVI**
CDAudio	Un **CD** de música

HAY QUE SABERLO

No hace falta que usemos esta propiedad si vamos a abrir un archivo que conserva su extensión característica. Por ejemplo, si vamos a abrir el archivo **BOCINA.WAV**, no hace falta que le indiquemos al control multimedia que se trata de un archivo de audio (**WaveAudio**).

Si queremos reproducir un sonido WAV, por ejemplo, lo primero que deberíamos hacer es definir la propiedad **DeviceType** en "WaveAudio". Esto también lo podemos hacer en tiempo de ejecución mediante código:

```
MMControl1.DeviceType = "WaveAudio"
```

Estableciendo un archivo para trabajar

Para establecer un archivo de trabajo se puede usar la propiedad **FileName** del control, que puede ser establecida en tiempo de diseño (mediante la ventana de propiedades) o en tiempo de ejecución con una instrucción similar a la siguiente:

```
MMControl1.FileName = "C :\WINDOWS\MEDIA\CHORD.WAV"
```

Cabe destacar que al establecer esta propiedad, el control todavía no ha hecho nada. Es decir, simplemente con indicar el nombre de un archivo, no vamos a iniciar ninguna acción. Esto se logra mediante los comandos del siguiente apartado.

Trabajando con el archivo: los comandos

Una vez que elegimos el archivo con el cual trabajar, podemos realizar acciones con el mismo utilizando los llamados comandos **MCI**. Estos se indican mediante la propiedad **Command** (accesible sólo en tiempo de ejecución) del control multimedia, y son ejecutados en el instante en que se carga la propiedad. Por ejemplo:

```
MMControl1.Command = "Open"
```

Esta instrucción abre el archivo indicado anteriormente en la propiedad **FileName** y lo carga en memoria, dejándolo listo para la reproducción.

HAY QUE SABERLO

LA PROPIEDAD COMMAND

La propiedad **Command** del control multimedia es muy importante, ya que permite ejecutar comandos **MCI** para realizar acciones (abrir, reproducir, etc.) con el archivo elegido.

La propiedad **Command** puede tomar los siguientes valores:

Comando MCI para la propiedad **Command**	
Open	Abre el archivo indicado en la propiedad **FileName** y lo carga en memoria.
Close	Cierra el archivo, liberando los recursos ocupados por éste.
Play	Reproduce el archivo abierto con el comando **Open**. Este comando tiene en cuenta las propiedades **From** y **To** para controlar exactamente qué parte del archivo reproducir.
Pause	Pausa. Para reanudar la reproducción desde ese punto, es necesario ejecutar el comando **Pause** nuevamente.
Stop	Termina la reproducción.
Prev	Retrocede una pista o se sitúa al principio de un archivo.
Next	Avanza una pista o va al final del archivo.
Seek	Salta a una determinada pista (CD de audio) o ubicación (un archivo).
Eject	Abre la compactera.

Ni bien establecemos la propiedad, el comando indicado es ejecutado. Por ejemplo, para iniciar la reproducción deberíamos escribir lo siguiente:

```
MMControl1.Command = "Play"
```

El comando **Play**, usado para reproducir, comienza a partir de la ubicación actual dentro del archivo, y cuando termina **no** vuelve al principio. Esto quiere decir que si ejecutamos **Play** dos veces seguidas, la primera se escuchará y la segunda no, ya que no hay nada más por reproducir.

Para solucionarlo podemos usar el evento **Prev** y así volver al principio del archivo. Otra posibilidad es usar las propiedades **From** y **To** del control multimedia. Éstas indican **desde dónde** y **hasta dónde** reproducir. Para nuestro ejemplo deberíamos usar el siguiente código:

```
MMControl1.From = 0
MMControl1.To = MMControl1.Length
MMControl1.Command = "Play"
```

Cerrando el archivo

Una vez que terminamos de trabajar con un archivo, es necesario que lo cerremos adecuadamente, a fin de liberar los recursos que ocupa. Para eso usamos el comando **Close**:

```
MMControl1.Command = "Close"
```

Si no cerramos el archivo antes de salir de nuestra aplicación, se producirán varios errores cuando otros programas (incluido el nuestro) intenten usar el **MCI**.

COMANDO CLOSE

Es muy importante usar el comando **Close** antes de salir de nuestra aplicación. Esto libera los recursos ocupados por el archivo abierto y deja disponible la interfase **MCI**.

Otras propiedades y eventos del control multimedia

Propiedades de posición y tamaño

Las propiedades **Length**, **Position**, **From** y **To** permiten manejar todo lo referido a posición y tamaño del archivo abierto. La siguiente tabla explica sus significados:

Propiedad	Significado
Length	Indica la longitud del archivo abierto. Está expresado en la unidad indicada en la propiedad **TimeFormat** (0 indica milisegundos).
Position	La posición actual en el archivo a reproducir.
From	Indica la posición desde la cual comenzar a reproducir en el próximo comando **Play**.
To	Indica la posición hasta la cual tocar en el próximo comando **Play**.

Combinando el uso de las propiedades **Position** y **Length** podemos crear una barra de porcentaje que represente el estado parcial de la reproducción de un archivo.

La propiedad Notify

Determina si es necesario que la interfase **MCI** le comunique al control multimedia cuando ha finalizado el próximo comando a ejecutar. Puede tomar los siguientes valores:

Valor	Significado
False	La interfase **MCI** no avisará cuando el próximo comando haya terminado.
True	La interfase **MCI** generará el evento **Done** (ver más adelante) del control multimedia cuando el próximo comando haya sido ejecutado y finalizado.

Esta propiedad sólo tiene vigencia para el próximo comando **MCI** a ejecutar. Luego de ejecutado ese comando, será necesario establecer la propiedad nuevamente para que tenga el efecto esperado.

El evento Done

Este evento es generado cuando un comando fue ejecutado y ha finalizado, siempre y cuando la propiedad **Notify** del control multimedia haya sido establecida en **True** justo antes de ejecutar el comando.

Por ejemplo, si ejecutamos el comando **Open** con la propiedad **Notify** en **True**, casi inmediatamente se ejecutará el evento **Done** del control multimedia.

La verdadera utilidad de esta propiedad se ve cuando se usa en conjunto con el comando **Play**. Por ejemplo:

```
MMControl1.DeviceType = "WaveAudio"
MMControl1.FileName = "CHORD.wav"
MMControl1.Notify = True
MMControl1.Command = "Play"
```

Al establecer la propiedad **Notify** en **True** antes de ejecutar el comando **Play**, estamos haciendo que el control multimedia dispare un evento **Done** cuando termine la reproducción.

```
Private Sub MMControl1_Done(NotifyCode As Integer)
'Ahora ya sabemos que aquí acaba de terminar
'la reproducción del archivo CHORD.WAV
End Sub
```

Si no vamos a usar más el archivo en cuestión, podemos utilizar aquí el comando **Close** para cerrarlo y liberar los recursos ocupados por el mismo.

La propiedad Wait

Determina si el control multimedia debe esperar a que el próximo comando finalice para devolver el control a la aplicación activa. Si está en **False**, el control no espera, y si se encuentra en **True**, la interfase **MCI** aguarda a la finalización del comando para devolver el control a la aplicación.

Por lo general, sólo debe ser establecida en **True** a la hora de abrir un archivo. Luego conviene dejarla en su valor predeterminado (**False**).

La propiedad Mode

Cuando trabajamos con el control multimedia, éste puede estar realizando varias acciones. En un momento, puede estar cargando un archivo del disco; luego, es posible que lo reproduzca, o que simplemente esté esperando sin hacer nada.

Para conocer en qué estado se encuentra el dispositivo con el que trabajamos, podemos usar la propiedad **Mode**. Esta propiedad está disponible sólo en tiempo de ejecución, y puede adquirir alguno de los siguientes valores:

Constante	Valor	Estado del dispositivo
mciModeNotOpen	524	El dispositivo no está abierto.
mciModeStop	525	Detenido.
mciModePlay	526	Reproduciendo.
mciModeRecord	527	Grabando.
mciModeSeek	528	Posicionándose (muy común cuando estamos buscando una pista del CD).
mciModePause	529	En pausa.
mciModeReady	530	Listo para el próximo comando.

Usar esta propiedad suele ser muy provechoso para evitar ejecutar comandos innecesarios. Por ejemplo, si intentamos abrir un archivo y se produce un error, es innecesario que después intentemos reproducirlo; sería más eficiente verificar el estado de la propiedad **Mode** y tomar una determinación:

```
IF MMControl1.Mode = mciModeNotOpen Then
    'El archivo no fue abierto
Else
    'Aquí realizamos la acción que necesitemos
End if
```

VISUAL BASIC 6

La propiedad **Mode** devuelve información sobre del estado actual del dispositivo **MCI** con el que trabajamos.

El evento StatusUpdate

El control multimedia posee un evento llamado **StatusUpdate**, que se dispara cada un intervalo regular de tiempo, dándonos la posibilidad de consultar varios aspectos del estado del dispositivo abierto. La frecuencia con la cual se dispara este evento se indica en la propiedad **UpdateInterval** del control multimedia (mediante un valor expresado en milisegundos).

Dentro de este evento podemos consultar los valores de las propiedades **Position**, **Length**, y **Mode** para tener una buena idea de lo que está haciendo el **MCI**. Por ejemplo, un uso muy común para este evento es el de las barras de porcentaje.

Reproducir un sonido WAV

Hasta ahora vimos sólo teoría, con algunos fragmentos de código entremezclados, así que en las líneas que siguen veremos un ejemplo completo para afirmar los conceptos desarrollados.

Vamos a construir un ejemplo que permita al usuario reproducir un archivo WAV, y hacer un efecto de *Loop* (reproducción continua) si así lo desea. El programa tiene la apariencia de la **Figura 9**.

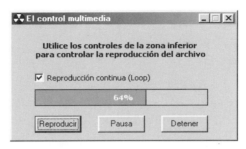

Figura 9. Un sencillo programa que reproduce un sonido WAV.

Hemos llamado **MCI** al control multimedia que vamos a usar. Mediante los botones Reproducir (**cmdReproducir**), Pausa (**cmdPausa**) y Detener (**cmdDetener**), el usuario puede controlar la reproducción. Si desea hacer *Loop*, puede chequear en dicha opción (**chkLoop**). El porcentaje reproducido se indica mediante una barra de porcentaje construida con dos figuras rectangulares: **shpFondo** (tiene la longitud máxima) y **shpPorc** (varía de acuerdo al porcentaje reproducido).

La idea general del programa es la siguiente:

1. Primero abrimos el archivo a reproducir en el evento **Load** del formulario principal.

```
Private Sub Form_Load()
    'Indicamos el tipo de dispositivo
    MCI.DeviceType = "WaveAudio"

    'El archivo que vamos a usar (BOCINA.WAV)
    MCI.FileName = App.Path + "\bocina.wav"

    'Esperar hasta que lo haya abierto completamente
    MCI.Wait = True

    'No queremos generar un evento Donde ahora
    MCI.Notify = False

    'Abrir el archivo
    MCI.Command = "Open"

    'La barra de porcentaje comienza vacía
    shpPorc.Width = 0
```

```
'Disparar StatusUpdate cada 100 milisegundos
MCI.UpdateInterval = 100
End Sub
```

En este caso vamos a usar un archivo llamado **BOCINA.WAV** que se encuentra en el mismo directorio que nuestro programa (**App.Path**)

2. Luego debemos programar el código que responda a los botones Reproducir, Pausa y Detener:

```
Private Sub cmdReproducir_Click()
    'Si no esta reproduciendo ahora
    If MCI.Mode <> mciModePlay Then
        MCI.Notify = True

        If MCI.Mode = mciModePause Then
            'Reanudamos la reproducción
            MCI.Command = "Pause"
        Else
            'Comenzamos la reproducción
            MCI.Command = "Play"
        End If
    End If
End Sub
```

Básicamente, este botón sólo funciona cuando el archivo no se está reproduciendo. Luego, si la reproducción se encontraba en pausa, reanudamos desde la misma posición. Si no, simplemente volvemos a reproducir el archivo.

```
Private Sub cmdDetener_Click()
    MCI.Notify = False
    MCI.Command = "Stop"
End Sub

Private Sub cmdPausa_Click()
    MCI.Notify = False
    MCI.Command = "Pause"
End Sub
```

3. Ahora, debemos programar el evento **Done** del control multimedia para que haga el *Loop* si es necesario.

```
Private Sub MCI_Done(NotifyCode As Integer)
    'Si el usuario pidió un Loop
    If chkLoop.Value = 1 Then
        'Comenzar desde cero nuevamente
        MCI.From = 0
        MCI.Command = "Play"
    Else
        'Retrocedemos al principio
        MCI.Command = "Prev"
    End If
End Sub
```

Si la caja de verificación **chkLoop** estaba chequeada, volvemos a reproducir el archivo desde cero (**From = 0**). Si no, volvemos a la posición inicial (**Prev**) y esperamos otras instrucciones.

4. También resta programar la barra de porcentaje, mediante el evento **StatusUpdate**:

```
Private Sub MCI_StatusUpdate()
    'Si no hubo problemas al abrir el archivo
    If MCI.Mode <> mciModeNotOpen Then
        'Calculamos la longitud de la barra de porcentaje
        shpPorc.Width = MCI.Position * shpFondo.Width / MCI.Length
        lblPorc = Format(MCI.Position * 100 / MCI.Length, "00") & "%"
    End If
End Sub
```

5. Finalmente, hay que cerrar el archivo cuando salimos del programa:

```
Private Sub Form_Unload (Cancel As Integer)
    'Cerrar el archivo abierto y liberar los recursos
    MCI.Command = "Close"
End Sub
```

EN EL CD

El ejemplo terminado se encuentra en la carpeta **Ejemplos\Cap14\Ej05** del CD.

Reproducir un video AVI

Reproducir un video AVI no es tarea complicada. Conociendo la base de los comandos **MCI** y el uso del control multimedia, podemos lograr buenos resultados. Las diferencias básicas con respecto a la reproducción de un sonido WAV son las siguientes:

1. El tipo de dispositivo cambia. Ahora usaremos **DeviceType** en **AVI-Video**.
2. Como ahora interviene la parte visual, hay algunas propiedades extra que podemos usar para manipular la forma de mostrar el video. Es el caso de la propiedad **hWndDisplay**.

La propiedad **hWndDisplay** nos permite elegir cómo se mostrará el video. Si no la usamos, cuando comience la reproducción se abrirá una nueva ventana con el video (ver **Figura 10**). Esto puede resultar un poco molesto, ya que le da al usuario la sensación de que sale momentáneamente de nuestro programa.

HAY QUE SABERLO

Conviene establecer el lugar donde se visualizará un video mediante la propiedad **hWndDisplay** del control multimedia.

*Figura 10. Así se ve un video cuando no usamos la propiedad **hWndDisplay***

Lo mejor es determinar en forma precisa el lugar de la reproducción. Para lograrlo, a **hWndDisplay** debemos asignarle la propiedad **hWnd** de algún otro objeto de nuestra aplicación. Las cajas de imagen resultan ideales para tal fin:

```
MCI.hWndDisplay = Picture1.hWnd
```

Sabiendo todo esto, vamos a construir un pequeño reproductor de videos:

Figura 11. La apariencia de nuestro reproductor.

1. Creamos un nuevo proyecto.
2. Vamos a construir un formulario como el de la **Figura 11**. Agregamos una caja de imagen (**picVideo**) y los botones **cmdReproducir**, **cmdPausa**, y **cmdDetener**.
3. Primero hay que abrir el archivo con el video en el evento **Load** del formulario:

```
Private Sub Form_Load()
    'Indicamos el tipo de dispositivo
    MCI.DeviceType = "AVIVideo"

    'El archivo que vamos a usar
    MCI.FileName = App.Path + "\video.avi"
```

```
'Esperar hasta que lo haya abierto completamente
MCI.Wait = True

'No queremos generar un evento Donde ahora
MCI.Notify = False

'Abrir el archivo
MCI.Command = "Open"

'Que el video se muestre en la ventana
MCI.hWndDisplay = picVideo.hWnd
End Sub
```

4. Una vez abierto el video, ya lo podemos mostrar. Para hacerlo, ingresamos el siguiente código en los botones Reproducir, Pausa y Detener:

```
Private Sub cmdReproducir_Click()
    'Si no esta reproduciendo ahora
    If MCI.Mode <> mciModePlay Then
        MCI.Notify = True

        If MCI.Mode = mciModePause Then
            'Reanudamos la reproducción
            MCI.Command = "Pause"
        Else
            'Comenzamos la reproducción
            MCI.Command = "Play"
        End If
    End If
End Sub


Private Sub cmdPausa_Click()
    MCI.Notify = False
    MCI.Command = "Pause"
End Sub

Private Sub cmdDetener_Click()
    MCI.Notify = False
    MCI.Command = "Stop"
End Sub
```

5. Ahora debemos programar el evento **Done** del control multimedia para ver si tenemos que comenzar nuevamente la reproducción (*loop*), según el valor de **chkLoop**:

```
Private Sub MCI_Done(NotifyCode As Integer)
    'Si el usuario pidió un Loop
    If chkLoop.Value = 1 Then
        'Comenzar desde cero nuevamente
        MCI.From = 0
        MCI.Command = "Play"
    Else
        'Retrocedemos al principio
        MCI.Command = "Prev"
    End If
End Sub
```

6. No hay que olvidarse de cerrar el archivo cuando el usuario sale de la aplicación:

```
Private Sub Form_Unload(Cancel As Integer)
    'Cerrar el archivo abierto y liberar los recursos
    MCI.Command = "Close"
End Sub
```

En la **Figura 12** se muestra una pantalla con el proyecto terminado.

Figura 12. Nuestro reproductor de videos ya está listo.

EN EL CD

VISUAL BASIC 6

Este ejemplo se encuentra en la carpeta **Ejemplos\Cap14\Ej06** del CD.

Multimedia con las API

El control multimedia suele ser de gran ayuda para muchos programadores que no están acostumbrados a las API. Pero como su nombre lo indica, es un **control**, y se guarda en el disco como cualquier otro (**MCI32.OCX**). Eso puede ser la causa de varios conflictos con el mismo:

1. El archivo puede no existir o estar dañado (aunque es poco probable).
2. El control puede estar mal registrado en el Registro de Windows (valga la redundancia).

Sin lugar a dudas, una vez que nos sentimos cómodos con las API, lo mejor es reemplazar el control multimedia por el uso de las mismas. Al principio puede resultar un poco engorroso, ya que con el control multimedia hay un par de propiedades que hacen muchas cosas por nosotros, y con las API tenemos que trabajar un poco más.

Todas las API que se usan para multimedia se encuentran en el archivo WINMM.DLL del directorio SYSTEM de Windows. Allí hay funciones para reproducir sonidos, videos y mucho más. Utilizando el archivo LINK.EXE según se explicó en el capítulo anterior, podemos obtener rápidamente un listado de todas las funciones que contiene:

LINK.EXE /dump /exports C:\Windows\System\WINMM.DLL /out:lista.txt

En el archivo "lista.txt" se grabaría el listado de funciones.

Reproducir un sonido

Existen dos funciones llamadas **sndPlaySound** y **sndStopSound** que nos pueden ayudar a reproducir un sonido con una sola línea de código. Las declaraciones (que se pueden extraer del **API Viewer**) son las siguientes:

LAS FUNCIONES SNDPLAYSOUND Y SNDSTOPSOUND

Las funciones **sndPlaySound** y **sndStopSound** nos permiten reproducir sonidos WAV sin usar ningún control externo.

```
Declare Function sndPlaySound Lib "winmm.dll" Alias "sndPlaySoundA"
(ByVal lpszSoundName As String, ByVal uFlags As Long) As Long

Declare Function sndStopSound Lib "winmm.dll" Alias "sndPlaySoundA"
(ByVal lpszSoundName As Long, ByVal uFlags As Long) As Long

Const SND_ASYNC = &H1
Const SND_LOOP = &H8
Const SND_SYNC = &H0
Const SND_NODEFAULT = &H2
```

La función **sndPlaySound** nos permite reproducir un sonido, mientras que **sndStopSound** detiene cualquier reproducción actual.

La primera función, **sndPlaySound**, utiliza las constantes comenzadas en **SND** que se acaban de declarar. El significado de estas constantes es el siguiente:

Constante	Significado
SND_ASYNC	Hace que el control vuelva instantáneamente al programa ni bien comienza la reproducción.
SND_SYNC	El control no vuelve al programa hasta que no finalice la reproducción. Esto produce un cuelgue momentáneo del sistema.
SND_LOOP	Hace que la reproducción sea continua (*loop*).
SND_NODEFAULT	Hace que no suene un "beep" si no se encuentra el archivo a reproducir.

Estas constantes se pasan combinadas como segundo parámetro de la función, y no son las únicas que existen (aunque sí las más importantes).

Teniendo en cuenta que el uso de **SND_SYNC** hace que el sistema espere (se cuelga por un momento) hasta que termine el sonido, nunca debemos usar la constante **SND_LOOP** junto a ella, pues de ese modo el sistema se quedará esperando a que finalice un sonido, que no acaba nunca.

sndStopSound en realidad no es una función en sí, sino una modificación en la declaración de **sndPlaySound** (observar en la declaración que tienen el mismo alias dentro de la DLL). La diferencia concreta es que el primer parámetro de **sndStopSound** es del tipo **Long** en lugar de **String**.

```
ret = sndStopSound (0, 0)
```

Esta llamada a la función corta la reproducción de cualquier sonido.

Figura 13. Un programa muy sencillo que demuestra el uso de la función
sndPlaySound y sndStopSound.

En la **Figura 13** se ve un ejemplo del uso de dicha función. Este sencillo programa reproduce un sonido que el usuario ingresa en una caja de texto (**txtArchivo**). Además hay una caja de verificación (**chkLoop**), que permite indicar si la reproducción debe ser continua. Aquí, aparte de la declaración de la función y sus constantes, lo más importante es el código de los botones **Reproducir** y **Detener**:

```
Private Sub cmdReproducir_Click()
    Dim ret As Long

    'Comenzamos la reproducción. Si chkLoop está chequeado
    'combinamos tambien la constante SND_LOOP
    ret = sndPlaySound(txtArchivo, SND_ASYNC Or (chkLoop.Value * SND-
_LOOP) Or SND_NODEFAULT)
```

```
    'Si la función devuelve 0, hubo un error
    If ret = 0 Then
        MsgBox "No se pudo reproducir el archivo", vbOKOnly, "¡Error!"
    End If
End Sub

Private Sub cmdDetener_Click()
    'Detenemos la reproducción
    Call sndStopSound(0, 0)
End Sub
```

Además, considerando que la reproducción puede ser continua (*loop*), debemos llamar a **sndStopSound** cuando el usuario sale del programa:

```
Private Sub Form_Unload(Cancel As Integer)
    Call sndStopSound(0, 0)
End Sub
```

EN EL CD

~~VISUAL BASIC 6~~

Este ejemplo se encuentra en la carpeta **Ejemplos\Cap14\Ej07** del CD.

Utilizar la interfase MCI desde las API

Existen dos funciones **API** llamadas **mciSendString** y **mciSendCommand** que permiten utilizar la interfase **MCI** sin pasar por el control multimedia. La principal diferencia es que la primera utiliza un parámetro del tipo *String* para ejecutar los comandos y la segunda se maneja íntegramente con constantes. La declaración de ambas funciones es la siguiente:

```
Declare Function mciSendCommand Lib "winmm.dll" Alias "mciSendCom-
mandA" (ByVal wDeviceID As Long, ByVal uMessage As Long, ByVal dw-
Param1 As Long, ByVal dwParam2 As Any) As Long

Declare Function mciSendString Lib "winmm.dll" Alias "mciSendStrin-
gA" (ByVal lpstrCommand As String, ByVal lpstrReturnString As
String, ByVal uReturnLength As Long, ByVal hwndCallback As Long) As
Long
```

Las funciones que permiten trabajar con las interfase **MCI** son **mciSendString** y **mciSend-Command**, pero nosotros veremos sólo la primera, por ser más sencilla y entendible.

Al principio puede resultar un poco más cómodo el uso de **mci-SendString**, pero para una utilización más exigente, la función **mci-SendCommand** termina siendo más efectiva. En el resto del capítulo vamos a describir brevemente la primera función.

La función **mciSendString** recibe en su primer parámetro casi la totalidad de la información que necesita (de hecho, el resto de los parámetros son utilizados con un 0 en la mayoría de los casos). Éste es un parámetro del tipo cadena, que generalmente contiene comandos **MCI**, similares (no iguales) a los utilizados en la propiedad **Command** del control multimedia.

La principal diferencia con el control multimedia radica en el uso de los **alias**, que veremos a continuación.

Abrir un archivo con mciSendString

Para abrir un archivo debemos utilizar la función **mciSendString** con la siguiente sintaxis:

```
ret = mciSendString ("OPEN archivo TYPE tipo ALIAS identificador", 0,
```

En **archivo** debemos indicar el archivo a abrir (la ruta completa) y en **tipo**, el tipo de dispositivo (aquí se usan exactamente los mismos valores que la propiedad **DeviceType** del control multimedia). Finalmente, el **identificador** es un nombre que permitirá referenciarnos al sonido en acciones posteriores.

Por ejemplo, para abrir un archivo de sonido .WAV debemos utilizar **mciSendString** de la siguiente forma:

```
ret = mciSendString ("OPEN sonido.wav TYPE WaveAudio ALIAS MiSonido", 0 ,0
```

Luego, utilizando el alias **MiSonido**, podremos ejecutar nuevos comandos sobre este archivo.

DEFINICIONES

ALIAS

El **alias** de un archivo es un identificador que sirve para realizar acciones posteriores, como iniciar una reproducción o detenerla. Cuando le ordenamos un comando a la interfase **MCI**, debemos especificarle sobre qué archivo trabajar, y para esto se usa el Alias.

HAY QUE SABERLO

ATENCIÓN

Los nombres de archivo utilizados en el comando **OPEN** de la función **mciSendString** no pueden tener espacios; de lo contrario, la función interpreta mal la cadena con los comandos y se produce un error.

Multimedia **14**

Reproducir un archivo abierto

Una vez que abrimos el archivo necesario podemos ejecutar cualquiera de los comandos **MCI** de la siguiente forma:

```
ret = mciSendString ("COMANDO identificador", 0, 0, 0)
```

Identificador es el alias que le habíamos asignado al archivo cuando lo abrimos usando el comando **OPEN**. El comando puede ser cualquiera de los que usábamos en el control multimedia: PLAY, STOP, PAUSE, SEEK, PREV, NEXT, EJECT, CLOSE.

Por ejemplo, para reproducir el archivo que abrimos en el apartado anterior, el código sería el siguiente:

```
ret = mciSendString ("PLAY MiSonido")
```

Asimismo, podemos usar los siguientes comandos:

```
ret = mciSendString ("STOP MiSonido")
ret = mciSendString ("PAUSE MiSonido")
```

Cerrar el archivo abierto

Tal como sucedía con el control multimedia, es necesario que cerremos los archivos abiertos antes de finalizar nuestra aplicación. Para cerrar un archivo podemos usar la función **mciSendString**:

```
ret = mciSendString ("CLOSE MiSonido")
```

Esto cierra el archivo abierto bajo el alias **MiSonido** (en nuestro ejemplo, es el archivo **sonido.wav**).

Un ejemplo de mciSendString

Dado que ya vimos un ejemplo de cómo reproducir un sonido WAV y un video AVI, ahora veremos cómo reproducir un sonido en formato MIDI. Usaremos uno bastante conocido, que vino en varias versiones de Windows: "**canyon.mid**".

En la **Figura 14** se ve el formulario principal de nuestro reproductor.

Figura 14. Un programa que reproduce un archivo MIDI.

1. Creamos un nuevo proyecto y al formulario principal le damos la apariencia de la **Figura 14**. Los botones se llaman **cmdReproducir** y **cmdDetener**, respectivamente.
2. Declaramos en un módulo de código la función **mciSendString**, que podemos sacar fácilmente del API Viewer.
3. Como vamos a llamar varias veces a la función **mciSendString**, vamos a usar una variable a nivel formulario llamada "**ret**", que contenga el valor devuelto por la función:

```
Option Explicit

Dim ret As Long    'Valor devuelto por mciSendString
```

4. En el evento **Load** del formulario, debemos abrir el archivo y dejarlo listo para la reproducción:

```
Private Sub Form_Load()
   Dim ret As Long
   Dim Archivo As String

    'En una variable, ponemos el nombre del archivo a reproducir
   Archivo = "C:\Windows\Media\canyon.mid"

   'Llamamos a la función con el comando OPEN, para abrir
   'el archivo a reproducir
   ret = mciSendString("OPEN " + Archivo + " TYPE Sequencer ALIAS
Musica", 0, 0, 0)

   'Si ret es distinto de 0, hubo algún error
   If ret <> 0 Then
       MsgBox "Error al abrir el archivo"
       End
   End If
End Sub
```

5. Luego, el código de los botones es el siguiente:

```
Private Sub cmdReproducir_Click()
   'Utilizamos el alias "Musica", que obtuvimos
   'con el comando OPEN
   ret = mciSendString("PLAY Musica FROM 0", 0, 0, 0)
End Sub

Private Sub cmdDetener_Click()
   ret = mciSendString("STOP Musica", 0, 0, 0)
End Sub
```

6. Finalmente, sólo resta cerrar el archivo abierto, cuando termina el programa:

```
Private Sub Form_Unload(Cancel As Integer)
    'Nunca hay que olvidarse de cerrar el archivo...
   ret = mciSendString("CLOSE Musica", 0, 0, 0)
End Sub
```

Listo, el ejemplo ya está terminado.

EN EL CD

Este ejemplo se encuentra en la carpeta **Ejemplos\Cap14\Ej08** del CD.

Dónde conseguir más información

Otras fuentes donde conseguir información de programación multimedia son:

- El libro "Creación de aplicaciones multimedia", que contiene una gran cantidad de información acerca del tratamiento de imágenes, sonido, video y animación con Visual Basic, incluyendo tema complejos como manejo de *sprites* e interfases totalmente gráficas.
- Internet. Como siempre, la red de redes es la fuente más poderosa de información. Sólo hay que saber buscar y tener un poco de paciencia.

Cuestionario

1. ¿Qué es la multimedia?
2. ¿Qué diferencias hay entre una caja de imagen y un control de imagen?
3. ¿Qué son los métodos gráficos?
4. ¿Qué es el control multimedia?
5. ¿Qué tipos de dispositivos acepta el control multimedia?
6. ¿Para qué sirve la propiedad **Command** del control multimedia?
7. ¿Para qué se utiliza la propiedad **hWndDisplay**?
8. ¿Cuáles son las desventajas del control multimedia con respecto a las API?
9. ¿Cuáles son las funciones API que permiten reproducir sonidos?
10. ¿Para qué se utiliza la función API **mciSendString**?

BASES DE DATOS

Este capítulo trata sobre uno de los aspectos más novedosos de Visual Basic 6: las bases de datos. El manejo de las mismas ha sido ampliamente mejorado, y se han agregado herramientas para crear informes, siempre desde el IDE.

Capítulo 15

Introducción a las bases de datos

Las bases de datos no son nuevas; se hicieron populares hace mucho tiempo de la mano de lenguajes como **Fox** o **dBase**. El uso de estas bases de datos surgió por la necesidad de mantener una gran cantidad de datos bien organizados, de forma que sea posible consultarlos rápidamente para convertirlos en información útil.

Actualmente, las técnicas para manejar las bases de datos han avanzado mucho, tanto en el ámbito del usuario promedio (bases de datos **Access**, por ejemplo) como en el ámbito de las grandes empresas (**Oracle**, **SQL Server**, **SyBase**, etc.). Además, lo bueno es que no hace falta conocer el complicado mecanismo con el que operan, por ejemplo, para encontrar un dato. Simplemente se pueden manejar mediante una interfase que haga las cosas de forma más "transparente" para el usuario.

En este libro nos ocuparemos de las bases de datos **Access**, ya que son las más populares para manejar bases de datos de pequeño y mediano tamaño.

Estructura de una base de datos

En una base de datos lo más importante es la estructura, es decir, la forma en la que se organizan los datos en su interior. Si el diseño es incorrecto, no será posible aprovechar toda la potencia que nos puede brindar la base, y en varios casos tendremos un rendimiento insuficiente. Crear un diseño adecuado para una base de datos compleja no es tarea fácil; de hecho, es un tema que se estudia en el ámbito universitario o profesional.

Veamos los principales componentes de una base de datos:

- **Tablas**. Representan un conjunto de datos de un mismo tipo y tema. Por ejemplo, una tabla llamada **tblDeudores** podría contener los datos de todos los deudores de una empresa.
- **Campos**. Cada tabla puede tener varios campos, y cada uno representa una característica del tema de la tabla. Por ejemplo, en la tabla de deudores podríamos usar tres campos: **Nombre**, **Apellido**, **Saldo**.
- **Registros**. Son los datos en sí, que están guardados en la tabla. Por ejemplo, un registro podría ser Nombre: *Lionel*, Apellido: *Hutz*, Saldo: *-5000*.

Visualmente, una tabla tiene la apariencia de la **Figura 1**. Las columnas representan los campos de la tabla, y las filas, los registros que contiene.

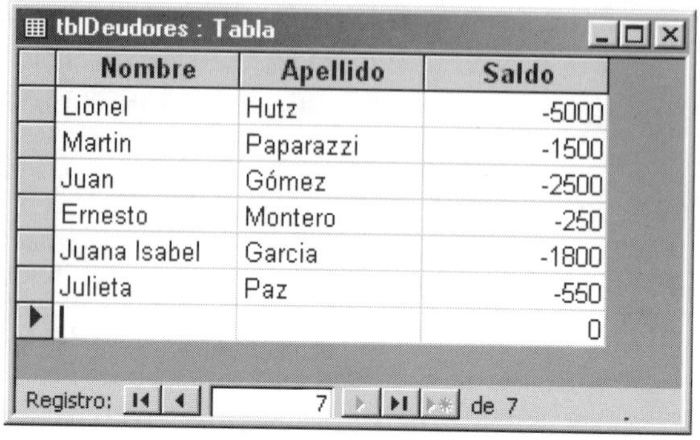

⊞ tblDeudores : Tabla		_ □ ×
Nombre	**Apellido**	**Saldo**
Lionel	Hutz	-5000
Martin	Paparazzi	-1500
Juan	Gómez	-2500
Ernesto	Montero	-250
Juana Isabel	Garcia	-1800
Julieta	Paz	-550
▶		0

Registro: ◄◄ ◄ 7 ► ►◄ ►※ de 7

*Figura 1. Una tabla, tal como la muestra **Access**.*

También es importante saber que cada campo de la tabla tiene sus propiedades. Por ejemplo, el campo **Nombre** es del tipo **Texto** y soporta un máximo de **30** caracteres (porque nosotros lo establecimos). Por el contrario, el campo **Saldo** es del tipo numérico. Estas propiedades se establecen en el momento de crear la base de datos, ya sea con **Access** o con cualquier otro programa (como el *Visual Data Manager* incluido en Visual Basic).

Dado que una tabla puede tener miles de registros (una base de datos grande podría tener millones), es necesario utilizar una técnica que nos permita localizar uno en forma rápida. Para eso se utilizan los **Índices** asociados a un campo de una tabla. El problema es que los datos en la tabla están desordenados: por lo general se agregan al final, a medida que aparecen. Esto hace que se dificulte la tarea de encontrar un registro en particular, ya que el motor que maneja la base de datos no puede utilizar métodos de búsqueda avanzados (por ejemplo, búsqueda binaria).

Una vez cargados los datos, las operaciones más frecuentes son las **Consultas**. Una consulta permite obtener un grupo de registros que cumplan con una cierta condición. Por ejemplo, podríamos ejecutar una consulta sobre la tabla **tblDeudores** para obtener un listado con todos las personas con saldo negativo menor a 1500 pesos. Para realizar estas consultas se utiliza un lenguaje llamado **SQL** (*Structured Query*

Language o Lenguaje de Consulta Estructurado), que estudiaremos muy brevemente más adelante.

Si una consulta va a utilizarse varias veces, es posible almacenarla en la base de datos, y hasta definir algunos parámetros variables que utiliza. Si no, podemos efectuar consultas "en el acto" mediante sentencias SQL.

Creación de una base de datos Access

Si bien Visual Basic trae su propia herramienta para la creación de una base de datos (***Visual Data Manager***), aquí aprenderemos a usar **Access**, por ser un producto más poderoso.

Las bases de datos Access de Microsoft utilizan el motor **Jet** para trabajar. De todas formas, no es necesario que el programador conozca sus mecanismos, sino simplemente cómo utilizarlos, mediante la interfase que provee Visual Basic (o Access, en este momento).

Ni bien ingresamos al programa, podemos crear una base de datos nueva (desde cero) o abrir una ya existente mediante el cuadro de diálogo que se ve en la **Figura 2**.

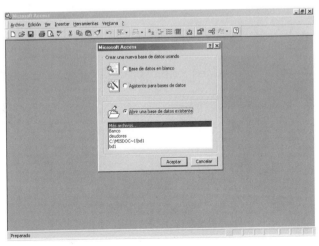

*Figura 2. Ni bien ingresamos, **Access** nos permite abrir una base de datos existente o crear una nueva desde cero.*

También podemos utilizar el menú **Archivo/Nuevo**. Para crear la base debemos ingresar un nombre de archivo sin la extensión, ya que

Bases de datos 15

las bases de datos **Access** tienen la extensión **MDB**. Nosotros utilizamos el nombre **Banco**.

Una vez que creamos la base, podremos crear tablas, campos, consultas y otros elementos (formularios, informes, etc.). Para esto siempre usaremos los elementos de la ventana que aparece en la **Figura 3**.

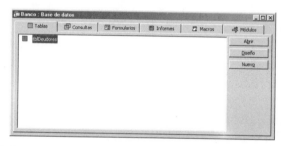

Figura 3. *Mediante esta ventana se pueden crear, modificar y borrar elementos de una base de datos.*

A modo de práctica, vamos a crear la tabla **tblDeudores** que usamos como ejemplo en la sección anterior:

1. Seleccionamos la pestaña **Tablas** de la ventana de la base de datos (ver **Figura 3**).
2. Con esta pestaña seleccionada, pulsamos **Nuevo** y elegimos **Vista Diseño**.
3. Ahora ingresamos a una ventana similar a la de la **Figura 4**.

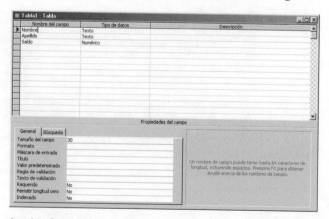

Figura 4. *Aquí podemos darle forma a la tabla, estableciendo qué campos tiene, y de qué tipo son.*

4. Allí debemos ingresar en la primera columna el nombre de todos los campos de la tabla (**Nombre**, **Apellido** y **Saldo**).

5. En la columna derecha debemos indicar el tipo de cada campo. Haciendo clic en la lista desplegable podemos ver todos los tipos disponibles. Para los campos **Nombre** y **Apellido** seleccionamos el tipo **Texto**, y para el campo **Saldo** elegimos el tipo numérico (también podemos utilizar un tipo especial para dinero, llamado **Moneda**)

6. En la parte inferior de la ventana podemos establecer algunas propiedades para los campos (dependiendo de su tipo). Por ejemplo, para los campos de texto podemos establecer su longitud máxima con **Tamaño del campo**. Aquí también podemos indicar si un campo está indexado o no, y si es posible que este contenga valores duplicados.

7. Una vez que terminamos de agregar todos los campos, vamos a **Archivo/Guardar**, o utilizamos el ícono con el disquete de la barra de herramientas. Aquí Access nos preguntará el nombre de la tabla (**tblDeudores** para nosotros).

Una vez que tenemos la tabla creada, podemos seleccionarla en la pestaña **Tablas** y hacer clic en **Abrir** para comenzar a cargar datos. Luego de hacerlo, veremos una ventana como la de la **Figura 5**.

Figura 5. Llegó el momento de cargar los datos en la tabla.

En esta grilla debemos ingresar los datos uno por uno, como si fuese cualquier formulario. Una vez que terminamos, hay que cerrar la ventana. Cabe aclarar que los datos se van grabando a medida que los ingresamos (o eliminamos), o sea que las acciones se hacen efectivas al momento de realizarlas (y no después).

Para crear otros elementos, como consultas, basta con seleccionar la pestaña adecuada y seguir los asistentes.

Bases de datos 15

Bases de datos con Visual Basic

A partir de la versión 3, Visual Basic incorporó herramientas para el acceso a datos, pero no fue sino hasta la versión 5 en donde esas herramientas se volvieron más poderosas y populares. En las líneas siguientes vamos a discutir un poco acerca de las tecnologías de acceso a datos disponibles.

Visual Basic puede conectarse a base de datos de varios tipos diferentes aprovechado la tecnología **OLE DB** (OLE DataBase), que permite trabajar de la misma forma con cualquier base de datos, sin importar su funcionamiento interno. Para esto, **OLE DB** nos provee una interfase con características que son independientes del tipo de base de datos.

Algunos proveedores OLE DB son los siguientes:

Proveedor	Tipo de datos
Microsoft Jet 3.51 OLE DB Provider	Base de datos Access MDB
Microsoft OLE DB Provider for ODBC Drivers	Origen de datos ODBC
Microsoft OLE DB Provider for Oracle	Base de datos de Oracle
Microsoft OLE DB Provider for SQL Server	Base de datos de SQL Server
Microsoft OLE DB Provider for Simple Provider	Proveedor simple

El primer ítem de la lista permite conectarnos, mediante un proveedor **OLE**, a una base de datos **Access** manejada por el conocido motor **Jet**. También tenemos otras posibilidades como **SQL Server** u **Oracle**, pero hay una muy importante que debemos conocer: **ODBC**.

ODBC significa *Open DataBase Connectivity*, y es una tecnología que permite conectarse con bases de datos de diferentes tipos, que puedan o no residir en la PC donde se ejecuta la aplicación (por ejemplo, pueden estar ubicadas en un servidor remoto). La gran ventaja de **ODBC** es el amplio número de bases de datos a las que puede acceder (si contamos con los **controladores** adecuados). En la lista siguiente se detallan algunas bases de datos, y el nombre de sus respectivos controladores:

Base de datos	Controlador
Access	Microsoft Access Driver (*.mdb)
dBase	Microsoft dBase Driver (*.dbf)
Planilla de Excel	Microsoft Excel Driver (*.xls)
FoxPro	Microsoft FoxPro Driver (*.dbf)
Oracle	Microsoft ODBC for Oracle
Paradox	Microsoft Paradox Driver (*.db)
Archivos de texto con formato	Microsoft Text Driver (*.txt; *.csv)
Visual FoxPro	Microsoft VisualForPro Driver
SQLServer	SQL Server Driver

Para poder usar **ODBC** con un tipo de datos particular, es necesario tener sus controladores o *drivers* instalados (vienen con Visual Basic y los programas del paquete Office). Para ver a qué tipos de datos es posible acceder mediante **ODBC**, podemos ir al **Panel de Control** y entrar en **ODBC de 32 bits**. Allí también tenemos la posibilidad de crear perfiles de conexión a una base de datos, utilizando un práctico asistente. Este perfil luego puede ser usado desde nuestra aplicación, como veremos más adelante.

Pero al final, ¿cómo se conecta Visual Basic con la base de datos?

En la versión 5, Visual Basic utilizaba una tecnología conocida como **DAO** (*Data Access Object*), que todavía se encuentra incluida en la versión 6 por cuestiones de compatibilidad. **DAO** es un conjunto de objetos que permiten acceder a una base de datos local, y administrarla utilizando los controladores correspondientes (por ejemplo, el motor **Jet** para las bases de datos **Access**).

Si el programador necesitaba conectarse con un origen de datos remoto, generalmente utilizaba **ODBC** por medio de las API, ya que no había ninguna interfase disponible que fuera más cómoda. Esto se solucionó con la aparición de **RDO** (*Remote Data Objects*): un conjunto de objetos que le permiten al programador acceder a bases de datos ubicadas en servidores remotos (**RDO** sería como un puente entre el programador y **ODBC**). Esto fue un gran avance, ya que en vez de utilizar funciones **API** es posible usar métodos y propiedades.

Finalmente, Microsoft lanzó una nueva tecnología destinada a

Bases de datos **15**

reemplazar las dos anteriores. Esta tecnología se llama **ADO** (*ActiveX Data Object*); está formada por un conjunto de objetos accesibles por el programador, que a través de un proveedor **OLE DB** pueden conectarse con bases de datos de prácticamente cualquier tipo (ya sea en forma directa o mediante un origen de datos **ODBC**).

Si bien actualmente hay muchos sistemas que fueron construidos utilizando **DAO**, la tendencia nos guía a la nueva tecnología **ADO**, por lo tanto, en lo que resta del capítulo vamos a aprender a utilizar Visual Basic para acceder a bases de datos mediante esa vía.

El esquema siguiente muestra un panorama de cómo puede acceder Visual Basic 6 a los distintos tipos de bases de datos de la actualidad.

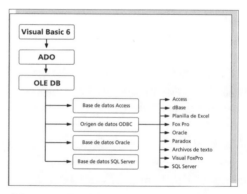

Figura 6. *Visual Basic puede obtener datos de muchos orígenes diferentes.*

En nuestro caso, lo más común será utilizar **OLE DB** para acceder directamente a una base de datos Access. Si en algún momento es necesario acceder a otro tipo de base de datos (o a una base remota), utilizaremos **OLE BD** con un proveedor de **ODBC**.

Bases de datos ADO

Terminada la introducción teórica, vamos a meternos de lleno en el manejo de bases de datos desde Visual Basic, usando la nueva tecnología **ADO**. En la práctica hay dos formas de acceder a una base de datos desde Visual Basic:

• Mediante un control de datos **ADO** (*ADO Data Control*)
• Mediante código, utilizando los objetos de datos ActiveX (**ADO**)

La primera forma es la más sencilla y didáctica para empezar, pero no es tan flexible como la segunda. Mediante el control de datos podemos conectarnos a una base de datos, configurando la conexión con sencillos asistentes desde la ventana de propiedades (aunque esto también se puede hacer con código). En cambio, para utilizar código íntegramente, escribiremos sentencias como ésta:

```
Dim Conexion As ADODB.Connection
Dim rst As ADODB.Recordset

Set Conexion = New ADODB.Conección

...

Set rst = Conexion.Execute ("SELECT * FROM tblDeudores WHERE Saldo
< -1500")
```

Primero veremos las funciones del control de datos, y luego pasaremos al código.

El control de datos ADO

Éste es un control como cualquier otro, y se carga en la caja de herramientas que Visual Basic utiliza para diseñar un formulario. Como el control no es estándar, hay que agregarlo pulsando **CTRL+T** o mediante el menú **Project/Components**. Debemos seleccionar el control "Microsoft ADO Data Control 6.0 (OLE DB)" como se ve en la **Figura 7**.

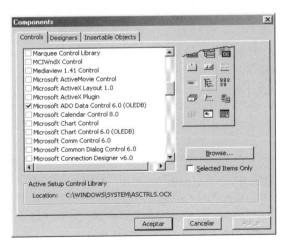

Figura 7. Antes de usar el control de datos ADO, hay que agregarlo a la caja de herramientas.

Una vez hecho esto, aparecerá un nuevo ícono en la caja de herramientas, como se muestra en la **Figura 8**.

Figura 8. Ya estamos listos para agregar controles de datos ADO a nuestro formulario.

A partir de ahora, podemos agregar un control de datos ADO a cualquier formulario, como normalmente lo hacemos. Una vez allí, el control tiene la apariencia de la **Figura 9**. El nombre predeterminado del control es "Adodc1" (ADO Data Control 1).

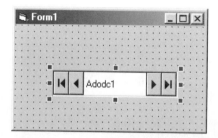

*Figura 9. El control de datos **ADO** ubicado en el formulario.*

El texto que se muestra en el mismo puede ser cambiado mediante la propiedad **Caption**, y la propiedad **Orientation** establece si el control se muestra horizontal o verticalmente. Las flechas a los costados del control nos permiten navegar por un conjunto de registros (por ejemplo, los de una tabla o una consulta) y finalmente, el control puede estar visible o no (propiedad **Visible**).

Configurar la conexión

Lo primero que debemos hacer con el control es configurar la conexión, es decir, indicarle cómo y de dónde obtener los datos. Para esto, la propiedad más importante es **ConnectionString**. Esta propiedad permite definir una cadena de conexión, en la cual se indican todas las características de la misma. Podemos ingresar esta propiedad manualmente en la ventana de propiedades, o utilizar el botón con los tres puntos que se muestra en la **Figura 10**.

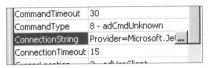

CommandTimeout	30
CommandType	8 - adCmdUnknown
ConnectionString	Provider=Microsoft.Jel...
ConnectionTimeout	15

*Figura 10. La propiedad **ConnectionString** es una de las primeras a establecer.*

Luego de hacer clic sobre dicho botón, veremos una ventana (**Figura 11**) que nos permite establecer tres orígenes de datos diferentes:

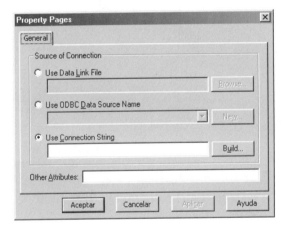

Figura 11. Aquí comenzamos a definir el origen de los datos para el control.

- **Use Data Link File** (usar un archivo de enlace). Nos permite abrir un archivo (con extensión UDL o DSN) con la configuración de la conexión a una base de datos.
- **Use ODBC Data Source Name** (usar origen de datos ODBC). Permite utilizar una configuración ODBC ya creada.
- **Use Connection String** (usar cadena de conexión). Permite definir una cadena de conexión para cualquier tipo de acceso que necesitemos.

Nosotros vamos a elegir la tercera opción (**Use Connection String**). Una vez que la seleccionamos, debemos pulsar el botón **Build** (Construir) para iniciar otro asistente que nos permita generar la preciada cadena.

En el primer paso de este asistente podemos observar una lista de proveedores OLE DB (ver **Figura 12**) de los cuales generalmente vamos a usar uno: el proveedor para bases de datos Access.

Bases de datos **15**

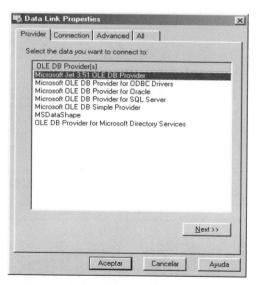

Figura 12. Los proveedores OLE DB que tenemos instalados aparecen aquí.

Como vamos a acceder a una base de datos Access, elegimos *Microsoft Jet 3.51 OLE DB Provider* y seguimos adelante con **Next**, o vamos a la pestaña siguiente (**Connection**). Este último paso es muy sencillo, ya que sólo debemos seleccionar el nombre de la base de datos. En nuestro caso indicamos el archivo **Banco.mdb**, como se ve en la **Figura 13**.

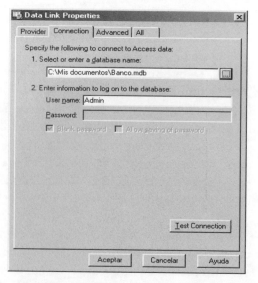

Figura 13. Ojo. La ubicación del archivo depende de dónde lo hayamos guardado cuando lo creamos con Access.

Mediante la pestaña **Advanced** podemos modificar algunos parámetros avanzados; la pestaña **All** permite modificar todos los valores de la conexión. Una vez que terminamos, pulsamos el botón **Aceptar** para volver al cuadro anterior, donde volvemos a pulsar el mismo botón.

Luego, en la propiedad **ConnectionString** debería quedar cargada la cadena de conexión que construimos, como podemos verificar en la ventana de propiedades.

HAY QUE SABERLO

LA PROPIEDAD CONNECTIONSTRING
La propiedad **ConnectionString** define una cadena con todas las características de la conexión a una base de datos.

Obtener registros de la conexión
Cuando la conexión ya está creada, lo principal es obtener un conjunto de registros para trabajar, como los de una tabla o una consulta. Si una base de datos tuviese más de una tabla o consulta, deberíamos seleccionar sólo una de ellas.

Para hacerlo tenemos que establecer la propiedad **RecordSource** del control de datos **ADO**. Esta propiedad también dispone de un práctico asistente que nos ayudará (ver **Figura 14**).

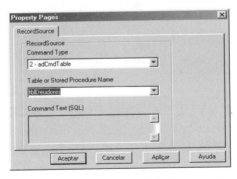

*Figura 14. El asistente de la propiedad **RecordSource**.*

Allí debemos establecer tres campos:

- **Command Type** (Tipo de comando). Indica si lo que vamos a acceder es una tabla, una consulta SQL, o cualquier procedimiento almacenado en la base de datos. Aquí podemos elegir entre 4 opciones:

Opción	Descripción
1 – adCmdText	Vamos a obtener un grupo de registros que satisfaga una consulta SQL.
2 – adCmdTable	Vamos a acceder a los registros de una tabla.
4 – adCmtStoredProc	Vamos a acceder a los registros que sean devueltos por un procedimiento almacenado en la base de datos.
8 – adCmdUnknow	Desconocido. Puede ser cualquiera de las anteriores, pero no es conveniente usar esta opción, ya que **ADO** pierde tiempo en determinar el tipo de operación (acceder a una tabla, ejecutar una consulta, etc.).

- **Table or Stored Procedure Name** (Tabla o procedimiento). Si vamos a acceder a una tabla (**adCmdTable**), aquí debemos indicar su nombre. Este campo es un combo desplegable que muestra las tablas y consultas disponibles en la base de datos.
- **Command Text SQL** (una sentencia SQL). Si vamos a obtener un grupo de registros a una consulta nueva (**adCmdText**), aquí debemos escribir la sentencia SQL correspondiente.

Para nuestro ejemplo del banco, acá debemos elegir el tipo de comandos **adCmdTable** y luego seleccionar **tblDeudores** del combo desplegable.

Una vez que establecimos esta propiedad, se modifica automáticamente la propiedad **CommandType** del control de datos para que contenga el tipo de acceso adecuado (**adCmdText**, **adCmdTable**, etc.). Esta propiedad también se puede modificar directamente, sin pasar por el asistente de la propiedad **RecordSource**.

HAY QUE SABERLO

PROPIEDADES RECORDSOURCE Y COMMANDTYPE

Mediante las propiedades **RecordSource** y **CommandType** podemos acceder a los registros de una tabla, consulta o procedimiento de una base de datos.

Una conexión más fácil

Como vimos anteriormente, las propiedades más importantes para una conexión son **ConnectionString**, **CommandType** y **RecordSource**. Para no tener que establecerlas por separado, el control de datos brinda una útil página de propiedades, accesible a través de la propiedad **Custom** del control. Tal como se ve en la **Figura 15**, desde esta ventana se puede trabajar con las tres propiedades mencionadas.

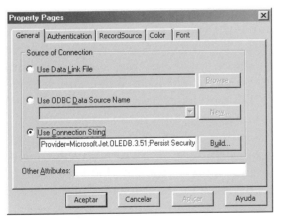

Figura 15. La página de propiedades del control de datos resulta bastante útil.

MÁS DATOS

SUGERENCIA

Una vez que sepamos trabajar con las propiedades más importantes del control de datos, podemos utilizar la propiedad **Custom** para establecerlas más rápido.

Mostrar los datos

Después de lograr el acceso a los datos, lo más lógico es que necesitemos mostrarlos. Para hacerlo podemos usar alguno de los controles estándar, que pueden "enlazarse" o "engancharse" con el control de datos.

Esto se puede realizar mediante las propiedades **DataSource** y **DataField** de esos controles, que pueden ser cajas de texto, etiquetas, combos y controles de imagen, entre otros. La primera propiedad, **DataSource**, indica el nombre del control de datos del cual colgarse, y la segunda, **DataField**, el campo del cual obtener los datos.

Una vez que el control de datos tiene otro control (o controles) enlazado, se habilitan las flechas laterales del mismo, permitiéndole al usuario desplazarse por los datos. Veamos un ejemplo que nos muestre cómo hacer para ver los datos que cargamos en la tabla **tblDeudores** de la base de datos **Banco**:

1. En un nuevo proyecto de Visual Basic, agregamos un control de datos ADO pulsando **CTRL+T** o yendo al menú **Project/Components**.

2. Agregamos el *Data Control* al formulario, cambiamos su propiedad **Name** por **Datos**, y en **Caption** ingresamos "Pulse las flechas".

3. Vamos a la propiedad **ConnectionString** y pulsamos el botón con los tres puntos. En el asistente, elegimos la opción **Connection String**, y presionamos el botón **Build**. Allí seleccionamos un proveedor OLE DB para bases de datos Access (motor Jet) y luego indicamos el nombre de nuestra base (**banco.mdb**).

4. En la propiedad **RecordSource** del mismo control, elegimos abrir una tabla e indicamos su nombre (**tblDeudores**).

5. Ahora creamos un formulario como el de la **Figura 16**. En las tres cajas de texto establecemos las propiedades **DataSource** en **Datos** (el nombre del control de datos) y las propiedades **DataField** según cada campo (**Nombre**, **Apellido** y **Saldo**).

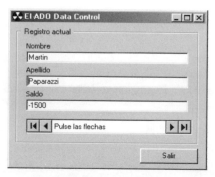

*Figura 16. Un programa que muestra los datos de la tabla **tblDeudores**.*

Al ejecutar el programa se cargarán automáticamente datos en las cajas de texto, que cambiarán según nos desplacemos mediante las flechas del control de datos.

EN EL CD

VISUAL BASIC 6

Este ejemplo se encuentra en la carpeta **Ejemplos\Cap15\Ej01** del CD.

Algo importante a destacar es que al modificar un valor de alguna de las cajas de texto, estamos actualizando también la base de datos, ya que la caja se encuentra enganchada con la base de datos.

Otro aspecto importante que rescatamos del ejemplo es el concepto de **registro actual**. Si bien en la tabla **tblDeudores** hay muchos registros, y mediante el control de datos podemos acceder a todos, siempre estaremos "parados" sobre uno solo, que suele llamarse registro actual. Además, también hay un total de registros, y por ende, un primer y último registro.

Toda esta información se puede conocer fácilmente utilizando algunas propiedades que ofrece el control de datos (que generalmente estarán disponibles sólo en tiempo de ejecución).

El objeto Recordset

Cuando utilizamos un control de datos, éste obtiene cierta cantidad de registros de una base de datos. No importa si estos registros vienen de una tabla o de una consulta; el hecho es que hay un grupo de registros que podemos acceder, modificar, contar, eliminar, y mucho más.

Todas estas acciones están disponibles a través de un objeto llamado **Recordset** (significa *conjunto de registros*), que es parte de cualquier control de datos. Por ejemplo:

```
Adodc1.Recordset
Datos.Recordset
```

Ambas instrucciones se refieren al objeto **Recordset** de dos controles de datos (de los cuales el segundo es el de nuestro ejemplo anterior). Como todo objeto, un **Recordset** tiene sus propiedades y métodos, algunos de los cuales se describen brevemente a continuación:

Propiedad	Descripción
AbsolutePosition	Indica la posición del registro actual.
RecordCount	La cantidad de registros accedidos en la última acción
MaxRecords	Limita la cantidad de registros que puede llegar a devolver una acción
ActiveConnection	Es el objeto que contiene todos los datos de la conexión actual del control
BOF	Un valor booleano que indica si estamos en el primer registro
EOF	Un valor booleano que indica si estamos justo después del último registro
Fields	Objeto que contiene información acerca de los campos, incluyendo los datos del registro actual
Filter	Permite filtrar los datos que se cargan en el control, mediante una expresión SQL.

Método	Descripción
AddNew	Agrega un registro
Edit	Permite editar los campos del registro actual
Delete	Elimina el registro actual
Update	Graba los datos que están siendo editados o agregados
Close	Cierra el Recorset y libera la memoria ocupada por el mismo
MoveFirst	Mueve el puntero al primer registro
MoveLast	Mueve el puntero al último registro
MoveNext	Se mueve al próximo registro
MovePrevious	Se mueve al registro anterior
Refresh	Actualiza los datos del control

Por ejemplo:

```
Datos.Recordset.AbsolutePosition
```

Esto devuelve la posición del registro actual dentro del conjunto, que en este caso es la tabla **tblDeudores**. Dado que suele ser algo molesto tener que escribir siempre el "Datos.Recordset", suele utilizarse muy a menudo la sentencia **With**:

```
With Datos.Recordset
    Print .AbsolutePosition
    Print .RecordCount
End With
```

Aquí hacemos referencia a más de una propiedad del **Recordset**, pero en forma más sintética.

Agregar un registro

Una de las posibles acciones a realizar en un Recordset es la de agregar un registro. Para esto, basta con seguir tres sencillos pasos:

1. Utilizar el método **AddNew** del Recordset, para indicarle que vamos a crear un nuevo registro.
2. Cargar en el objeto **Fields** del Recordset los valores de todos los campos del registro nuevo.
3. Llamar al método **Update** para dar por finalizada la operación.

Veamos un ejemplo sencillo:

```
Datos.Recordset.Addnew
Datos.Recordset.Fields("Nombre") = "Jose"
Datos.Recordset.Fields("Apellido") = "Ramirez"
Datos.Recordset.Fields("Saldo") = -2100
Datos.Recordset.Update
```

Esto agrega un registro nuevo con los datos expuestos arriba, aunque podemos hacer las cosas más simples usando la instrucción **With**:

```
With Datos.Recordset
    .AddNew
    !Nombre = "Jose"
    !Apellido = "Ramirez"
    !Saldo = -2100
    .Update
End With
```

¿Y el signo de admiración? Así como el punto nos permite referenciar un método o propiedad del Recordset, el signo de admiración permite indicar un campo sin tener que escribir **Fields** ni el nombre del mismo entre comillas.

Editar un registro

Editar el registro actual de un Recordset no es complicado. Básicamente, es lo mismo que crear uno nuevo, salvo que en este caso se utiliza el método **Edit** en lugar de **AddNew**. Siguiendo con nuestro ejemplo anterior, podríamos modificar los datos del registro actual de esta forma:

```
With Datos.Recordset
    .Edit
    !Nombre = "Jose Luis"
    !Apellido = "Ramirez"
    !Saldo = 0
End With
```

Como se ve en el ejemplo, corregimos el nombre de la persona (le agregamos "Luis"), y saldamos su cuenta (Saldo = 0).

Bases de datos **15**

Eliminar un registro

Eliminar el registro actual es lo más fácil, pero peligroso. Para hacerlo se utiliza el método **Delete** del Recordset, por ejemplo:

```
Datos.Recordset.Delete
```

Hay que tener en cuenta que este método elimina siempre el registro actual. Si queremos eliminar un registro en especial, primero debemos buscarlo en el Recordset, y una vez que lo encontramos, llamar al método **Delete**.

Buscar un registro

Una vez que nos conectamos con una base de datos y obtenemos un conjunto de registros de la misma, una de las operaciones más comunes es la de buscar datos. Por ejemplo, supongamos que queremos ubicar a la persona "Jose Luis Ramirez", para eliminarla de la tabla. Para tal fin podemos utilizar el método **Find** de cualquier Recordset:

```
Datos.Recordset.Find Criterio, FilaComienzo, Direccion, BookmarkCo-
```

El significado de sus parámetros es el siguiente:

Método	Descripción
Criterio	Criterio de búsqueda. Es una expresión que indica que condición debe cumplir un registro para ser localizado.
FilaComienzo	Indica cuántos registros obviar de la búsqueda, a partir de la posición actual, o la de BookmarkComienzo (si se especifica uno).
Direccion	Indica la dirección en la cual buscar. Si usamos la constante **adSearchForward** nos movemos hacia delante, y si usamos la constante **adSearchBackward**, vamos en sentido inverso.
BookmarkComienzo	Permite comenzar la búsqueda a partir de un registro especial que haya sido marcado.

Veamos un ejemplo:

```
Datos.Recordset.MoveFirst
Datos.Recordset.Find "Nombre='Jose Luis'", 0, adSearchForward
```

Aquí buscamos un registro en el cual el campo **Nombre** sea igual a **Jose Luis**, comenzando a partir de la primera posición (para eso usamos **MoveFirst**) y explorando hacia adelante. Nótese que las cadenas dentro de la expresión se encierran entre comillas **simples**.

En este tipo de expresiones, las cadenas siempre van entre comillas simples.

El criterio puede llegar a ser más complicado, por ejemplo:

```
"Nombre='Jose Luis' AND Apellido='Ramirez'"
```

Aquí el criterio busca un registro que cumple condiciones sobre dos campos: **Nombre** y **Apellido** (para esto usamos el operador lógico **AND**).

```
"Nombre LIKE 'J*'"
```

Busca todos los registros en los cuales el campo **Nombre** comience con la letra **J** (nótese que hay comillas simples).

```
"Saldo < -1000"
```

Busca todos los registros con un campo **Saldo** menor a –1000 pesos.

```
"Fecha > #14/07/1979#"
```

Busca todos los registros con un campo **Fecha** que sea superior al 14 de julio de 1999. Para usar fechas en este tipo de expresiones, debemos encerrarlas entre dos numerales (#).

ATENCIÓN
En estas expresiones, las fechas se encierran entre dos numerales, por ejemplo: #15/06/1976#.

Luego de ejecutar el método **Find**, la posición actual dentro del Recordset se actualiza para que apunte al registro encontrado (si hubo alguno). Si no se encuentra ningún registro que satisfaga el criterio indicado, la propiedad **EOF** del Recordset toma el valor **True** (verdadero) y el puntero se ubica justo después del último registro. Podemos usar esta propiedad para determinar si la búsqueda fue exitosa o no. Por ejemplo:

```
With Datos.Recordset
    .MoveFirst
    .Find "Nombre='Jose Luis'", 0, adSearchForward

    IF .EOF Then
        MsgBox "No se encontraron registros"
    Else
        'Si se encontró un registro, mostramos los datos
        Print "Registro encontrado"
        Print "Nombre: " & !Nombre
        Print "Apellido: " & !Apellido
        Print "Saldo: " & !Saldo
    End If
End With
```

En este ejemplo, si la búsqueda falla, se avisa al usuario mediante un mensaje común. En cambio, si el registro se encuentra, mostramos los datos del mismo (recordemos que el signo de admiración reemplaza a ".**Fields**(**"Campo"**)").

Si bien podemos utilizar un criterio para buscar un registro, tal vez resulte necesario consultar más datos del mismo para ver si es el que realmente buscamos. En ese caso podemos realizar cualquier acción con él, pero de lo contrario, debemos seguir buscando a partir de la posición actual. Para realizarlo, podemos usar el método **Find** de la siguiente forma:

```
Datos.Recordset.Find Criterio, 1, adSearchForward
```

Aquí, el número **1** del segundo parámetro indica que vamos a buscar comenzando justo después de la posición del registro actual, que fue establecida mediante algún método **Find** anterior. De esta forma es posible seguir indefinidamente hasta que no se encuentren más registros. Para eso es ideal hacer un bucle **While** como el siguiente:

```
With Datos.Recordset
    'Para empezar del principio, usamos MoveFirst
    .MoveFirst
    .Find "Nombre LIKE 'J*'", 0, adSearchForward

    'Si se encontró un registro...
    While Not .EOF
        'Mostramos el registro encontrado
        MsgBox !Nombre

        'Seguimos buscando el siguiente (a partir de
        'la posición actual + 1
        .Find "Nombre LIKE '*J*'", 1, adSearchForward
    Wend

    'El EOF del While dió verdadero
    MsgBox "No se encontraron más registros"
End With
```

Es importante destacar que cuando no se encuentra un registro, la propiedad **EOF** siempre adquiere el valor **True**, aunque la búsqueda se realice en sentido inverso (de atrás hacia adelante).

Filtrar datos

Otra operación muy común es la de filtrar datos. Filtrar se refiere a dejar en el Recordset sólo los registros que cumplan con una determinada condición. Por ejemplo, si queremos mostrar un listado sólo con los deudores cuyo saldo sea inferior a una cierta cantidad de dinero, es ideal aplicar un filtro.

Los filtros se pueden aplicar mediante la propiedad **Filter** del Recordset:

```
Datos.Recordset.Filter = Criterio
```

El criterio es una expresión del mismo tipo que la que vimos con el método **Find**. Por ejemplo:

```
Datos.Recordset.Filter = "Nombre LIKE 'J*'"
```

Luego de establecer la propiedad **Filter** como se ve en el ejemplo, el Recordset pasaría a contener sólo los registros que cumplan con la condición indicada (que empiecen con la letra J).

HAY QUE SABERLO

LA PROPIEDAD FILTER

La propiedad **Filter** también puede establecerse en tiempo de diseño, mediante la ventana de propiedades.

Si una vez que aplicamos un filtro queremos volver a ver todos los registros del Recordset, debemos darle el valor "" (una cadena vacía) a la propiedad **Filter**, y luego usar el método **Refresh** del control de datos, que se encarga de actualizar los datos que éste posee.

Mostrar un listado con los datos: el DataGrid

Al comienzo del capítulo decíamos que una tabla se representaba visualmente por un listado con forma de grilla, en el cual las filas eran los registros y las columnas los campos. Generar este tipo de listados en Visual Basic no es complicado, ya que Microsoft provee de un control especial llamado **Data Grid.**

Dado que éste no es un control estándar que se encuentra en la caja de herramientas, debemos agregarlo desde la ventana de componentes (**CTRL+T**, o menú **Project/Components**), eligiendo "**Microsoft DataGrid Control 6.0 (OLEDB)**". Una vez hecho esto, el ícono de la **Figura 17** aparece en la caja de herramientas.

*Figura 17. El **DataGrid** listo para usar.*

Este control permite engancharse con un *Data Control* para mostrar todos los datos de su Recordset activo (que pueden ser los datos de una tabla, una consulta, un conjunto de datos filtrados, o lo que necesitemos). Su uso es muy sencillo:

1. Una vez que tenemos un control de datos **ADO** conectado a una base de datos, agregamos un **DataGrid** al formulario.
2. Vamos a sus propiedades y establecemos **DataSource** para que apunte al control de datos.

3. Sobre el **DataGrid** ubicado en el formulario, hacemos clic derecho y elegimos la opción **Retrieve Fields** (Recuperar campos) del menú contextual que aparece (ver **Figura 18**). Ahora, el listado se modifica y cada columna pasa a ser un campo en particular.

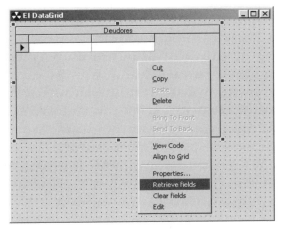

*Figura 18. Un **DataGrid** ubicado en un formulario, en tiempo de diseño.*

En la **Figura 18** se ve la apariencia de un **DataGrid** en tiempo de diseño. Para modificar su apariencia tenemos dos opciones básicas:

1. En la ventana de propiedades, elegir la propiedad **Custom**. Allí podemos cambiar varios aspectos del listado: el título de cada columna, el tamaño de las mismas, la forma de selección, el formato de los datos que aparecen, y mucho más.

2. Sobre el **DataGrid** ubicado en el formulario, hacer clic derecho y elegir la opción **Edit**. Esto permite agregar columnas nuevas, cambiar el orden de las existentes, modificar su tamaño, etc.

Una vez que tenemos configurado el **DataGrid**, podemos ejecutar el programa y ver el listado. Si en alguna celda cambiamos un valor, éste también se modificará en la base de datos, ya que el control se encuentra "enganchado" a la misma. Para evitar que suceda, podemos cambiar la propiedad **AllowUpdate** del **DataGrid** a **False**.

Si, por el contrario, queremos un listado más interactivo donde el usuario tenga la posibilidad de cargar datos nuevos y modificar o eliminar los existentes, podemos usar las propiedades **AllowAddNew**, **AllowDelete** y **AllowUpdate** en **True**.

Bases de datos 15

Ahora vamos a construir un sencillo ejemplo que muestre nuestra tabla **tblDeudores** en un **DataGrid** y permita hacer un filtro en el acto sobre el campo **Apellido**. Para esto, también vamos a hacer uso de la propiedad **Filter** del Recordset del control de datos. Los pasos a seguir son:

1. En un formulario en blanco, agregamos un control de datos **ADO** (llamado **Datos**) y lo configuramos para acceder a la tabla **tblDeudores** de la base de datos **Banco**, como lo hicimos en el primer ejemplo de este capítulo.
2. Agregamos un **DataGrid** al formulario y cambiamos su propiedad **DataSource** por el nombre del control **ADO** (**Datos**).
3. Hacemos clic derecho sobre el **DataGrid** ubicado en el formulario y elegimos la opción **Retrieve Fields** del menú contextual.
4. Ahora debemos agregar una caja de texto (**txtFiltro**) que le permita al usuario ingresar el texto que debe contener el campo **Apellido**, para que el registro sea mostrado.
5. En la **Figura 19** se ve la apariencia del ejemplo que estamos creando.
6. Sólo resta el código de la caja de texto. Dado que el listado se debe actualizar luego de que se pulsa <**ENTER**> sobre la caja, vamos a programar en el evento **KeyPress** de la misma:

```
Private Sub txtFiltro_KeyPress(KeyAscii As Integer)
    '¿Se pulsó la tecla Enter? (KeyAscii=13)
    If KeyAscii = 13 Then
        'Si la cadena no es vacía, aplicamos el filtro
        If txtFiltro <> "" Then
            Datos.Recordset.Filter = "Apellido LIKE '*" + txtFiltro +
"*'"
        Else
            'Quitamos el filtro
            Datos.Recordset.Filter = ""
            Datos.Refresh
        End If

        'Para que no suene el "beep"
        KeyAscii = 0
    End If
End Sub
```

*Figura 19. Un ejemplo sencillo creado con el **DataGrid**.*

Cada vez que escribimos un texto en la caja y pulsamos ENTER, el listado se actualiza mostrando sólo los registros en los cuales el campo **Apellido** contenga el texto ingresado. Esto se logra encerrando entre asteriscos el valor a filtrar. Por ejemplo:

```
Filter = "Apellido='*ma*'"
```

Eso hace que se filtren todos los registros que contengan la palabra "ma" en cualquier parte del campo Apellido.

EN EL CD

Este ejemplo se encuentra en la carpeta **Ejemplos\Cap15\Ej02** del CD.

Utilizar ADO sólo con código

Como habíamos mencionado antes, Visual Basic también puede utilizar **ADO** sin el control de datos. Si bien el control de datos brinda un acceso rápido a una base de datos, tiene varias limitaciones cuando trabajamos con bases de datos más grandes, que usen más de una tabla o consulta.

Para independizarse del control de datos, es preciso usar los llamados **Objetos de Datos ActiveX**. Estos objetos se ponen a disposición del programador y permiten desencadenar todo el verdadero potencial de una base de datos.

Antes de usar cualquiera de los objetos que vamos a ver, debemos agregar una **referencia** para los mismos. Esa referencia le indica a Visual Basic que vamos a usar un tipo de objeto nuevo (en nuestro caso, los objetos de **ADO**), que no está incluido entre los que normalmente se proveen.

Para incluir la referencia necesaria, vamos al menú **Project** y elegimos **References**. Allí se nos presentará una lista inmensa con todos los objetos que podemos agregar. Elegimos *Microsoft ActiveX Data Objects 2.0 Library*. Es importante destacar que cuando este libro salga a la calle seguramente habrá una versión más actualizada de estos objetos.

MÁS DATOS

SUGERENCIA

Ésta es una jugosa lista para investigar. Hay muchos objetos que podemos agregar, por ejemplo, para comunicarnos con otras aplicaciones del paquete Office.

Una vez que lo hayamos realizado, ya estamos en condiciones de acceder a los objetos de **ADO** mediante código. Los objetos son siete en total:

Objeto	Descripción
Connection	Se encarga de realizar la conexión con una base de datos.
Recordset	El conjunto de registros obtenidos a partir de una tabla o una consulta. Es exactamente el mismo con el que veníamos trabajando para el control de datos.
Command	Permite ejecutar comandos sobre la base de datos; por ejemplo, una consulta.
Parameter	Se usa junto con el objeto Command para el caso de consultas con parámetros.
Fields	Contiene información acerca de los campos de un Recordset.
Properties	Contiene información acerca de las propiedades de un objeto **ADO**.
Error	Proporciona información cuando se produce un error con un objeto **ADO**.

Todos estos objetos se encuentran en una colección llamada **ADODB**. Para crear un objeto del tipo **Recordset**, por ejemplo, debemos hacer lo siguiente:

```
Dim MiRecordset as ADODB.Recordset
```

Esto crea la variable **MiRecordset**, pero no inicializa el objeto (y por lo tanto todavía no se puede utilizar).

Realizar la conexión

Para crear la conexión con la base de datos debemos utilizar el objeto **Connection**. Vayamos directamente al ejemplo:

```
Private Sub Form_Load()
    Dim cn As ADODB.Connection

    Set cn = New ADODB.Connection

    cn.ConnectionString = "Cadena de conexión"
    cn.Open
End Sub
```

En la primera línea creamos una variable del tipo **Connection**, que luego inicializamos como una nueva conexión mediante la instrucción **Set** (y la palabra **New**). A partir de allí, ya estamos en condiciones de definir los parámetros necesarios para la conexión y de acceder a una base de datos, pero antes revisemos un poco los conceptos aprendidos.

El control de datos **ADO** dispone de una propiedad llamada **ConnectionString**, que se puede ingresar manualmente o mediante los asistentes que nosotros utilizamos. Esta cadena contiene toda la información de la conexión, en un formato como el siguiente:

```
"Parametro=Valor;Parametro=Valor;Parametro=Valor;..."
```

Si bien antes no necesitábamos conocer el significado de estos parámetros, dado que el asistente hacía todo por nosotros, ahora es necesario que los utilicemos manualmente. Por lo tanto, debemos conocer cuáles son los parámetros más importantes:

Parámetro	Descripción
Provider=	Nombre del proveedor OLE DB. Por ejemplo, para las bases Access, es "Microsoft.Jet.OLEDB.3.51".
Data Source=	El archivo de la base de datos. Por ejemplo: "C:\Banco.mdb".
User ID=	El nombre de usuario, en caso de que la base de datos tenga un acceso restringido.
Password=	La contraseña del usuario, en caso de que haya una.

Todos estos parámetros son optativos. Veamos una conexión simple, como la que estuvimos utilizando indirectamente en los ejemplos anteriores:

```
"Provider=Microsoft.Jet.OLEDB.3.51; Data Source=C:\banco.mdb"
```

Es muy importante que respetemos la estructura con los puntos y comas (no importa el orden de los parámetros), para que el objeto pueda interpretar correctamente la información que le damos.

Ahora podríamos completar el ejemplo anterior:

```
Private Sub Form_Load()
    Dim cnBanco As ADODB.Connection

    Set cnBanco = New ADODB.Connection

    cnbanco.ConnectionString = "Provider=Microsoft.Jet.OLEDB.3.51;
Data Source=C:\banco.mdb"

    cnBanco.Open
End Sub
```

Esto abre una conexión con una base de datos Access ("C:\banco.mdb"), a través de un proveedor OLE DB. Otra forma de realizarlo es pasar la cadena de conexión directamente en el método **Open**, sin pasar por la propiedad **ConnectionString**.

Una forma rápida de obtener la cadena de conexión

Si bien ya sabemos cuáles son los parámetros más importantes de la cadena de conexión, muchas veces hace falta tener el nombre correcto del proveedor (parámetro *Provider*) o algún otro dato. Para evitarlo, una técnica algo rústica pero práctica puede ser la siguiente:

① Crear un proyecto de prueba.

② Agregar un control de datos **ADO**.

③ Crear la cadena de conexión mediante los asistentes vistos, y luego simplemente "copiar y pegar" el valor de la propiedad **ConnectionString**.

Esto nos asegura de que estamos trabajando con la cadena de conexión correcta, y ni siquiera tenemos que pensar en escribirla.

Obtener datos de la conexión

Una vez que está la conexión abierta, vamos a tener que llevar un conjunto de datos a un **Recordset**, para luego poder trabajar con el mismo como veníamos haciéndolo hasta ahora. Lo primero que debemos hacer es declarar una variable del tipo Recordset:

```
Dim rst As ADODB.Recordset
```

Luego podemos usar el método **Execute** de una conexión abierta, para llevar datos al Recordset:

```
Dim rst As ADODB.Recordset

Set rst = cnBanco.Execute("tblDeudores")
```

Esto carga el Recordset llamado **rst** con los datos de la tabla **tblDeudores**, de la base de datos que fue abierta mediante la conexión **cnBanco** (en el ejemplo anterior). De todas formas, el verdadero poder del método **Execute** es la posibilidad de ejecutar consultas en el acto mediante una instrucción SQL, por ejemplo:

```
Dim rst As ADODB.Recordset

Set rst = cnBanco.Execute("SELECT * FROM tblDeudores WHERE Saldo <
-1000")
```

Bases de datos **15**

Esto selecciona (**SELECT**) todos (*) los registros de (**FROM**) la tabla **tblDeudores** en donde (**WHERE**) el campo **Saldo** sea menor a **–1000** pesos. Estas instrucciones forman parte del lenguaje de consulta SQL. Veamos otro ejemplo:

```
Dim rst As ADODB.Recordset

Set rst = cnBanco.Execute("SELECT Nombre, Apellido FROM tblDeudores
WHERE Saldo < -1000 ORDER BY Apellido")
```

Esto selecciona sólo las columnas (campos) **Nombre** y **Apellido** de los registros de la tabla **tblDeudores** en los cuales el campo **Saldo** sea inferior a **–1000** pesos. Además, ordena los datos por **Apellido** (instrucción **ORDER BY**).

Otra forma de llevar datos a un Recordset es crearlo mediante la palabra **New**, tal como lo hicimos con el objeto de conexión. Ejemplo:

```
Dim rst As ADODB.Recordset

Set rst = New ADODB.Recordset

Rst.ActiveConnection = cnBanco
Rst.Open ("tblDeudores")
```

Aquí, luego de crear el Recordset nuevo, debemos indicar mediante la propiedad **ActiveConnection** qué conexión debe usar para obtener los datos. Luego, el método **Open** nos ofrece una funcionalidad similar al método **Execute** que vimos anteriormente.

Cerrar un Recordset

Una vez que usamos los datos de un Recordset y estamos seguros de que no los vamos a necesitar más, podemos cerrarlo y luego eliminarlo de la memoria, liberando los recursos ocupados. Para hacerlo podemos utilizar el método **Close** del Recordset. Adicionalmente, tenemos que decirle a Visual Basic que el objeto Recordset ha dejado de existir.

Veamos un ejemplo:

```
...
rst.Close
Set rst = Nothing
```

Eso cierra el Recordset **rst**, y luego libera la memoria ocupada por el mismo (utilizando para esto la palabra **Nothing** en la instrucción **Set**).

Si un Recordset es local a un procedimiento, no hace falta que lo cerremos, ya que al salir del procedimiento los recursos son liberados automáticamente. Lo mismo ocurre al salir del programa.

Para terminar...

Las bases de datos son un mundo aparte. No alcanzaría ningún libro para explicar de principio a fin todas sus vueltas, pero este capítulo es una buena introducción para aquel que luego quiera profundizar más y especializarse en el tema.

Algunas formas de profundizar en el tema son:

- Trabajar con Access y leer documentación al respecto. Recordemos que para implementar una base de datos en un programa, ésta debe estar bien diseñada desde un principio.
- Investigar los métodos y propiedades de los objetos de datos ADO. Escribir punto luego de un objeto, y explorar el menú de propiedades y métodos disponibles, constituyen un excelente punto de partida para incorporar nuevos conocimientos.
- Investigar otros controles específicos para datos (**DataGrid**, **Data-List**, **DataCombo**, etc.).

Cuestionario

1. ¿Cuáles son los principales componentes de una base de datos?
2. ¿Qué es la tecnología **OLE DB**?
3. ¿Qué significa y para qué sirve el estándar **ODBC**?
4. ¿En qué consiste la tecnología **ADO** de Visual Basic?
5. ¿Para qué se utiliza la propiedad **ConnectionString**?
6. ¿Qué es un Recordset?
7. ¿Qué significa filtrar datos?
8. ¿Para qué sirve el objeto **DataGrid**?
9. ¿Se puede utilizar **ADO** sin el control de datos? ¿Cómo?
10. ¿Qué es **SQL**?

APÉNDICE: CONSEJOS PARA EL BUEN PROGRAMADOR

Aquí veremos algunos consejos que contribuyen a formar un programador más ordenado y eficiente. Al principio, algunas de estas "reglas" suelen parecer incómodas, pero en un futuro serán de incomparable valor.

Apéndice A

Declaración obligatoria

Imprescindible. Visual Basic es un lenguaje muy flexible, que brinda la posibilidad de declarar una variable o no (mediante la sentencia **Dim**). Si no queremos declarar las variables podemos utilizarlas directamente, por ejemplo:

```
For i = 1 to 10
Next i
```

Aquí, la variable **i** nunca fue declarada, y sin embargo el ciclo funciona correctamente. Si estuviésemos trabajando con declaración obligatoria, al compilar o ejecutar el programa obtendríamos un error del tipo "variable no definida".

A simple vista parece mucho más cómodo trabajar del primer modo, sin declarar las variables, pero en realidad constituye una comodidad pésima y traicionera, ya que:

- Perdemos totalmente el control sobre las variables que usamos.
- Si escribimos incorrectamente el nombre de una variable, Visual Basic pensará que se trata de una nueva, y se producirá un horroroso *bug* en nuestro programa. Además, esta clase de errores es extremadamente difícil de encontrar, y suelen pasar horas hasta que nos damos cuenta de que estamos trabados por un simple error tipográfico.

Para ir por la vía correcta y activar la declaración obligatoria, hay que ir al menú **Tools/Options**, y en la pestaña **Editor** chequear la opción **Require variable declaration**. Es necesario hacer esto antes de comenzar a trabajar con cualquier proyecto.

Cuando la declaración obligatoria está activada, en la sección declaraciones (**Declarations**) del código veremos la sentencia **Option Explicit**.

Nombres de las variables

Hay que utilizar nombres mnemotécnicos para las variables. Es decir, un nombre tiene que reflejar correctamente el significado de la variable o constante. Veamos el siguiente código:

```
Dim yyy As String
Dim pp As Long
Dim bbb As String

yyy = "Juan Perez"
pp = Instr(yyy, " ") - 1
bbb = left (yyy, pp)
```

El objetivo de este código sería obtener el primer nombre (Juan) a partir de un nombre completo (Juan Pérez). Aquí las variables no se corresponden con su contenido. Más correcto sería lo siguiente:

```
Dim Completo As String
Dim Corte as Long
Dim Nombre as String


Completo = "Juan Perez"
Corte = Instr (Completo, " ") - 1
Nombre = Left (Completo, Corte)
```

De todas formas, el programador siempre elige qué nombres de variable usar.

Prefijos para los controles

Todos los controles (cajas de texto, etiquetas, controles de imagen, etc.) tienen un prefijo por convención. Por ejemplo, a las cajas de imagen se las suele nombrar con el prefijo "**pic**" (abreviatura de **Picture** o **PictureBox**). De esta forma, con sólo ver un nombre en un listado de código, sabremos que se trata de una caja de imagen.

En la siguiente tabla se enuncian los prefijos de los controles más comunes:

Control	Nombre original	Prefijo
Formularios	Forms	frm
Caja de imagen	PictureBox	pic
Etiquetas	Label	lbl
Cajas de texto	TextoBox	txt
Botones de comando	CommandButton	cmd
Marcos	Frames	fra
Caja de listado	ListBox	lst
Combos	ComboBox	cbo
Botones de opción	OptionButton	opt
Cajas de verificación	CheckBox	chk
Temporizadores	Timers	tmr

Los prefijos suelen escribirse siempre en minúsculas, seguidos del nombre representativo del control. Por ejemplo:

```
picEstadio
```

Este control podría contener la foto de un estadio de fútbol.

```
lblNombre
```

Esta etiqueta (ya sabemos que es una etiqueta por el prefijo) seguramente contendrá un nombre.

Utilizar los comentarios

Puede parecer algo tonto, y muchas veces uno se suele plantear: ¿Para qué voy a comentar lo que estoy haciendo, si está más claro que el agua? El problema se da cuando, después de pasadas unas semanas, es necesario darle una mirada al código, ya sea porque un usuario reportó un *bug* o porque es necesario hacer una modificación.

En esa situación, las preguntas pasan a ser otras: ¿Qué quise hacer acá? ¿Para qué sirve esta variable? ¿Qué hace este procedimiento? Para solucionarlo, basta con incluir comentarios cuando sea necesario, por ejemplo:

```
Dim Total As Long      ' Total del alquiler, en miles de pesos
Dim Nombre as String   ' Nombre del inquilino, sin el apellido
```

También suele ser necesario incluir comentarios en otras secciones de código, por ejemplo al inicio de un proceso completo. De todas formas, tampoco hay que pasarse del límite:

```
Unload Form1      Rem Descargar el formulario Form1
```

Aquí, la misma sentencia **Unload** nos dice lo que estamos haciendo, y los comentarios están de más. Nótese que en lugar de usar una simple comilla para los comentarios también se puede utilizar la sentencia **Rem**.

HAY QUE SABERLO

Los comentarios pueden ser insertados mediante una simple comilla (') o mediante la sentencia **Rem**.

Reglas propias

Cada programador tiene su estilo, que se va puliendo con el tiempo y la experiencia. Si bien hay que tener la mente abierta a nuevas técnicas, es muy importante ser fiel a nuestro estilo. Para esto, definir nuestras propias "reglas prácticas" es muy bueno. Por ejemplo:

- Para todos los contadores en ciclos **For**, utilizar la variable "i".
- Representar los totales con la variable "n".
- Utilizar el prefijo "**T_**" para definir los tipos de datos propios.

No importa cuáles sean las reglas: lo importante es utilizarlas en todos nuestros proyectos, y modificarlas cuando sea necesario. De esta forma, al ver la variable "i", ya sabremos de qué se trata, estando en cualquier contexto.

Otras reglas prácticas

A continuación se definen otras reglas de menor importancia, pero igualmente útiles:

1. Llamar a los archivos de un proyecto con el mismo nombre que tienen dentro del mismo. Por ejemplo, si en un proyecto tenemos un formulario llamado "**frmConsultas**" (siguiendo con la regla de los prefijos) es conveniente guardarlo en disco con el nombre "**frmConsultar.frm**". Esto nos permitirá saber qué contiene un archivo de un formulario, sin haber entrado siquiera al entorno de Visual Basic.
2. Utilizar nombres de constantes en mayúsculas, y nombres de variables en minúsculas con letras capital. Por ejemplo, **COLOR_FONDO** sería una constante y **TotalAlquiler** una variable.
3. Anteponer el prefijo "T_" a las estructuras definidas por el programador (**Type**). Suele darse la siguiente situación: "Tengo una estructura llamada **Reg**, y también me parece que el nombre más adecuado para una variable de ese tipo es **Reg**... ¿Qué hago?". Esto se puede solucionar utilizando un prefijo en todas las estructuras, por ejemplo:

```
Type T_Registro
    Nombre as String
    Telefono as String
End Type

Dim Registro As T_Registro
```

SERVICIOS AL LECTOR

En este apéndice presentamos algunos sitios Web relacionados con la programación en Visual Basic. Están acompañados de una pequeña descripción, pero para conocerlos más a fondo, nada mejor que acceder a ellos directamente. Se incluye además una guía con las combinaciones de teclas disponibles y un completo indice por palabras claves.

Sitios Web relacionados

MSDN Online
msdn.microsoft.com/vbasic

El gigante del software, creador de Visual Basic, no podía faltar. Aquí encontraremos la última información sobre este lenguaje de programación, los *Service Packs*, artículos sobre temas específicos y mucho más.

VB Helper
www.vb-helper.com

Un sitio con una cantidad impresionante de trucos y consejos. La información se encuentra dividida por categorías (principiante, intermedio y avanzado) y por versión de Visual Basic (desde la 4 a la 6).

VB Explorer
www.vbexplorer.com

Información y código fuente de los temas más variados sobre Visual Basic (incluida la programación de gráficos y juegos). Contiene también una amplia sección con enlaces actualizados hacia otros sitios.

Carl & Gary's VB Home Page
www.cgvb.com

Un sitio Web con artículos, enlaces y mucho código fuente para Visual Basic. Los archivos disponibles poseen abundantes comentarios y una buena organización. Además, los internautas pueden participar subiendo sus propios trucos.

Visual Basic World
www.vb-world.net

Código fuente, trucos y tutoriales son algunos de los temas de este sitio dedicado al programador de Visual Basic. Además hay comentarios de libros y enlaces a otras páginas.

Planet Source Code
www.planet-source-code.com/vb

Un sitio Web clásico de programación para Visual Basic. Hay cientos de ejemplos con código fuente listos para probar. También incluye tutoriales y enlaces a otros sitios relacionados con el tema.

Atajos de teclado

La mayoría de las funciones de Visual Basic pueden ser accedidas por medio de menúes y barras de herramientas. Sin embargo, existe otra alternativa: los atajos de teclado. Ejecutar una acción por medio de combinaciones de tecla puede resultar muy cómodo y práctico.

Teclas rápidas

En la **Tabla 1** se muestran las principales combinaciones de teclas provistas por el lenguaje:

Atajo de teclado	Acción
Ctrl+N	Crear un nuevo proyecto.
Ctrl+O	Abrir un proyecto.
CTRL+D	Agregar un archivo al proyecto.
Ctrl+S	Grabar el ítem actual.
Ctrl+P	Imprimir.
Alt+Q	Salir de Visual Basic.
Ctrl+Z	Deshacer.
Ctrl+X	Cortar.
Ctrl+C	Copiar.
Ctrl+V	Pegar.
Del	Eliminar.
Ctrl+A	Seleccionar todo.
Ctrl+F	Buscar.
F3	Buscar siguiente.
Ctrl+H	Reemplazar.
Tab	Agregar tabulación.
Shift+Tab	Quitar tabulación.
F2	Mostrar el explorador de objetos.
Ctrl+R	Mostrar el explorador de proyectos.
Ctrl+T	Mostrar la ventana de componentes.
Ctrl+E	Mostrar el editor de menúes
F5	Ejecutar un proyecto.
Ctrl+F5	Compilar y ejecutar un proyecto.

Atajo de teclado	Acción
Shift+F5	Volver a ejecutar un proyecto.
Ctrl+Break	Detener la ejecución de un proyecto.
F8	Ejecutar una línea paso a paso.
Shift+F8	Ejecutar una línea paso a paso sin entrar en los procedimientos.
CTRL+G	Ir a la ventana Immediate.
Ctrl+W	Editar una vista de variable (Watch).
Shift+F9	Vista rápida de variables.
F9	Agregar o quitar un breakpoint.
Ctrl+F9	Establecer la próxima sentencia a ejecutar.
Ctrl+Shift+F9	Eliminar todos los breakpoints.
Ctrl+F4	Cerrar la ventana actual de trabajo (no se cierra Visual Basic).
Ctrl+F6	Cambiar a otra ventana activa dentro del entorno de Visual Basic.
Ctrl+F2	Ir al combo de controles en la ventana de código.

Tabla 1. Los principales atajos de teclado provistos por Visual Basic.

Índice alfabético

libros.tectimes.com

Visite nuestro sitio web

Utilice nuestro sitio **libros.tectimes.com**:
- Vea información más detallada sobre cada libro
  de este catálogo.
- Obtenga un capítulo gratuito para evaluar la posible
  compra de un ejemplar.
- Conozca qué opinaron otros lectores.
- Compre los libros sin moverse de su casa y con
  importantes descuentos.
- Publique su comentario sobre el libro que leyó.
- Manténgase informado acerca de las últimas novedades
  y los próximos lanzamientos.

También puede conseguir nuestros libros en kioscos,
librerías, cadenas comerciales, supermercados y casas de
computación de todo el país.

**Dreamweaver 4
Fireworks 4 y Flash 5**
Este libro enseña paso a
paso el uso de las principales
aplicaciones de Macromedia:
Dreamweaver, Fireworks
y Flash. **El CD** incluye
versiones trial de los tres
programas, tutoriales paso
a paso y todos los ejemplos
desarrollados en el libro.

COLECCIÓN: MANUALES USERS

Excel XP
El objetivo del libro es conocer a fondo los principales
comandos del programa,
para usarlos con mayor
eficiencia, y ganar tiempo y
prestaciones. Incluye un
extenso comentario de las
novedades que ofrece
Excel XP con respecto a
versiones anteriores.

COLECCIÓN: MANUALES USERS

200 programas
No es necesario conectarse
Internet durante horas par
bajar los mejores program
Potencie al máximo su
computadora, sin gasto de
teléfono ni de tiempo.
Proteja la PC de los virus,
aproveche los recursos de
Web, ¡y muchas cosas más

COLECCIÓN: TECTIMES DOWNLOADS

MP3
Todo acerca del formato que
arrasó con los medios de
grabación existentes. Su
origen e historia, cómo
funciona, cómo se reproduce
y la creación de archivos.
Además, los secretos de los
mejores programas para
escuchar, crear e intercam-
biar archivos MP3: Winamp,
MusicMatch, LimeWire, etc.

COLECCIÓN: MANUALES USERS

Flash 5
Todo lo que tiene que saber
para aumentar al máximo
las posibilidades en la
creación de contenidos
dinámicos para Internet.
Desde los pasos básicos
hasta la interactividad
necesaria para desarrollar
películas animadas.

COLECCIÓN: MANUALES USERS

Internet para todos
Navegue por la Web y
conozca los servicios de
Internet de la manera más
fácil y rápida. Cómo busca
en la Web, chatear con
amigos, realizar una comp
segura, utilizar el correo
electrónico, compartir
aplicaciones con
NetMeeting, y mucho más

COLECCIÓN: GUÍAS VISUALES

■ Un servicio exclusivo para responder a sus consultas sobre nuestros productos > >

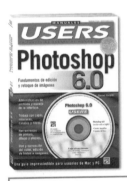

3D Studio MAX

Un libro que explica, de manera fácil y visual, cada uno de los componentes del mejor programa de diseño 3D. **En el CD:** ejercicios resueltos para comprobar los resultados del libro, modelos 3D de alta calidad, scripts y texturas, plug-ins para MAX 3 y el mejor software relacionado.

COLECCIÓN: MANUALES USERS

Cómo buscar en Internet

Navegar por Internet puede resultar una actividad eficaz si, después de aplicar técnicas sistemáticas de búsqueda, se encuentra la información deseada. Este libro propone ejercitar estos procedimientos con casos prácticos y estrategias de búsqueda.

COLECCIÓN: USERS EXPRESS

La Biblia del chat

Los secretos del medio de comunicación elegido por todos. Conozca gente, converse con amigos e intercambie información, fácil y rápidamente. **En el CD:** videos de las acciones más importantes del libro y el mejor software relacionado: ICQ, mIRC, Gooey NetMeeting, y mucho más.

COLECCIÓN: MANUALES USERS

4000 elementos para crear un sitio web

Una cuidadosa selección de fotos, botones, iconos y GIFs animados para asistir el trabajo de diseñadores de páginas web. **En el CD:** el mejor software de diseño, utilitarios y programas relacionados con la creación de documentos HTML.

COLECCIÓN: USERS EN CD

Diseño Web 2001

La segunda edición del libro *Manual de creación de páginas web,* ampliado y actualizado con las últimas tecnologías. **En el CD:** el mejor software relacionado, fuentes tipográficas, galerías de imágenes, tutoriales y ejemplos.

COLECCIÓN: MANUALES USERS

MP3 La revolución ya empezó

Un Especial MP3 que cuenta la polémica Metallica vs. Napster. Además, todos los dispositivos, programas y sitios relacionados con el formato digital que revoluciona el mundo de la música. **En los CDs:** ¡180 temas en MP3 y 650 MB del mejor software!

COLECCIÓN: ESPECIALES USERS

ENCUESTA LIBROS

Nos interesa conocer su opinión para poder ofrecerle cada vez mejores libros. Complete esta encuesta y envíela por alguno de los siguientes medios:

ARGENTINA
- **Correo:** Moreno 2062 (C1094ABF), Ciudad de Buenos Aires, Argentina.
- **Fax:** (011) 4954-1791 • **E-mail:** lectores@tectimes.com

CHILE
- **EMPRESA EDITORA ZIGZAG, S.A.**
- **Correo:** Los Conquistadores 1700, piso 17B, Santiago, Chile.
- **Tel.:** (562) 335 74 77 • **Fax:** (562) 335 75 45 • **E-mail:** zigzag@zigzag.cl

MÉXICO
- **Correo:** Av. del Cristo N° 101, Xocoyohualco, Tlalnepantla, Edo.de México.
- **Tel.:** 5238-0248 • **C.P.:** 54080

Datos personales

Nombre y Apellido . . . . Sexo . . . .

Fecha de nac. Dirección . . . .

Localidad - Comuna - Colonia . . . . CP . . . .

Teléfono . . . . E-mail . . . .

Ocupación

Estudiante ⬭   Jubilado ⬭
Empleado ⬭   Autónomo ⬭
Dueño/Socio ⬭   Docente ⬭
Otros (especifique) . . . .

Máximo nivel de estudios alcanzado

	Completos	Incompletos
Primarios	⬭	⬭
Secundarios	⬭	⬭
Terciarios	⬭	⬭
Universitarios	⬭	⬭
Otros	⬭	⬭

¿Compró algún otro libro de la editorial? ¿Cuál?

. . . .

. . . .

. . . .

. . . .

. . . .

¿Cuántos libros de computación compra al año?

Cinco o más ⬭   Tres ⬭
Cuatro ⬭   Menos de tres ⬭

CONTINÚA AL DORSO

Se enteró de la publicación del libro por...

(Coloque 1 a la opción que más recuerda, 2 a la siguiente...)

Verlo en puesto de periódicos ⬭

Publicidad en diarios ⬭

Verlo en librerías ⬭

Publicidad en radio ⬭

Publicidad en revistas ⬭

Recomendación de otra persona ⬭

Otros (especifique)

. . . .

. . . .

¿Dónde compró el libro?

Kiosco ⬭

Librería ⬭

Casa de computación ⬭

Supermercado ⬭

Internet ⬭

En general, el libro le pareció...

Excelente ⬭

Muy bueno ⬭

Bueno ⬭

Regular ⬭

Malo ⬭

El diseño del libro le pareció...

Excelente ⬭

Muy bueno ⬭

Bueno ⬭

Regular ⬭

Malo ⬭

Escriba sus sugerencias para la próxima edición

....

....

....

....

....

....

....

Otros temas en los que le gustaría profundizar

....

....

....

....

....

....

....